导游服务能力
——重庆导游现场考试实务

重庆全国导游资格考试统编教材专家编写组 编

中国旅游出版社

项目统筹：谯　洁
责任编辑：李冉冉
责任印制：冯冬青
封面设计：中文天地

图书在版编目（CIP）数据

导游服务能力：重庆导游现场考试实务 / 重庆全国导游资格考试统编教材专家编写组编 . -- 北京：中国旅游出版社，2021.8（2023.8 重印）

ISBN 978-7-5032-6748-2

Ⅰ.①导… Ⅱ.①重… Ⅲ.①导游 – 旅游服务 – 资格考试 – 教材 Ⅳ.① F590.63

中国版本图书馆 CIP 数据核字（2021）第 145731 号

书　　名	导游服务能力：重庆导游现场考试实务
作　　者	重庆全国导游资格考试统编教材专家编写组编
出版发行	中国旅游出版社
	（北京静安东里 6 号　邮编：100028）
	http://www.cttp.net.cn　E-mail: cttp@mct.gov.cn
	营销中心电话：010-57377103，010-57377106
	读者服务部电话：010-57377107
排　　版	北京中文天地文化艺术有限公司
印　　刷	北京工商事务印刷有限公司
版　　次	2021 年 8 月第 1 版　2023 年 8 月第 2 次印刷
开　　本	720 毫米 ×970 毫米　1/16
印　　张	25
字　　数	390 千
定　　价	38.00 元
ISBN 978-7-5032-6748-2	

版权所有　翻印必究
如发现质量问题，请直接与营销中心联系调换

重庆全国导游资格考试
统编教材专家编写组

主　任　刘　旗

副主任　刘晓年　秦定波　王增恂　幸　军　朱　茂　钟建波
　　　　江卫宁　刘　庆　谢　宾　钟前元　赵明全

成　员　王　皞　谭光龙　宋俊红　严小红　罗绍禄　周大庆
　　　　熊子华　王发荣　张　奕

《导游服务能力——重庆导游现场考试实务》

主　编　曹华盛

副主编　张云耀　谭小兵　王明凯

前　言

　　随着旅游业的蓬勃发展，人们的旅游需求日益增加，旅游者越来越追求高品质的旅游产品，对导游的职业素养、业务水平和综合能力要求也越来越高，可以说，高素质的导游是高品质产品的核心支撑。

　　近年来，重庆积极实施由政府主导的大旅游发展战略，旅游经济持续保持快速、协调发展，成绩令人瞩目。不仅形成了知名度高、影响力大的系列旅游产品，而且重庆文旅核心竞争力得到了空前的提升。为了主动适应文旅融合发展的新形势，落实国家文化和旅游部有关导游队伍建设的要求，为打造重庆文化和旅游产业发展升级提供人才支撑，我们按照"稳中求进，继承创新"的原则，组织文化和旅游领域的相关专业人士，编撰了重庆全国导游资格考试统编教材《导游服务能力——重庆导游现场考试实务》一书。旨在为培养和造就一支诚实守信、爱岗敬业、业务精湛、执业文明的高素质导游队伍提供帮助。

　　本书严格按照文化和旅游部相关文件精神和全国导游资格考试大纲要求，涵盖了考纲的全部要点，注重增加文化板块的内容，注重导游专业和导游工作实际需要，注重资格准入的法律法规知识、基本素质和综合能力，注重重庆市文化旅游行业最新特色。本书主要有三个方面的特点：一是创新了教材的表现形式，增加了14个文化旅游景区示范讲解视频，视频与教材文字无缝衔接，通过二维码植入教材，增强了可读性和可视性，有助于提高学习成效；二是增设了文化专章，较为全面地介绍了重庆的主要文化，并在主要景点导游词案例的末尾，专门介绍了关联区域的代表性非物质文化遗产；三是强化了教材的适用性，期望本书既是重庆地区全国导游资格考试统编教材，又是重庆市导游人员从事导游工作的规范读本，还是旅游院校广大师生重要的基础辅导材料，更是广大旅游者和社会各界了解重庆的旅游指南。

  本书在编写过程中，得到了市内外资深文化、旅游专家，学者和文旅业界人士的鼎力支持，在此表示诚挚的谢意。我们衷心希望本教材不仅能切实满足广大重庆考生应考的需要，同时还能为重庆导游业务能力和综合素质的提升，为重庆市乃至全国文化和旅游业发展尽一份绵薄之力。书中难免有错误和不足之处，敬请批评指正。

重庆市文化和旅游发展委员会导游人员考评委员会

2021 年 6 月

目 录

第一章 现场导游考试规程 1
第一节 概述 1
一、现场导游考试 1
二、现场导游考试的基本流程 2
三、现场导游考试评分细则 3
第二节 考生要求 4
一、基本要求 4
二、景点讲解要求 6
三、语言要求 7
四、知识问答 8
五、临场发挥 8
第三节 导游词创作 10
一、导游词 10
二、导游词的基本结构 11
三、导游词的特点 13
四、导游词的功能 14
五、导游词的表述方法 14
六、书面导游词的写作要求 16

七、导游词创作流程与要领 ································· 18

第二章　重庆特色文化 ································· 21
第一节　巴文化与革命文化 ································· 22
　　一、一脉相承的巴文化 ································· 22
　　二、前仆后继的革命文化 ································· 24
第二节　三峡文化与移民文化 ································· 25
　　一、举世闻名的三峡文化 ································· 25
　　二、源远流长的移民文化 ································· 27
第三节　抗战文化与统战文化 ································· 29
　　一、得天独厚的抗战文化 ································· 29
　　二、独具特色的统战文化 ································· 30
第四节　城市文化与乡村文化 ································· 31
　　一、独具特色的城市文化 ································· 31
　　二、丰富多彩的农村文化 ································· 34

第三章　重庆文化旅游发展概况 ································· 38
第一节　文化旅游融合发展 ································· 38
　　一、建设世界知名旅游目的地 ································· 38
　　二、十大文化符号 ································· 39
　　三、公共服务体系 ································· 47
第二节　文化旅游行业 ································· 49
　　一、文化产业 ································· 49
　　二、旅游业 ································· 49
　　三、文化广电精品 ································· 51
　　四、文化遗产保护 ································· 52

第三节　实施文化旅游精品工程 ………………………………… 54
　　一、全面提升都市旅游 …………………………………………… 54
　　二、着力打造三峡游轮旅游 ……………………………………… 55
　　三、做大做强温泉旅游 …………………………………………… 57
　　四、做优做亮"红色旅游" ……………………………………… 57
　　五、转型升级乡村旅游 …………………………………………… 58
　　六、发展康养及休闲度假旅游 …………………………………… 59

第四章　世界遗产类景区导游词案例 …………………………… 61
第一节　大足石刻 …………………………………………………… 61
　　一、大足石刻景区概况 …………………………………………… 61
　　二、宝顶山石刻及主要景点 ……………………………………… 64
第二节　武隆喀斯特 ………………………………………………… 78
　　一、武隆喀斯特景区概况 ………………………………………… 78
　　二、武隆喀斯特主要景点 ………………………………………… 79
第三节　南川金佛山 ………………………………………………… 94
　　一、南川金佛山景区概况 ………………………………………… 94
　　二、南川金佛山主要景点 ………………………………………… 97

第五章　国家 5A 级旅游景区导游词案例 ……………………… 109
第一节　巫山小三峡 ………………………………………………… 109
　　一、小三峡景区概况 ……………………………………………… 109
　　二、小三峡主要景点 ……………………………………………… 111
第二节　万盛黑山谷 ………………………………………………… 118
　　一、黑山谷景区概况 ……………………………………………… 118
　　二、黑山谷景区及主要景点 ……………………………………… 119

三、万盛石林景区及主要景点 ……………………………………… 128

第三节　酉阳桃花源 ……………………………………………………… 133
　　一、酉阳桃花源概况 ……………………………………………… 133
　　二、世外桃源主要景点 …………………………………………… 134

第四节　江津四面山 ……………………………………………………… 145
　　一、四面山景区概况 ……………………………………………… 145
　　二、四面山主要景点 ……………………………………………… 147

第五节　云阳龙缸 ………………………………………………………… 153
　　一、龙缸景区概况 ………………………………………………… 153
　　二、龙缸主要景点 ………………………………………………… 154

第六节　彭水阿依河 ……………………………………………………… 159
　　一、阿依河景区概况 ……………………………………………… 159
　　二、阿依河主要景点 ……………………………………………… 161

第七节　黔江濯水古镇 …………………………………………………… 168
　　一、濯水古镇景区概况 …………………………………………… 168
　　二、濯水古镇主要景点 …………………………………………… 170

第六章　大型综合类景区导游词案例 ……………………………………… 179

第一节　长江三峡 ………………………………………………………… 179
　　一、长江三峡景区概述 …………………………………………… 179
　　二、长江三峡经典景点 …………………………………………… 181

第二节　山水都市 ………………………………………………………… 230
　　一、山水都市旅游概述 …………………………………………… 230
　　二、山水都市经典景点 …………………………………………… 231

第三节　温泉之都 ………………………………………………………… 292
　　一、温泉之都旅游概述 …………………………………………… 292

二、温泉之都经典景区 ··· 293

第七章　历史遗迹类景区导游词案例 ························· 308
第一节　合川钓鱼城 ··· 308
　　一、合川钓鱼城景区概述 ··· 308
　　二、钓鱼城经典景点 ·· 309
　　三、结束语：钓鱼城之战的历史地位 ······························ 314
第二节　奉节白帝城·瞿塘峡 ··· 315
　　一、奉节白帝城·瞿塘峡景区概述 ·································· 315
　　二、奉节白帝城·瞿塘峡经典景点 ·································· 318
第三节　涪陵白鹤梁 ··· 333

第八章　途中导游词案例 ·· 337
第一节　重庆主城接送站沿途导游 ·································· 337
　　一、接站沿途导游 ·· 337
　　二、送站沿途导游 ·· 342
第二节　长江三峡国际黄金旅游带沿途导游 ····················· 343
第三节　乌江画廊—武陵风光沿途导游 ··························· 358
第四节　巴蜀文化旅游走廊沿途导游 ······························· 379

主要参考文献 ·· 388

第一章
现场导游考试规程

第一节 概 述

一、现场导游考试

现场导游考试是导游资格考试的重要组成部分，人们习惯称其为导游资格考试口试，准确地讲应该称为导游资格考试的模拟现场导游考试。它是一种经过组织者精心设计，在模拟旅游现场的特定场景下，以评委与考生面对面讲解、问答、交谈与观察为主要手段，由表及里测评考生的知识、能力、素养等有关导游职业素质的一种考试活动。现场导游考试主要包括模拟景点导游讲解和知识问答两个环节。

景点讲解是导游对旅游景点进行解释性说明。其内涵包括三个方面：一是"导游"，即引导游览；二是"讲"，即以游客为对象的语言交流；三是"解"，即讲话的内容和目的。景点讲解必须把握两个基本认识：一是景点讲解不是导游服务介绍，内容上应该突出景点的特色和主题；二是讲解质量的高低是以"是否有助于游客进行景观欣赏"作为判断的基本标准。知识问答是考生按照考试规范从口试题库中抽取相应类别及数量的题号，评委按照考生所抽题号对应的问题进行提问，并依据参考答案对考生答题情况进行评分。现场导游考试是考生运用说话能力传递对旅游资源文化信息的所知、所解、所识，其目的是一种传承检验。不但检测考生的讲解有无内容、内容有无信息储量、信息价值的大小,以及价值的呈现方式有无逻辑性、感染力强不强等,而且检测考生的语音、语调、音质、语速、节奏等口头语言表达能力。导游讲解既需要满足旅游者的好奇心,激发其热情,引发其联想,还要取悦听众,弘扬文化,更要求以点带面、以一驭万。

评委通过听取考生讲解、回答问题以及观察,从考生站、立、行的姿态到一举一动,从仪容仪表到一颦一笑,从言谈举止到形象气质,测评其与陌生人打交道的能力、沟通能力、组织协调与掌控能力。

现场导游考试是对考生的综合测试,是挑选导游人员的一种重要手段和方法。它调动了一切有声的、有形的物质,给评委展示了一个由此及彼的审美联想过程,达到"考"与"评"互动沟通的平衡统一。因而,要求考生注意仪表的规范性、语言的通俗性、内容的科学性、讲解的趣味性、技能的多样性和把握考试氛围的连贯性。

二、现场导游考试的基本流程

我国的导游资格考试已经走过了30多年的历程,其间既有考试组织形式的变化,也有考试方式和考试内容的调整,但考试的核心与本质始终没变,现在的考试无论是形式还是内容都已经比较成熟和完善。重庆市现场导游考试基本流程可以概括为:主考部门颁布考试大纲—考生准备—现场随机抽取景点讲解题目和知识问答题号—考生模拟导游讲解景点—导游知识问答—评委综合评分。

(一)景点讲解范围

主考部门根据重庆市的旅游资源特色、旅游发展战略布局以及各旅游景点发展的市场态势,结合导游资格考试的相关规范划定景点讲解范围,并在考试当年以考试大纲形式向全社会公布。比如,2021年重庆市划定的景点讲解考试范围是:普通话导游口试景点为长江三峡、大足石刻、武隆天生三桥、南川金佛山、合川钓鱼城、涪陵白鹤梁、山水都市、温泉之都、江津四面山、万盛黑山谷、酉阳桃花源、奉节白帝城、云阳龙缸、彭水阿依河等景区(点)。外语导游口试景点为大足石刻、长江三峡、武隆天生三桥、山水都市、温泉之都等景区(点)。

（二）考生准备

考生根据现场导游考试所考查的导游讲解能力和导游服务规范、应变能力及综合知识等几个主要方面自行进行考前准备。

（三）现场抽取景点讲解题目和知识问答题号

考生进行考场检录之后，在工作人员的引导下，采用计算机随机抽取景点讲解题目和知识问答题目的题号，题目一旦确认不得更改。

（四）考生模拟导游讲解景点

考纲规定，中文类考生的现场导游考试时间一般每人不少于15分钟，外语类考生的现场导游考试时间一般每人不少于25分钟。考生模拟导游景点讲解内容规定必须包括景点概况和该景点内某个具体景观的内容，讲解方式与讲解风格不限。由于时间短、内容多，因此，考生在做景点讲解时必须在明确假设服务对象、假设情境的基础上，深思熟虑好讲什么、讲的内容是否有依据、如何讲、怎样表达等问题，才能取得较为理想的讲解效果。

（五）导游知识问答

导游知识问答主要考查考生对导游工作职责、服务程序与标准的掌握及运用能力、应对和处置旅游突发事件的能力等。考试内容主要包括导游服务规程、应变能力以及综合知识等方面的问题。

（六）评委综合评分

评委综合评分采取各个评委独立评分。若评委间的评分差距在评分规则的允许范围内，则以各个评委评分的平均数作为考生成绩；如果评委间的评分差距超出评分规则的允许范围，则由仲裁委员会进行裁决，并以仲裁委员会的仲裁分数作为考生成绩。

三、现场导游考试评分细则

现场导游考试成绩总分100分，主要包括三个部分（外语类考生为四部分）的考核内容，虽然三个考核部分相对独立，但在实际考试过程中却难以截然划分，其考核评分也通常是整合在一张表内完成。

（一）景点模拟导游讲解，普通话导游45分，外语导游30分

要求考生对景点知识掌握得完整、准确、深入、透彻，能够模拟现场导游，综合反映出考生在所选景点导游讲解服务方面的最佳表现状态。

（二）导游知识问答，普通话导游30分，外语导游20分

要求考生对导游服务的职责、工作规程、相关法规与政策比较熟悉，基本掌握各种问题和事故的处理程序与规范，全面掌握导游服务相关综合知识，具有一定的应变能力。

（三）语言表达，普通话导游20分，外语导游25分

要求考生发音准确、清晰流畅，语法正确、语调自然、节奏合理，态势语言自然得体。

（四）仪表礼仪，5分

要求考生仪容仪表符合导游人员的相关规范，具有良好的礼节礼貌，举止大方，气质较好。

（五）口译，20分

要求外语类考生掌握重庆概况、重庆主要景点、旅游六要素等方面的知识，熟练地在中文和外语之间进行口译。

第二节 考生要求

一、基本要求

（一）考生纪律

（1）尊重考场工作人员，服从考场工作人员安排。
（2）严格按照考试流程完成现场导游考试。
（3）对考试的投诉意见应在设立于考场的考务办公室内进行。
（4）考试结束后不得逗留考场纠缠与考试无关的问题。
（5）不道听途说、不偏信、不散布、不诘问。

（二）着装要求

服饰是一种文化、一种"语言"，在给别人留下第一印象方面起着重要作用。穿着整洁、雅致，具有无形的魅力。任何一种职业都有与其职业特征相适应的服饰规范。导游是一种比较特殊的服务性工作，它通过引导游览，让游客感受山水之美，并且在这个过程中给予游客食、住、行等各方面的帮助，并解决旅游途中可能出现的问题。导游的职业特点决定了其服饰规范与

服饰禁忌。

1. 着装规范

（1）要符合导游身份。导游人员的服饰应符合自己的身份，即导游人员必须明白自己是服务人员，是为旅游者提供服务的，所以服饰不宜喧宾夺主。

（2）应方便工作。导游人员的服饰应适合职业特点和工作环境。导游服务工作主要在户外和旅行车上进行，导游人员要注意选择适合这类活动的服饰。

（3）要与工作场合相协调。导游人员的服饰要与工作场合相协调，例如，导游人员去机场、车站接站、送站时最好着正装，以示对旅游者的尊重，但带队游览时可穿休闲服，以方便工作。

（4）应适合年龄。导游人员的服饰应与自己的年龄相协调，努力突出自己的风韵和气质。

（5）要与形体相协调。导游人员的服饰要与自己的形体相协调，不要盲目模仿，即应根据自己的形体特点、容貌、肤色、气质等来选择适合自己且合身的服饰，要以穿在身上规整、舒服为好，过分宽松和短小裹身都是不适宜的。还要注意合度，掌握好分寸，不能以奇为美和过分怪异而招摇。衣服不合身会给人留下可笑的印象。女性导游人员身上首饰不宜过多，否则会给人以浮华和俗气的印象。

（6）要以良好卫生习惯和文雅举止相衬托。导游人员要养成良好的卫生习惯，要常洗手、洗澡，常换衣服；男性导游人员更要常修边幅，天天刮胡子，常理发、修鼻毛。导游人员要保持手部的清洁，指甲要常修剪，戴的手套一定要清洁美观；导游人员要保持口腔的清洁，常刷牙，工作前不吃葱蒜等带异味的食物，有口臭者应及时医治；导游人员不得随地吐痰、乱扔废弃物，还要阻止旅游者的此类不文明行为。

导游人员要养成文雅的举止，咳嗽、打喷嚏时用手或纸巾捂住鼻子并面向一旁；在旅游者面前不做打哈欠、剔牙、掏耳朵、挖鼻孔、脱鞋等不雅动作。

2. 服饰禁忌

男性导游人员不宜穿背心、短裤，无领汗衫；男性导游人员若穿西服，一定要配衬衣、领带、皮鞋，衬衣下摆一定要束在裤内，衣袋、裤袋内不宜放东西；不准穿拖鞋上岗。

女性导游人员不能暴露过多，不穿无袖上衣，不穿吊带装，不穿紧身衣裤，不穿露脐装，不穿超短裙，不袒胸露背；不准穿拖鞋上岗。

二、景点讲解要求

（一）突出主题

一般来讲，给定的景点讲解题目往往涉及范围较广，包含的内容也比较多，景点讲解的规范又要求讲解内容必须包括概况和具体的景点或者景观两个部分，加之讲解时间有限，因此，在讲解内容选择上必须突出主题。比如，"山水都市"，其范围囊括了整个重庆主城区，内容可以涉及重庆的历史、文化、经济社会发展、地形地貌、天气气候、城市布局、城市特色等很多方面，如果想面面俱到是根本不可能的，只能围绕山水都市这一主题来选择讲解内容。

（二）具有现场感

现场导游考试属于模拟现场的形式，而模拟现场又主要通过讲解的现场感来体现，因此，景点讲解必须表现出现场感。讲解的现场感主要通过情境假设、讲解方式方法来实现，即考生在讲解过程中通过服务对象、讲解时空等方面的系统、完备、符合客观情况、符合逻辑的场景假设，形成一个完善的能够让听众感知的讲解情境，从而营造出身临其境的现场感。

（三）内容正确

导游讲解要求其讲解的内容必须要有出处，即所讲的内容要有依据，要正确。切忌胡编乱造、张冠李戴，即使是神话传说、民间故事也最好能有所本源，不得信口开河，所讲内容必须与参观游览的景点有相应联系。"一伪灭千真"，如果导游人员信口开河、杜撰史实、张冠李戴，旅游者一旦发现受了导游人员的蒙蔽，必定产生极大的反感，会怀疑导游所有讲解内容的真实性，甚至会否定一切。所以要求考生在讲解时，务必使其讲解内容科学、准确无误。而且，导游讲解的科学性越强，越能吸引旅游者的注意，越能满足他们的求知欲，导游人员也越会受到尊重。

（四）表述清楚

表述清楚，即考生在景点讲解时要求讲解顺序上条理清晰，讲解结构合理，富有逻辑性，用词准确得当。

（五）讲解生动

讲解生动，即要求考生善于运用基本的导游方法和技巧，讲解声情并茂，具有一定的趣味性、幽默感，从而使讲解具有吸引力和感染力。

三、语言要求

良好的语言能力是导游人员最重要的基本功之一。因此，考生的语言表达能力自然就成了现场导游考试的重要内容之一。

（一）语言要正确

语音、语调、语法、遣词造句正确，使用外语讲解时要避免家乡口音和汉语语法的影响。

敬语和谦语符合风俗习惯和语言习惯，也要适合自己的身份；成语、谚语、名人名言要正确、完整、恰到好处；使用俚语一定要弄清其正确意义以及使用的场合；不要乱用高级形容词。

（二）语音、语调要适度优美

任何语言都要讲究利用抑扬顿挫、起伏多变的语音和语调来表现和传达情感。在讲解与回答问题时，考生要注意正确使用语音、语调，使其与自己的思想感情、态度相吻合，还要与听者的人数、讲话的场合相协调。在讲解中，声音要适度，不高不低，以使在场的人听清为宜。声音太大使人感到厌烦，声音太小则给人以不自信、说话没有把握的印象。语调的变化往往能够使语言具有音乐般的节奏感，悦耳动听、亲切自然，并且具有一定的感染力，能打动听众。

（三）语言节奏要得当

语言节奏即说话时语速的快慢、语句的停顿以及声调高低的整合。节奏运用得当，不仅使人听得清楚明了，而且可以使他们心领神会、心随意传，从而收到良好的信息传递效果。如果讲话太快，就不易听懂，或者跟不上；讲话太慢，听了上句等下句，既浪费时间又令听众不快甚至烦恼。因此，考生应根据现场反应以及讲解内容的深度等情况决定讲话节奏的快慢，该快则快，该慢则慢，快慢相宜。

（四）恰当运用修辞手法和格言典故

讲解时运用比喻、拟人、夸张、排比等修辞手法，并恰当使用人们所熟悉的谚语、俗语、格言、典故等，不仅能够形象生动地描绘旅游景观，也有助于深刻地揭示社会真理，给人们以真实感和亲切感，从而可以起到言简意赅、举一反三的作用，增强导游语言的生动性。

四、知识问答

（一）提问范围

知识问答的提问范围主要包括导游服务规程、导游服务过程中突发事件和特殊问题的处理、重庆市重要景点知识、重庆基本市情知识，以及时政、经济、文化、社会发展等方面的知识，考试时主考部门将为评委准备专门的题库资料。评委依据考生所抽题号对应题库资料的问题进行提问。

（二）准备要领

考生在准备知识问答环节的考试时，应该以《导游资格考试大纲》的要求为准，在全面复习准备的基础上，重点准备导游规程、应变能力以及综合知识，切忌抱侥幸心理押题、赌题。

（三）应变要领

在知识问答考试中，对于有确切标准答案的客观性问题，评委会将考生回答情况与标准答案对照，按照答对要点进行评分；对于主观的开放性问题（有参考答案的问题），评委将根据考生回答问题时对相关知识的掌握以及扩展答案的思路和内容进行综合评分。

知识问答的评分在相当程度上是对考生综合素质的审视，因此，正确回答问题与考生的态度以及应变都是十分重要的。应变要领主要有以下三方面：一是当评委提出的问题正中下怀时，不要喜形于色，以免因激动而语无伦次，从而影响答题效果；二是当碰上似是而非的问题时，应厘清思绪，实事求是地回答，知之为知之，不知为不知；三是面对完全不知道的问题时，应该坦诚地告诉评委。

五、临场发挥

（一）把握要点

模拟导游讲解应该是一项完整的内容，好比一个已经搭建好的积木。考生首先要从框架上把握自己讲解内容的构成及结构，即把握整个积木由哪些模块构成，模块之间的结构关系如何；然后熟记每个模块的内容，特别是关键词、关键数据，甚至每个模块又可以拆分成若干个小的模块；最后把握各个模块之间的衔接过渡。这样，可以最大限度地避免临场出现忘词、遗漏、跑题，即使出现这些情况，也可以临场不乱、临危不惧，在时间和空间上保证自己稳操胜券。

（二）模拟演练

一个成熟的导游人员在导游工作中往往能够滔滔不绝、言之凿凿，是因为他们已经经历过各种情况的历练，不但熟练掌握了要讲的内容，更为重要的是他们根据经验，在很短的时间里把握住旅游者的心理，根据需求调整讲解内容以及讲解方法，使讲解具有针对性，也能够根据现场的时空条件以及特定氛围做到讲解的灵活性。带有应景心理的考生往往认为只要把导游词背得烂熟就万事大吉了，其实不然。一篇应景写作的导游词必须经过各种场景的模拟实战演练、修改才能使其内容不断完善。再者，整个"滚瓜烂熟"地背诵，在心理上、环境上从来没有接受过检验，一旦环境变化，心理紧张，脑中便会一片空白，立马就会方寸大乱。因此，要有一个比较完好的讲解表现结果，一是要全面考虑各种可能情况，对导游词进行锤炼，二是模拟场景进行角色演练。可以要求同学、朋友扮演游客、评委等，让他们帮忙挑毛病、提意见，也可以到景区实地演练。充分的模拟演练不但有利于讲解内容的完善，也有利于增加临场的感性经验，更有利于临场考试的心态调整。

（三）原创取胜

从以往的考试来看，许多考生乐于通过网络、图书乃至业界的朋友寻求"好"的、现成的导游词，或者对"拿来"的导游词加以简单地修补即作为自己考试的导游词，这种抄袭式的导游词在临场考试时难免紧张、忘词，从而影响考试结果。

创作导游词的过程就是一个学习、积累、充分准备的过程。这种准备是全方位的，从知识上、语言上、要点把握上以及心理上都进行了准备。创作导游词时要注意以下几个方面：一是要对所查阅的知识点，特别是关键性的数据、人物、史实等进行必要的考证与甄别。二是最好能够到现场查勘，构建起景区（点）讲解必要的空间概念；有时也需要查阅权威的地图或者导游图来完成这一环节。三是最好有创新。创新可以是讲解结构上的、讲解方法上的,当然,如果能够在内容上有创新则更好。

(四)临场禁忌

能否流畅地完成讲解对讲解效果的影响很大。受考场情境的影响,考生会出现不同程度的紧张,因紧张而不流畅也是很自然的事情。为了提高讲解的流畅感,考生应尽量避免以下情况的出现:一是当即改错。如果讲解时出现错误,最好不要当即纠正,而是继续讲解下面的内容,待讲解结束后寻找恰当的机会进行订正为好。二是机械性重复语句。考生由于忘词等原因不能流畅地继续讲下去时,容易机械性地重复前一句话或者前一个词。避免出现这种情况的最佳办法就是模块化准备讲解内容,而不是逐句背诵导游词。三是习惯性添加口语、虚词。部分考生由于平时说话的习惯,或者想突出讲解的口语化,而在讲解时习惯性地添加口语,如"我们所说的""这样的话""是不是",添加虚词,如"呢""嗯""啊"等。四是不与评委交流,如眼睛不看评委而看天、眼神游离四方等,这样很容易给评委留下"背课文"的感觉。

第三节 导游词创作

一、导游词

导游词是导游人员引导旅游者观光游览时的讲解词,是导游人员同旅游者交流思想、向旅游者传播文化知识的工具,也是应用写作研究的文体之一,同时也是吸引和招徕旅游者的重要手段。导游词从形式上有书面导游词和现场口语导游词两种,通常意义上人们所说的导游词创作主要是指书面导游词的创作。书面导游词,一般是根据实际的游览景观、遵照一定的游览线路、模拟游览活动而创作的。它是口语导游词的基础与脚本。掌握了书面导游词的基本内容,根据旅游者的实际情况,再临场加以发挥,即成为口语导游词。

导游人员与导游词(书面)的关系就如同演员与剧本的关系。剧本提供给演员一个基本的框架、一个表演的脚本。导游词提供给导游员一些基本的数据、知识及方法,但旅游者是千变万化的,不能以不变应万变,对所有的旅游者都背诵同一篇导游词。正如同演员要体验角色的情感经历一样,导游人员也应根据旅游者的年龄、身份、职业、修养、地区等的不同而变换讲解的重点与方法，提供旅游者需要的知识与信息，这样才能做到有的放矢，满足旅游者了解旅游目的地的需求。

随着旅游业的发展及旅游者各方面需求的提高，各旅游目的地都精心编撰了大量的导游词及导游指南等书籍。导游人员应学习前人的成就，掌握创作导游词的要领，根据自己的性格特点和知识水平，在充分分析游客需求和景区（点）特色和景物价值的基础上，创作具有个性化的实用书面导游词。在实际工作中，应学会根据游览当时的具体情况，发挥导游语言的优点，变书面导游词为有针对性的、对服务对象有强烈吸引力的口语导游词。

二、导游词的基本结构

一篇完整的导游词，其基本结构一般由引言及习惯用语、概括介绍、重点讲解三个部分组成。

（一）引言及习惯用语

每一篇导游词，或每一次导游的开始或结束，都应该有框架式的引言、结束语及习惯用语，如游览前的"欢迎词"、游览结束时的"欢送词"等。引言中常见的内容有问候语、介绍语、游览注意事项以及对旅游者的期望等。比如：

来自××（地名）的朋友们：

大家好！大家辛苦了！首先请允许我代表我们××旅行社欢迎各位朋友来我市观光旅游。我姓刘，是××旅行社的一名导游，大家叫我"刘导"或"小刘"好了。这位是我们的司机×师傅。在我市旅游期间就由×师傅和我为大家提供服务，我们十分荣幸！大家在此旅游，可以把两颗心交给我们：一颗是"放心"，交给×师傅，因为他的车技娴熟，从未出过任何事故；另一颗是"开心"，就交给刘导我好了。旅游期间，请大家认清导游旗的标志，以免跟错队伍。请大家记清集中和游览时间，以免因一人迟到而影响大家的活动。大家有什么问题和要求请尽量提出来，我将尽力解决。最后祝大家这次旅游玩得开心、吃得满意、住得舒适。谢谢！

结束语包括感谢语、惜别语、征求意见语、致歉语和祝愿语五个方面,放在导游词的最后面。比如:

各位朋友:

眼看机场就要到了,小刘我也要和大家说再见了。常言道:"相见时难别亦难,送君千里终有别。"在此,小刘我非常感谢各位朋友对我工作的支持。短短几天时间,大家给我留下了非常深刻的印象,谢谢大家的合作!在几天的游览过程中,若有不尽如人意之处,还请各位批评指正,您的意见将是我们努力的方向,您的建议将是我们改进的目标。在服务中,如果有什么不足之处,还请多谅解。希望大家有机会能再来我市,欣赏我们的激情都市,壮丽三峡。到时小刘我再来给各位当导游。最后祝愿大家一路平安!合家欢乐!身体健康!

(二)概括介绍

概括介绍也叫整体介绍,即导游人员用概述法介绍旅游景点的位置、范围、地位、意义、历史、现状和发展前景等,目的是帮助旅游者对景点先有个总体了解,引起游览兴趣。首先在概括介绍时要用精练的词句,让旅游者对景物有初步了解,知道如何游览;其次要对行进线路做介绍,不能漏掉精品景点和景物,避免在游览中发生旅游者走失等事故;最后要对游览时间做出安排,有助于旅游者合理调配体力,保持游兴。

(三)重点讲解

重点讲解是对旅游线路上的重点景观从景点成因、历史传说、文化背景、审美功能等方面进行详细的讲解,使旅游者对旅游目的地有一个全面、正确的了解。这是导游词最重要的组成部分。

每一个旅游目的地的景观要素组合都较为复杂,但都存在主次之分。导游人员在带领旅游者游览的过程中,由于时间等客观原因,在游览和讲解中不可能面面俱到。因此在导游词中,对景观、景物的介绍要舍得"放弃"一些非主流景观,集中精力,利用有限的时间重点讲解介绍景区中最具有代表性的景点和景物,即对主要游览内容进行详细讲述,这也是导游词最重要和最精彩的组成部分。当一个景区同时具有多个重点时,导游人员的"重点"

讲解内容应与旅游者的兴趣需要相一致，必须充分考虑旅游者的旅游动机和文化层次。简言之，就是在对景区重点景观和景物进行取舍时，一方面要遵循常规的重点，另一方面必须考虑旅游者的需要，不能仅凭导游人员的主观意志。导游人员认为的重点，并不一定就是旅游者心目中的重点。

三、导游词的特点

这里所说的导游词，主要是指书面导游词，即用文字形式书写出来的导游词。其特点主要表现在以下六个方面。

（一）临场性

虽然书面导游词没有直接面对旅游者及景观，但它模拟现场导游的场景，创作者把自己比作导游，设想正带领旅游者游览。因此，导游词是循着游览线路层层展开的，而且为增加现场感，多以第一人称的方式写作。在修辞方面，多用设问、反问等手法，仿佛旅游者就在眼前，造成很强烈的临场效果。

（二）口语化

导游语言是一种具有丰富表达力和生动形象的口头语言。导游词是导游讲解脚本，其表达方式应着眼于口头表达，其风格应有别于书面语言，强调简练、流畅、通俗。少用长句、倒装句、插入语、分词短语和被动语态，尽量使表达简明易懂。

（三）实用性

导游词的写作目的有两方面：一是作为导游人员实际讲解的参考；二是作为旅游者了解某一景点或某一旅游目的地的资料。由于上述两个目的，导游词对每一个景点都提供翔实的资料，从各个方面加以讲述，导游人员读了以后，经过加工就能成为自己导游口头讲解的内容；而旅游者读了，就能对此景点或旅游目的地有详尽的了解。因此，导游词有很强的实用性。

（四）综合性

导游词既有说明性的特点，也有欣赏性的特点，因此，导游词是综合性的。在一篇导游词中，会用到自然科学知识，如地质成因、动植物学知识、力学原理等；还会用到社会科学知识，如宗教常识、哲学美学知识、诗词歌赋、中外文学等；另外，建筑、园林、书法、绘画等都会有所涉猎。一篇优秀的导游词往往综合了各个学科门类，多角度多层面对景点加以叙述，给阅读者全方位的信息。

（五）规范性

虽然导游人员在实际工作中运用的是口语，但导游词却是书面语言。因此导游词的用语应该规范，应该避免口语化的表达方法、避免地方方言等，即便为了增加幽默感而需要运用地方方言，也应该加以解释，让全国各地的读者都能读懂。规范的用语反映了作者良好的中文修养与造诣。

（六）其他

由于导游词具有极强的实用性，涉及的知识十分广泛，而导游讲解的主要目的是传播知识与文化，因此导游词还具有知识性、文学性、礼节性等特点。为了增强导游词的感染力，设计导游词时应在尊重客观景物的基础上，恰当地借用抒情、描写和议论的手法，使其内容引人入胜，为口语导游词"创作"打下坚实的基础。

四、导游词的功能

（一）引导旅游者鉴赏

导游词的宗旨是通过对旅游景观绘声绘色地讲解、指点、评说，帮助旅游者欣赏景观，以达到游览的最佳效果。

（二）传播文化知识

传播文化知识即向旅游者介绍有关旅游胜地的历史典故、地理风貌、风土人情、传说故事、民族习俗、古迹名胜、风景特色，使旅游者增长知识。

（三）陶冶旅游者情操

导游词的语言应具有言之有理、有物、有情、有神等特点。通过语言艺术和技巧，给旅游者勾画出一幅幅立体的图画，构成生动的视觉形象，把旅游者引入一种特定的意境，从而达到陶冶情操的目的。

此外，导游词通过对旅游地出产物品的说明、讲解，客观上能起到向旅游者介绍商品的作用。

五、导游词的表述方法

（一）渲染激情法

这类表述方法的特点是句子短，整散结合，为了造成气势可用排比句、反问句等抒情色彩较浓的句式。比如，井冈山——革命圣地，它没有嵩山少林寺，也没有泰山玉皇顶，但是岁月却给我们留下了大量的革命胜迹：茅坪河边，红军在这里胜利会师；八角楼上，毛主席在这里播下星星火种……这山这水，哪一样不可以和名山大川媲美；这一事一物，哪一桩不是在叩动人们的心扉……

（二）妙喻显趣法

运用比喻，可以把抽象复杂的事物介绍得具体生动、浅显易懂；把陌生的事物解释得形象清晰、简明通俗，易于认识和了解。具体方法有：把抽象事物形象化的比喻、使自然景观生动化的比喻，突出人物个性的比喻、让复杂的表达简洁化的比喻、激发游客想象力的比喻等。比如，"这儿的姑娘们都爱唱歌，她们的歌声就像百灵鸟的声音一样清脆动听"，"歌声"是抽象的，而"百灵鸟的声音"是形象化的。

（三）烘托类比法

烘托类比在导游词创作中，可以从内容和形式两方面予以运用。在内容上运用，可以加强语言的表达效果，激发游客的情趣；在形式上运用，可以使语言表达方式多样化。比如，在表述中国的历史年代时，可用外国旅游者所熟悉的历史年代进行类比。在讲解故宫的建筑年代时，对美国旅游者可用哥伦布发现新大陆的时间加以类比，指出这一宏伟建筑在哥伦布发现美洲之前70年就已落成。对英国旅游者，则可以告诉他们故宫远在莎士比亚出生前140年就建成了。这样，外国旅游者就会从中体会出中国文化的悠久，并更加激发旅游者观景的兴趣。

（四）寓幽于默法

运用幽默法可以使导游词富有感染力和趣味性，在轻松愉快中给人知事明理的启迪。在导游讲解服务中，导游人员可以把景观、景物和旅游者巧妙地联系起来，用幽默的导游词和导游语言变困境为顺境、变紧张为缓和、变扫兴为高兴。

（五）夸张饰美法

夸张是用夸大的词句来形容事物的修辞手法。在导游词中夸张饰美，既可以唤起旅游者的想象力，又能较好地抒发导游员的情感，增强导游词和导游语言的感染力。比如，漓江水，如梦似幻。泛舟漓江，宛若到了神仙境界。船至"九马画山",导游人员说道:"请看前面这座山,山石颜色各异,有黄、白、灰褐色……五彩缤纷,好像九匹凌空欲飞的骏马,人们叫它'九马画山'。"

(六)巧设悬念法

设置悬念,引起旅游者关注。讲到关键的地方故意留下使旅游者感兴趣的问题,激发他们的好奇心。其特点是先将疑问悬在那里,然后"顾左右而言他",故意不予理会,或做出种种猜想,蕴蓄较长时间后,再解悬念,回答提出的问题。比如,在游完岳阳楼的一楼后,导游人员指着墙上的一块《岳阳楼记》大型屏雕说:"这块是赝品,是一个知县仿制的,真迹在二楼上。要问这是怎么回事,请上二楼便知。"原来清乾隆年间大修岳阳楼,当时知府请著名书法家张照手书范公《岳阳楼记》大匾,但这一珍品被一知县盗去,他将另一伪品挂还。恰逢"阴风怒号,浊浪排空",船沉人没。以后这块匾被一渔人所获并献出。

除了上述主要表述方法外,导游词还可以用陈述、引申、讲故事、说典故、情景相融、虚实结合等多种表述方法。

六、书面导游词的写作要求

(一)重科学、显特色

一篇优秀的导游词必须有丰富的内容,应融入各类知识并做到旁征博引、融会贯通、引人入胜。导游词的内容必须准确无误,令人信服,特别是进行科普导游时必须严格按科学规律写作,切忌胡编乱造,更不能人造"假科学"。一言以蔽之,就是注重知识性和科学性。

导游词的内容不能只满足于一般性介绍,还要注重深层次的内容,如同类事物的鉴赏、有关诗词的点缀、名家的评论等。这样,会提高导游词的档次。导游人员要善于根据旅游者的现实需要,结合景区、景物的分析来创作导游词。

导游词的创作要不断创新,符合时代气息。导游词内容深刻,给旅游者一种新颖的感受,有助于提高导游质量。但新颖并不等于深刻,因此,创作导游词时,要深入探讨景区(点)内容的实质,把丰富的内涵挖掘出来,讲深讲透。

（二）讲究口语化

书面导游词是为现场口语导游而准备的，而导游语言是一种具有丰富表达力、生动形象的口头语言。这就是说，在导游词创作中要注意多用口语词汇和浅显易懂的书面语词汇。要避免难懂的、冗长的书面语词汇和音节拗口的词汇，减少刻意的主观煽情；要多用短句，减少华丽的书面文学辞藻的堆砌，以便讲起来顺口、听起来轻松。强调导游词口语化，不意味着忽视语言的规范化。编写导游词必须注意语言的品位。

（三）突出主题

每个景区（点）都有其代表性的景观，每个景观又都从不同角度反映出它的特色内容。导游词必须在照顾全面的情况下突出重点。面面俱到，没有重点的导游词是不成功的。在创作导游词时，应该突出明确的主题，并用一根主线贯穿整个讲解，这样才能给游客留下鲜明的印象，并牢牢抓住旅游者的心，使他们从游览活动中获得知识和留下美好深刻的记忆。

（四）要有针对性

导游词不是以一代百、千篇一律的。它必须是从实际出发，因人、因时而异，要有的放矢，即根据不同的旅游者以及当时的情绪和周围的环境进行导游讲解之用。切忌"不顾旅游者千差万别，导游词仅一篇"的现象。编写导游词一般应有假设对象，这样才能有针对性。

（五）注重品位

首先，要强调思想品位。因为弘扬爱国主义精神是导游人员义不容辞的职责，所以导游词必须要以国家、民族利益为重，突出主旋律，确保正确的价值取向。其次，要讲究文学品位。导游词的语言应该是规范的，文字是准确的，结构是严谨的，内容层次是符合逻辑的，这是对导游词文化创作的基本要求。在导游词中，适当地引经据典，引用一些著名的诗词、名句和名人警句等，就能相应地提高导游词的文学品位。最后，要体现"玩"的品位。旅游活动本身是有层次的，游览一个景点也是循序渐进的。现代人出门以"玩"为主，讲求"玩"的时序、享受"玩"的乐趣、追求"玩"的层次与品位。因此，导游人员在创作导游词时注意所选素材要紧扣中心思想，写作的内容需要"渐入佳境"，层层深入，扣人心弦。在知识的选取和"传授"上，要注意寓教于乐，在"玩"中传播知识与文化。

（六）突出趣味性

趣味性是增强导游词吸引力的重要因素。要突出导游词的趣味性，必须注意五个方面的问题：一是合理编织故事情节；二是语言生动形象，用词丰富多变；三是恰当地运用修辞方法；四是强化幽默风趣的韵味；五是随机应变，临场发挥。

七、导游词创作流程与要领

导游词创作从根本上说与写文章一样，没有什么特别规范的流程。一般可以按照选题—确立主题—借题发挥的程序进行创作，重要的是把握各个环节的要领。

（一）选题

在导游词的创作中，首先碰到的就是"写什么""怎么写"的问题。选择什么景观作为自己写作的对象决定着整个创作活动的方向，也在很大程度上决定了一个旅游地旅游资源的质量评价。导游词的选题应当遵循以下原则。

个性化原则。导游词一定要突出所描写景观的个性，即充分揭示其本身独有的、不同于其他任何景观的特色。个性即特色、特点，是独一无二的东西。应该强调唯一而不是强调第一。比如，泰山的雄、华山的险、黄山的奇、峨眉山的秀等。

创新性原则。即选题要有新内容、新见解、新材料、新角度。无论自然景观还是人文景观，大都有悠久的历史，通常都有着大量口传的故事或丰富的文学材料。因此，首先要广泛收集材料，经过认真阅读、分析、比较，筛选出优秀的、科学的、符合时代精神的、富有艺术性的精华，而去掉荒诞的、迷信的、毫无意义的糟粕。尤其重要的是，要努力从新的角度去思考和观察客观对象，或前人虽已涉猎但尚未充分表现的东西，从而获得新意，也就是常说的"推陈出新"。

整体性原则。优秀的旅游景观大多有其广阔的社会政治背景、深厚的历史文化内涵，它往往是众多景点中最具有特色的珍品。因此，在编写导游词时，不能"就景写景"，孤零零地描述单个的景点，这不但显得单调肤浅，而且不能由此及彼、以重点带一面，而应该着眼全局，协调要素进行整合。

市场导向原则。每一个旅游目的地和景观都有其不同的顾客群,导游词创作要选准自己的对象,有的放矢,才能扣人心弦。另外,导游词应具有鲜明的时代特征,应站在时代的高度去挖掘景物的本质意义,因为随着社会经济的发展,旅游需求和动机也在不断变化,导游词创作不但要顺应市场需要的变化、把握社会时尚,还应该在一定程度上引领社会、彰显主旋律。

(二)确立主题

主题,是作者在文章中表达的中心思想。它体现了作者创作的主要意图,表现了作者对文章中所反映的客观事物的基本认识、理解和评价。主题具有客观性和主观性的双重属性。任何文章都是客观事物和社会生活的反映,主题应该是客观事物和社会生活内容固有的思想含义,而不能牵强附会、任意拔高。但主题不是客观事物本身,而是作者对它的主观认识、主观反映,作者的主观因素在形成和表现主题的过程中起着决定性的作用。

导游词的写作必须重视主题的确立和提炼。通过一篇导游词的讲解,要向旅游者表达一种什么思想、意图,要激发旅游者什么样的情感、认识和评价,从而达到启发教育的目的。主题是导游词的核心、灵魂和统帅。因为主题决定导游词的价值,主题决定素材的取舍与提炼,主题支配着导游词的谋篇布局,主题制约导游词的表达手法和语言运用。

导游词主题的确立,必须满足正确、集中和深刻这三方面要求。正确是对主题的思想性、科学性或审美价值的要求。正确性既体现在符合景物的真实情况,充分揭示景物文化内涵,帮助旅游者去认识和欣赏景物的深层价值,也体现在有利于激发旅游者积极健康的情感,培养其高尚的情操。集中主要指主题的简明和单一,即一篇导游词只能有一个主题。深刻即主题的深度。

(三)借题发挥

导游词通常都是依照游览线路,紧扣景物进行阐述的,但在介绍某一事物时,往往需要从内容上加以扩充和增补,帮助旅游者更加深入地理解画面和实物本身难以直接表达的含义。因此,导游词的创作在许多地方需要借题发挥。

借题发挥的方法很多:一是知识上旁征博引。比如,介绍北京故宫保和殿时,就可以将封建时代的科举制度叙说一番,从隋代开创说到1905年废止，以增加其知识性、趣味性。二是情理上借题发挥。比如，介绍泰山挑夫登十八盘时，可以说："十八盘是考验意志和耐力的路，十八盘是砥砺恒心和韧性的路。在人生的道路中总是会遇到这样那样的困难，往往困难越大，离胜利也就越近了。登过泰山十八盘的人，可以形象地体会到这个道理。"三是史料上借古论今。

借题发挥时不能随意发挥，而要注意以下几个方面：一是要紧扣景物和实物，以真实的场景为基础，不能信口开河；二是引用的史料知识，必须是真实的、科学的，而不是杜撰的、瞎编的；三是抒发的感情应该是积极的、健康的、催人奋进的，而不是消极的、颓废的、厌世的；四是发挥的内容要简洁，文字要精炼，做到有的放矢、收放自如，而不要漫无边际、离题万里。

导游词的创作要有文学家的功底、诗人的激情、史学家的冷静和理论家的逻辑性。导游词创作必须持严肃、认真的态度，这对发展一个地区的旅游业以及提高旅游业的整体水平有着深远的意义。

第二章
重庆特色文化

　　重庆是我国著名的历史文化名城,文化底蕴十分深厚。早在204万年前,就有人类在这里活动,龙骨坡"巫山人"的发现,证明三峡地区不仅是中国而且是亚洲人类的起源地。距今20万年前,重庆地区的长江两岸就出现了以采集和狩猎为主的活动人群。距今6000年前,这里就出现了使用石器、骨镞、玉器和彩陶的先民,形成了"石之精灵,骨之魂魄"的"大溪文化"。4000年前,大禹治水来到重庆,娶妻生子于涂山,三过家门而不入,得神女之助,开凿夔门,导江入海,构成了生生不息的"大禹文化"。

　　重庆有文字记载的历史起源于商代武丁时期,距今已有3000余年。巴人建巴国,都江州(今重庆),在3000多年的历史长河中,历经三建国都、四筑渝城、八次移民、四次直辖,改革开放,业已形成今日重庆之格局。重庆的历史遗存十分丰富,至今还保存着大量的古遗址、古窑址、古墓葬,以及摩崖石刻、历史建筑和风景名胜,有文物景点12800余处,有各类非物质文化遗产项目4000余项。从解放碑响彻云霄的钟声到新风拂面的渝西大地,从涟漪粼粼的三峡平湖到栖满鸟类的武陵仙山,每一座城池、每一片山水、每一段佳话、每一处风情无不闪烁着文化的光辉。文化,是润泽泱泱巴渝八万里山河的灵魂,是彰显每一处自然风貌和人文景观的形象符号。

第一节 巴文化与革命文化

一、一脉相承的巴文化

（一）巴人西迁与巴文化的形成

在历史的记载中，巴，既是种族名，又是地名。作为种族名，它是巴族；作为地名，它是巴地。3000多年前的巴人，最早生活在湖北的长阳山区，后来势力发展壮大，在廪君巴务相的带领下，逐步向外拓展，从长阳到夷城（恩施），从夷城到枳城（涪陵），从枳城到江州（重庆），最终以江州为中心，建立了巴国。巴国的势力所及，最繁盛时期，西近成都平原，北到陕西汉中及汉水流域中上游，东至湖北宜昌，南至今日之渝东南、黔东北、湘西北，巴人在巴山渝水的广袤大地上创造了独一无二的巴文化。其传奇性的人物故事有巴务相率众西迁、巴寡妇清采矿炼丹、巴蔓子将军刎头留城等。

巴文化是古代巴人所创造的全部物质文化和精神文化的总和，它是巴族文化和巴地各族文化的集合体。在民族迁徙的过程中，巴族文化得以沿途传播，也得以与其他族群进行文化交流，形成与楚文化和蜀文化并驾齐驱的局面，但又相互影响和相互渗透，故也有"巴楚文化"与"巴蜀文化"之称，但却始终保持了自己独特的个性特征。秦汉统一之后，巴文化、楚文化、蜀文化开始融入华夏文化共同体。

（二）巴文化的代表作

巴文化的代表作，一是"下里巴人"，它是劳动人民口头创作的民歌，流行于春秋战国时期，记录和歌唱了古代巴人的劳作生息。目前有史料可考的"下里巴人"，可追溯到北魏郦道元的《峡中行者歌》。秦汉以后，一些文人墨客也渗入民歌创作的行列中来，对其进行加工提炼，产生了诸如《巫山高》等巴渝民歌的经典之作，据资料记载，仅先秦和汉魏六朝，以《巫山高》为同一题目，描写和歌唱过长江三峡的古代诗人就有40余位之多。

二是"竹枝词"。竹枝词原先也是巴渝地区的民间歌谣，属下里巴人范畴，巴人联歌《竹枝》，吹短笛击鼓，边唱边跳，以曲多为贤，带有明显的赛歌性质。民间的竹枝词语言流畅，通俗易懂，具有易学、易唱、易流传的特点。后来，竹枝词被文人所吸收，融会竹枝词民间歌谣的精华而创作出具有浓郁民歌色彩的诗体，并借助竹枝词的格调写出七言绝句，虽文人气较浓，仍冠以"竹枝词"。代表人物当数刘禹锡，他于长庆二年（822年）任夔州刺史时，到巫山采风，见民间跳竹枝，就效仿屈原作《九歌》的方式，作《竹枝》九篇，实为文人诗体，对后代影响甚大，其中"杨柳青青江水平，闻郎江上唱歌声，东边日出西边雨，道是无晴却有晴"，成为脍炙人口的名篇佳作。

三是"巴渝舞"。巴渝舞来源于商末巴师伐纣时的"前歌后舞"，舞风刚烈，音乐铿锵有力，属武舞、战舞之类。汉初，巴渝舞被刘邦移入宫中，成为宫廷乐舞，既供宫廷观赏，也成为接待外宾和王朝祭祀的乐舞。三国曹魏时巴渝舞更名为"昭武舞"，西晋又易名为"宣武舞"，至唐代，巴渝舞仍为宫廷乐舞之一。唐以后，巴渝舞逐渐从宫廷中消失，但仍在民间流传，一直到今，遗风犹存，三峡地区和武陵山区巴人后裔的踏踢舞、摆手舞、腰鼓舞、盾牌舞、茅古斯舞，就是古代巴渝舞的流变形式。

巴地还有浓郁的巴人风情，巴人历来崇尚武勇，民风古朴凝重。他们建造干栏式房屋，楼上住人，楼下养畜，常常依山傍水而居。人死后大多采取船棺葬、悬棺葬、岩穴葬、土坑葬等形式葬送逝者。巴人善酿，古代巴人的酒，以"巴乡清"著称于世，据《水经江水注》记载："鱼腹县（今奉节）江之左岸有巴乡村，村人善酿，故俗称'巴乡清'，郡出名酒。"清酒酿造时间长，冬酿夏熟，色清味重，为酒中上品。巴人善耕，牛耕田，人扶犁，除稻谷外，苞谷、土豆、红苕是其主粮。巴人善织，家家种麻，户户织布，衣物、嫁妆等所需布料均能自给自足，"賨布"即为麻布，今渝西地区的夏布和渝东南的西蓝卡普，均由"賨布"演化而来。

（三）巴文化的传承与发展

源远流长的巴文化流淌至今，仍然巴韵十足。下里巴人、竹枝词、巫山高，不仅是巴渝文学的重要源头，也对后来的中国文学产生了深远的影响。现在的摆手舞、花灯舞、薅秧锣鼓、花鼓调、莲花落、肉连宵、川剧帮腔、川江号子、劳动号子等，都与旧时巴歌渝舞密不可分。从"白虎飞升"到"巫山神女"的巴人神话；从廪君先祖"率队西进"到蔓子将军"刎头护城"的巴人传奇；从"建都江州"到巴县和巴南区的演进历史；从"巴蔓子墓"和"巴县衙门"到"巴文化雕塑区"和"巴国城"的实物见证，都能看出巴文化的有效传承和发扬光大。参天之树，必有其根，巴文化就是我们的根文化。

二、前仆后继的革命文化

（一）辛亥革命时期的革命文化

革命文化，是指人民群众在伟大斗争中构建的、以革命精神为思想内容和价值取向的、具有鲜明特色的先进文化。它是革命实践的伟大创造，是革命事业的精神遗产和文化传承，是中华民族优良传统和品格风范的集中体现，是推进中华民族伟大复兴的精神动力。

历史上，重庆的革命文化，始终在全国占有重要的一席之地。辛亥革命时期，民主革命家杨沧白，忠实追随孙中山先生从事革命斗争，为辛亥革命的成功、为推翻封建专制和建立共和政体立下了汗马功劳。资产阶级革命宣传家邹容撰写的《革命军》，提出用革命手段推翻清朝皇权，建立资产阶级民主国家，为革命献身时年仅20岁，《革命军》为民主革命吹响了号角，成为名副其实的反帝反封建战斗檄文。

（二）20世纪初期的革命文化

20世纪初，马克思主义开始在重庆传播，激励先进的重庆人站在了时代前列，20世纪20年代，四川省重庆共产主义组织、中国青年共产党、中共重庆支部、中共重庆地方执行委员会相继在渝成立，掀起了轰轰烈烈的大革命高潮，杨闇公、刘伯承等老一辈革命家领导了中国共产党人独立掌握革命武装、开展军事斗争的重要尝试——顺泸起义。1927年大革命失败后，时任中共重庆地方执行委员会书记的杨闇公等一大批共产党人英勇献身，谱写了可歌可泣的时代壮歌。

（三）土地革命战争时期的革命文化

重庆的革命文化特色鲜明，内容十分丰富。在酉阳南腰界，有贺龙、关向应等老一辈革命家创建的川黔湘鄂革命根据地，它是重庆唯一的省级苏维埃政权，完好地保存着中国工农红军第三军司令部旧址、红军会师纪念亭、红军烈士墓等50余处革命遗址景点。城口县是重庆市唯一成建制地建立了县以下各级苏维埃政府的革命老区，李先念、徐向前等老一辈革命家曾来到城口，建立红色政权，撒播革命火种。在城口苏维埃政权纪念公园内，建有川陕革命根据地苏维埃政权纪念碑和川陕苏区城口纪念馆,展示出光辉的革命历程,是市级爱国主义教育基地。

(四)抗日战争时期的革命文化

抗日战争时期,以周恩来、董必武为代表的老一辈无产阶级革命家,在重庆组建了中共中央南方局,维护国共合作,巩固发展抗日民族统一战线,领导人民进行艰苦卓绝的抗日战争,培育和形成了以"爱国、奋斗、团结、奉献"为基本内容的红岩精神和以国共合作为基础的抗日民族统一战线文化,为中华民族的独立和中国人民的解放事业建立了不朽的历史功勋。中华人民共和国成立前夕,重庆国民党反动派疯狂镇压共产党领导下的地下革命斗争,罗世文、车耀先、江竹筠等一大批共产党人在狱中与敌人进行不屈不挠的斗争,表现出革命者宁死不屈、视死如归的高尚情怀,以及大义凛然、从容就义的英雄气概,他们壮烈牺牲在反动派罪恶的屠刀之下,用鲜血和生命染红了五星红旗,谱写了革命文化壮丽的篇章。

(五)重庆革命文化的现代传承

重庆的革命文化传承基地的建设成绩斐然,成果丰硕,许多地方已成为广大市民和国内外游客必不可少的打卡地,红岩村、渣滓洞、白公馆、红岩革命纪念馆、歌乐山革命纪念馆、重庆中国民主党派陈列馆、杨闇公烈士陵园、刘伯承纪念馆、聂荣臻纪念馆……无一不是重庆革命文化的承载和传承地,无一不是具有红色基因的文化旅游目的地,无一不是各具特色的爱国主义和革命传统教育基地,在社会主义精神文明建设中发挥着重要的作用。

第二节 三峡文化与移民文化

一、举世闻名的三峡文化

(一)关于三峡

关于三峡,有狭义和广义之分。狭义的三峡,是长江上瞿塘峡、巫峡、西陵峡的总称,上起奉节白帝城,下至湖北宜昌市,全长193千米。殊不知,当"截断巫山云雨"成为现实,185米的三峡大坝"更立西江石壁"的时候,我们看到175米的一江大水,由东到西,直抵重庆,长达660千米,形成浩浩荡荡的三峡库区,这是广义的三峡。

三峡文化应该是整个三峡库区的文化标签,它是在巴渝文化的基础上,巴文化与楚文化的有机融合,并以长江为纽带,与下游的荆楚文化和吴越文化相贯通,最后促成了长江文化谱系的形成。660千米的三峡文化区,是巴渝文化的富矿,沿途宽广流域忽略不计,只是沿江而下,就有长寿湖、白鹤梁、丰都鬼城、云梯街、石宝寨、万州大瀑布、张飞庙、奉节天坑、白帝城、瞿塘峡、小三峡、巫峡、神女峰、西陵峡、屈原庙、昭君故里、三峡大坝……自然景观和人文景观数不胜数。

(二)历史上的三峡文化

早在战国时期,就有屈原的《九歌·山鬼》诞生于三峡,其中有"采三秀兮於山间,石磊磊兮葛蔓蔓"的诗句,"於山"就是巫山,"山鬼"即为山神,《山鬼》是描写三峡神女最早的诗篇。宋玉的"两赋"写的也是巫山,《高塘赋》描写当年楚怀王在梦中云游高塘,观巫山神女的情景,《神女赋》则是《高塘赋》的续篇,它描写巫山神女的美丽容貌和端庄品性,应该是最早描写女性美的赋体散文。

唐宋时期,无数骚人墨客在重庆和三峡做官或客居,留下了大量的诗词歌赋。唐代有陈子昂、杨炯、卢照邻、张九龄、孟浩然、王维、李白、杜甫、白居易、刘禹锡、李商隐、李贺等;宋代有欧阳修、王安石、苏轼、苏洵、黄庭坚、陆游、范成大等,几乎中国文学史上有名的古代文学家都在三峡地区留下了大量诗篇。李白的《早发白帝城》,"朝辞白帝彩云间,千里江陵一日还,两岸猿声啼不住,轻舟已过万重山",空灵奔放、千古传唱。杜甫晚年屈居夔州,留下诗作430余首,约占杜甫所写诗作总数的1/3,是古代巴渝诗歌创作的杰出代表。白居易写《夜入瞿唐峡》:"瞿唐天下险,夜上信难哉。岸是双屏合,天如匹练开……"当是宦游三峡的名篇佳作。后来的明、清和民国时期,描写三峡自然景观、人文景观和风土人情的诗人诗作浩如烟海,不计其数。

(三)三峡移民精神

历史的长河流到了现当代,勤劳勇敢的三峡儿女,创造了"舍小家、顾大家、为国家"的三峡移民精神,完成了举世无双的三峡水利工程建设和百万大移民,一座座新城在三峡库区崛地而起,他们把三峡诗篇写在了广袤的巴渝大地，一批批生动的移民故事、辉煌的建设成就、绚丽的三峡新貌不断变成了文学、艺术、影视和其他作品，汇入了三峡文化建设的大合唱。黄济人的长篇报告文学《命运的迁徙》，阳晓的话剧《沙洲坪》，张昌达、柯愈励、曹宪成的歌剧《巫山神女》，刘国伟、夏祖生的话剧《移民金大花》，伟巴的方言话剧《三峡人家》，岳非丘的报告文学《只有一条长江》等作品分获全国五个一工程奖、文化部文华新剧目奖、中国作协等部委中国潮报告文学奖、重庆市文学艺术奖等重大奖项；重庆市文联"走基层，转作风，改文风"主题美术摄影作品展《瓜瓢村的故事》晋京展出引起强烈反响；巫山举办的"长江三峡国际红叶节"已连续12届，规模宏大，内容丰富，县内外、市内外、国内外游客蜂拥而至；奉节县是有名的三峡诗城，奉节县编辑出版的《夔州诗全集》共有洋洋洒洒9卷之巨，录入诗家700余位，诗作4400余首，"白帝城国际诗歌节"深挖诗城文化底蕴，传承和弘扬诗书情怀，倾力推出《归来三峡》大型诗词文化情景歌舞，成功创建和荣获了"中华诗城"的金质招牌；忠县打造的《烽烟三国》大型实景演出，以三峡港湾为舞台，以三国文化为主题，以忠义精神为灵魂，是一台货真价实的文化大戏……一个新的三峡文化建设的热潮业已形成。

二、源远流长的移民文化

（一）重庆历史上的八次大移民

从古至今，重庆就是一座典型的移民城市，历史上的重庆人基本上是移民，现在世居的重庆人大部分是移民的后裔。所以从某种意义上讲，重庆文化就是移民文化。

其实，重庆最早的移民当是夏朝初年的巴人入川，巴人在今日的重庆建立了巴子国。之后，有史料明确记载的大移民就有8次之多。第一次大移民是公元前314年，秦始皇迁六国富豪入蜀，而大量巴人也因饱受战乱之苦，纷纷迁徙到长江以南的武陵山区。第二次大移民是东汉末年至西晋时期，中原战乱，南阳、三辅居民数万户避乱入川；211年，蜀汉开创者刘备带荆兵万余入川；西晋元康七年，甘肃、陕西境内流民数万家逃荒入川。第三次大移民发生在两宋时期，金兵入侵，战乱纷纷，北方陕、豫、甘居民入川避难，移民多达238万之巨。第四次大移民是因为元末红巾军大起义，全国战乱，四川人口稀少，明初进行了长达22年的第一次"湖广填四川"，填入移民30万左右。第五次大移民是清朝初年的第二次"湖广填四川"，前后延续60余年，移入人口超过历次数量，使四川人口由不足50万增至200余万。第六次大移民是抗日战争时期，国民政府西迁重庆，大批工厂、学校、企事业单位和东部人口也随之内迁。第七次大移民是20世纪60年代的"三线建设"，一大批军工和新兴科技企业及其家属迁入重庆。第八次大移民是举世闻名的"三峡大移民"，内迁和外迁人口达到百万以上。

一次次不同规模、不同背景的移民，不仅是重庆城市发展的一次次机遇，也使重庆的人口结构、数量、素质，甚至种群特征得以变化与改良，天南地北、五湖四海的人群不断融合，最终使重庆成为中国最不排外、最具有包容性的城市之一。

（二）会馆：移民文化的重要载体

四方八面的人口涌入重庆，也必然涌入四方八面的文化，各地的各类"会馆"即是当时当地移民文化的重要载体。会馆起始于明朝初年，发展于明朝中期，兴盛于清代，衰微于民国时期，大致分为同乡会馆、商人会馆和科举会馆三大类，其主要功能是奉圣贤、联乡情、酬神自娱、聚众议事和交涉官府，对社会有一定的稳定作用。据《重庆会馆志》记载，重庆是全国会馆建筑密度最大的地区之一，历史上，在朝天门至金紫门一带，建有著名的陕西会馆、福建会馆、江西会馆、湖广会馆、江南会馆、山西会馆、浙江会馆和广东公所、齐安公所、云贵公所十大省级会馆、公所，俗称"八省会馆"。除此之外，一般县城、场镇和水陆交通要冲之地都设有不同籍贯的会馆，几乎遍及城乡各地，总数逾千座。虽历经战乱、人为及自然损毁，至今仍存近百处，保存最完好的当数渝中区的湖广会馆。

湖广会馆坐落于渝中区东水门，建于清乾隆年间，扩建于道光和光绪年间，占地8500余平方米，现有广东会馆、江南会馆、两湖会馆、江西会馆，以及广东公所、齐安公所和四个戏楼，是全国城市中心区最大的古会馆建筑群，是清代重庆作为繁华商埠的历史见证，也是清朝前期至民国初年重庆移民文化、商业文化和建筑文化的重要标志。重庆湖广填四川移民博物馆也设在其仿古建筑之内，生动地再现了人类移民史上一次极为重要的移民浪潮——"湖广填四川"移民运动。

第三节 抗战文化与统战文化

一、得天独厚的抗战文化

（一）抗战文化与抗战历史紧密相连

重庆的抗战文化与重庆的抗战历史紧密相关。1937年，抗日战争全面爆发，时在南京的国民政府发布《国民政府迁驻重庆宣言》，使重庆成为中国的战时首都，1940年，又定重庆为中华民国永久性陪都。同时，作为世界反法西斯战争的重要组成部分，重庆又是第二次世界大战的远东指挥中心，是与美国的纽约、英国的伦敦、苏联的莫斯科齐名的世界反法西斯战争中心城市。这一时期，重庆成为全国的政治、经济、文化和军事指挥中心。

（二）抗战时期的新闻出版业

抗战时期，新闻出版印刷事业迅猛发展，重庆有文艺刊物50余家，报纸110余家、出版社120余家、文学丛书130余套。《新华日报》《新民报》《新民晚报》《新蜀报》《世界日报》等发表了大量的抗战文学作品，特别是第一个以发表小说为主的地方性文学月刊《春云》创刊、第一个现代诗歌刊物《诗报》创刊、外迁而来的商务印书馆、中华书局，以及《儿童世界》等刊物，为重庆抗战文学的发展提供了载体。

（三）抗战时期的文学艺术

一大批作家、艺术家、社会名流和文化精英云集重庆，使重庆成为名副其实的文化高地。以郭沫若、茅盾、巴金、老舍、冰心、胡风、夏衍、张恨水、艾青、臧克家等为代表的外来作家和以吴芳吉、何其芳、邓均吾等为代表的一批本土作家，写出了一大批掷地有声的文学作品。小说方面，有茅盾的《腐蚀》、巴金的《寒夜》、老舍的《四世同堂》、夏衍的《春寒》、张恨水的《啼笑姻缘》、沙汀的《还乡记》、路翎的《财主的女儿们》、艾芜的《苦难者》等作品；诗歌方面，有郭沫若、柳亚子、光未然、卞之琳、臧克家、艾青、胡风、田间等一批外来诗人的作品，有吴芳吉、何其芳、方敬、沙鸥等一批本土诗人的作品，还有毛泽东、周恩来、董必武等一批领袖诗人的作品；散文方面，有郭沫若的《在轰炸中来去》、茅盾的《白杨礼赞》、老舍的《起来，不愿做奴隶的人们》、田汉的《把民族敌人赶出神州》、何其芳的《呜咽的扬子江》、冯玉祥的《倭寇内部的危机》等一系列颇有影响力的文学作品。

除一大批著名作家和文学作品外，还涌现出一大批著名的戏剧艺术家、电影艺术家、表演艺术家、美术书法艺术家和他们的文化艺术作品，诸如曹禺、赵丹、白杨、秦怡、张瑞芳、舒绣文、徐悲鸿、傅抱石、李可染等。抗战时期，在重庆拍摄的电影有《保卫家乡》《中华儿女》《胜利进行曲》《一江春水向东流》等。当时的重庆有雾季公演，艺术家们创作和演出了一大批戏曲、戏剧作品，著名的国泰大剧院就上演过曹禺的《雷雨》《日出》《北京人》、郭沫若的《屈原》《棠棣之花》、老舍的《四世同堂》《残雾》等戏剧作品。

（四）抗战文化的传承发展

后来，国民政府还都南京，事实上中断了重庆的繁荣局面，但抗战文化却坚强地存活下来，生生不息。重庆现有390多处抗战遗址，最集中的当数南岸黄山，建有重庆抗战遗址博物馆，蒋介石官邸"云岫楼"、宋美龄别墅"松厅"、美国特使马歇尔旧居"草亭"是其重要建筑，常有游客参观，温习抗战历史。重庆图书馆的前身曾是当时的罗斯福图书馆，抗战文献资料和联合国资料是其两大特色馆藏，是除国家图书馆外，抗战文献资料和联合国资料收集最多最全的图书馆。此外，重庆档案馆、重庆中国三峡博物馆、重庆中国民主党派历史陈列馆、重庆红岩革命纪念馆也收集了大量的抗战文献资料，且正在发生重要的文化传承作用。抗战时期，曾有沙坪坝、华西坝、夏坝、白沙坝著名的"文化四坝"，除华西坝外，其余3处都在重庆，抗战文化在那里得以传承。市有关部门还规划了一大批抗战文化的研究、创作、保护和建设项目，并产生了一大批文学艺术作品和文化建设成果。抗战文化是重庆得天独厚的文化资源。

二、独具特色的统战文化

（一）什么是统战文化

统战文化是指在中国人民抗日战争和解放战争时期，在重庆土地上，中国共产党摒弃前嫌，与国民党和广大中间力量团结合作，结成抗击日本法西斯的抗日民族统一战线，为夺取抗日战争的胜利和建立中华人民共和国而共同创造的一种历史文化形态。

（二）统战文化的历史作用

抗战时期，中国共产党领导的革命斗争，实际上形成了两条战线、两个战场。一个是敌后抗日根据地的武装斗争，这是革命的主战场；一个是党领导的国统区地下工作战场，它最重要的任务就是统一战线。随着抗日战争进程的发展变化，国统区战场的地位日显重要。

中共中央南方局的使命就是高举抗日民族统一战线旗帜，为抗战民主凝聚力量。南方局在党中央的正确领导下，始终高举抗战民主旗帜，正确处理统一战线中的阶级关系，广泛团结中间势力，孤立顽固势力，以卓有成效的工作把统一战线推向空前的广度和深度，为民主党派阵营的形成，为中华人民共和国成立后中国共产党领导的多党合作政治格局的开创，奠定了理论、制度和社会基础。所以毛泽东在总结中国共产党领导的革命斗争时指出，统一战线、武装斗争、党的建设是中国共产党克敌制胜的三大法宝。

这一时期，延安是中国抗日战争的政治指导中心，是中国共产党统一战线的总指挥部。重庆由于战时首都的地位和中共南方局的驻足，成为中国共产党统一战线工作的前哨阵地。因此，如果说延安是武装斗争和党的建设的代表的话，重庆则是党的统一战线工作的重要实践地及经验、智慧的集中贡献地。重庆不但是第二次国共合作和抗日民族统一战线的主要舞台，还是共产党领导的多党合作制度和政治协商制度的产生地，更是中国民主党派的主要发祥地，在中国八大民主党派中，中国民主同盟、中国民主建国会、九三学社以及中国国民党革命委员会前身之一的三民主义同志联合会都是在重庆发祥的。

重庆集聚了我党统一战线工作的基本要素、伟大实践和光辉成就，是中国统一战线历程的缩影。统一战线为重庆这座城市打下了深深的烙印，统战文化所具有的独特性、政治性、基础性，使之成为这座城市重要的历史文化特征。

第四节 城市文化与乡村文化

一、独具特色的城市文化

（一）重庆城市建设的现代化

山城重庆，有史3000年，得名800年，开埠120年，建市80年，是全世界最大的山地城市。1997年第四次直辖后发展迅猛,成为国家五大中心城市之一,是国家级历史文化名城,长江上游地区的经济中心和金融中心。2011年4月,国务院批复《成渝经济区区域规划》,把重庆定位为国际化大都市;2016年5月,国家发改委、住建部联合印发《成渝城市群发展规划》,赋予成渝两地为全国重要的现代产业基地、西部创新驱动先导区、内陆开放型经济战略高地、统筹城乡发展示范区、美丽中国先行区的城市发展定位;2020年10月,中央政治局召开会议,审议《成渝地区双城经济圈建设规划纲要》,推进成渝双城经济圈建设步伐。美国《外交政策》杂志赞誉重庆为"东方芝加哥",评定其为全球最具影响力城市之一;《财富》杂志将重庆评为"全球15个新兴商务最佳城市";英国《金融时报》列重庆居"最佳外国投资城市",评重庆为"亚洲未来城市"。

城市建设的现代化促进了城市文化建设的现代化,在这座既古老又年轻的直辖市,城市文化的先进性、丰富性、时尚性和辐射性表现得淋漓尽致。山在城中、城在山中、大山大水、重山重水、具有巴渝特色的大都市文化,是新时期巴渝文化高扬的龙头。

(二)重庆城市文化的先进性

重庆城市文化的先进性,主要表现在文化设施、文化人才、文化活动和文化成果几个方面。重庆是文化设施的集中地,既有重庆大剧院、重庆科技馆、重庆图书馆等老的十大文化设施,又有国泰剧院、重庆美术馆、重庆群艺馆等新的十大文化设施,它们是大都市文化的物质基础;重庆是文化人才的集中地,集中了一大批文学、艺术、社会科学和理论研究人才,出现了画家罗中立、表演艺术家沈铁梅、文学家黄济人、傅天琳等一批文化精英;重庆是文化活动的集中地,市里上档次、区县出特色、基层重普及,举办了金鸡百花电影节、世界大河歌会、重庆文化艺术节、亚太城市市长峰会、亚洲艺术节等重大文化活动,丰富了市民生活;重庆是文化成果集中地,推出了小说《红岩》、油画《父亲》、雕塑《收租院》、川剧《金子》、诗歌《柠檬叶子》、影视作品《母亲母亲》等一大批文化成果,提高了城市的文化品位和文化含量。

(三)重庆城市文化的丰富性

重庆城市文化的丰富性,主要体现在它的文化需求、文化品种和文化方式之中。开发开放的重庆，不仅是知识阶层的集中地、产业工人的集中地，也是进城务工人员和纷至沓来的外来投资者、旅游者的集中地，这就客观上要求它的都市文化必须满足不同层次、不同身份、不同地域人群的文化需要。除传统的文学、音乐、舞蹈、戏剧、曲艺、美术、书法、摄影等文艺品种外，重庆的饮食文化、服饰文化、旅游文化、体育文化、娱乐文化、选美文化、休闲文化、养生文化、企业文化、校园文化、社区文化等各种文化样式和文化活动层出不穷，形成了五彩缤纷的繁荣局面。

（四）重庆城市文化的时尚性

重庆城市文化的时尚性，主要表现在它不断刷新的文化风尚和文化面貌上。重庆人历来有追求新奇的爱好和引导潮流的心理，加之优越的城市地位、雄厚的物质基础、强烈的外来文化刺激，使都市文化的内容日新月异，形式和载体不断翻新，电脑、手机、网聊、网购、微博、微信、大数据、云计算、机器人、智能化、互联网、物联网……一种文化样式传到重庆，数月之内就热到顶点，形成潮流。重庆美食让人口舌生津，重庆美女让人目不暇接，重庆美景让人流连忘返。

（五）重庆城市文化的辐射性

重庆城市文化的辐射性，不仅表现在它对本土城乡的示范性上，也表现在它对周边省市和周边地区巨大吸引力和引领力上。开放的重庆，本来就是一个区域的文化中心，对所属区县和广大乡村起着巨大的辐射作用，文化设施、文化人才、文化活动和文化成果，都是广大乡村的楷模和示范。并且，随着城市文化的不断发展，辐射作用越来越强，辐射半径越来越大，对与其接壤的四川、贵州、湖南、湖北的地市州形成巨大的影响力，他们一方面到重庆上学、就业、打工、享受都市文化生活，另一方面又端出优惠政策，吸收重庆的资金、项目和文化成果，有的甚至提出了"政治上向省城靠拢，经济和文化上向重庆靠拢"的发展口号，这就是大都市文化辐射性的力量所在。

有理由认为，重庆作为中国著名的历史文化名城，是一座十分具有代表性和吸引力的城市，美食、美景、美女是它最亮丽的现代名片，一座大城，九开八闭，山在城中，城在山中；两江大水，万家灯火，城市在水光中漂浮游曳；一环四射、二环八射、三环十射，条条道路通"罗马"，数十座大桥飞架南北，人可以坐索道过江，轻轨可以在房子里穿行，城市像迷宫一样迷人；洪崖洞、李子坝、弹子石老街、二厂文化街，苗儿石文创园区……一处又一处网红成了著名的打卡地，展示出城市文化的无穷魅力。

二、丰富多彩的农村文化

（一）"四大并存"的文化景观

重庆是一个特殊与异类的直辖市，大城市、大农村、大山区、大库区"四大"并存。作为大城市，它在巴渝大地中拔地而起，璀璨夺目，其繁华和现代堪称"东方芝加哥"；作为大农村，它大部分的面积是农村，大部分的人口在农村；作为大山区，它北有大巴山，东有巫山，东南有武陵山，南有大娄山，本身也属于山城；作为大库区，长江横贯东西，一汪大水660千米，加上嘉陵江、乌江的汇入，形成大面积的三峡库区。

"四大"并存，形成了独特的文化景观，一方面是先进时尚的大都市文化，另一方面是异彩纷呈的大农村文化。大农村、大山区、大库区中，又有若干的中等城市和县城以及星罗棋布的乡镇，你中有我，我中有你，不断有城市文化下乡，时常有乡村文化进城，大城市带动大农村，大农村包围大城市文化现象异常突出，有的地方"音乐一响，脚板发痒"，文化馆、图书馆、展览馆、博物馆、歌厅、舞厅、卡拉OK厅一应俱全，与城市文化几无区别；有的地方"农忙种地，农闲看戏"，不断发展的经济二元结构和文化发展的二元结构十分突出，这是典型的亦工亦农、亦城亦乡的文化现象。大农村文化作为大重庆的一种客观存在，在它自身的环境中顽强生长、蹒跚前行，逐渐注入了现代文明的新元素。这是重庆区别于其他直辖市独特的文化资源，是重庆得天独厚的文化优势所在。

（二）重庆的历史文化名镇

星罗棋布的历史文化名镇，是重庆大农村文化的重头。截至目前，重庆市已有渝北的龙兴、九龙坡的走马、北碚的偏岩、巴南的丰盛、酉阳的龙潭和龚滩、永川的松溉、巫溪的宁厂、潼南的双江、铜梁的安居、石柱的西沱、荣昌的万灵、黔江的濯水、綦江的东溪、开州的温泉、合川的涞滩、万州的罗田、涪陵的青羊，以及江津的中山、白沙、塘河、吴滩、石蟆等23个中国历史文化名镇。还有28个市级历史文化名镇和一批历史文化名村。依山就势、因地制宜、布局巧妙是这些名镇名村的特点，它们的建筑多为穿斗房、吊脚楼，简单朴素，就地取材，街巷空间错落有致，尺度宜人，古镇与山水交融，形成独特的景观风貌。

（三）重庆的传统村落

传统村落，也是农村文化的重要载体。到目前为止，国家已公布的重庆中国传统村落多达110多个。第一批有涪陵区大顺乡大顺村、石柱县石家乡黄龙村、酉阳县苍岭镇大河口村等14个传统村落；第二批有涪陵区大顺乡大田村、酉阳县可大乡七分村2个传统村落；第三批有大足区玉龙镇玉峰村、巴南区丰盛镇桥上村、武隆县后坝乡文凤村天池坝组等47个传统村落；第四批有万州区太安镇凤凰村、城口县高楠镇方寸村、江津区中山镇渔湾村等11个传统村落；第五批有黔江区金洞乡凤台村、秀山县隘口镇富裕村、石柱县金铃乡响水村等36个传统村落。这些传统村落拥有众多的物质文化遗产和非物质文化遗产，具有丰富的历史、文化、科学、艺术、社会和经济价值，是具有巴渝特色的重庆农村文化重要的承载地。

（四）丰富的民间文化艺术

在重庆广袤的农村大地，民间文化十分丰富，有诸如九龙坡走马故事、巫山五句子山歌、酉阳木叶情歌等在内的一大批民间文学资源，有包指铜梁龙舞、万盛金桥吹打、梁平梁山灯戏等在内的一大批民间艺术资源，有包括大足小石雕、渝北简爱剪纸、城口山神漆器等在内的一大批民间工艺品制作资源，更有包括劳动民俗、生产民俗、年节民俗、婚嫁民俗、饮食民俗、起居民俗、建造民俗和丧葬民俗在内的一大批民俗文化资源。星罗棋布的文物保护单位和众多的地面文物、非物质文化遗产项目，大部分分布在广大农村。除了大部分精品旅游线路和旅游景点基本上分布在广大农村外，近年来，随着全域旅游热特别是乡村旅游热的兴起，遍布广大农村的星级农家乐应运而生，农村成了文化旅游的生长空间，农业成了文化旅游的观光产业，农民成了文化旅游的参与者、建设者和受惠者，一个文旅结合、文农结合、文商结合的农村文化建设热潮正在兴起，多层次地丰富了人民群众的文化生活。

（五）丰姿绰约的民族文化

民族文化的风姿绰约，是重庆农村文化的又一重要特点。我国是一个多民族国家，56个民族56枝花。和全国一样，重庆也有56个民族，也是56支花。重庆是全国唯一辖有民族自治地方的直辖市，有酉阳、秀山、黔江、彭水、石柱5个少数民族聚居区县,还有分布在武隆、万州、忠县、云阳、奉节等地的17个民族乡。

重庆的土家族和苗族,主要生活在渝东南武陵山区,他们的文化除带有本民族的独特风格之外,还带有明显的山地特色,民风古朴淳厚,山水文化、宗教文化、民俗文化、旅游文化五彩缤纷,风姿绰约。土家族和苗族,都是富于创造的民族,在漫长的历史长河中,形成了自己独具特色的文化艺术。在文学方面,口头文学最为丰富多彩,有神话传说、历史传说、英雄人物故事、爱情故事、与大自然进行斗争的故事等。在音乐舞蹈方面,有民歌、山歌、神歌,有船工、石工、抬工、背二哥的劳动号子,有优美动人的啰儿调,有打击乐、吹奏乐和木叶情歌;摆手舞是土家族的传统舞蹈,称为"舍巴",来源于古代巴渝舞。在戏曲方面,有傩戏、花灯戏、木偶戏,傩戏历史悠久,被称为"中国戏剧的活化石"。在民俗方面,服饰民俗、居住民俗、织锦民俗较为突出,土家服饰朴素大方,苗家服饰"银气叮当",有吊脚楼、西蓝卡普等民族艺术。在旅游方面,酉阳有桃花源、龚滩古镇、龙潭古镇和后溪风光;秀山有边城拉拉渡、三不管和载歌载舞的花灯寨;黔江有武陵仙山、小南海、巴拉胡、蒲花暗河和阿蓬江;彭水有摩围山、鞍子苗寨、蚩尤九黎城、乌江画廊和阿依河;石柱有云梯街、万寿山、千野草场和黄水森林公园,等等。旅游资源十分丰富。

秀山花灯是我国西南地区花灯艺术的一支重要流派,是集宗教、民俗、歌舞、杂技、纸扎艺术为一体的民间表演艺术,是国家级非物质文化遗产保护项目。秀山花灯的表演主要包括设灯堂、请灯、跳灯、辞灯,传统的跳灯风俗,从正月初二开始,至正月十五结束,正月十六以后就叫"厚脸灯"。秀山花灯的表演形式常有花灯二人转、双花灯、花灯群舞、花灯戏等。花灯音乐因旋律优美、节奏明快、风格独特、脍炙人口而广为流传,著名的花灯歌曲《黄杨扁担》和《一把菜籽》,登上了全国的大雅之堂,享誉国内外。

酉阳是中国土家摆手舞之乡、中国著名的民歌之乡,勤劳智慧的土家族、苗族同胞创造了土家摆手舞、酉阳古歌、酉阳民歌、木叶情歌、土家织锦、薅秧锣鼓、面具阳戏、梯玛跳神、马马灯、上刀山、下火海、打绕棺、哭嫁、三棒鼓等璀璨夺目的非物质文化,其中有国家级、省级、县级"非遗"项目190余项,"酉阳摆手舞""酉阳古歌""酉阳民歌"被列入《国家级非物质文化遗产保护名录》，是巴渝文化的瑰宝。

黔江的南溪号子是自成一格的山歌品种，歌词多为即兴创作，有大板腔、九道拐、三台声、打闹台等多种唱腔，其唱法主要为一人领、二人扮（高音）、三人喊（低音）、众人帮（帮腔），形成高中低声部的相互应和，在山野间悠扬激荡，当地有"南溪左右两面坡，男女老少会唱歌""十对男女九对歌，十首山歌九情歌"的说法，具有独特的艺术价值，也是国家级非物质文化遗产项目。

彭水的苗族民歌是不可多得的民族文化遗产，多达120余个曲牌，其歌词一般以七言为句，四句为段，有领唱和助唱，有主音和尾调，有时一问一答，有时一唱众和，曲调悠扬，奔放热烈，以演唱苗族同胞的劳作、生活和爱情为主要内容，《娇阿依》是其中的代表作。"娇"代表漂亮、心仪的姑娘，"阿依"指美好和幸福，"娇阿依"就是传说中的美丽女神。在鞍子苗寨听《娇阿依》，民歌与阿依河相得益彰，可感受苗山、苗岭、苗河、苗水厚重的历史文化和独特的民族风情。蚩尤九黎城和爱情治愈圣地是新创的文化品牌，规模宏大，特色鲜明，在市内外引起了广泛的关注和影响。

啰儿调是石柱土家族民歌，颇有巴渝"竹枝词"的遗风，因大量运用"啰儿""啰儿啰""啰"等习惯性方言衬词，故称"啰儿调"。曲子的音调与当地土家族方言的声调紧密结合，率真地表现了土家人乐观、豁达、睿智、幽默的性格，形成独特的风格和韵味，《太阳出来喜洋洋》是其代表作之一。啰儿调的歌词通俗易懂，以表现土家族生活、劳动、风俗、情感和宗教信仰的内容居多，是国家级非物质文化遗产项目中金光闪闪的一颗明珠。

此外，在重庆少数民族聚居区，土司文化也是不容忽视的文化遗存。土司制度在渝东南武陵山区存活了600多年，形成了历史上独具特色的土司文化。当时的酉阳、秀山、黔江、彭水、石柱等地，在"改土归流"之前，都是土司领地，土司文化内容丰富，形式多样，五彩斑斓。最大的土司当数石柱的马氏土司和酉阳的冉氏土司，为维护当时的社会稳定起到一定的作用。巾帼英雄秦良玉、白再香，就是土司中的代表性人物，她们的业绩在土司历史中有着浓墨重彩的记载，其精彩人生和传奇故事一直被后人所传颂。

第三章
重庆文化旅游发展概况

第一节 文化旅游融合发展

重庆市围绕"山水之城·美丽之地"的目标定位和"行千里·致广大"价值定位,突出"三峡""山城""人文""温泉"和"乡村"品牌特色,推动文化和旅游深度融合,打造文旅融合发展新标杆,文旅融合发展体制机制更加健全,文化"铸魂"和赋能旅游、旅游展示和传播文化功能明显增强,形成山水之美与人文之美相得益彰的文旅融合发展新格局。重庆对标国际先进标准,加快建成国际旅游枢纽城市,着力提升国际旅游能级,增强旅游国际吸引力、影响力和竞争力,加快建设世界知名旅游目的地。

一、建设世界知名旅游目的地

重庆聚焦"山水都市·魅力之城"主题,打好"山城牌",构建以长江和嘉陵江为主轴,"一核一带"旅游发展格局。立足主城中心城区,深度挖掘巴渝文化、抗战文化、统战文化聚集地丰富的人文资源,充分整合"山城"与"江城"的美丽山水资源,提升和新建一批展现城市山水格局、彰显城市文化底蕴、具有世界震撼力的核心景区;加快文化贸易基地、国际文化旅游交流中心等各类要素聚集平台建设,打造区域文游要素配置中心;加快建设和提升旅游集散体系,打造中国西部游客集散中心。把中心城区打造成为引领和带动全市全域旅游发展的极核。立足主城新区，依托世界文化遗产和自然遗产地，充分挖掘和整合人文山水资源，打造一批彰显世界文化遗产地文化底蕴、展现世界自然遗产地美景的旅游度假区，支持有条件的区县积极创建国家级旅游休闲城市，把主城新区打造成为环抱大都市、承接大三峡、连通大武陵、辐射周边省的环城休闲旅游带。着力打造"美丽山水之都""中国历史文化名城""山城夜景""世界遗产地""世界温泉之都""休闲度假之都""商务会展和美食购物之都"等品牌。与四川共建巴蜀文化旅游走廊，打造"双城旅游经济圈"，与渝川黔毗邻地区共建旅游"金三角"，联动云南、陕西打造西部旅游高地。到2025年，把主城都市区打造成为城市魅力独特、旅游功能齐全、产品业态丰富、品牌形象卓著、服务功能完善、集散舒适便捷，具有国际竞争力和影响力的世界知名都市旅游目的地。力争实现旅游综合收入4500亿元，新增达到国家4A级以上标准的旅游景区24个，新增市级以上旅游度假区2个，建成旅游休闲城市10个，培育精品特色旅游线路100条。

二、十大文化符号

2016年5月，重庆文化符号课题组依据文化含量、知名度、美誉度、代表性、独特性、地域性、时代性七大标准，确定重庆火锅、朝天门、解放碑、长江三峡、大足石刻、重庆人民大礼堂、合川钓鱼城、巫山猿人、铜梁龙舞、红岩村为重庆十大文化符号。

（一）重庆火锅

重庆被称为"火锅之都"。一提到火锅，人们自然而然就想到了重庆；就像一提到重庆，人们自然而然就想到了火锅一样。对重庆人而言，尽管重庆美食遍地，丰富多样的菜品享誉天下，但没有哪一样能替代火锅不可动摇的地位。麻辣鲜香的火锅，是重庆人的最爱。对外界而言，重庆火锅影响甚广，不仅香飘国内大中城市、边陲小镇，而且作为川菜烹饪文化远渡重洋，在世界各地落户。火锅俨然成为重庆的美食代表和城市名片。重庆与火锅的关系如此紧密，"中国火锅之都"的盛名重庆当然当之无愧。

2009年9月，重庆市人民政府公布重庆火锅入选第二批市级非物质文化遗产名录。重庆火锅是巴山渝水和巴渝文化孕育出的极具地域特性的饮食文化。

在重庆，火锅不仅是一种饮食，还是一种生活方式，是一种习惯，是一种无法切割的情感，是一道难以描述的风景，是渗到骨子里的城市味道，更是一种文化现象：火锅烫出来的，正是重庆人鲜明张扬的性格——热情似火、勇猛刚烈、粗犷豪爽。这就是重庆火锅和它所代言的城市精神气质。

（二）朝天门

朝天门位于重庆市渝中区长江与嘉陵江交汇处，既是重庆最大的水运码头，也是重庆古老的十七座城门之一，同时还是重庆城市最为突出的地理形象标志。数千年来，朝天门沉淀了丰厚的历史文化，产生了巨大的社会影响，是重庆重要的文化符号。

朝天门是这十七处城门中最大的一处。正处于长江、嘉陵江交汇处，城门上写着"古渝雄关"四个大字。现在仍可以想象，600多年前的朝天门是多么雄伟壮观，进进出出的人们是何等精神而自豪。

据说，朝天门所开设的方向正好对着明朝的首都——南京，同时，这里又是历来官员往来，或者皇帝圣旨、诏谕到达重庆的第一站，民间有"接官迎圣"的说法。这也是朝天门得名的由来。据史料记载，码头上建有接圣厅，城门内设有朝天驿、圣旨街、接圣街等处所。在古代，最为发达的交通当指水上交通，进出重庆的官员也好，信息往来也好，自然在这里最为便捷，也最为集中。别说是数百年前的古代，就是十数年前，重庆的汽车、铁路、航空那么先进，而朝天门的水上交通仍是重要通道。为什么当时这里的商品流通仍那么发达？与交通地位密不可分，只是说现在才变成了三峡旅游的重要起点，功能发生了适当变化。

1927年，重庆设市。为了扩大城市建设，提升城市通行能力，解决街道狭窄问题，包括朝天门在内的大批城墙、城门被拆除。承载了550多年历史和文化的宏伟建筑一夕间便永远消失了。如果要给朝天门一个总体画像的话，那么可以用近人赵熙的一首诗来进行描绘："万家灯火气如虹，水势西回复折东。重镇开天巴子国，大城山压禹王宫。楼台市气笙歌外，朝暮江声鼓角中。自古全川财富地，津亭红烛醉春风。"

（三）解放碑

位于渝中半岛的"解放碑"，就是重庆这座城市最著名的文化景观，同时，也是最重要的城市文化符号。作为一座具有纪念碑属性的公共建筑，它是中国抗战胜利和重庆解放的历史见证。解放碑，这座从民国迄今重庆最著名的公共建筑，经历了"精神堡垒"——"抗战胜利纪功碑"——"人民解放纪念碑"的历史演变。

为了激发全民族的抗战决心和鼓舞士气，1940年年底，国民政府在充满断壁残垣的民族路、民权路和邹容路三条主干道交叉中心动工修建公共建筑，1941年12月30日竣工，命名为"精神堡垒"。该堡垒为木质结构，外涂水泥的方锥体建筑，通高7.7丈（约25.67米），含纪念"七七"抗战之意。内隔五层，底座为八角形，主体呈四面主柱状。其四角柱头外钉木板条加固，为防止日机空袭和轰炸，通身以黑灰色上底。柱底面向民族路一方，刻有"精神堡垒"四个字；其余三面分别刻有"国家至上，民族至上""意志集中，力量集中""军事第一，胜利第一"字样。其最上面一层中部，饰有新生活运动蓝底红边的会徽图案，绘为盾形标记，其中心安有指南针。柱顶为五角形，顶悬国旗，顶端的周边呈城垛样式，在城垛中央还放了一个深蓝色的大瓷缸，里面可置棉花、酒精，遇有重大集会或活动，即以火炬点燃，以示自强不息。地面则利用炸毁空地，辟作通衢广场，方便观瞻。至此，"精神堡垒"便成为陪都各界及中枢当局举行庆典、集会的场所。

后来"精神堡垒"被日军飞机炸毁。1945年抗战胜利后，在10月召开的重庆市第二届第五次临时参议会上决定：为纪念重庆在抗战中的重要地位并确保这种地位能在战后继续延伸下去，决定在"精神堡垒"的旧址上，建立"抗战胜利纪功碑"，以纪念抗日战争的伟大胜利。1950年7月7日，重庆市人民政府宣布改变市区部分街道名称，同时将"抗战胜利纪功碑"改名为"人民解放纪念碑"。该年的10月1日，西南军政委员会主席刘伯承题写了碑名。改建后的解放碑，仍保存原碑体结构。现在的解放碑是整个重庆CBD的极核区，被誉为十字金街，享有"中国十大新地标商务区""中国著名商业街""最具投资价值CBD""全国特色文化广场""西部第一街"等称号。

（四）长江三峡

长江三峡位于重庆市和湖北省境内的长江干流上，西起重庆市奉节县的白帝城，东至湖北省宜昌市的南津关，全长193千米，由瞿塘峡、巫峡、西陵峡组成。作为世界最著名的大峡谷之一,长江三峡以壮丽的天然胜景而闻名中外,一直吸引着中外游客到此旅游休闲。作为中国十大风景名胜之一,长江三峡现居中国40佳旅游景观之首,已成为重庆旅游的金名片。

1. 瞿塘峡

瞿塘峡西起重庆市奉节县的白帝城,东至巫山县的大溪镇,全长8000米,景色最为雄伟险峻。在峡谷入口处,两面隔江对峙的绝壁,组成了一道天造地设的大门,这就是夔门。夔门自古以来就有"天下雄"的美称。瞿塘峡虽然只有短短的8000米,但两岸的风景名胜却非常多。主要的景点有白帝城、八阵图、鱼复塔、古栈道、风箱峡、粉壁墙、孟良梯、犀牛望月。

2. 巫峡

巫峡西起重庆市巫山县城东面的大宁河口,东迄湖北省巴东县官渡口,绵延45千米,包括金蓝银甲峡和铁棺峡,峡谷特别幽深曲折,是长江横切巫山主脉背斜而形成的。它又名大峡,以幽深秀丽著称。整个峡区奇峰突兀,怪石嶙峋,峭壁屏列,绵延不断,是三峡中最可观的一段。巫峡峡长谷深,奇峰嵯峨连绵,烟云氤氲缭绕,景色清幽至极,宛如一条迂回曲折又美不胜收的画廊,充满诗情画意。特别是巫山十二峰以及巫山神女于楚怀王梦中"自荐枕席"的浪漫神话,自从宋玉《高唐赋》《神女赋》之后,历代文人骚客经过三峡时无不心驰神往,如梦如痴地吟咏。他们把巫山神女奉为美女的极致,简直就是"东方的维纳斯"。唐代诗人元稹甚至写出了"曾经沧海难为水,除却巫山不是云"的名句,至今以此命名,可见其千古不衰的魅力。

3. 西陵峡

西陵峡西起秭归香溪口,东至宜昌南津关,全长76千米,它是三峡中最长的一个峡。峡谷内,两岸怪石嶙峋、险崖峭立、猿猴难攀。滩多流急,以"险"出名,以"奇"著称,"奇""险"化为西陵峡的壮美。西陵峡中有"三滩"(泄滩、青滩、崆岭滩)、"四峡"(灯影峡、黄牛峡、牛肝马肺峡和兵书宝剑峡)。整个峡区都是高山、峡谷、险滩、暗礁。峡中有峡、滩中有滩,大滩含小滩,自古三峡船夫世世代代在此与险滩激流相搏。"西陵峡中行节稠,滩滩都是鬼见愁。"过去,这一带触礁沉船的事故层出不穷。青滩北岸有一座"白骨塔",以堆积死难船工的尸骨而得名。中华人民共和国成立后，这些险滩经过整治，数千吨的轮船都可以安稳地通过，险滩已经成了历史遗迹。倘若从宜昌港起步，穿过南津关，溯江而上，那么，展现在眼前的西陵峡，便是一幅色彩斑斓、气象万千的壮丽画卷，可以欣赏到峡中飞虹——西陵长江大桥和三峡工程施工建设的宏伟场面及沿途两岸的美妙景色。

（五）大足石刻

大足石刻指重庆大足县境内所有石窟造像的总称，位于重庆市大足县，巴蜀交会之地。迄今公布为文物保护单位的石窟多达75处，造像5万余尊，铭文10余万字，以北山、宝顶山、南山、石门山、石篆山等石窟群最具特色。

1. 北山石窟群

北山石窟，古名龙岗山石窟。最早由静南节度使韦君靖开凿，后经五代至南宋绍兴年间，在各地官吏、士绅及僧尼的带领下相继营造扩建，历时250余年，逐渐形成现今所看到的规模。窟佛龛主要分布在佛湾、观音坡、北塔坡、营盘坡、佛耳岩等处。北山石窟以造像精美、雕刻精致、技艺精湛及题材丰富著称，多以观音造像为主，被誉为"中国观音造像的陈列馆"。

北山第136窟《转轮经藏窟》是北宋阴柔之美艺术特质的精华之作，被誉为"中国石窟艺术皇冠上的明珠"。全窟为平顶长方形大窟，呈对称构图，窟室中央屹立着八角盘龙转轮经藏，巨柱由地及顶。分上、中、下三部分，下层为须弥山，中部八条圆雕石柱，首尾相交于正面，上部为八面露盘。位于窟内正中，起着支撑、采光、装饰等作用，与窟内造像呼应，烘托出宗教的神圣静谧氛围。

正壁端坐释迦牟尼像，双手置于胸前，左右各壁由三组对称造像组成，浑然一体、井然有序，好似在说法传教。左右为观音和大势至菩萨，南壁为文殊菩萨、玉印观音、如意轮观音。北壁为普贤菩萨、日月观音、数珠手观音。并存题记五则，与此窟开凿时间相同。窟内造像雕刻技法娴熟，刀工精湛准确，造型线面并存。整窟雕刻完美，技艺纯熟，耐人寻味。

2. 宝顶山石窟群

宝顶山石窟，又名香山石窟。位于大足县城东17.5千米处，由名僧赵智凤主持开凿于南宋淳熙六年至淳祐九年（1179~1249年），倾70年心血组织修凿而成，石刻共13处，造像数以万计，以大、小佛湾为主体，为佛教石刻。此窟为有规划、有设计地开凿,万尊造像中没有重复,千姿百态,无一雷同。不仅内容十分丰富,还具有浓郁的生活气息,宝顶山石窟是宗教文化与世俗文化的结晶,是佛家完全中国化的体现。宝顶山是佛教圣地之一,有"上朝峨眉,下朝宝顶"之说。宝顶山石窟是研究宋代历史最大的实物史料宝库。它涉及政治、经济、宗教、思想、艺术、科技、文化以及风俗民情等社会生活的方方面面。

最典型的第八龛千手观音像又称千手千眼观世音,寓意普度众生,解除诸般苦难,广施百般利乐。近千只手屈伸离合,近千只眼睛炯炯有神,手中法器熠熠生辉,参差错落。整体犹如流光闪烁的孔雀开屏,华丽纷呈,给人目眩神迷之感,堪称"天下奇观"。令人可喜的是,它已被国家文物局列为中国石质文物保护一号工程且修复完工,800余岁的千手观音金身重现。这龛被誉为"世界石刻艺术之瑰宝"的造像,在2015年6月中国文化遗产日正式与中外游客见面。

(六)重庆人民大礼堂

重庆人民大礼堂是重庆独具特色的标志性建筑物之一,位于渝中区人民路学田湾。兴建于1951年的重庆人民大礼堂,历时3年竣工,整座建筑由大礼堂主体和东楼、南楼、北楼四大部分组成,巧妙结合了中国传统明清宫殿建筑风格与西方大跨度建筑结构,其气势雄伟壮观。大礼堂作为重庆市的标志性建筑和中国最宏伟礼堂建筑之一,在国内外有较大的影响,它入选"亚洲20世纪十大经典建筑"。我国建筑界泰斗梁思成先生评价重庆市人民大礼堂为"20世纪50年代中国古典建筑划时代的最典型作品"。

大礼堂体现了中国古建筑的三个特点:第一,中国古代多为木结构建筑,由于受木材长度、粗细、易燃易腐等局限,建筑体不可能很大,除了利用高出的地势和巨大的台基烘托外,还借助群体的有机组合,以取得宏伟壮观的艺术效果,重庆人民大礼堂不但地势高,而且台基宽阔坚实。第二,中国古建筑主要以建筑围成的院落为单元,通过明显的轴线关系,串联和并联成千变万化的建筑群组。第三,古建筑要比例匀称。大礼堂屋顶各部分曲线优美、柔和,向上微翘的飞檐,使本应下压的大帽子屋顶反而随着线条的曲折,显现出向上托举之感,宽厚的正身和宽阔的台基,使整个建筑安定、踏实,体现出庄重的美。

另外，说到大礼堂的设计构思和特点，不得不提修建重庆人民大礼堂的设计师兼总工程师——张家德。张家德是四川省威远县人，生于1913年，早年毕业于南京国立中央大学（今南京大学）建筑工程系，是位才华横溢的建筑工程大师，享誉盛名。他一生从事建筑设计专业技术工作，在建筑设计领域造诣颇深，尤其对我国古建筑艺术情有独钟。大礼堂竣工后他奉调北京，先后担任中国建筑科学研究院及建筑设计院技术领导职务，1959年应邀返回重庆参加了大礼堂的维修指导工作，去世时享年69岁。

（七）合川钓鱼城

合川钓鱼城地处重庆市合川区东城半岛的钓鱼山上，正处于嘉陵江、涪江、渠江三江之口，控扼三江，自古就有"巴蜀要冲"之称。钓鱼城因修筑于钓鱼山而得名。南宋地理总志《方舆胜览》卷六十四"合州"谓："钓鱼山……山南大石砥平，有巨人迹，相传异人坐其上投钓江中，山以是名。"钓鱼城因南宋时期在此发生的"钓鱼城之战"而闻名，钓鱼城创造的36年守城纪录在古今中外防御战史上都是罕见的奇迹，是迄今为止我国保存最完好的古战场遗址。长期以来，这里积淀了厚重的历史文化，具有丰富的旅游资源和良好的自然生态环境，是同时荣获"国家级风景名胜区""全国重点文物保护单位""国家考古遗址公园""国家国防教育示范基地"等殊荣的重庆市唯一的人文旅游胜地，被欧洲人誉为"上帝折鞭处""东方麦加城"。

1243～1279年，在钓鱼城发生了历时36年之久的"钓鱼城之战"。13世纪初，蒙古势力崛起，逐步对外扩张。1234年，蒙古灭掉金朝，宋朝在收复西京洛阳、东京开封、南京归德时，遭遇到蒙军的伏击，并逐渐败退。此后，蒙军顺势而下，不断攻入四川，攻重庆、破开州。至此，便在合川钓鱼城，拉开了宋蒙（元）之间攻守拉锯战。从1243年，蒙古军攻破成都，宋军退守重庆府，时任四川治置使兼重庆知府的余玠开始建立以钓鱼城为中心的山城防御体系。至此，"钓鱼城之战"便开始了。1258年，蒙哥率军入蜀，数年征战蜀口钓鱼城。从1258年到1279年，南宋合州军民在守将王坚、张珏的率领下，凭借钓鱼城天险，"春则出屯田野，以耕以耘；秋则运粮运薪，以战以守"。而大汗蒙哥（元宪宗）、总帅汪德臣、东川统军合剌、四川总帅汪惟正等80多名叱咤风云的蒙、元将领，视钓鱼城为弹丸之地，长期围城强攻。双方于此殊死搏斗、浴血奋战，历经大小战斗200余次，共同创造了钓鱼城36年攻防战争这一古今中外战争史上罕见的奇迹。守将王坚、张珏等人采取的钓鱼城军民自我耕耘、自我生产的措施，使得钓鱼城无断粮之忧，方能保障防御战的持久性。在这场战役中，蒙古多位名将在此陨落，而名气最大的就是蒙哥之死。而蒙哥之死使蒙古帝国军队向欧洲、亚洲全方位扩张的计划受到了重要的打击，从而使蒙军从欧洲和亚洲战场全面撤军。钓鱼城从此闻名于世，并在世界历史上树立了"延续宋祚、缓解欧亚战祸、阻止蒙古向非洲扩张"的不朽丰碑。

（八）巫山猿人

1985~2005年，中国科学院古脊椎动物与古人类研究所、重庆自然博物馆、万县地区博物馆、巫山县文管所组成的联合发掘队，对巫山县庙宇镇龙坪村龙骨坡进行5次考古发掘，发现人类下颌骨上带有第四前臼齿和第一臼齿、一颗单独门齿以及石制品几十件、动物化石标本500件。其人类化石经北京大学、中国科学院地质所、天津地矿所三家鉴定，其年代为距今204万~201万年。1992年，美国艾奥瓦州大学和马萨诸塞州大学的相关研究者，专程考察了龙骨坡，采集了出土人类化石地层的年代学样品，分别在美国和加拿大测定为距今200万年。遂正式定名为"直立人巫山亚种"，简称"巫山人"或"巫山猿人"，确认为是中国和亚洲最古人类，是中国和亚洲人类的始祖。是旧石器时代文化早期的代表。

（九）铜梁龙舞

铜梁龙舞流传于重庆市铜梁区及周边地区，有文字记载的历史可追溯至明代。它是国务院公布的第一批国家级非物质文化遗产代表性项目名录中传统舞蹈类项目。

铜梁龙舞主要有以龙形为道具的龙舞和以彩灯为道具的灯舞两大系列20余个品种。龙舞类有大蠕龙、火龙、稻草龙、笋壳龙、黄荆龙、板凳龙、正龙、小彩龙、竹梆龙、荷花龙等品种。灯舞类有鱼跃龙门、泥鳅吃汤圆、三条鲚、十八学士、亮狮、开山虎、蚌壳精、犀牛望月、猪啃南瓜、高台龙狮舞、雁塔题名、南瓜棚等品种。其中，大蠕龙、火龙最具特色。

"大"是铜梁龙舞的鲜明特色，以大龙具、大套路、大变化、大气势体现其灵活大气的舞蹈技艺。舞蹈套路经过长期的实践，不断得到丰富与改进，如大蠕龙就有"龙出洞""之字拐""大盘龙""三环套""双龙出水""翻江倒海""侧身翻""悬空翻""大劈叉""青龙绞柱""飞龙追珠"等50多个舞蹈套路。套路之间环环紧扣、时快时慢、张弛有度、衔接流畅。采用了游、滚、翻、穿、绕、盘、腾、跃等多种技法,对龙的翻腾飞舞动势进行了淋漓尽致的表现。其音乐伴奏乐器主要有川大锣、川大钹、川堂鼓、川唢呐等民间吹打器。

铜梁龙舞在道具扎制、套路编排方面博采我国南北龙之长,既具北方龙豪放粗犷的"壮美",又有南方龙婉约细腻的"柔美",常与民俗活动共同进行,深刻体现了中华民族团结奋进、开拓进取、和谐共生的民族精神。

（十）红岩村

红岩村位于重庆市渝中区化龙桥嘉陵江畔。这里襟江背岭,抗战期间是中共中央南方局和八路军办事处的所在地,也是中共在国统区的指挥中心。大半个世纪以来,红岩,这个史诗般的名称,具有丰富革命和抗战内涵的红岩村已成为人民心中革命的象征,成为重庆红色文化的代表,是重庆重要的城市文化符号。

如今,依托红岩村而建立的红岩革命纪念馆,已成为重庆这座历史文化名城最著名的旅游胜地。为了纪念毛泽东、周恩来、董必武、叶剑英、王若飞、邓颖超、博古、林伯渠、吴玉章等老一辈无产阶级革命家在这里为中国革命建立的丰功伟绩,1955年,重庆市人民政府在红岩村建立了这座革命纪念性博物馆。1958年5月1日正式对外开放,董必武为该馆题写了馆名,初名为八路军重庆办事处革命纪念馆。1959年更名为红岩革命纪念馆。1961年3月,成为国务院公布的全国第一批重点文物保护单位。1964年建制独立,下辖6个革命遗址群：原红岩嘴13号中共中央南方局、八路军驻渝办事处旧址；曾家岩50号周公馆；民生路208号《新华日报》营业部；中山四路107号重庆谈判暨《双十协定》签字处桂园；化龙桥虎头岩的新华日报总管；中山三路中共代表团驻地。1997年被中宣部列为全国爱国主义教育示范基地。

三、公共服务体系

（一）健全的现代公共文化服务体系

全市文化馆、图书馆两馆总分馆实现全覆盖,共建成图书馆总馆39个、分馆1433个,文化馆总馆39个、分馆1038个,建成24小时自助图书馆85

个。数字图书馆43家、数字文化馆7家、数字农家书屋580个。公共图书馆和文化馆达国家等级馆率分别为100%和95.12%，国家等级率位居全国前列；建成892个乡镇（街道），6892个村（社区）综合文化服务中心。建成惠民电影室内固定放映厅445个、乡镇电影院14个。建成8858个农民体育工程，覆盖率达98%；建成393个乡镇体育健身广场、600个社区健身点。重庆市每万人拥有"三馆一站"面积增至640平方米，超过全国平均水平。"科普文化云""巴渝文化云""群众文化云"全面上线运营，惠及群众650万人。全市公共图书馆免费开放达16.55万平方米，总藏量1671.8万册；全市文化馆免费开放面积达19.5万平方米，每年组织文艺活动5000余场次、举办展览个数635个；全市乡镇（街道）综合文化站免费开放面积达50.1万平方米，每年举办文化活动24987个；人均参与文化馆（站）活动为0.51次；免费开放博物馆70家，完成9家智慧博物馆改造升级。全市已购买公共流动文化进村4.07万场，放映惠民电影28114场，送演出进基层活动500场，戏曲进校园200余场。举办了中国重庆文化艺术节，每年举办一次重庆演出季，培育了乡村文艺会演、重庆市戏剧曲艺大赛、重庆市原创歌曲大赛、文化馆技能大赛、戏曲进校园等文化品牌活动，谐剧《一分不能少》、小品《占座》获"群星奖"，获奖总数居全国榜首。

（二）公共旅游服务不断拓展

国家A级旅游景区设施配套完善率达到100%，建成运营8个市级旅游集散中心、22个区县旅游集散中心、区县游客咨询中心39个，全市共建成旅游厕所4788座。开行主城旅游观光巴士线路11条、区县旅游线路143条。标准星级饭店达到350家，其中五星级饭店29家，位列西部第二、全国前十强。全市拥有旅行社623家，其中全国百强旅行社3家，位居西部第一、全国第七。五星级标准游轮达到30艘。文化和旅游部数据中心重庆分中心、重庆智慧旅游研究院挂牌成立，"旅游＋互联网"服务模式取得明显成效，上线"惠游旅游""金牌解说"等小程序。全域旅游云建设加速推进，"三平台""三矩阵""一终端"逐步搭建，免费Wi-Fi、移动通信网络、视频监控景区全覆盖基本实现，全方位全时段提供重庆旅游信息资讯服务的旅游公共信息服务体系基本建成，旅游信息咨询、门票预约、酒店预订等服务功能不断拓展，旅游公共信息服务智慧化水平逐步提升。

第二节 文化旅游行业

一、文化产业

"十三五"以来全市文化产业整体规模持续提升,民营企业发展迅速,2015~2019年,文化产业保持快速增长,增加值年均增速超过15%,文化产业增加值占地区生产总值比重4.1%,占比排位从全国第24位上升至第13位;2020年文化产业增加值970亿元,同比增长0.3%,文化市场主体从8万余个增加到12.8万个。全市文化产业增加值从540.5亿元增加到956.98亿元,占GDP的比重4%;规上企业达到1000家,文化产业法人单位由2.97万个增加到6.05万个,拥有资产5962.5亿元,全年实现营业收入3137.8亿元;其中民营企业达5.34万个,占88.26%,实现营业收入1861.53亿元。

产业集聚效应明显,全市已建有7个国家级、85个市级文化产业示范基地和21个市级文化产业示范园区、13个市级文化创意产业园、49个乡村文化乐园,南岸区南滨路文化产业园区获得国家级文化产业示范园区创建资格。结构调整效果显著,新业态势头强劲,文化服务业比重不断提升,占全部文化产业84.6%,广播电视集成播控、数字内容、动漫游戏、视频直播、视听载体、手机出版、互联网文化娱乐平台等基于互联网和移动互联网的新兴文化业态已成为文化产业发展的新动能和新增长点。

二、旅游业

"十三五"期间,旅游总收入保持快速增长,2015~2019年,旅游总收入保持较快增长,年均增速达到26.4%;国际及地区航线数量达到100条,入境游客达到500万人次,年均增长12%以上,旅游总人数达到5.26亿人次。2020年旅游总收入同比恢复69.8%,"十三五"期间年均增速12.2%。

据初步统计测算,2020年年末,全市接待过夜游客6441.48万人次,同比恢复64.5%;A级旅游景区接待游客16114.3万人次,同比恢复59.6%;旅游产业实现增加值979.18亿元,同比恢复95.2%,占全市GDP比重3.9%。2020年年末,全市共有旅行社714家。其中,出境旅行社94家(含赴台社

9家），一般旅行社620家。全年新增旅行社58家，注销19家。全市拥有星级旅游饭店163家，其中，五星级27家，四星级50家，三星级72家，二星级14家。全市拥有国家A级旅游景区262家，其中，5A级旅游景区10家，4A级旅游景区121家，3A级景区81家，2A级景区49家，1A级景区1家。新评定41家（其中5A级旅游景区2家，4A级旅游景区18家，3A级旅游景区16家）。5A级旅游景区创建工作进展顺利，彭水阿依河景区、黔江濯水景区成功创建国家5A级旅游景区，涪陵武陵山大裂谷、奉节白帝城—瞿塘峡景区完成5A级旅游创建任务，巫山巫峡·神女景区通过国家5A级旅游景区景观质量评审列入预备名录。全市拥有市级以上旅游度假区23个，含国家级旅游度假区2个，即武隆仙女山旅游度假区、丰都南天湖旅游度假区；全国五星级温泉旅游企业3家；国家中医药健康旅游示范区1个，国家中医药健康旅游示范基地2个。全市拥有三峡游轮32艘，其中已评五星级游轮24艘，五星级标准6艘（含正申报评定2艘），经济型游轮2艘；经营重庆"两江游"企业3家，共有"两江游"游船8艘。全市拥有国家级全域旅游示范区4个，即武隆区、巫山县、万盛经开区和渝中区；国家级全域旅游示范区创建单位4个，即南川区、大足区、奉节县和石柱县；市级全域旅游示范区3个，创建单位17个。全市共有旅游规划设计资质单位56家，其中甲级旅游规划设计资质单位2家，乙级旅游规划设计资质单位6家，丙级旅游规划设计资质单位48家。渝中区成功创建成为国家文化和旅游消费示范城市，沙坪坝区、北碚区成功创建成为国家文化和旅游消费试点城市。创建全国乡村旅游重点村29个、全市乡村旅游重点村50个，打造乡村旅游线路200余条。全市乡村旅游综合收入658亿元，同比恢复81%。实施市级重大文旅项目72个，累计完成投资167亿元。重庆银行创建全市首家文旅特色支行。举办文化和旅游部产业项目服务平台第22期精品项目交流对接会，现场签约项目20个，签约总金额达601.5亿元。全面完成全市旅游资源普查。彭水阿依河景区、黔江濯水景区成功创建国家5A级旅游景区，丰都南天湖成功创建国家级旅游度假区。全年创建评定A级旅游景区41个、市级旅游度假区6个。推出300个新景区景点、120余条特色旅游线路产品。全市旅游从业人员292.96万人，其中直接从业人员48.83万人。全市持有电子导游证导游11264人，其中特级1人，高级41人，中级248人，初级10974人。

第三章 重庆文化旅游发展概况

旅游美誉度、知名度明显提高。在《2016年中国旅游城市吸引力排行榜》中重庆居第三位，列上海、北京之后，在"世界旅游城市景气指数排行榜"中名列第16。被国际权威旅行杂志评为"世界十大旅游目的地""全球十大最具发展潜力的旅行地"，世界旅游业理事会（WTTC）发布《2018年城市旅游和旅游业影响》，重庆为全球旅游增长最快城市。荣登《2018年城市旅游度假指数报告》网红城市排行榜榜首，连续三年在界面新闻"中国旅游业最发达城市排行榜"位列第二。荣获2019年全国夜间经济十强城市、2019年度中国城市旅游品牌第二名，荣获2019亚洲旅游"红珊瑚"奖——十大最受欢迎文旅目的地、"壮丽70周年·最具影响力会展目的地金手指奖"，入选"十大工业旅游城市"，成为全国首个播放量过百亿级的"抖音之城"。央视新闻报道重庆是"最宠游客的城市"，《2019年中国大陆民宿业发展数据报告》显示，重庆市民宿数量全国第一、好评率进入全国省级行政区前十。

先后出台《关于加快全域旅游发展的意见》等系列政策措施，市、区县两级文化旅游部门按时改革到位，文旅融合发展进入新阶段。巴蜀文化旅游走廊建设稳步推进。成功推出两季"双晒"大型文旅推介活动。《魔幻之都·极限快乐Show》填补了主城无驻场旅游演艺的空白，自2019年5月19日开演以来已演出近500场。举办"十万山东人游重庆"旅游营销系列活动，文旅扶贫成效凸显。

三、文化广电精品

"智慧广电"和"融媒体中心"建设取得阶段成果，融媒体中心建设实现全覆盖，成功入选国家首批广电5G试点建设城市，中国西南地区媒体App总下载量排名第1位，广电发射新塔等重点项目顺利推进。电视剧《共产党人刘少奇》等5部作品获中宣部"五个一工程"奖，电视剧《重庆谈判》《一江水》入选国家广电总局2018～2022年百部重点电视剧选题。推出川剧《江姐》、歌剧《辛夷公主》、京剧《大梦长歌》、话剧《红岩魂》、魔术《伞丛扇影》等10台重点舞台艺术作品，歌剧《尘埃落定》、川剧《清风亭》入选2019年全国优秀剧目，舞剧《杜甫》荣获第十届中国舞蹈"荷花奖"舞剧奖、第十六届中国文化艺术政府奖文华大奖提名，芭蕾舞剧《追寻香格里拉》获第五届全国少数民族文艺会演剧目银奖，川剧《江姐》获评全国优秀红色旅游演艺作品；群舞《龙把子》摘得第十八届群星奖，原创魔术《仙人摘豆》斩获第十三届"金手杖"魔术大会近景组金奖。雕塑《烈焰青春》荣获第三届"中国美术奖"金奖，36件油画作品、23件雕塑作品入选第十三届全国美术作品展览。103个项目入选国家艺术基金资助项目。

全市广播电视人口综合覆盖率超过99%。全市广播电视机构按照精品化、专业化要求，持续开展广播电视和网络视听节目创新创优工作，内容生产能力不断增强。全市年均制作播出广播节目20.1142万小时、电视节目31.513万小时，同比增长19.75%和6.60%。各类广播电视和网络视听作品累计获国家级奖81项，同比增长32.1%。

全市39个区县融媒体中心基本完成组建，为基层主流舆论阵地跨越式发展奠定了基础。主流网络视听媒体建设成效显著。全市各类网络视听节目网站达到97家，各类主流媒体和党政信息平台的视听类移动客户端（App）达到208个、微信公众号196个、微博140个，基本形成主流网络视听媒体集群。

四、文化遗产保护

全国重点文物保护单位64处，中国历史文化名镇23个；中国传统村落110个，博物馆现有105个，国家级非物质文化遗产代表性项目53个，国家级非物质文化遗产项目代表性传承人60名。完成629个重点文物保护项目，考古发掘面积16.8万平方米，出土文物3.7万件套。

（一）物质文化遗产保护

建立文物资源调查长效机制，开展历史研究和考古发掘，着力对巴渝古建筑、大遗址、三峡文物、石窟及石刻等重点文物进行保护，建立完整的重庆历史文化序列、巴渝文化谱系和项目信息库，完善全市文物资源总目录和重庆市历史文化资源信息库。

全面推进钓鱼城遗址、白鹤梁题刻申报世界文化遗产。推进抗战文物保护利用，建设重庆大轰炸遗址纪念馆和公园。"十四五"期间，将完成已批准公布的257处历史建筑的修缮；实施重点文物保护利用项目100个。

整体保护主城区"两江四岸"历史文化资源。依托九龙半岛、钓鱼嘴半岛及原重钢片区建设长江文化艺术湾区。打造南滨路传统风貌带，建设开埠文化博物馆和开埠文化遗址公园。建设朝天门历史文化陈列厅。

传承历史文化文脉。有序推进巴南区丰盛镇、铜梁区安居镇、江津区中山镇等53个历史文化名镇和巴南区天星寺镇芙蓉村、酉阳县西水河镇河湾村等46个历史文化名村保护修缮利用工作。提升历史文化街区和传统风貌区品质，启动了渝中区十八梯、南岸区慈云寺—米市街—龙门浩等历史文化街区保护修缮利用和环境品质提升工程，推进渝中区山城巷、李子坝等28个历史文化街区和传统风貌区保护修缮利用，打造"山城步道"特色品牌。

高度重视博物馆建设。促进区县公共博物馆建设全覆盖，推进国家文化和科技融合示范基地、中国南方石质文物保护重点科研基地、智慧博物馆等项目建设。

（二）非物质文化遗产保护

加强非物质文化遗产系统性保护。开展"非遗"普查，推进"非遗"专项调查，鼓励对区县级以上代表性项目和代表性传承人开展记录工作，完善"非遗"档案和数据库体系，推进档案和数据资源的社会利用，强化"非遗"理论研究体系。加强"非遗"代表性项目认定和管理制度建设，实施"非遗"项目分类保护，强化对项目保护单位的评估检查。完善"非遗"代表性传承人认定和管理制度，加强代表性传承人评估和动态管理，提升技能艺能，加大对青年传承人培养力度。提高区域性整体保护水平，将"非遗"及其得以孕育、发展的人文和自然环境进行整体保护，建设国家级文化生态保护区——武陵山区（渝东南）土家族苗族文化生态保护区、市级文化生态保护区长江三峡（重庆）文化生态保护区。推动建成"重庆非物质文化遗产博览园"等一批"非遗"传承体验设施。加大"非遗"传播普及力度，鼓励中小学开展"非遗"特色课程，鼓励支持新闻媒体和相关机构开展"非遗"传播，广泛开展"非遗"宣传展示活动。

到"十四五"期末，市级非物质文化遗产代表性项目达到800项；市级代表性传承人达到900人。创建1~2个市级文化生态保护区；探索创建1~2个"非遗"单个项目文化生态保护区。创建150个示范性"非遗"传承所（点）。市级"非遗"传承教育基地累计达200个。

第三节　实施文化旅游精品工程

进一步整合山水资源，深度挖掘人文资源，把提供优质旅游产品和服务放在首位，实施旅游精品工程，按照国际一流、国内领先的要求，建设一批有震撼力的大型文旅融合综合体，提升和新建一批富有文化底蕴的世界级旅游景区和度假区，打造一批具有标志性、引领性、带动性的国际旅游品牌，提升旅游能级，增强旅游国际竞争力和影响力。

一、全面提升都市旅游

加快建设美丽山水之都，打造世界一流的旅游枢纽城市。立足"江城""山城""中国历史文化名城"等得天独厚的资源禀赋，坚持产城景融合、文商旅融合，通过对山系、水系、绿系保护利用和文旅资源的深度开发，彰显城市生态文化底蕴，展现城市山水格局，提升城市文旅产业能级。到2025年，把重庆主城都市区打造成为彰显山魂之雄、水韵之灵、人文之美，文旅商融合发展、山—水—城和谐共生的世界知名的旅游枢纽城市，使重庆成为旅游第一目的地。

（一）着力打造"两江游轮""山城夜景""美食之都""会展之都"等都市旅游品牌

进一步开放两江水域，延长两江游轮航线，围绕两江四岸景区（点），新建和完善沿江旅游码头及停靠点，形成游船与四岸景区融合联动发展格局，拓展大都市游轮旅游空间、丰富游轮旅游业态，推进两江游轮由夜游向全天候游、由江面快游向四岸漫游转型，打造西部唯一国际知名的大都市游轮旅游精品。深化实施山城夜景工程，运用现代光影技术和科技手段，兼顾各类观景平台视觉效果，统筹实施灯饰美化亮化工程，重点在长江和嘉陵江上大桥、两江沿岸建筑、沿江道路、城市广场、商业街区、旅游景区、纪念建筑、地标建筑、历史文化建筑等区域和节点，从灯光布局、色彩、造型、动感和效果等方面进行精心设计、安装、管理，打造世界"最美桥都"，形成色彩丰富、层次清晰、特色鲜明、动感十足的光彩形象，提升"山城夜景"品牌,打造世界著名的"不夜之城"。依托解放碑、观音桥等系列商圈,进一步提升时尚购物、特色餐饮、休闲体验及文化娱乐业态,提升和规划建设一批特色休闲旅游街区,规划建设和提升一批"夜生活"聚集区,打造"购物美食之都"品牌,建设国际消费城市。依托悦来会展城和南坪重庆国际会展中心等场馆,高标准办好智博会、西洽会、中新金融峰会等重点会展项目,推动成渝共同申办系列高端国际会议及专业论坛,拓展一批专业国际会展企业,打造具有国际影响力的商务会展之都品牌。提档升级一批精品景区和特色旅游小镇,推进传统风貌和特色旅游街区、休闲旅游集聚区创建一批具有全国影响力的国家级休闲街区。

(二)立足主城新区,着力打造环中心城区文旅休闲带

依托大足石刻世界文化遗产地,整合合川钓鱼城、涪陵白鹤梁等文化资源,加快现有景区提档升级,推进一批重点景区建设,重点推进大足石刻文旅小镇、涪陵中国水文博物馆、璧山重庆非物质文化遗产博览馆、合川钓鱼城小镇等一批标志性引领性项目,推进合川钓鱼城、涪陵白鹤梁、816地下工厂申报世界文化遗产,打造世界级文化遗产旅游精品。加快金佛山—山王坪、武陵山—大裂谷、长寿湖、龙水湖、四面山、古剑山、黑山谷、黄瓜山、涪江休闲带等扩容升级,打造一批具有国内国际影响力的森林型、湖泊型休闲度假地,实施"旅游+"与"文化+",依托旅游景区度假区、特色产业基地等大力发展健康养生、旅居养老、休闲度假、自驾等旅游产品和业态,进一步挖掘綦江农民版画、荣昌安陶、夏布、铜梁龙彩扎等非物质文化遗产以及安居、双江、涞滩、钟山、万灵等历史文化名镇资源,打造一批国内知名的文旅休闲小镇。充分挖掘和利用各区县城市山水资源,依山傍水建设城市游憩区、城市文化空间、城市游乐空间、城市绿道、骑行公园、慢行系统等多类型城市休闲旅游空间形态,支持各区县创建国家级休闲城市和休闲街区。

二、着力打造三峡游轮旅游

着眼国际化、立足大三峡、发展大旅游,充分挖掘和整合游轮旅游要素,提升游轮品质,丰富产品和业态,拓展发展空间。到2025年,把长江三峡游轮打造成为国际知名的游轮旅游精品,成为世界内河游轮旅游的典范和标杆，推动全市入境旅游发展，引领和带动渝东北全域旅游发展。

（一）着力打造游轮旅游目的地

参照国际远洋邮轮标准，对标国际内河游轮先进水平，加快建立和完善三峡游轮标准体系，提档升级游船及配套设施，打造一批安全、环保、舒适、豪华的世界一流内河游轮船队，全面提高服务水平；着力开发商务、小型会展、会议论坛、亲子、婚庆、企业庆典、演艺、文创等产品和业态，增强游轮休闲度假功能。推动重庆与沿江湖北、安徽、江西、江苏、上海等省市游轮旅游协作，建立一体化发展机制，开发设计"重庆—武汉—南京—上海"多段多程游轮线路产品，搭借上海远洋邮轮基地，研究探索"重庆—上海"江海联程游轮旅游运营方式。加快推进在重庆设立"中国内河游轮旅游试验区"工作，把重庆保税购物和离境退税试点政策延伸到三峡游轮，在沿江游轮停靠的重点景区设立入境商品保税购物商店。借五星级游轮把三峡重庆打造成为国际知名的休闲度假旅游目的地。

（二）深度拓展游轮旅游空间，丰富水上产品和业态

按照"留得住人"的要求，进一步提档升级沿江景区，重点是以万州高峡平湖、涪陵白鹤梁、丰都名山、忠县石宝寨、云阳张飞庙、奉节白帝城等现有景区为依托，按照景城、景镇、景村融合发展要求，拓展发展空间，着力发展地域文化特色突出、民族风情浓郁的休闲避暑、健康养生、民俗农耕文化体验、亲子乐园、农事参与等休闲度假业态，推进沿江景区由单一的观光功能向观光与休闲度假并重转型；加快两侧腹地旅游资源深度开发，重点推进巫溪红池坝、巫山云雨旅游区、万州大瀑布群、三峡橘乡·田园综合体、涪陵武陵山—大裂谷、开州雪宝山、开州汉丰湖、梁平双桂田园等景区开发建设力度，打造一批腹地精品景区；依托长江黄金水道和两侧腹地丰富的支流湖库资源，加快发展水上穿梭巴士、观光游船、游艇等产品，开展内容丰富的水上赛事、竞技、表演活动，形成多元化的水上产品系列。加快建成寸滩游轮母港、丰都、万州游轮辅港，新建和提升沿江旅游码头及配套设施，按照景景通、景城通的要求加快推进两侧腹地景区旅游道路及客运枢纽、集散中心建设，与高铁、动车、机场形成零换乘的现代客运体系，形成以"船游三峡"为支撑、"陆游三峡""飞游三峡"有机联动的新局面；完善三峡旅游"全包价一票通"，游轮、景区、旅行社"三位一体"的合作机制

和价格联盟机制。最终形成以三峡游轮为主线、沿江景区及城市（镇）为桥头堡、多样化的线路组合、水公铁空联程接力一体化的三峡大旅游格局，丰富游轮游览景点，延伸游轮线路深度，延长游客驻留时间，推进三峡游轮旅游由一线游向一片游、由快游向慢游、深度游转型。

三、做大做强温泉旅游

对标世界知名温泉旅游胜地，拓展温泉景区休闲度假、康体养生等功能，发展业态丰富、类型多样、特色鲜明、配套服务体系完善的温泉旅游产品体系，做强五方十泉、做优一圈百泉，着力打好"温泉牌"，做响做亮"世界温泉之都"品牌，把重庆打造成为世界一流的温泉旅游城市和温泉疗养胜地。到 2025 年，力争建成温泉旅游运营景区 40 个以上、国家级温泉旅游度假区 1 个，五星级温泉旅游企业 4 家，世界温泉谷建设取得重大进展。

（1）推出七大温泉旅游聚集区。北温泉、南温泉、东温泉、西温泉、仙女山、垫江卧龙、綦万走廊。

（2）打造世界温泉谷核心项目。以缙云山—北温泉旅游度假区为核心，以康养度假产品研发为先导，以线路串联为重点，整合五方十泉及相关资源点，建设世界温泉谷北碚总部基地、温泉博物馆等。

（3）创建国家级温泉旅游度假区。巴南区东温泉—南温泉、北碚区十里温泉城、沙坪坝区融汇温泉小镇等。

（4）创建国家级温泉旅游名镇。巴南区东泉镇和南泉街道、九龙坡区白市驿镇、南川区三泉镇、开州区温泉镇、巫溪县宁厂镇、秀山县洪安镇等。

四、做优做亮"红色旅游"

深度挖掘抗战红色文化、红军长征文化资源，推进红色文化与旅游深度融合，推进现有红色景区提档升级，新建和提升一批红色旅游景区景点，创建一批国家级红色旅游经典景区，打造一批红色旅游经典线路，增加优质红色旅游产品供给，弘扬红军长征精神和红岩精神，传承红色基因，做大做强"红岩"品牌，到 2025 年，力争把重庆打造成为国内一流的红色旅游目的地，成为全国爱国主义教育示范基地的标杆，A 级以上红色景区增加到 25 个，打造红色旅游经典线路 20 条，建成长征国家文化公园（重庆段）展陈体系、红岩文化公园景区、做亮杨闇公烈士陵园、邱少云烈士纪念馆、刘伯承同志纪念馆、聂荣臻元帅陈列馆、赵世炎故居等红色景区。

巩固和深化重庆、广安、贵阳、遵义四地联合推送红色旅游精品线路协作,以建设长征国家文化公园为契机,加强与四川、陕西及周边省市协作,把綦江区、酉阳县、城口县等长征革命文物资源比较丰富的区县纳入"重走长征路国家红色旅游精品线路"。

五、转型升级乡村旅游

推动乡村旅游发展与实施乡村振兴战略紧密结合,践行"绿水青山就是金山银山"理念,着力打好"乡村牌",充分挖掘生态、民俗、农耕、气候等资源,深度拓展乡村旅游功能,丰富产品和业态,全面提升服务品质,推进乡村旅游由分散粗放发展向集中集约发展转型,推动传统"农家乐"向文化体验、乡村休闲度假转型,提升和打造一批国际乡村旅游示范区,把休闲农业和乡村旅游培育成为乡村产业振兴的战略性支柱产业。到2025年,力争创建20个全国休闲农业与乡村旅游示范县、60个中国美丽休闲乡村,推进一批乡村民宿进入国家优选民宿名录,打造一批国际国内知名的乡村旅游目的地,推出乡村旅游线路120条。

(一)打造农旅融合综合体,推进乡村旅游集中集约发展

依托旅游景区、城市郊区、特色小镇、现代农业园区、田园综合体等提升和规划建设一批农旅融合综合体,按照组团化、镇域集群化和一二三产业融合发展要求,统筹整合和配置农业农村资源要素,统一产业和业态布局,统一基础设施、公共服务设施规划建设,统一标志标识及形象设计,推进路水电信等向农旅综合体延伸,推进乡村主题公园、乡村博物馆、乡村陈列馆、纪念馆、民俗馆、"非遗"保护传承基地、公共体育设施等公共服务向农旅综合体覆盖,从涉农财政资金、建设用地、投融资等方面形成优惠政策集成,鼓励城市资本进入农旅综合体,打造一批城乡产业协同发展和城乡要素跨界整合平台,新建和提升一批休闲农业和乡村旅游聚集发展区。

(二)提升乡村旅游品质,创新产品和业态

建立和完善乡村旅游住宿餐饮场所、旅游公路、停车场、标志标牌、厕所、供电供水、市政消防、智慧旅游等建设和管理运营标准,完善星级评价标准和奖惩机制，推进乡村旅游标准化试点工作，完善配套设施，全面提升服务品质。鼓励城市居民参与农房改造和合作建设自住旅居房，支持村集体经济组织、农民家庭和社会资本利用农村建设用地和闲置房屋发展休闲农庄、乡村营地、庄园酒店、乡村精品民宿，支持旅游地产商开发建设以旅居为主导，集观光、休闲、度假于一体的旅游地产综合体。推进融合发展，丰富产品和业态，深度挖掘地域民族民俗和农耕文化，开发农事活动、节庆活动等乡村农耕、民俗参与性体验性产品，进一步提升春赏花、夏消暑、秋观叶、冬玩雪等高品质特色旅游产品文化内涵，唱响"四季歌"和"二十四节气歌"，让农田变景区、农房变客房、劳作变体验，形成集观光、游览、品尝、采摘、节庆、休闲度假、养老养生避暑等于一体的"农旅、文旅融合"新业态。打造一批以"巴渝人家"为统领的高星级农家乐和旅游民宿，创建一批"特色景观旅游村""中国精品民宿""中国乡村度假地"品牌。

六、发展康养及休闲度假旅游

适应大众旅游、大健康时代和老龄化社会的到来，结合人民群众对健康养生养老需求的快速增长，推进旅游与健康医疗融合，推进康体、养生等业态和养老产业与休闲度假旅游融合，立足重庆美丽山水、品质温泉、立体气候等优势资源，聚焦"山水之城·生态康养"主题，围绕养老、养生、养心、避霾、避暑"三养两避"需求，创新产品和业态，大力发展康养及休闲度假旅游。到2025年，建设一批国家级康养旅游示范区、示范基地和示范项目，打造一批独具特色的生态康养和休闲避暑旅游品牌，建成市级以上度假区31个，力争新创建国家级旅游度假区2个，把重庆打造成为国际国内知名的生态康养和休闲度假旅游目的地。

（一）推进旅游与健康医疗融合，大力发展健康医疗旅游

支持社会资本、市中医院、中药老字号等独立或合作创办以中医药健康养生养老为主的护理院、疗养院，设立中医药特色医养结合机构，完善推广针灸、艾灸、按摩、拔罐、推拿等中医保健技术，研发药泉、药浴、药膳、康复理疗、美容、康体等保健服务项目，支持中药资源丰富的地区建成集中医药观赏、中医药文化展示、中医药工艺体验、中医药保健养生等于一体的中医药健康旅游综合体。支持甲级医疗机构举办集养老、养生、康复、疗

养、治疗、医疗美容于一体的养老院、康养中心、疗养中心,鼓励有条件的医疗机构取得国际医疗质量管理认证,与国际健康保险机构建立合作关系,开展国际医疗服务。

(二)丰富康养旅游产品和业态

推进体旅融合,发展运动康养旅游,依托山水生态资源,大力发展徒步、漂流、骑行、潜水、滑雪、垂钓、高空、水上等消费引领性强、游客参与面广的体育旅游项目和业态,提升和打造一批体育赛事品牌,打造一批运动康养小镇和示范基地。支持旅游景区、旅游度假区、温泉景区、宗教文化景区、现代农业园区、田园综合体等引进各类医疗机构、康养机构及社会资本,开发养生、康复、护理、疗养、康体等旅游产品和业态,根据资源禀赋,按照差异化的原则,因地制宜发展一批森林康养、湖泊康养、避暑康养、文化康养、田园康养、体育康养等特色康养旅游目的地。支持本土房地产企业、引进国际国内品牌地产商,开发建设以旅居地产为依托,集健康疗养、医疗美容、养生养老、文化体验、休闲度假于一体的高品质康养综合体或康养特色小镇。

(三)着力打造旅游度假区集群

依托主城中心城区温泉资源,拓展温泉景区休闲度假功能,做优做强以北温泉、融汇温泉、南温泉、东温泉、统景温泉、贝迪温泉为核心的"五方十泉"温泉,打造温泉旅游度假区集群。依托主城新区现代农业园区、田园综合及大型水体资源,提档升级长寿湖、龙水湖、黄瓜山、涪江休闲旅游度假区等,打造乡村休闲度假区示范片区。依托渝南森林康养资源,提档升级南川金佛山、綦江横山、万盛黑山旅游度假区,新建南川山王坪、兴茂国际旅游度假区等项目,打造康养旅游度假区集群。依托渝东南武陵山区山地森林立体气候优势,提档升级石柱黄水、丰都南天湖、武隆仙女山、彭水摩围山旅游度假区,新建黔江三塘盖旅游度假区,打造武陵山区旅游度假区集群。依托长江三峡黄金水道,重点提档升级万州平湖、奉节九天龙凤、巫溪红池坝、巫山三峡云端、云阳天下龙缸、城口亢谷。

第四章
世界遗产类景区导游词案例

第一节 大足石刻

一、大足石刻景区概况

游客朋友们,大家好!欢迎大家来到素有"石刻之乡"美称的大足旅游!非常荣幸有机会陪伴各位朋友观光游览。

大足全区境内有各级文物保护单位多达75处,造像5万余尊,铭文10万余字。这里的造像始于晚唐,历经五代,鼎盛于两宋,余绪延至明清、民国,创建史达1200余年,铸造了中国文化史上的奇葩。大足石刻是大足区境内石窟寺及石刻造像的总称,是集儒、释、道三教造像于一体的大型石窟造像群,与敦煌、云冈、龙门等石窟一起构成了一部完整的中国石窟艺术史。1999年12月1日,大足石刻被联合国教科文组织列入《世界遗产名录》,是继敦煌之后第二个被列入《世界遗产名录》的中国石窟。大家都知道,石窟艺术来源于古印度,于两汉之际传入中国,在经历了南北朝的辉煌和隋唐的璀璨之后逐步走向衰落,而在这个时候,位于长江流域的大足石刻却异军突起,在汲取、融合前期石窟艺术的基础上,推陈出新,博采兼收,是中国传统文化与石窟艺术完美结合的典范。它以生动精美的造型艺术,民族化、世俗化的写实风格,深刻地诠释了中国传统文化的精髓和现实魅力,形成了中国石窟艺术史上的又一次造像高峰,从而把中国石窟艺术史向后延续了

400多年。此后，中国的其他地方再没有出现过大型石窟，因此，大足石刻也就成了中国晚期石窟艺术的杰出代表，同时也成了9世纪至13世纪中叶世界石窟艺术史上最为壮丽辉煌的篇章。

大足石刻以北山、宝顶山、南山、石门山、石篆山五处石窟最具特色。北山，距大足城区1.5千米。以峰起岭连似游龙，岩石参差如龙鳞而得名。北山摩崖造像就像一颗颗璀璨的明珠镶嵌其间，熠熠生辉。北山摩崖造像于晚唐景福元年（892年）由昌州刺史、昌普渝合四州都指挥、静南军使韦君靖首先创建，后由地方官吏、乡绅、士庶、僧尼等中下层民众续建，经五代至南宋绍兴年间，历时250余年方具现有规模。造像主要集中于佛湾、佛耳岩、观音坡、营盘坡、多宝塔5处，共有370个龛窟，造像近万尊，均为佛教题材，五代作品占北山造像的1/3以上，是中国此期造像最多的地区，有着承上启下的重要作用。北山摩崖造像以其精美典雅、雕刻细腻、艺精技绝、保存完好、时代特征显著而著称，展示了晚唐至两宋时期中国民间佛教信仰及石窟艺术风格的发展和变化。

北山石刻表现出不同时代石窟的艺术特点。晚唐时期造像端庄丰满、气质浑厚；五代时期造像小巧玲珑、纹饰繁丽；宋代造像极富装饰之美且个性鲜明，体态优美。其中的转轮经藏窟，是大足石刻重要代表作，被誉为"中国石窟艺术皇冠上的明珠"。窟内设计巧妙，中央屹立镂空的八角形转轮经藏用于支撑、采光，佛、菩萨等20余尊造像环列窟内三壁，文殊菩萨若有所思，普贤菩萨有"东方维纳斯"之称。

北山佛湾被誉为"中国观音造像陈列馆"。观音造像众多，各具特色：玉印观音、日月观音，端庄而温和；数珠手观音，斜侧身姿、欲笑还羞，让人着迷；水月观音，姿态潇洒、气度不凡。观音变相，千姿百态，个性鲜明，艺趣天成，耐人寻味。

宝顶山摩崖造像开创于南宋淳熙至淳祐年间（1174～1246年），为南宋高僧赵智凤以弘扬佛法、教化众生为宗旨，尽毕生之力，历时70余年营建而成。宝顶山摩崖造像以大佛湾、小佛湾为中心，包括四周十余处结界造像，是中国唯一一处经总体构思布局而开凿的大型石窟。大佛湾的摩崖造像是宝顶山石刻艺术的精华所在，这个三山石岩相连的马蹄形的山湾内，有着长达500米的宗教艺术画廊。宝顶山摩崖造像的表现形式在石窟艺术中独树一帜,万余尊造像题材不重复,龛窟间既有教义上的内在联系又有形式上的相互衔接,形成一个有机的整体。其内容始之以六趣唯心,终之以柳本尊正觉成佛,有教有理,有行有果,系统完备而具有特色。造像内容和表现手法都力求生活化,无不形象生动,富有教育意义。造像手法十分注重形式美和意境美。尤其是千手观音830只手屈伸离合、参差错落,有如流光闪烁的孔雀开屏,被誉为"天下奇观"。观看之人不仅可以从中阅读到佛教教义,还能从中领略宋代的世俗社会、家庭生活和精神风貌。

南山摩崖造像开凿于南宋绍兴年间(1131~1162年),明清有增刻,是一处极其重要的道教造像区。南山古名广华山,因位于大足城区南面2千米处,故又名南山。南山石刻是我国石窟艺术中罕见的、神仙体系完备的道教造像区。有造像五窟,主要题材有真武大帝、后土圣母、三清洞、龙洞等。此外,保存有历代碑碣20通,题记7则;不仅书法艺术价值高,而且记载了许多珍贵的第一手历史资料。

石门山摩崖造像开凿于北宋绍圣至南宋绍兴年间,为佛教、道教合一造像区,尤以道教造像最具特色。石门山因山顶两石相对,中有夹道,酷似城门,故名石门山。石门山造像共分为十三龛,主要有药师佛、释迦佛、观音洞、孔雀明王、诃利帝母等龛窟。造像雕刻精美,风格独特,故南宋淳熙九年(1182年)邓栓书《纪行诗碑》称:"像无定刻,或仙或释,或诸鬼神,千百变化,混为一区"。

石篆山摩崖造像开凿于北宋元丰五年至绍圣三年(1082~1097年),系典型的释、道、儒三教合一造像区。石篆山因为山石布列若篆字而得名,造像共200余尊,其中第6号孔子龛,刻孔子及十弟子像,是弥足珍贵的儒教造像,对研究我国传统文化和宗教发展具有重要的价值。

大足目前有国家级非物质文化遗产项目2项:一是宝顶架香庙会,二是大足石雕。市级非物质文化遗产项目25项,如刘天成故事、万古鲤鱼灯舞、大足狮舞、双桥狮舞、双桥杂技、大足剪纸、邮亭鲫鱼传统制作技艺、龙水小五金锻打技艺、大足冬菜酿制技艺等。区级非物质文化遗产项目46项。

"宝顶架香庙会",源于唐宋时期蜀地的游观事神习俗,兴盛于大足石刻的水陆法会,元明以后鼎盛,延续至今不衰。宝顶架香庙会以观音菩萨为朝拜主神,以农历二月十九观音诞辰前后三天、五天、十天为活动会期。每届香会香客多时达数十万。古来有"上朝峨眉，下朝宝顶"之说。今就朝拜观音的大型香会而言，则成"东朝普陀，西朝宝顶"之势。信众覆盖巴蜀全境乃至云、贵、湘、鄂、陕各省。前去朝山礼佛者，除了个体香客以外，更有数以百计的架香团队，旗锣伞帐，仪式森严。架香团队进香活动含沿途参拜和朝山参拜。

香会中的游乐活动名目繁多，有戏剧、杂技、比武、龙灯、狮舞、高跷、牧牛舞、放烟火、木偶戏、西洋镜等多种杂耍百艺。

宝顶架香庙会源流久远，规模宏大，它植根于石窟艺术，与大足石刻相伴相融，相得益彰，在全国庙会、香会中，可谓独领风骚，别具一格。2014年11月，国务院批准宝顶架香庙会入选《第四批国家级非物质文化遗产名录》。

游客朋友们，在听完大足石刻的整体介绍后，就让我们一起身临其境欣赏这中国晚期石窟艺术的杰出代表吧。

二、宝顶山石刻及主要景点

宝顶山石刻景区位于大足城区东北10千米处的宝顶镇，海拔约527米，其摩崖造像开创于南宋淳熙至淳祐年间（1174～1246年），为南宋高僧赵智凤以"弘扬佛法、教化众生"为宗旨，尽毕生之力，呕心沥血70余年营建而成的我国罕见的一处大型石窟。这个道场纵横五里，造像多达10余处，除大佛湾之外，还有小佛湾、龙潭沟、龙头山、对面佛等。

大佛湾的摩崖造像刻在一个三面石岩相连的马蹄形山湾内，为宝顶山石刻艺术的精华所在。它是经过了主建者缜密的构思和设计，在雕琢小佛湾作为蓝本的基础上而修建的一个长达500米的佛教艺术画廊。造像以山形取势，巨龛相连，蔚为壮观。在这里，佛教教义被连环画式的石刻通俗地图解着、昭示着。一组组表现佛教人生观、世界观、修持方法以及儒家伦理、理学心性的大型浮雕巨龛相连，形成一个逻辑严密的完整体系。古人称它是"几乎将一代大教收罗毕尽"。其造像题材不重复，构图严谨，图文相配，而且表现手法自然生动，将深奥的佛教义理通过活生生的艺术形象和风俗情节展现出来。观看之人不仅可以从中领会到佛教教义，还能感受到宋代的世俗社会和乡土风貌。

同时，古代的艺术家们在造像施工的过程中，非常巧妙地融入了力学、光学、透视学等科学原理，充分利用岩石、水源等自然条件，因地、因材而施艺。他们超出常人的智慧和巧夺天工的技艺，使这些珍贵的宗教文化遗产，虽然历经了800多年的历史和自然风化，却仍然闪烁着古代物质文明和精神文明的光辉。

整个大佛湾的造像，从护法神到正觉像，通编为31号，在此，我们按游览顺序，介绍其中的代表性龛窟。

【圆觉洞】

在圆觉洞的洞口外侧伏卧着一尊雄狮。狮子造像在国外是呈自然状态的居多，而在中国，它所蕴含的人的意识和精神方面的东西要多一些。它在佛教中是起着使人正心不起邪念的作用，同时也象征佛说法如狮子吼，能威震四方，令人豁然开朗。

圆觉洞深12米，宽9米，高6米，是大佛湾内最大的洞窟。在洞壁的两侧俨然整齐地排列着文殊、普贤、普眼等12位觉行圆满的菩萨。他们在修行的过程中，遇到许多疑难问题，正轮流跪于佛前请示，佛分别作答。这一问一答记录而形成的《大方广修多罗了义圆觉经》便是这窟造像的经典依据。

在洞窟正壁刻着结跏趺坐的三身佛：中间是法身佛，左边是报身佛，右边是应身佛。在三身佛前长跪着一位合掌菩萨，为十二圆觉菩萨的化身。这尊化身像的处理较为别致，如果没有他，就不易表达主题，而流于一般了。而且让任何一个座位空着都会造成整窟造像内容和构图上的不完美。因此，匠师们大胆立意，在此多打刻一尊造像，以示12位菩萨轮流问法。同时，为了突出"问法"这一主题，匠师们还刻意把进口的甬道拉长，并且处理得外小里大，呈喇叭状，使洞内光线暗下来，然后在洞口上方开一扇天窗，由天窗射入一束光，把观众的视线引到佛前长跪的菩萨身上，这正如舞台上的聚光灯一般，既强化了"问法"这一主题，同时又烘托出窟内斑驳陆离、别有天地的神秘氛围。人在洞内随着视觉的逐渐适应，周围的菩萨便会在淡薄微明的光影中浮现出来。随着光线的折射、扩散，菩萨和山石竹林、祥云缭绕的背景之间，会呈现出丰富的明暗层次。高明的艺术家们巧妙地调配光影，又借助观者的心理感受，在此创造出了一个梦幻般的佛国仙境。

如果说这个洞内的采光把大家引入了一种幻化奇妙的境界，那么它的声响效果则是为这种境界增添了一种神秘的气氛。每当在一场大雨之后步入洞内，都会听见叮咚的滴水声，但却只闻其声，不见其形。这是古代工匠师把排水工程和艺术造型进行了巧妙结合的缘故。在靠山的右壁上，刻着一条长卧的龙，龙身便是窟顶的排水渠道。在龙头下面刻有一位高擎钵盂的老僧。下雨之时，雨水从窟顶的岩隙渗透下来，通过龙身汇向龙头，再通过龙嘴滴入老僧的钵盂内，并发出叮咚的声响。老僧持钵的手臂是镂空的，水通过他镂空的手臂往下流，然后通过石壁上的暗道和地面的水沟排出洞外，形成一个完整的排水系统，真可谓巧夺天工！这是科学和艺术的高度融合，它充分显示了古代匠师们深厚的艺术涵养和卓越的创造才能。另外，叮咚的滴水声在洞内所产生的奇妙音响效果，加上迷蒙的光线和温差因素，会让人很自然地产生一种身心清凉的感觉。这份宁静和深幽能让您真切地体会到"鸟鸣山更幽"这句诗的意境。

　　整个窟内的造像，可谓是宝顶石刻艺术之精华。菩萨们头戴的花冠精巧玲珑，大都为镂空雕刻，他们身挂的璎珞钿珠历经800多年仍然粒粒可数；他们身上的袈裟舒展柔和，如行云流水一般搭在座台上，极富丝绸的质感。这里的造像，从形象、神韵到意境，都被表达得细腻而准确。12位菩萨个个端庄典雅，风神俊逸。他们柔和的目光，微微收敛的嘴角，以及弥漫于脸部的那种洞察一切的浅浅微笑，无不透露出他们内心的恬静优雅，显示出他们超凡绝尘的气质。他们脸部的肌肤丰满细腻，仿佛很有弹性，就像在细润的皮肤下真有血液在缓缓流动一般。他们的轻纱薄裙、璎珞飘带都随着身体曲线的起伏转折而微妙地变化，他们整个形体结构所表现出的那种优美的韵律令人陶醉。古代的艺术家已赋予了这些冷冰冰的石头艺术的生命力！

　　圆觉洞是古代艺术家们超人的智慧和巧夺天工技艺的结晶，它不愧为"宝顶山石刻艺术之冠"。

　　【六道轮回图】

　　有专家把宝顶大佛湾的石刻比做是"佛教的基础理论教科书"，而这龛造像便是这部教科书开宗明义的第一篇，讲佛教的人生观、世界观，以及佛学的基本教义。

　　佛教认为，一切事物均处于因果联系之中，依一定的条件而发生变化。

佛教用这个观点来诠释世界、社会和人生，便出现了所谓的"因果报应，转世轮回"学说。六道轮回图就是这种学说的形象体现。轮回之"轮"，是指车的轮盘；"回"指车轮的转动。"轮回"是比喻众生的生死流转犹如车轮循环一般不息。

抱轮的蓝面巨人为转轮王，川渝两地称之为"无常鬼"。"无常"是佛教哲学范畴中的一个名词概念。如果我们把空间、事物缩到极限时就会发现，世间万事万物都是刹那变化、刹那生灭的。佛教把这种瞬息万变、刹那生灭叫作"无常"。这里把这个哲学概念人格化为"无常鬼"来掌握生死轮，以示大千世界万事万物皆不永恒。无常鬼怒目獠齿死咬轮盘，长舒两臂紧钳轮盘，象征业力不可逆转。

六道轮回图从里至外共分四圈。轮盘的中心圈内坐着一位修行者，从其心际飞出六道佛光，把整个轮盘划分为六个部分。这是典型佛教唯心主义哲学理论的反映，表示"万缘发于心，一切由心造"。佛教从不认为宇宙间有任何操纵生命的力量存在，众生的一切果报皆由自己的业力所致。发善心造善业，会得好报；发恶心造恶业，就得恶报。如此，根据众生生前的业因差别，在轮回之中共有六种转生的去向，分别为"天道""阿修罗道""人道""饿鬼道""地狱道""畜牲道"。这六道都体现在轮盘的第二圈内。

上中为天道：日月绕须弥山腰，山顶上置宫殿，展示极乐世界。上右为阿修罗道：一位有着三头六臂的神，手擎日月，侧有侍者，下有献供者，表示享天福而怀嗔心。上左为人道：共刻四人，代表四大部洲之人苦乐同道。下中为地狱道：漆黑的地狱之门旁设有沸腾的油锅，一马面卒正拖一人去受刑，这是众苦集聚的场所。下右为畜牲道：刻有一狮、一牛、一马。下左为饿鬼道：一饿鬼手抱一人，口咬其头，侧边一鬼贪馋欲夺，下有一人恐惧而奔。整个六道是佛教对业报的分类。其中上三道为善三道，下三道为恶三道。众生都在这善恶因果的严密关系中，随业而升降。佛教这种"善有善报、恶有恶报"的信念，"多行不义必自毙"的警戒，千百年来一直都是维护中国古代社会道德伦理的主要精神支柱。

轮盘的第三圈是佛教十二因缘说的形象表现。十二因缘是阐明人生遭遇的变化无常，揭示众生生死流转之因果关系以及生死轮回过程的学说。它从人生过程的角度，把人生现象分为从"无明"到"老死"12个过程。这12

个过程辗转引发，相互结合在无止境的锁链之中，并以此阐明人生的痛苦及其根源。它是佛教对生命现象以及生命痛苦因由的总结，同时也表明了佛教的人生观。这12个环节按顺序组成因果循环链条，任何一个有情识的生命体，在未获得解脱之前，都依此规律，轮回无穷。十二因缘的具体内容，以及生、老、病、死诸般痛苦，都被工匠师们以生动的艺术形象表现了出来。

佛教轮回说的基石是"灵魂不灭论"。既然灵魂不灭，那么人的生命就不仅只限于今生今世，还会有"前生"和"来世"。在轮盘的第四圈有一个非常形象的表现——许多皮囊裹着一些生命体呈逆时针走向。其尾部表示前生，头部表示来世，死此生彼、生生相连，如流水相续不断。这种理论使佛教在时间和空间两方面把人生之苦加以扩大化、绝对化，宣扬人生的过去、现在和未来三世皆苦。

那么，是什么原因使众生深陷苦海呢？轮盘左上方刻有偈语："三界轮中万种身，自从贪爱业沉沦……"在轮回右下方有两位手扶轮盘的文官和武官，他们表示"贪"；轮回左下方又有一手握生殖器的猴子和一位少女，他们表示"爱"。佛家认为，众生因贪爱而作业，从而使得苦海无边，轮回不休。然而佛教宣扬人生皆苦的最终目的还是要救众生出苦海，所以在轮盘的右上方又刻着："君看轮外恒沙佛，尽是轮中旧日人……"叫众生不必悲观，看轮外如恒河沙粒一样多的人都已成佛，他们以前也是轮中之人。只要皈依佛门虔诚修持，便能"跳出三界外，不在五行中"，求得超出业因果报、生死轮回的解脱。

在轮盘上的各道佛光中，有许多佛和菩萨像，其意为"众生皆有佛性，众生皆可成佛"。但"性相近，习相远"，佛性若受"贪""嗔""痴"三毒的影响，被红尘所淹没，就不易显露出来。在轮盘中心修行者的座下刻有猪、蛇、鸽子。猪表"痴"，蛇表"嗔"，鸽子表"贪"，佛家认为这三毒蒙蔽着人的真性，从而使人背离了善道。只有皈依佛门，诚心修炼，才能回归善道，实现大我，永恒不变的佛性方能彰显出来。按佛家的说法，佛与众生并无根本区别，寻其究竟，都是地、水、风、火、空、识六大所造，唯一的区别就在于觉悟与否。所谓"迷则佛是众生，悟则众生是佛"。佛这个字翻译出来，就是"觉悟者"的意思。

这龛六道轮回图虽内容和内涵都极为丰富，但古代的匠师们却把玄妙抽象的佛教义理，通过形象生动的图示，极富层次感地给我们展现了出来，可见古代的艺术家们非常善于物化哲理、图解教义。

【华严三圣】

华严三圣像雕造手法简练，气势磅礴。他们头顶崖檐，脚踏莲台，皆重额广眉，悲悯豁达，给人以亲和之感。中间的主佛是毗卢遮那佛。"毗卢遮那"即大日如来，意为光明普照。毗卢遮那佛的两侧分别是象征理德和智慧的普贤菩萨与文殊菩萨。按一般的造像法则，应是文殊在左，普贤在右，但此地却把他们的位置进行了调换，从而来体现密教造像特有的仪轨——"理智涉入"，即理性与智慧高度融合。

这龛造像是工匠师们成功运用力学、透视学原理于艺术构思的典型范例。文殊手捧 1.85 米高的七级宝塔，手臂悬空支出大约 2 米，塔和手的重量近千斤。为使文殊手臂不断落，匠师们运用建筑力学原理，大刀阔斧地刻出宽袖袈裟披肩挂肘而下，与其身躯相连，巧妙地将重心引到了主像身上。正如木建筑中撑弓、斗拱的原理，使文殊手托的宝塔历经千年而不坠。

这三尊造像高达 7 米，雄伟壮观。如果按常规的造像比例来雕刻，我们从下往上看时，由于视觉的误差，会产生佛像头小身大的感觉。所以匠师们在造像时，刻意将他们的头部加大，下身加长，身躯前倾 25°，这样既避免了出现视觉误差，又使人们在翘首仰望时，感觉菩萨好像正亲切地俯下身来，关注大千世界的芸芸众生一般，令人凡心俱息，祗敬皈依之诚油然而生。菩萨那种威仪慈悲的气度也得到了充分体现。同时主建者也在此告诉众生：前面的六道轮回之中，众生皆渺小无常，业力果报永无止境，但只要皈依佛门，像三位仙人那样虔诚修持，一旦修炼成功，便会如眼前的佛和菩萨一般顶天立地，与天地共存，与日月争辉！

华严三圣像背壁还刻有 81 尊圆龛小佛，这样既丰富了整龛造像的构图层次，又衬托了三尊主像的高大与完美，使整龛造像的气氛显得庄严、热烈。

【千手观音】

一般来说，观音造像只要有 10 只手，便可称"千手观音"。常见的千手观音多数是造 32 只手或 48 只手，表示观音的三十二相和四十八大愿，其他的手皆用背光的形式来表现，以显示"千"的含义。

而我们古代的艺术家却在这里打造了一尊名副其实的千手观音。造像采用纵横交错，上下重叠，反侧相承，深涉错落的布局，竟然在88平方米的石崖上，雕出了1007只纤细修长、千姿百态、令人眼花缭乱、心摇目眩、数之不尽的"千手"观音，构成了一幅犹如孔雀开屏的绚丽画面。

千手观音手中所执的各种法器，其实大都是南宋时期的生活用品、劳动工具以及战争武器，它们从一个侧面反映了当时的社会风貌，在历史文物考古上有着重要价值。

千手观音的全名是"千手千眼观世音自在菩萨"，因此，在千手观音的每一只手中还有一只眼睛。"观世音"即普观世界救苦救难之声音。唐朝时，为避唐太宗李世民的名讳，人们在经典翻译和日常称呼中，常去掉"世"字而简称"观音"。关于千手观音的由来，据佛经说，观音发愿要造福于一切众生，于是长出千手千眼。而在民间却流传着这样一个故事，说她是古代一位妙庄王的三公主，因献一手一眼为父王求药治病，佛感其孝行，赏还她千手千眼，让她去救助众生（源自《汝州香山大悲菩萨传》）。

因此，千手象征其法力无边，能拯救众生。千眼象征其智慧无穷，能明察秋毫。宝顶历来香火旺盛，民间就有"上朝峨眉，下朝宝顶"之说，"朝宝顶"主要就是朝千手观音。在每年农历的二月十九、六月十九和九月十九，观音菩萨的三个生日期间，会有成千上万的善男信女前来朝拜她，大有"香焚宝鼎"之势。可能因此之故，宝顶山又名"香山"。

观音原名不昫太子，其早期的形象基本是男性的。随着人们对真善美崇高精神境界的追求，观音的形象也有了变化。人们都认为，理想中的观音菩萨，除了要具备佛教教义所称颂的品格之外，还应具有强烈的亲和力和感召力。儿童比成年人纯洁天真，妇女一般比男人更显得慈善温柔。因此，观音菩萨的形象便开始逐渐地被女化和童化了。而这种转变，正是上述理念在观音外部形象上的一种具体表现。

千手观音的两侧还有四尊小的造像，左边为婆薮仙，右边为吉祥天女。头戴猪首者为金刚亥母，头戴象首者为毗那夜迦。他们原为婆罗门教中的一对凶神夫妻，后被千手观音所降服。但在这里他们都完全被演变成了女像。另外在两边的角落还分别刻有一位穷人和一个饿鬼，这表示阴阳两界的众生都能得到千手观音的拯救。

千手观音造像在中国比较普遍，但像这样名副其实的石刻千手观音却十分罕见。"画人难画手"，要画出不同姿势的手已属不易，更何况在坚硬的岩壁上进行立体打刻，而且手势无一雷同，没有一只手在当时被打坏，这真可谓是鬼斧神工，让人叹为观止！

【释迦涅槃圣迹图】

这是大足石刻中体魄最宏伟的一尊造像，在大佛湾内占据了显赫的位置。他横卧于佛湾东岩，长达31米，为半身像。其造型比例恰当，体形丰腴壮硕。由于匠师们多采用圆刀雕刻，所以造像各部分的线条显得较为浑厚柔和，恰到好处地表现出佛祖涅槃时的安详之态。

"涅槃"是佛教徒修行追求的最高理想境界，即达到肉身消失、灵魂永恒、不生不死、永无烦恼、常乐我静的彼岸世界。涅槃变相历来具有较为严格的造像仪轨。经书记载，佛祖是在两棵娑椤树之间，"头北脚南，背东面西，右手支颐而卧"。此处卧佛的身位与佛经基本吻合。

根据多种《涅槃经》记载，释迦涅槃时，大地发出六种震动，山崩地裂，树倒房倾。众弟子剜心剖腹，引火自焚，一片惊慌动乱。早期的涅槃变相也几乎都是按这样的描述来表现的。但这样一来，观者就难免会有疑问，释迦牟尼达到了最高境界，众弟子应为他欢庆才对，为何会悲痛欲绝呢？所以后来的涅槃变相就逐渐有了变化，整个画面只是给人一种肃穆宁静的感觉，再无先前那种恐慌气氛了。这种改进在此处的涅槃变相中表现得比较突出。

在这龛造像中，释迦牟尼慧眼微闭，安详而卧。众菩萨、天人、供养者从平地涌出，躬身肃立，仿佛正在聆听老师的最后一次说法。释迦的胸前设有供坛、祭品和香炉，炉中香烟缭绕，直上青天。在云端之中站着释迦牟尼的家眷。经书上说：释迦之母摩耶夫人于兜率天宫闻得释迦涅槃的消息，率众眷属从天而降，持香花水果，游虚空以赞圣德……整龛造像布局严谨，构图巧妙，既烘托出佛祖涅槃的神圣气氛，又起到"以小衬大，以竖破横"的艺术效果。

中国各地所造的涅槃变相较多，但这龛造像和其他地方同类题材的造像相比，在造型的处理上进行了大胆创新：整个卧佛只表现了上半身，双脚隐入岩际，右肩陷于地下，左肩在五色祥云之中，以象征释迦牟尼的伟岸之躯横卧于天地之间。这种处理使造像显得意境博大而有魄力,从而还导致了民间一句夸张的俗语,说宝顶的卧佛"头在大足,手摸巴区,脚踏泸州"。这便是采用"意到而笔不到"这种表现手法所产生的良好艺术效果的反映。整龛造像气势恢宏,虚实相间,意境深邃,既符合宗教造型艺术的仪轨,又有一定的新意。

卧佛前面有一条曲折蜿蜒的"大河"。民间传说释迦牟尼在涅槃之际,众弟子依依难舍。尤其是小弟子阿难,他痛哭流涕,拉着释迦牟尼的衣服恳求带上自己。释迦牟尼想,弟子们功德尚未圆满,还必须留下修炼,所以一狠心推开阿难,用手一挥,划出一条滔滔大河把他和弟子们隔开。他在河对岸和弟子们久久相望,不忍离去,在他站过的地方留下了一双大脚印。于是匠师们根据这个传说,在卧佛岩顶上面的水池中雕刻了一双长1.8米,宽1.1米的大脚印。有人曾问,大足区之所以叫"大足"会不会由此而来?其实,据《大足县志》记载,大足早在唐乾元元年(758年)就已建县,大足之名是由于境内有一条名叫"大足川"的河流而来,取其"大丰大足"之意,并非因佛足印而得名。

【报父母恩重经变相】

"孝"是中国传统文化中伦理道德的核心。"百善孝当先",在中国几千年的历史中,"孝"一直都是为百姓所推崇并身体力行的一个道德品行。"孝道德"的推广与延续也是中华社会几千年家庭和睦与社会稳定的重要保障。第一个把孝提到充满人文关怀精神这种伦理高度的人是春秋时的孔子。在他看来,孝不仅是子女孝顺勿违逆父母长辈,还是维系社会正常秩序的根本所在。因此,孝在中国儒家纲常伦理思想中占据了重要地位,同时也对中国古代社会及整个东方文明都产生了深远的影响。

这龛《报父母恩重经变相》,就是佛教弘孝于梵业,宣扬儒家孝道思想,歌颂父母养育之恩的典范之作。匠师们以父母含辛茹苦养育子女的艰辛过程为主题,极为形象地雕刻了10组逼真的画面,把家庭生活的丰富内容和各种情感表现得淋漓尽致,生动地再现了人间的世俗生活。全龛造像的内容由中间一对夫妇"投佛祈求嗣息"拉开序幕,左右各展开五组雕像。

第一组,怀胎守护恩:一位"转动亦难"的孕妇正坐着保胎,旁边有一侍女正端来一碗保胎药给她喝。表现了母亲怀孕、护胎的精心。

第二组，临产受苦恩：怀胎十月，一朝分娩。孕妇被侍女搀扶着，以手抚肚，咬牙咧嘴做痛苦状。她身下半蹲着一位接生妇，正扎衣卷袖准备接生。旁边有一端公手执令牌，口中念念有词，为产妇驱邪。古人常把生日称"母难之期"，可见母亲生孩子之不易。

第三组，生子忘忧恩："初见婴儿面，双亲点头笑。"一对夫妇亲密相攀，正喜气洋洋地逗孩子玩耍。此时此刻，一切的不如意皆抛于脑后，孩子的到来使小家庭充满了无限的温馨和快乐。

第四组，咽苦吐甘恩：母亲吃粗茶淡饭，哺育孩子的却是甘甜的乳汁。吃东西先尝味，好吃的给孩子，难吃的留给自己，表现出母爱的无私。

第五组，推干就湿恩：孩子晚上尿床了，母亲正支起身来，小心翼翼地给孩子把尿，然后把孩子放在干处，自己睡在孩子尿湿的地方，表现出母亲对儿女无微不至的关怀和悉心的照料。

第六组，哺育不尽恩：一位丰腴健硕的母亲正无私地袒露着双乳给孩子喂奶。碑文刻有颂词"不愁脂肉尽，唯恐小儿饥"，把母亲育儿的心情，以及母爱的博大深厚表现得淋漓尽致。

第七组，洗濯不尽恩：孩子的洗濯之事大多是落在母亲的肩上，母亲虽每日辛苦搓洗，但只要看看孩子，听听他们稚气活泼的笑声，再苦再累也心甘情愿。

第八组，伪造恶业恩：孩子长到婚嫁的年龄，父母要杀猪宰羊为儿女操办婚事。按佛家的说法，杀生是造恶业，应下地狱，但父母宁愿自己今后入地狱受苦，也要把儿女的婚事办得热闹而体面。

第九组，远行忆念恩：儿子背着褡袋，扛着伞，告别父母即将远行。父母扶杖送别，千叮咛万嘱咐，依依不舍。老头子显得要稍微理智一点，送儿千里终须一别，他用手悄悄地去碰老伴儿，也许正用商量的口气在说："唉，老伴儿，差不多了，天色不早了，儿子的前程要紧，咱们是不是该回去了……"只见老伴扭过头来，满脸不服气的样子，搗了老头子一肘子，意思是："你懂什么！儿子不是你生的，你就不知道心疼！"匠师们将这一瞬间人物的表情定格在这里，生动地再现了慈母那种"意恐迟迟归"的情怀。下面的碑文写到："恐倚门庭望，归来莫太迟"，告诫儿女不要久久不回，免得妈妈倚门盼望。这正是对儒家"父母在，不远游，游必有方"的最好诠释。

第十组，究竟怜悯恩："究竟"为极致、最高之意，"怜悯"其实就是我们所说的"爱"。但佛教不提倡爱，他们认为爱什么就想得到什么，爱和贪没有区别。所以，他们提倡对世间万物应同情和怜悯。"究竟怜悯"即最高之爱、极致之爱。父母对儿女的爱是人世间最崇高、最无私的爱。"谁言寸草心，报得三春晖。"孔子曾说："今之孝者，是谓能养，至于犬马，皆有以养，不敬何以别乎？"在这组造像的画面上，老父母横排并坐，儿子跪在他们面前，父亲正指着儿子，神情严肃地进行教育。上有碑文曰"百岁惟忧八十儿，不舍作鬼也忧之，观喜怒常不犯慈颜，非容易从来谓色难"。这是原原本本的儒家说教。"色难"出自《论语·为政》中的"子夏问孝"，子曰"色难"，即承顺父母颜色，此事为难，故曰色难。可见，能事亲养志，做到时刻在父母面前保持和颜悦色，并顺承父母的心意来行事，才是对父母最好的"孝"。

父母历经艰辛把儿女养大，并不一定要儿女给予他们物质上的孝敬，他们更需要的是一种精神赡养和情感慰藉，需要儿女们高高兴兴地常回家看看。父母的要求并不高，但古往今来，能做到的人又有多少呢？因此，在造像下面刻有一句"知恩者少，负恩者多"的铭文，感叹"痴心父母古来多，孝顺儿孙谁见了"。

匠师们在这里把父母养育儿女的辛劳过程，以写意的手法，跃然传神于石壁之上。将世间养育儿女的烦琐生活细节提炼为父母对子女的十大恩德，并且每一幅画面都是人们所熟悉的生活情景，使人们在观赏艺术的过程中，回味生活，在回味中更加深刻地体会和认识生活，同时也使人们的情感和思想在观赏中得到理性的升华。

由于这龛造像的世俗性远远超过其宗教属性，从而使得它不仅成了反映宋代民间家庭生活的精湛艺术品，也成了佛教教义与中国传统文化经过几百年的冲撞、依附，发展到相互融合的实物例证。

【大方便佛报恩经变相】

佛教《心地观经》曰："一切众生轮转五道，经千百劫，于多生之中互为父母，以互为父母故，一切男子即是慈父，一切女子即是慈母……"《后汉书·孔融传》中有"父母与人无亲，譬若瓴器，寄盛其中"之说。可见佛教认为父母与子女不过是须臾短暂的寄住关系，主张怨亲平等，识体轮回。佛教教义认为僧尼应不事二亲，提出"沙门不应拜君亲"论，因而被儒道之人斥为"无君臣之义，无父子之情"。佛教不提倡"孝"，在中国这片历来受儒家学说熏陶的土地上就很受争议。所以，后来佛家便逐步把儒家的观念纳入佛教之中。到隋唐时，便出现了一些佛的行孝故事来宣扬孝道。这龛造像就表现了佛祖释迦牟尼前生和今世的行孝故事。

一日，释迦牟尼在阿阇崛山中聚众说法，弟子阿难入城化缘，于王舍城外遇见一青年男子，因供养父母家产荡尽，却仍肩挑双目失明的老父母沿街乞讨。要到三个饼，好的两个供给父母，坏的那个还舍不得马上吃，而是放在腰间，准备在下一顿没要到食物时，给父母充饥。阿难正看得感动，有六师外道迎面而来。他们指着这个青年男子，用讥讽的口吻对阿难说："你老师自称有大德，却舍弃双亲，丢下妻儿不顾，独自到深山修行，还大讲什么佛道，实在是一位不仁不孝、沽名钓誉之徒，还不及这位乞丐心好！"他们一边诽谤释迦牟尼，一边侧目微哂，手舞足蹈，击板踏歌，表现出各种各样的神情体态。六师外道中有一尊优美的"吹笛女"造像，她纤手着笛，双目微闭，正撮口横吹，独自陶醉在悠扬的笛声之中。吹笛女手上弧形弯管的笛子叫"弓笛"，它比直管笛子的音色更为浑厚柔和。

光头大脑、憨厚忠实的阿难听了六师外道之言，半信半疑，神情尴尬地返回山中问老师："佛家可有孝乎？"释迦牟尼道："此话非尔等之言，该从何而来？"阿难道："为六师外道之言。"于是，释迦牟尼召集三千大千世界诸佛菩萨，放五色光明，为说《大方便佛报恩经》，以正视听。以上为经文的序品内容。

释迦牟尼佛像的左右两边分别刻着释迦牟尼孝养父母的11个本生和本行故事。释迦牟尼的前生事迹为佛本身故事，今生事迹为本行故事。故事主要有：因地为睒子行孝、因地剜肉、因地雁书报太子、释迦佛祖像、因地行孝证三十二相、因地剜睛出髓为药、因地鹦鹉行孝、亲探父王病、因地修行舍身求法、剜肉供父母、舍身济虎、释迦亲抬父王棺。

【柳本尊行化道场】

柳本尊名柳居直，是唐末五代时在四川弘传瑜伽密教的一代宗师。相传他生于柳瘿，因为"数至神异，人不敢称其名"，故号"柳本尊"，"本"者根本也，"尊"者自尊也。"本尊"即佛教密宗的宗师。

据考证，柳本尊为嘉州（今四川乐山市）人，生于唐大中九年。他自唐光启二年盟于佛，承袭金刚顶瑜伽部密教，专持大轮五部秘咒，活动在川西一带，并在汉州（今四川广汉市）弥牟设立道场。唐末五代正值战乱，瘟疫流行，民不聊生。在这种情况下，人们大都趋向鬼神的庇佑。柳本尊便将密法和民间巫术结合起来，用化水符咒的方式为人驱鬼治病。同时还以自残苦行的方式来弘化密教，表现出一种"以拯救苦难中的黎民百姓为己任，为普度众生而忍受各种苦难，全心全意舍己为人"的精神。据说当时有汉州刺史赵君欲试其真假，派人去说他要一只人眼做药。柳本尊听后面无难色，立即持刀剜眼，交付差人。刺史诚服，投身忏悔。此事叫剜眼。另外，当时成都的马首明巷，有一位叫邱绍的人，已病死三天。家中之人去找柳本尊设法挽救，柳施动法力，使他得以康复，于是邱绍全家都拜在柳本尊的门下做弟子，尤其是邱家的两个年轻貌美的女儿，更是终日伺奉在柳本尊左右，柳本尊却表示要断绝淫欲，故用蜡布裹阴茎焚烧了三天三夜。此事叫炼阴。另外还有立雪、舍臂、炼心、炼膝、炼顶、割耳、炼踝、炼指。这十件苦修事迹称为"十炼"。造像下面的文字都详细地说明了"十炼"的具体时间、地点和证明人。柳本尊的行为在当时也造成了一定的社会影响。蜀王王建曾召他入宫，将他供养了三日，并赐封为"唐瑜伽部主总持王"，使柳本尊身价百倍，信徒遍及社会各阶层。在柳本尊主像的两侧，排列着他的信徒们，有文武官员，也有黎民百姓。这些人物的衣冠服饰，为我们考证当时社会各阶层人物的穿着打扮提供了宝贵的实物资料。

此前，佛教史学界有一种定论，一般认为中国佛教密宗自唐开元年间（713~741年）三大士传入以来，只传了四代。第四代传的是日本僧人空海，由于唐末战乱，空海学成之后就回日本去了。他在日本弘传大法，成为日本真言宗（东密）的始祖。而国内在空海之后，则因会昌法难和五代变乱使密宗渐至绝响，所以，凡是治中国密教史的人，对于晚唐以后密教的论述都很少。一般认为空海之后，国内再未出现过有影响的密宗大师。但在四川一带，特别是在大足，却出现了大量的密宗造像。北山佛湾造像中有一半都是密宗造像。在宝顶山出现的密宗大师的踪迹和这座独具特色的南宋密宗道场，都无可辩驳地证明中国密宗在唐末以后并未绝迹，相反，它在四川一带有了很大发展。虽然柳本尊的师承关系目前还模糊不清，但据宋刻《唐柳本尊传》碑记载的情况看，柳本尊所传的瑜伽密教实际上就是金刚智所传的金刚界密法，或者说同金刚界密法有密切的联系。无独有偶，200多年后，又有出生于大足米粮的赵智凤去四川汉州弥牟游学，三年后，他回到大足来弘传柳氏密法并苦心经营宝顶山石窟。柳本尊、赵智凤在秉承唐代金刚界密法的基础上，对于宗教实践有了独特的创新和发展。这两代祖师的弘法事业，把中国密教史往后延续了近400年，为中国佛教史增添了新的一页。尤为突出的是，赵智凤殚精竭虑营建的宝顶山石窟道场，不仅是中国宗教事业上的一项盛举，也是中国文化、艺术史上的一座丰碑。如果说柳本尊在唐末延续了密宗的传承，那么赵智凤则是把这一事业推向了历史的高峰，他是继柳本尊之后的又一位伟大的佛学家、实践家。

柳本尊行化道场下面部分刻的是十大明王像。

明王造像为佛教密宗所特有。明王是佛和菩萨受大日如来教令，降伏诸恶魔时变现转化出的威猛庄严形象。造像从传统绘画技巧中汲取营养，以高度夸张、变形的手法，刻画出明王充满力量的彪悍体态，获得了超乎想象的现代意蕴，艺术感染力极强。

这些明王或一首四臂，或三头六臂，皆怒目攒拳，筋肉弩张，威烈雄壮，充分显示出男性那种无穷无尽的潜力。其中尤为突出的是愤怒明王。他怒发冲冠、目眦尽裂、鼻翼翕张、獠牙上立，正用嘴狠咬着手指，把怒不可遏的神态表现绝了。古代艺术家们非常善于概括和集中现实生活中，人们外在的那些富于表达深刻感情的典型方式，并给予高度夸张，来形象地表达人物的内心活动。

十大明王像大都是未完工的粗坯，显示出块状的大面和豪放流利的凿痕。为何这些造像都未能雕琢完成呢？位于大足南山的《淳祐七年碑》是1247年大足几名本地官员登临南山后留下的游记，然而碑文传递的信息远不止于此。它记录了十年前的一次浩劫。那是1236年，蒙古军横扫四川数十州，大宋王朝遭到重创，大足石刻所在的昌州，尽管僻处深山，一样成为受难之区。昔日的繁华佛国，转瞬成为荆棘赤地。大足石刻如一曲交响甚至来不及留下绕梁的余韵就随着宋王朝的覆灭戛然而止。而大足这个宋代西南的经济、文化重镇。在元代以后，失去了州县治地位，逐渐淡出了人们的视线。辉煌了好几个朝代的大足石刻，也由此史失其载，不为外人所知。但沉埋也许并不是一件坏事,大足虽然在历史上,也遭受过兵灾和动乱,但这里的石窟寺和佛像,却没有受到类似其他石窟那样的大规模破坏,是中国现有石窟里保存最完整的。而这些粗坯看起来似乎是一种遗憾,但恰恰是这些未完工的凿痕刀迹为我们展示了当时的艺术家们如何剖石开方,如何粗凿、细琢的步骤,为我们研究古代匠师们雕刻的工艺流程提供了宝贵的实物例证。

这整龛造像高15米,岩檐外挑达9米,壁面倾斜约45°。造像分三层,自下而上,逐级外挑。这样的处理既丰富了景观的层次,又使观众看上去一目了然,还不会产生透视变形。这是工匠师们成功地把透视原理用于艺术创作的又一典型范例。

【结束语】

佛教造像作为佛教文化一个极为重要的组成部分,在我国以佛教信仰为宗教信仰主流的土地上分布很广,几乎各地都有。但究其造像目的,则多是为方便发愿祈福,以供瞻仰而造。因此,大多数地方是佛和菩萨的造像多,经变相少。而赵智凤苦心营建宝顶大佛湾的目的是"阐释教义、弘扬佛法、教化众生"。所以,在造像的选材、布局上,他有意识地将佛教教义系统地贯穿起来,使之构成一个完整的体系来进行宣传。

第二节　武隆喀斯特

一、武隆喀斯特景区概况

游客朋友们,欢迎来到重庆武隆喀斯特旅游区!武隆喀斯特旅游区是国家5A级旅游景区。"武隆喀斯特"是世界自然遗产"中国南方喀斯特"的重要组成部分(中国南方喀斯特由中国云南石林、贵州荔波、重庆武隆等共同组成),它包括天生三桥、仙女山、芙蓉洞三个部分。仙女山位于武隆区仙女山镇,地处重庆东南部武陵山脉;天生三桥地处仙女山南部,位居仙女山与武隆城区之间;芙蓉洞位于武隆区江口镇4000米处的芙蓉江畔。武隆喀斯特是深切型峡谷的杰出代表,它不仅是反映地球演化历史的杰出范例,还是生命的记录,重要的、正在进行的地貌演化,重要的地貌形态或自然地理特征。它孕育出的芙蓉洞洞穴、天生三桥和后坪冲蚀型天坑等三个独立喀斯特系统，三者均是在长江三峡地区新近纪以来地壳大幅抬升的机制下发育形成的喀斯特系统，具有喀斯特特征的世界性意义。这里集大娄山脉之雄、武陵风光之秀、乌江画廊之幽于一身，被誉为"世界喀斯特生态博物馆"。集山、水、林、泉、洞、峡谷、草场于一体，拥有世界规模最大、最高的串珠式天生桥群——天生三桥，地质奇观——龙水峡地缝，山城夏宫、东方瑞士和落在凡间的伊甸园——仙女山国家森林公园，中国唯一列入世界遗产名录的洞穴——芙蓉洞，水上喀斯特森林——芙蓉江，世界口部面积最大的天坑——中石院天坑，世界唯一的冲蚀型天坑——后坪天坑，世界最大和亚洲最深的竖井群——天星竖井群，亚洲最长的洞穴群——桐梓山洞穴群，以及世界最高洞厅——二龙口洞等。

武隆人文底蕴深厚，有重庆市级非物质文化遗产项目26项，如后坪山歌、鸭平吹打、仙女山耍锣鼓、石桥木叶吹奏、平桥薅秧号子、乌江船工号子、平桥耍龙、浩口仡佬族箥鸡蛋传统体育竞技、羊角豆腐干传统制作技艺、后坪木器制作工艺等。区级非物质文化遗产项目161项。

"后坪山歌"是生活在武隆区后坪苗族土家族乡的土家族、苗族群众十分喜爱唱的山歌，尤以土家族的山歌在民间植根最深、名气最盛、特色最鲜明、流传面最广。人们在闲暇休息时、生产劳动时、走亲访友时、赶场上街时、青年恋爱时、生朝满日时、哀悼亡人时、姑娘出嫁时、喜怒忧愁时都要唱山歌。"不吃饭肚皮饿，不吃肉皮包骨，不喝酒没劲头，不唱歌不舒服""一人唱起众人帮，舅子老表来应合，太阳听了红了脸，雀雀鸟鸟跟倒学，月亮听了不愿走，山山岭岭睡不着"就是其真实的写照。

各位朋友，请跟随我的脚步让我们深入了解武隆喀斯特景区。

二、武隆喀斯特主要景点

（一）天生三桥景区

欢迎来到世界自然遗产地、国家5A级旅游景区——天生三桥参观游览。天生三桥景区于2000年5月1日正式对游客开放，2007年6月由天生三桥、芙蓉洞、后坪天坑三部分组成的武隆喀斯特，作为中国南方喀斯特的三大重要组成之一，成功申报成为世界自然遗产。2011年7月成功申报成为国家5A级旅游景区。整个天生三桥景区以山、水、瀑、峡、桥、坑构成一幅完美的山水画卷。

【天龙桥】

各位朋友,现在我们的位置就是在第一座桥——天龙桥的桥洞中。天龙桥是三座桥中唯一的双拱桥,由一个桥墩、两个桥孔构成。请大家抬头看,天龙桥洞壁方方正正、非常平整,宛如人造,这就是大自然的鬼斧神工,由流水冲蚀形成。天龙桥是三座桥中最形象的,它的桥洞呈规则的长方形,高120米,宽30米,长120米。整个桥的跨度有200多米,我们的停车场就建在桥面上。前边的观景台和下面谷底是观看天龙桥的最佳点。

大家请把目光投向对面的山峰,那是一只大象正昂首迈步前来迎接各位朋友,欢迎大家的光临。那座亭子就正在它的鼻尖上,是专门用来接待游客的。大象在这里已经上万年了,却永不知疲倦,神采奕奕地迎接着来自五湖四海的嘉宾。就像淳朴善良、热情好客的武隆人民载歌载舞用肥美的烤全羊和甜香的烤土豆款待远方来的客人。它还在这里默默守护着天龙桥,虽栉风沐雨,却万载不倒。

天龙桥最奇特的地方除了酷似人工桥以外,还在于在桥墩内部有一个迷宫型的洞穴,据当地老百姓讲那是以前土匪藏身的地方。主洞长度有400多米,在主洞的四周发育有大大小小的通道,形成了洞中有洞、洞洞相连的奇特洞穴。

【天福官驿】

大家请看,这个位于天坑里的建筑物,就是天福官驿,自唐代开始,它就是联系附近钻天铺和白果铺,及更远的涪州与黔州之间的一条官道上的邮递驿站。景区刚开发的时候,它还是附近村落相互联系的必经之路。

在这座幽静的四合小院里,有着古朴的建筑风格,以及沧桑的墙体和柱廊。这座古驿站,古已有之,只不过,为了拍摄电影《满城尽带黄金甲》,2005年在它原有的基础上专门进行了恢复重建。

【天龙天坑】

我们说天生三桥神秘诡异,是因为它处处充满了神秘的色彩。比如,天生三桥附近方圆仅7平方千米的土地上,就有上石院天坑、中石院天坑、下石院天坑、神鹰天坑和我们现在所在的天龙天坑五大天坑。其中中石院天坑深达200多米。

现在我们所处的这个十字形的天坑，我们叫天龙天坑。它是天龙桥、青龙桥和周边山壁合围而成。它的口部直径552米，口部面积19万多平方米，最深处达276米，属塌陷型天坑。说到这里，我给大家介绍一下天坑的相关知识。

2001年之前，天坑只是对重庆奉节县小寨天坑这种景观的特称，类似的地貌在各地有不同的名称，如重庆、云南等地叫"龙缸"，广西叫"石围"，四川叫"岩湾"等。2001年，天坑作为一个专门的喀斯特术语被专家提出。2005年，国际喀斯特天坑考察组到重庆、广西一带大规模考察后，"天坑"这个术语在国际喀斯特学术界获得了一致的认可，并开始用汉语拼音"Tiankeng"通行国际。这是继峰林和峰丛之后，第三个由中国人定义并通行国际的喀斯特地貌术语。

喀斯特天坑有塌陷型天坑与冲蚀型天坑两种类型。第一种塌陷型天坑，集中发生在地下深处，塌陷是由地下的碳酸盐岩层被溶蚀之后，形成地下深洞，溶洞崩塌，这些塌陷物不断被水溶蚀和搬运，直到整个地下空间露出地面，就形成了天坑。比如，刚刚提到的五大天坑就是塌陷天坑的典型代表。第二种冲蚀型天坑，是由地面水流从地面垂直冲蚀之后所形成的，它是从地面向地下深处发展的，如武隆区境内，与丰都交界的后坪天坑群，就属于冲蚀型天坑。后坪天坑群的5个天坑，形态典型，保存完好，是我国乃至世界上这类天坑群的唯一发现。

天生桥和天坑的形成至少要同时具备六个条件：一是石灰岩层要厚。只有足够厚的岩层才能给天坑的形成提供足够的空间。二是地下河水位要深。三是包气带（含气体的岩层）的厚度要大。四是降雨量要大，这样地下河的流量和动力才足够大，足以将塌落下来的石头冲走。五是岩层要平。从天坑四周的绝壁看就会发现，岩层的地面是平行的，就像一层层的石板堆在四周一样，只有这样的岩层才能垮塌。六是地壳要突起。地壳的运动会给岩层的垮塌提供动力。所以天生桥与天坑的形成需要很多条件，相互作用才能形成。

【青龙桥】

朋友们，我们现在看到的是天生三桥中最宏伟险峻的一座——青龙桥。它桥高281米，桥厚168米，桥宽124米，平均拱高103米，平均跨度31米。

它在桥高、桥厚两个方面，雄居世界第一。它的桥孔就像洞开的天门，雨过天晴，在阳光的照耀下，天门中会有七色的彩虹出现，变化万千，就像一条青龙扶摇直上，所以得名。

【神鹰天坑】

在这里，青龙桥和四周的石崖又构成了一个天坑，就是这个十分规则的口字形天坑，我们叫它"神鹰天坑"。大家顺着我的手势看过去，那个地方就是老鹰嘴，下方是身子，翅膀微微合拢，非常形象。

【黑龙桥】

"无限风光好，景致各不同，探得神仙地，美在不言中。"现在我们看到的这座桥就是黑龙桥。黑龙桥桥高223米，桥厚107米，桥宽193米，平均拱高116米，平均跨度28米。在桥宽和平均拱高两个方面居世界第一位，比青龙桥和天龙桥都宽和高。桥洞高而狭长，洞内光线昏暗，就像一条黑龙盘旋洞顶，所以得名。黑龙桥也是景观最为优美的一座桥，可能很多人想不到，在这种壮美之中，另有四眼泉水，称为天生三桥一绝，形态各异，姿态万千：第一泉，珍珠泉：当空高挂，入地难寻。第二泉，雾泉，好似轻烟，似雾非雾。第三泉，一线泉：涓流细出，水流一线；第四泉，三迭泉：顺壁而下，一波三折。

【龙泉洞】

穿过了黑龙桥，现在我们看到的这个洞叫作"龙泉洞"。洞中流水飞泻而下，长年不断，流水下地为潭，潭水总是那么清澈见底，龙泉洞的水，是从7千米之外的中石院天坑底部漏过来的。洞内生存着一种盲鱼，盲鱼就是没有眼睛的鱼，在数万年前，盲鱼的祖先被水流带到了只有很少光线或完全没有光线的地下洞穴里，随着漫长的岁月流逝，它的眼睛因无用武之地而退化了，变成了今天的盲鱼。

【擎天一柱】

各位朋友，到了这里咱们不妨回头看一下，远处山崖上有一座孤峰，我们称之为擎天一柱。远看，其上部酷似一个人头，到过云南石林的朋友，都知道那里有一个"阿诗玛"，与我们的擎天一柱非常相似，所以我们又把它称之为"武隆的阿诗玛"，她一边在这里恭候大家的到来，向各位朋友展示她妩媚动人的一面，一边又期盼着与她的阿黑哥早日相聚，互诉衷肠。

（二）仙女山景区

各位朋友：你们好！欢迎你们来到"南国牧原"仙女山。今天将由我带领大家参观游览仙女山。希望我真诚的服务能换来您满意的笑容。

仙女山属于武陵山系，位于武隆境内的乌江北岸，西面与涪陵区接壤，北面和丰都县交界。据《涪州志》记载，"武隆司东30里，山峰石洞幽邃，相传有仙女住此，飞升不复见"。仙女山由此得名。

仙女山方圆400多平方千米，平均海拔1800多米，主峰海拔2033米，是武隆的最高峰。仙女山森林面积有30多万亩，草场面积有十多万亩。1999年，这里被批准为"国家级森林公园"，规划面积达2339.7公顷。仙女山游览区南北长8千米，东西宽5千米。在这样一个范围内，游客们尽可以信马由缰，随心所欲，去领略仙女山胜景中的无限风光、万种风情。

仙女山上景色幽美，风光宜人。游人到此，如登仙山，如进画中，或者玩乐，或者览胜，可谓饱餐秀色，兴味无穷。然而，在这万千风光中，最值得自豪与骄人的却是山上的奇峰、林海和草场，它们堪称仙女山上的"三绝"。

这里的奇峰，往往是突兀而起，山势峻拔，充满着阳刚，透露出豪放。如果说仙女山草原是心胸宽广、性情温柔的奇女子，那么这仙女山的奇峰，就是气势雄奇、顶天立地的伟丈夫。而且，这些奇峰往往都有着一段美丽动人的神话传说，使得这些没有生命的冰冷的山石，变得充满人间烟火，生动鲜活、可亲可近。

莽莽苍苍的林海，是仙女山无限风光中的又一独特景观。1959年秋天，这里建起了仙女山国有林场，经过30多年的人工造林和飞播造林，形成了仙女山上30多万亩绿波浩渺的林海奇观。朋友们可能已经欣赏了林区公路以及公园大道两旁那排列有序的柳杉和马尾松的挺拔和伟岸，然而更加引人入胜的却是林区里的地广林博以及种类繁多的动植物。林子里有华山松、楠木、红椿、枫椿、枫香和南竹等穿插其间，林地上有黑麦草、天麻、党参和黄连等名贵药材点缀四处，密林中有红腹锦鸡、相思鸟、野猪、刺猬、麋鹿和长尾雉等活跃其中。游人若是登高瞭望，则见山岭深幽碧翠，林木郁郁葱葱，绿色如海，一望无际；若是微风吹拂，但见苍茫林海，波浪四起，一浪追赶一浪，一波接着一波，和着风声，和着林涛，煞是壮观，动人心魄，撼人魂灵。

当然，仙女山"三绝"中最为可观的还应当首推草场。那一首古老而忧郁的《敕勒歌》"天苍苍，野茫茫，风吹草低见牛羊"固然吟咏的是西部牧原，然而它又何尝不是仙女山的真实写照呢？仙女山山高峰奇，然而在山顶却是一马平川。仙女山由奇峰、巉崖、漫坡和浅丘等地形造就，然而在浅丘和漫坡之间，却奇迹般地出现了大片大片的绿茵草场。仙女山草场有十多万亩，由侯家坝、三岔坝、小耕坝、烂草坝等16块大小不等的草场组成，最大的有1万多亩，最小的也超过3000亩。游人站在这广袤无垠的大草原上，极目远望，牧原像一块巨大的碧毯铺天盖地、连绵不断，沿着远方的地平线和远丘的轮廓展开而去。

草原上板角山羊、罗姆尼羊、美利奴羊和西门塔尔牛等牲畜，或单放，或群聚，点缀其间。羊儿成群结队地在奔跑；骏马鼓着圆圆的肚腹，悠闲地甩摆着尾巴；老牛呵护着牛犊，小牛则长哞撒欢儿。少了尘世喧嚣，唯有牧歌如梦。

除了自然美景可供欣赏外，草原上还有跑马、射击等参与性项目，让游客体验新鲜和刺激。当西边的山脊还残存着一抹橘红，山包、草坪、牲畜、游人都披上一层黛青的颜色之后，仙女山的黄昏便来临了，神秘的蒙古包、热情的篝火晚会以及馋人的烤羊肉，将引导游人们进入另一个兴味无穷的世界。

朋友们，百闻不如一见。仙女山的世界既然是神秘诱人的，那么就绝对不是用我贫乏的语言和枯燥的介绍能够表述的，你只有身临其境，才能获得真切的体验和更大的收获。现在，我们的游览就正式从这里开始。

【通天塔】

游客朋友们，现在我们已经到达了通天塔的脚下。仙女山上有一段关于通天塔的顺口溜："游览仙女山，必经塔通天；若不来此处，便为终身憾。"传说中仙女山的仙女来自天庭，她到人间惩恶扬善之后，又飞升回了天庭，所以要想寻觅到梦中的仙女，我们就必须经过这一段考验意志、锻炼体魄的艰难的登天之路。人们在说什么事情难办的时候，往往有一个惯常的比喻，那就是比登天还难。登天的确不易，我们现在从这里爬上通天塔，必须要跨越388级阶梯。俗话说得好，上坡脚发软，下坡脚打闪，每一步都是力量的付出，每一步都是意志的考验。在仙女山攀登天梯不能回头，不能踌躇，也不能徘徊，只能有一个信念，一步一个脚印地往上攀登，才能见到梦中的仙女，实现心中的理想。

通天塔是仙女山的最高峰，海拔2033米。通天塔原来是仙女山林场监测森林火灾的一个瞭望台，用杉木建成，工人攀梯而上，日夜监视，一丝不苟地保卫着30万亩林海。这里成为风景区以后，破旧的木楼已经被青砖水泥所替代，除继续发挥监测森林火灾的作用以外，还可以满足游客登高远眺的愿望。登通天之塔，观仙女神韵，的确是一种净化魂灵、升华意境的美好享受。让我们沿着两层楼的回形楼梯登上楼顶去穷尽千里目，一览众山小吧。

通过这一台高倍望远镜，大家可以看见，脚下奔腾不息的乌江已经变成飘带；西边最高点，是茶盘岩；南望是巍巍白马山，白马山因为低于仙女山，所以有"仙女骑白马"之说；而北面，大家看，就是茫茫林海：层林尽染、芳草连天、山花争艳、云蒸霞蔚，好一幅锦绣山川图，好一派人间美妙景。

【情侣树】

各位游客，透过车窗，我们可以看见仙女山的丰富景观正在不断地变幻着飘过我们的视线。在频频"打望"中，我要请大家特别留意车前的那两棵，哦，不，是一棵树。那就是仙女山上有名的"情侣树"，也叫"夫妻树"。不仔细看的话它像一棵树，其实是两棵长在一起的。两棵树相互依偎，两情缱绻，是那样坚贞不移，又是那么情意绵绵。古诗中"在天愿作比翼鸟，在地愿为连理枝"，说的大概就是这个意思。在座的朋友中，有没有夫妻？有没有情侣？如果有的话，我想你们若在这棵"情侣树"旁留下照片，或者直抒胸臆，发发誓言，一定很有意思，这一定是你们一生中最可珍贵的、最为美好而甜蜜的回忆。诸位切莫错失良机！愿你们的爱情，就像这两棵"情侣树"天长地久、海枯石烂、地老天荒、永远不变。

【侯家坝南国第一牧场】

各位游客，请往前看，映入我们眼帘的就是有着"南国第一牧场"之称的侯家坝。草原风光是仙女山森林公园最引以为骄傲的景点之一，而侯家坝则是这一篇优美诗章中最动人的一段。这里是目前仙女山开发最大的一处草场,面积有1万多亩,风光旖旎,名闻遐迩。

侯家坝的绝美风光四时皆宜。春天,这里是一派新生的景象,经受了严冬风霜的枯草,仿佛在一夜之间,就星星点点地冒出了鹅黄,几番春雨的滋润,嫩芽又化作了翠绿的精灵,那个时候,草原上就铺开了一幅硕大的绿毯,变得更加可爱。夏日,牧原上则是一片花的海洋,星星兰、阳雀花、翠绿红、金银花,繁花似锦、姹紫嫣红。花的芬芳、色的招展,又引来了蝶飞蜂舞、百鸟齐鸣,草原变成了美丽的舞台。秋季,蓝天更加高远,白云朵朵,像地上的羊群,这时候,牧草丰沛、牛肥马壮,牧人赶着牲畜草地放牧,风吹草动、牛羊隐现、呼伴唤崽、人欢马叫,草原变成了迷人的牧场。隆冬,山里骤然变冷,不知不觉间,天低云暗、雪花漫天,好像眨眼之间,草甸岗峦,银装素裹,莽莽牧原,皆为雪域,草原呈现出一派北国风光。仙女山的雪,真是南国一绝。最为有趣的,还是草地滑雪。仙女山下雪的时间是每年的11月下旬到第二年的3月上旬,游人踏着滑雪板,在雪地间、斜坡上飞驰而过,十分轻松快意,每年这个季节,这里都要吸引大量游客来此玩雪、赏雪和滑雪。

【仙女草垫】

在仙女山上的一些草坪上,在一些不大起眼的地方,还潜藏着仙女山的又一杰作,这就是仙女山草垫。仙女草垫在哪里?就在我现在坐的地方,就是这种草垫。这种以绿色为主,间杂着咖啡色调的"垫子",当地山民又管它叫"牛毛毯草墩"。它其实是仙女山上一种特别的高寒苔藓植物,生长在海拔1800米以上气候和土壤都适宜的地方。它的生命力极强,即使数九寒冬,无论覆盖有多厚多深的雪,只要刨开积雪,它仍然是那么油绿,依然是充满着旺盛的生机。这些大小不等的一簇又一簇的"草垫"星罗棋布地散落在如茵的大草坪上,俨然是天然的一张张沙发,人坐其上,不脏衣裤,又富有弹性,确实让人叹奇。

(三)芙蓉洞景区

芙蓉洞天世界宽,世遗珍宝尽奇观;瑶池地宫隐万载,一朝迎客惊人间!尊敬的游客朋友们,大家好,欢迎来到世界自然遗产地、国家5A级旅游景区芙蓉洞参观游览。很荣幸为各位服务,希望得到朋友们的支持!

芙蓉洞从1994年5月1日开放至今,已经有27个年头了。从开发起,就以资源保护为核心、永续利用为宗旨,科学规划,有序开发。目前为止,只开发了溶洞的一部分,游道全长1847米,单向游览,不走回头路,游览时间大约需要70分钟。这里平均海拔485米,最高海拔495米,洞内温度常年保持在16℃~18℃,冬暖夏凉。

2017年上半年景区进行了提档升级改造,充分利用美轮美奂的灯光,把洞穴和人类的对话表现得淋漓尽致!现在,它以全新面貌呈现在我们面前。

升级版芙蓉洞有"巴渝掠影"(第一洞厅至一夫当关)、"壮美芙蓉"(洞天银河至辉煌大厅)两大主题和"武隆洞天"(第一洞厅至莲花池)、"巴山蜀水"(巴山夜雨至一夫当关)、"锦绣天成"(洞天银河至五指山)、"壮景生辉"(大小雁塔至辉煌大厅)四大景区。芙蓉洞以"巨幕飞瀑""生命之源""珊瑚瑶池""石花之王""犬牙晶花"洞中五绝惊艳天下,这五绝不但是芙蓉洞之瑰宝,"珊瑚瑶池"与"石花之王"更是世界之最。

接下来,就请大家跟随我走进芙蓉洞,我们将在声音、灯光等高科技手段辅助下,多角度、全方位、酣畅淋漓地去领略这亿万年的瑰丽奇景!

【气洞厅】

各位游客,现在我们所在的位置,是第一个洞厅——气洞厅。在旅游开发之前,每到冬天就有成团的白雾从上边蓝色灯光处的天然洞口向外吐出,十分壮观,芙蓉洞因此曾经得名为"气洞"。1993年5月26日,芙蓉洞被6个农民揭开了神秘的面纱,当时他们就是从这个气洞口钻进洞内,才让这座地下艺术宫殿得以展现在人们眼前。

在这里,我们可以见到钟乳石常见的几种形态。大家跟着我的手势看过去:石柱、石笋、石幔,以及倒悬的石钟乳。实际上,芙蓉洞的钟乳石形态,还远远不止这些,它几乎涵盖了钟乳石的全部类型和形态,共计70多种,具有很高的观赏和科研价值。所以,芙蓉洞才会被洞穴专家称为"斑斓辉煌的地下艺术宫殿"和"内容丰富的洞穴科学博物馆"。

【祥瑞迎宾】

芙蓉洞的景点,多数是用它的形象来命名。这里叫"祥瑞迎宾"。大自然的鬼斧神工,把武隆美丽乡间的山水图画,绘制到了这里,天际云彩悠然,下面田园牧歌,牧童晚归,世外桃源,一片祥和。

那么,穿过前方的隧道,又将是一番怎样的天地呢?请大家随我来,注意不要碰头，小心路面湿滑。

芙蓉洞属于大型石灰岩廊道式洞穴，形成于第四纪中更新世时期，是典型的地下喀斯特地貌，是由地下河对岩石的冲刷坍塌而形成的。据考证，洞体在20多万年前发生过大面积塌陷，现在已经很难见到最初地下河的洞穴形态了，它的天然出口也可能因为崩塌石块的堆积而阻塞，现在还没发现。由于洞体比较稳固，因此就形成了在化学作用下的洞中次生化学沉积物，也就是我们今天所欣赏的各类奇特景观。

【松柏会仙】

这里是第二个洞厅。这里的巨型石笋就像高大的松树和柏树，加上绿色灯光点缀和蓝色背景衬托，显得枝繁叶茂，郁郁葱葱，就像仙山神境，所以得名"松柏会仙"。看到了松柏，那么神仙又在哪里呢？大家不妨找找看，对了，就在前方黄色灯光照射的地方。这些洞中神仙，脚踩祥云，神态悠闲，仿佛正往这边飘来。

崩塌沉积和次生化学沉积是芙蓉洞的两大沉积类型。我们随处可见的杂乱的石块堆积体，就是几十万年前大崩塌的最好见证。

【芙蓉睡佛】

各位游客，这处景点叫作"芙蓉睡佛"。睡佛，在佛教中叫卧佛，就是侧躺或侧卧的佛像。《大唐西域记》中记载，相传释迦牟尼在拘尸那揭罗国收了最后一个弟子善贤之后，便"入寂灭乐，于双树间北首而卧"，请大家随手电光看过去，中间最大的一块横卧的岩石是不是就如一尊安然的睡佛呢！睡佛头枕莲台，正身而卧，双手合璧挨腹，有"视之若醒呼之则寐"之感，名曰芙蓉睡佛。其神态安详，看来已入坐忘之境。正如那副名联所说："睡佛长睡、睡千年、长睡不醒；问者永问、问百世、永问难明。"它既然睡下了，我们不打扰他了，继续向前游览，精彩尽在前方。

芙蓉洞内的次生化学沉积物，主要包括两种：第一种是我们今天可以看到的，以碳酸钙沉积为主的各种钟乳石；第二种是在还没有开发的石膏花支洞里的硫酸盐沉积物。它们的成因，主要就是在地心引力的作用下，滴水而形成的。其中一种，是重力沉积，就是往下运动的滴水，夹带着一些物质，产生了滴石、流石、溅水石和池水石等各种类型，从而形成丰富多彩的洞穴景观；另一种，是非重力沉积，以毛细水的运动形态，而形成的卷曲石、石晶花、石晶霜和石珊瑚等非常特别的沉积物，有的大如树叶，有的细如丝发。

这两种沉积物的形成，需要四个最基本的条件：一是岩石的可溶性，即岩石遇水冲刷侵蚀时会发生一系列的物理搬运和化学溶解作用，这种现象称为喀斯特作用，芙蓉洞属于典型的喀斯特地貌。二是岩石的透水性，即岩石的孔隙度和裂隙度，因为这个条件影响着水流向下的渗流程度及深浅。三是水的溶蚀力，也就是水中的二氧化碳含量，含量越高，溶蚀力就越强。四是水的流动性，流动性越大，溶蚀的作用就越强。

那么，一些具体景观究竟是如何形成的，到了景点我再详细介绍。

【火焰山】

现在请大家朝这边看。这里有一处景观：如果说，这边是火焰山，那边参差不齐的石笋，就应该是唐僧师徒的化身了。他们此去，极有可能是朝拜我们刚刚看到的睡佛。不知道是火焰山阻碍了师徒四人的去路，还是前方睡佛无声的点化，让他们在此停止，顿悟成了佛，这就需要大家发挥想象了！

【迎宾石旗】

唐朝大画家吴道子有"吴带当风"的美誉，而我们马上将要看到的一面"旗子"，同样有"当风"的灵动。大家顺着我的手电光，仔细看一下。它的厚度仅有3毫米左右，色泽晶莹，看上去就像微风轻轻拂过一样，似乎还在缓缓飘动。就像一面迎风飘扬的旗帜在迎接各位贵宾一般，我们称之为迎宾石旗。那么，它究竟是怎样形成的呢？

它属于流石类重力水沉积物，当水流从地表渗入缝隙，再渗出洞壁时，呈线状分布，由于温度的改变等因素，加速了水中二氧化碳的逸散，使得由大气和土壤中进入水液的二氧化碳形成的饱和碳酸液，对岩石溶解产生含有饱和钙离子的溶液，它向反方向反应，就使钙离子以碳酸钙的形式沉积出来了，日积月累，就形成了石幔、石旗等景观。

【观音莲台】

大自然巧夺天工，给了我们很多惊奇。现在我们看到的景观是一个季节性的积水池，梅雨季节，雨量较大时，池子里面会有积水，而积水池上端，形成了非常形似观音座下的莲花台，这是天然的池水沉积物。

【巴山夜雨】

"君问归期未有期,巴山夜雨涨秋池。何当共剪西窗烛,却话巴山夜雨时。"相传,唐代诗人李商隐的《夜雨寄北》就是在重庆主城鹅岭浮图关一带创作的,"佛图夜雨"也因此成为"巴渝十二景"之一。

以李商隐的诗描写我们现在眼前的景观,姑且也算一说。大家请看,这处由壁流石、石钟乳和暗河组成的自然景观,采用了水波纹灯和双调灯,投射到石壁上形成的景象,呈现出的就是一幅淅淅沥沥的巴山夜雨的景象,雨水涨满了秋池,倒映着岸边的垂柳,虚实交相辉映,显得那么宁静和唯美。

【边石坝】

对面岩石脚下那段曲折有致的景象,称为"边石",也是池水沉积物的一种。有游客朋友说,它还真像是乌江边上沿江公路的缩影。大家仔细看一下,这处"边石"是土黄色的,说明里边含有大量泥沙,由此可以推断,这里的积水池中的水,应该是以洪水为主;同时,从现在的沉积物上还可以推断出当时池水的深度。芙蓉洞里的池水沉积物,主要有我们看到的莲花台、边石,以及边石堤、石葡萄、钙膜片、珊瑚晶花、穴珠和方解石晶簇等。

【龙宫】

在水的世界里,我们绕不开的一个去处,那就是龙王的家。大家请看,这里形似龙宫的大门,进入龙宫,这里的石笋、石幔、钟乳石,形态各异,梦幻神秘,真不愧是龙王居住的地方啊!此景只应龙宫有,人间哪得几回见哟!景深人不在,那么,龙王究竟到哪里去了呢?大家不妨一边欣赏,一边寻找。

【千年之吻】

先看一下黄色灯光点缀的地方,从上往下长的叫石钟乳,从下往上长的叫石笋,一上一下遥相呼应,我们把这处景观叫作"千年之吻",据说它们要连接在一起还需要 1000 年的时间。

【艺术长廊】

中国山水画以写意见长,我们现在所看到的虽然不是真的山水,却胜似山水,它给我们的感觉很具有生机和层次感,难怪这里又被称为"艺术长廊"了。

大家请注意，龙王千呼万唤要出来了。现在，我已经发现龙王，原来他留恋这里的山水，乐不思蜀了。哦，对了，既然有些人没有看到，我就把它请出来吧。大家请看，这里就是龙头，眼嘴分明，活灵活现。然后请跟着手电光环视，这是沿着洞壁盘绕的身子，但是却不见龙尾。可见这条龙是神龙，神龙当然见首不见尾了。看它陶醉的样子，还是别惊动它为好，那我们就继续前行吧！

【一夫当关】

李白在《蜀道难》中写到"一夫当关，万夫莫开"，是形容蜀道崎岖且艰险的，但再难也有路。而1993年5月26日那天，当地的6位村民进洞探险时，走到这里，却被前方那根倒下的巨型石笋挡住了去路，他们只好返回。后来芙蓉洞开发，才疏通了这里的道路，我们仍然把这里称为"一夫当关"。由于崩塌年代久远，钟乳石上沉积形成了一根石笋，就像一位孤胆勇士，把守关隘。这里体现的是一种古代巴人的勇毅精神！

各位游客，这一段旅程，我们基本上都是行进在比较狭小的空间里，欣赏的景观也以小巧见长。就像欣赏诗词，领略的都是杏花春雨江南的婉约派风格。但是接下来，我们所要进入的则是"大江东去""金戈铁马"的豪放意境。因为，穿过这条通道，峰回路转，芙蓉洞冠绝天下的五绝之景，就要显现它们的绝世真容了。

【洞天银河】

现在呈现在您眼前的景点名叫"洞天银河"。请大家抬头看，上面洞顶石壁平整光滑，是一处崩积岩形成的巨大岩壁，长63米，宽26米，高15米，规模宏大，气势壮观，加上灯光的点缀，就像徐徐流转的璀璨银河。在这里仰望星空，顿时感到了人类的渺小！德国的哲学家黑格尔说过，"一个民族有一群仰望星空的人，他们才有希望。"

【万箭挂壁】

这处景点叫"万箭挂壁"，呈现的是诸葛亮草船借箭的效果。那么它是怎样形成的呢？这里是一块倾斜的岩壁，可以明显看到很多天然的裂缝，规则、密集地生成了很多石钟乳，奇就奇在它的表面，横七竖八长满了弯弯曲曲的钟乳石，它叫作"卷曲石"。石钟乳在沉积过程中，由于中央通道阻塞，水流沿外部漫出产生堆积，而层理之间同样会存在空隙，水流运动也相当缓慢，于是毛细运动状态下水液中的二氧化碳得以逸出，最初是在钟乳石表面形成一些小突起，开始横向生长；日积月累之后，就生成了形态各异的卷曲石、石花和石晶霜等沉积物。这些沉积物的形成有很大的随机性，并且需要很多特定条件，有些过程至今也难以解释清楚。

【巨幕飞瀑】

"飞流直下三千尺，疑是银河落九天"是李白对庐山瀑布的夸张描写，写出了一泻千里的气势。诗仙肯定不知道，还有另一种更为神奇的瀑布，假如他能亲眼看见芙蓉洞的飞瀑，他会写出更加夸张的诗句来的。这处飞瀑高30余米，宽21米，规模之大，保存之完整，在地球上的洞穴中很罕见。我们为它命名为"巨幕飞瀑"，是"芙蓉洞五绝"之一。之所以会在这里形成如此巨大而形状又特殊的瀑布，应该有这样三个因素：一是岩层渗入能力强，岩缝走势和岩壁相吻合，能够形成均匀的流水分布带。二是这里洞腔高大，环境条件满足大型堆积物产生的条件；三是地形特殊，岩壁垂直光滑，当成片的流水流经上面时，由于表面张力作用而被随机分割成许多细流，从而形成扇状堆积物。另外，这里还生成了一根异型石笋，就像是一尊坐佛，它的生成年代比飞瀑要晚。在它的附近，还有很多外形差别很大，但同样壮丽的景观，其中有些是悬空的，有些已经承受不住自身重力而断裂。

【生命之源】

各位，这就是"生命之源"了。这处景观，实际上是一根由错位滴水和飞溅水协同沉积而成的异型石笋，长120厘米，直径40厘米，因它不言而喻的形象，让人叹服大自然的神奇。关于这处景点，有人用这样一句哲理性的话进行了概括和诠释："不看茫然，一看了然，看后自然！"

【大小雁塔】

西安的大雁塔和小雁塔在中国建筑史也称得上奇迹了。但是今天，在我们芙蓉洞里，大家也能够欣赏到一对更为别致的"大小雁塔"。

西安的大雁塔和小雁塔分别建于652年和707年，一直享誉海内外。唐代诗人岑参在诗中写到"突兀在神州，峥嵘如鬼工"，就是形容大雁塔的雄伟壮丽。而眼前的"大小雁塔"据测定，形成已经有了几十万年之久，现在仍然坚如磐石、光可鉴人。

还有更为神奇的事情，请大家转过身子往这边看，这里一大一小两根小石笋，简直就是"大小雁塔"的缩微版，中间还蹲着一只小石狮呢，形态逼真，十分有趣。

芙蓉洞里，不但有大自然版的"大小雁塔"，而且有其他大自然巧妙造就的人文景观，如"卫星发射基地"。

【辉煌大厅与擎天玉柱】

我们现在欣赏的是芙蓉洞最大的一个大厅，叫作"辉煌大厅"，它是一个像苍穹一样的洞厅。占地面积是1.1万平方米，可以容纳上万人。大厅中间一根巨型石柱是这个洞厅的唯一支撑。它高27.8米，直径5~6米，在目前已知的地球洞穴中，都算极其罕见的，我们称它"擎天玉柱"。也有人说它就像是通天塔一样，连接天地。证明芙蓉洞吸天地之灵气、集日月之精华，是大自然的旷世杰作。大家可以从不同的角度、不同的高度欣赏：横看成岭侧成峰，远近高低各不同。用大家善于发现美的眼睛多寻找一下它别样的美。

【珊瑚瑶池】

各位朋友，现在我们看到的就是芙蓉洞镇洞之宝"珊瑚瑶池"，它也叫"珊瑚双塔"。这里水质清澈见底，水深0.8米，整个"瑶池"总面积约32平方米，池水受边缘的流石坝控制，多余的水会流向下方的贵妃浴池。我们首先看到的是，在水面上横向生长呈珊瑚状的石花，科学术语叫"方解石晶花"。整个珊瑚瑶池分为上下两层，上层就是我们现在看到的珊瑚状物体，厚度35~40厘米，下层是云朵状物体，厚度10~25厘米。我要特别告诉大家的就是：在水里边看似漂浮的珊瑚，它可以承受一个成年人的重量！最为神奇的是，池中还生长着两根晶莹剔透的塔状石笋和晶花，它们精美绝伦，浑然一体。据推测，这两根石笋是池中水位下降的时候，洞顶滴水在珊瑚结晶上沉积而形成的。这珊瑚瑶池是世界上独一无二的稀世珍宝，据悉世界上其他溶洞都还没有发现过。可是，为什么水里会长出珊瑚一样的石晶花呢？目前世界级的洞穴专家们也没有研究出来！只知道目前法国的克拉姆斯洞里发现过和它相似的景观，大约3平方米，不到这里的1/10。

【金銮宝殿】

这个洞厅叫作"金銮宝殿"。是芙蓉洞最后一个洞厅，它是一个干涸已久的积水池，在黄色灯光的点缀之下，对面的石笋就像银丝万缕，分外夺目,颇有几分"金銮宝殿"的精致与高贵。同时,此石笋也像是一棵郁郁葱葱的柳树。在刚进洞的时候咱们看到了迎客松,在这儿就有一棵送客柳。柳树自古就有送客的意思,因为"柳"同"留"读音相近,但是我在这里也并不是要真正的送客了,现在,我们进入的是一条人工开凿的隧道。它全长186米,在新一轮升级改造的灯饰工程装点之下,就像是一条深邃灿烂的时光隧道。它把亿万年前的自然景象和我们今天的沧桑巨变连在一起;它把"洞中一日,世上千年"的洞穴福地和洞外的尘世繁华形成一墙之隔,悄然进行了一个过渡。

朋友们!我们今天的游程就要结束了。很荣幸能够陪伴大家度过愉快的旅途时光!武隆旅游资源丰富多彩,有南国草原——仙女山;水上喀斯特原始森林——芙蓉江。有亚洲最大的天生桥群天生三桥;世界喀斯特地质奇观龙水峡地缝。还可以在桃园大峡谷"印象武隆"剧场,欣赏张艺谋、王潮歌、樊跃"铁三角"倾力打造的大型山水实景演出《印象武隆》。相信,这些景观和演出,会给大家带来同样的,甚至更大的感官享受和心灵震撼!感谢大家的光临,祝你们归途平安。

第三节 南川金佛山

一、南川金佛山景区概况

游客朋友们,大家好!欢迎来到世界自然遗产地、国家5A级旅游景区南川金佛山,在开启正式游览之前,我们先初步认识一下金佛山吧。

金佛山是国内唯一以"金佛"命名的大山。它位于重庆市南川区境内,地处大娄山脉,由金佛、柏芝、箐坝三山108峰组成,最高峰金佛顶海拔2238.2米,面积1300平方千米,其中景区规划面积441平方千米,核心景区面积70平方千米。

大家都知道,金佛山久负盛名,享有世界自然遗产、国家5A级旅游景区、国家级风景名胜区、国家森林公园、国家自然保护区,全国首批科普教育基地等多项桂冠。尤其是2014年6月23日,在第三十八届卡塔尔世界遗产大会上以最快的速度脱颖而出,正式成为世界自然遗产后,更让它享誉中外。

金佛山有大有民歌、金佛山打闹、石溪板凳龙舞、三不加酱油传统酿造技艺、三不加食醋传统酿造技艺、合香漆塑、刘氏烧鸡公制作技艺、金佛山方竹笋宴制作工艺、金佛山方竹笋传统加工工艺、外婆家私房油茶传统制作技艺、金佛山酒传统酿造技艺、千年金山红传统制作技艺、铁皮石斛酒传统制作技艺、南川天麻传统生产技艺共14项重庆市级非物质文化遗产项目，以及97项区级非物质文化遗产项目。

金佛山打闹是金佛山地区广泛流行的一种田间演唱形式，是流传在南川区金佛山、柏枝山、箐坝山一带劳动人民之间的一种古老的民间艺术。每逢4~5月春耕生产季节（特别是薅包谷草），为提高功效，业主（地主）组织专门人员在群体劳动现场"说、唱、跳、打"活动，让劳动者边劳边听，边逸边作，偶尔附和，从而消除疲倦，持续长时间不歇息。打闹既是一种田间鼓动，又带有组织劳动、指挥督促劳动的作用，其源于群体性劳动，由劳动群众自编自演，营造出强烈的合作氛围，反映了当地劳动人民积极乐观的精神状态。

行千里，致广大。金佛山何以能扬名天下，自然有它的独特魅力。地理奇迹、生物多样、四季皆美、文化厚重，是它的显著特色。

朋友们，下面我就逐一简介金佛山这四个方面的魅力。

金佛山高山溶洞，是沧海变桑田的奇迹。金佛山在距今约2.6亿年前曾是一片汪洋大海，后来在地壳运动作用下，亚欧板块撞击、抬升形成高山环绕的盆地，高山流水的灌入，形成了高海拔水平洞穴，经过高山的坍塌风蚀，盆地抬升，形成了世界罕见的喀斯特桌山。

金佛山生物多样，是喀斯特地貌中的奇迹。世界上的喀斯特地区众多，但是金佛山却与众不同。一般的喀斯特地区植被稀少，而金佛山植被覆盖率高达95%以上，被誉为"生物基因库""植物麦加"，是众多孑遗和珍稀濒危保护植物的避难所。金佛山已查明生物8085种，国家一级保护植物16种，有银杉、方竹、杜鹃、古银杏、大叶茶等"金山五绝"，其中银杉被称为"植物活化石"与"植物大熊猫"。

金佛山处处皆景，四季皆美，春夏秋冬各不同。一路上云海苍松、溪水静静、奇峰异石、飞泉流瀑、绝壁猴鸣。你可以春赏高山杜鹃，夏享避暑天堂，秋观层林尽染，冬品南国雪原。

金佛山的文化魅力源远流长、军事要塞举足轻重。它是古佛应迹之地，汉唐时佛教活动已蔚然成风，绵延至今。抗蒙遗址龙岩城，显示了以险筑城、城塞一体的山城防御体系特色，引无数海内外人士探寻。长达700年的熬硝史提供了中国制造"火药"的证据。20世纪40年代，它是抗战的后勤基地之一，常山种植研究所开发的疟疾治疗药奎宁、空军测候所的防日军空袭预报、国共合作的儿童保育院第七分院等都是中国历史的重要见证。著名禅师敏树如相、朗圆，著名政治家蒋介石及其夫人宋美龄，文化名人余秋雨等都在此留下了足迹。近年来，金佛山的景观文化、佛文化、中医文化、三线文化、体育文化、美食文化等大放异彩，2018年7月央视的《魅力中国城》节目进一步将南川金佛山推向全球。近年来，金佛山结合南川全域旅游的发展，开辟了"金佛山下南川城，南川城里有东街"的旅游新名片——南川东街。南川东街保持老东街原有建筑空间、街巷肌理，以平凡人生活为蓝本，保留近40年的城市空间发展遗存以及大众生活印记，打造国内首个以小镇青年文化记忆为核心的文旅体验项目，串联起景城乡一体化发展战略布局。

可能有很多朋友很好奇，为什么叫作金佛山呢？这就要说到中国的文化和金佛山的历史了。

金佛山古称"九递山"。"九"这个数字在中国文化中意义非凡，它是最大的单数，代表极大，是"天数"的象征，在中国古代被赋予高贵、神秘之意，如九五之尊、京师九门。敕建寺庙，金佛的斤数也以九数铸成。铸佛数量也以九计，如乾隆四十五年（1780年）为庆祝皇帝七十大寿，造佛像2299座。"递"就是层层相叠、相递进，"九递"指山有九重，一层比一层高，以此赞叹群山之雄伟恢宏。

"金佛"的命名，是因为佛教崇尚金色，它象征着庄严、纯洁、高贵。据《佛经》记载，佛陀出生时，九龙吐水，沐浴金身。回味一下，寺庙的佛像都全身披金，佛经也用金粉书写名曰"金字经"。

"金佛山"之名从何而来，史料无定论。不过显而易见，其名与佛教文化密不可分。金佛山佛教文化历史悠久，起于汉唐，兴于明清。史书曾有"东朝普陀，西拜金佛"之说。

金佛山是古佛应迹的地方。"金佛山"一词有史可查的，最早见于清代著名禅师敏树如相写的《游南川金佛山》："古佛当年应迹来，南川瑞霭曙光开。奇峰一带冲霄汉，锦水千寻涌翠堆。峭壁霞妆金世界，层选雾拥玉楼台。唯闻树鸟清歌咏，寂寂钟声醒客怀。"从中可知，这里是古佛应迹之地，因有"瑞霭曙光"而得名。落日余晖把绝壁山崖印染得金碧辉煌，金光灿灿，从远处观望，整座山就像一尊巍峨耸立的金身大佛，金光、佛身、大山，三者互为依托，合一而成金佛山。

另说，金佛山是一幅云深雾绕中阿弥陀佛与观音菩萨示现净土的巨幅画面，于是就有"朝看金佛山，暮看金佛山；金佛何崔嵬，缥缈云霞间"之说。夕阳西下，两个巨大佛身在头部合成一体，两身共用一头，在悟道人的心中，此山就是佛，此佛便是山。斜阳普照，金光似佛光，金山如佛山，故称金佛山。著名学者余秋雨也曾赞誉："山即是佛，佛即是山"。

二、南川金佛山主要景点

【天星小镇】

朋友们，现在我们已经来到了金佛山西坡山脚，美丽的天星小镇。天星小镇的前身是国营天星仪表厂。20世纪六七十年代，南川曾经是"三线"兵工厂集聚之地，作为支援前线的战略基地，天星仪表厂主要生产军械配件，曾经汇聚了来自四面八方的数千名工人。2000年天星仪表厂搬迁到龙泉驿，留下了灿烂的三线建设文化。相关部门为展现当年历史，在天星仪表厂的原址原建筑的基础上建立了全国首个"三线建设"的主题博物馆。

大家可以看到，这个博物馆主体建筑由三部分组成——3层楼的主馆、旧馆和露天电影院。远看整个建筑群十分像一艘扬帆起航的大船，主馆被设计成了一本翻开的书页，象征着翻开三线建设历史这本书。耸立的老烟囱、公社食堂、黑白照相馆、老理发店、书店、粮店、供销社，以及三线酒店中具有历史厚重感的青砖，当年的圆弧屋顶、窗花及遗留孔洞，都在传唱着三线建设的故事。

朋友们，我们正在天星小镇穿街过巷，大家有没有发现这里的街、这里的景别有风味呢？是的，我们脚下蜿蜒的石板路串起了一个个古朴雅致的院落，主题客栈、SPA馆、特色美食店掩映在重重叠叠的屋檐下，香色、浪漫、情调弥漫在鳞次栉比的小院中。

大家请看，与小镇街道隔水相望的是天星两江假日酒店、三线酒店以及金佛山喀斯特展示中心，另一边是天星国际温泉城。天星小镇背靠金佛山，已发展成为一座以"慢动生活方式、乐活山水情调"为生活理念的慢节奏休闲度假街区。

为了帮助我们整体了解金佛山，请大家移步前往金佛山喀斯特展示中心，这里将对金佛山独特的喀斯特地质地貌、生物多样性、佛教文化、上古熬硝文化等进行全方位的浓缩展示。

【喀斯特展示中心】

朋友们请看，这个沙盘是按金佛山实际面积以1∶7500的比例做出来的，呈现了金佛山的喀斯特全貌。金佛山喀斯特具有超乎寻常的自然现象和非同寻常的自然美。气势磅礴的台原、宏伟壮观的两级陡崖、高大幽深的高海拔洞穴系统、生机盎然的石林、雄奇兀立的岩柱、险峻秀丽的峡谷、自然原始的森林植被、飞流直下的悬瀑和变幻莫测的气候气象等，都具有超乎寻常的美学价值。

独特的洞穴系统、喀斯特台原和生物多样性是金佛山成功列入《世界遗产名录》的主要因素。金佛山喀斯特台原地貌和与现今流域不相称的高海拔洞穴系统，完整记录了新生代地壳间歇性抬升的地质历史，揭示了台原喀斯特地层、构造抬升、水文、地貌与洞穴之间协同演化的特点，主体景观与中国南方喀斯特系列的锥状、塔状、剑状和峡谷等都明显不同，是中国南方喀斯特一个独特的地貌类型，是古近纪以来地球演化和喀斯特作用过程与结果的杰出范例，展示了云贵高原边缘古老的地质地貌发育历史，为人类留下了极其珍贵的地质变化、生物进化的痕迹。

来到金佛山，游客朋友们有三条通道可以到达山顶。一条从金佛山西坡游客服务中心前行，经碧潭幽谷，到达索道下站，然后换乘索道上山后到达牵牛坪景区，分别有金佛洞、金龟朝阳、绝壁栈道、金佛寺等旅游景点。另一条上山的途径是从左边的三泉镇进山，游客可自驾至北坡的索道下站，然后换乘金佛山北坡的客运索道，到达药池坝景区。在山顶，西坡和北坡互通。还有一条通道在右边位置，可以观赏到鹰嘴岩、石人峰等景点标志，这些景点都是位于金佛山南坡的高穴子景区，由于目前南坡暂未对游客开放，所以游客均从西门和北门上山。

【碧潭幽谷】

朋友们，碧潭幽谷是金佛山景区内非常具有代表性的溪口峡谷型生态旅游景点。它全长4.5千米，海拔在500～1000米，步行上山约2.5小时，终点站为索道下站。碧潭幽谷景区由负氧离子呼吸区、山泉疗养区、山石康体区、森林疗养区4区20余个景点组成，一路山泉潺潺、清潭绿池、飞泉流瀑、鸟鸣猴啼、曲径通幽、野趣天成。峡谷内负氧离子含量多达每立方厘米10万个，是重庆主城区的200倍，是当之无愧的都市后花园。

景区内山高林密，空气清新，令人心旷神怡。众所周知，西双版纳被号称植物王国，有多达4000多种植物。但金佛山的植物种类更加丰富，目前金佛山已发现植物达5097种，被誉为"动物王国、植物麦加"。金佛山处于我国东西南北动植物的交会之地，山南受太平洋气候影响，山北受印度洋气候影响，有许多适应不同植物生长的小环境。也正因为如此，金佛山的生态资源才会如此良好。

碧潭幽谷不仅是养生康体的登山步道，还是著名的古佛足迹之道。金佛山是燃灯古佛道场，据说，古佛在金佛山传法之时，在碧幽潭留下了七个佛的足印，有佛缘之人可以遇见。所以，自古以来，这里就是南川本地人和各地的僧人朝圣的一条古道，现在每年金佛寺的僧人们都会组织一次从重庆华岩寺步行到金佛山金佛寺的行脚活动。

大家不要只是留恋谷中脚下的泉水叮咚，我们现在抬头看看，眼前岩石是否与众不同。是的，这些孤峰危岩巍峨耸立、造型独特、鬼斧神工一般，犹如从天而降的一幅幅展开的书卷，尤其在云雾缭绕时，若隐若现，如同飞来神笔，这就是远近闻名的"万卷天书"。

【金龟朝阳环步游道】

朋友们，金佛山之所以入选世界自然遗产标准，是因为它的台原喀斯特完全符合《世界遗产标准》的第七条和第八条。第七条标准是"绝妙的自然现象或自然美，以及美学重要性"，第八条标准则为"地球历史和地质演化特征"。

金龟朝阳景点，就将绝妙的自然美和地质演化这两个特征完美融合在一起。放眼望去，出现在我们眼前的是一个世界级的喀斯特台原、高海拔洞穴灵官洞和燕子洞洞穴系统以及宏伟壮观的陡崖。这里海拔在2100米左右，我们眼前的绝壁是金佛山喀斯特台原的一级陡崖，经过了亿万年的地质演化，这片绝壁被切割得非常整齐。在我们前方两个椭圆形的缓坡构成了金龟的造型，夕照时，绝壁将阳光反射在缓坡上显得金光灿灿，金龟朝阳便由此而得名。金龟我们能一眼看出来，可您或许不知道，这里还藏着一尊佛像呢。您瞧，我们把较大的缓坡看作佛头，边缘看作佛的嘴巴、眼睛，小的山尖儿看作佛的鼻子，这个小的缓坡呀，我们看作佛身头顶的佛珠，是不是就像一尊半躺着的卧佛像呢？它又似神龟又似睡佛，更像是神龟倚靠着卧佛一样，为龟倚佛，这恰好跟佛教中的皈依佛谐音，佛是觉悟者的意思，因此皈依佛，即以佛为师。既然来到了金佛山，咱们不妨也学习佛教给我们的三皈依：一皈依觉，觉而不迷；二皈依正，正而不邪；三皈依净，净而不染。金龟朝阳既似神龟，又似卧佛，意谓"藏经云海天开眼，万象归一；话法金山佛点头，众僧皈依"。这里不仅是赏景、望佛之地，更是福寿喜之地。"福"谐音为佛，"禄"因为有灵官洞而意指官职禄位，人们在金龟朝阳游玩之乐代表喜。乌龟代表长寿，连在一起不就是福禄寿喜吗？

除此之外，这里也是观赏金佛山云海的最佳观景点。每当有云雾升腾时，乳白色的云雾就像浓浓的云烟，给这神龟又增添了不少仙气，让您犹如身临仙境一般，美不胜收啊。不过，大家可不要因为今天没有看到云海而遗憾，因为金佛山的云海缥缈，变化多端，来去匆匆，它总是不期而至，让人惊喜。它们一会儿散开，一会儿又簇拥，所以还有文人墨客在古代留下的诗篇："晚钟敲罢老僧闲，万丈明霞缥缈间。欲见金身亲说法，匆匆又被白云关。"这里的金身就是指的金身睡佛，白云也就是我刚刚讲的云雾了。您看看古人当时多遗憾，至少咱们今天见到了金身睡佛，而没有"匆匆又被白云关"也算是一种幸运。不一样的风景带给我们的是不一样的意境、不一样的心情。

这只千年龟倚靠在金佛寺的东边，"龟倚佛"音同"皈依佛"，"皈依佛"是佛教三皈依之一，在佛教文化里，佛是觉悟的意思。"皈依佛"，觉而不迷，迷茫的感觉对于我们凡人来说太苦了，"觉"才是真正的快乐。佛让我们破迷开悟，离苦得乐这也是金龟朝阳的寓意所在。

【绝壁栈道】

朋友们，现在我们来到了著名的绝壁栈道。这个栈道作为过去人们上山礼佛的古道，原来是由打入岩石的基桩和不到半米宽的木板组成，是信众上山礼佛的必经之路。这古道极其险要，甚至需要借助绳索才能得以通过。相传上山礼佛的信众都非常有默契，如果看到路面的木板腐烂，基桩松动，都会主动将其修缮，方便后来者。后来为方便游客才修建了现在的绝壁栈道。

金佛山绝壁栈道是整个金佛山最高观景点之一。它不但有效地连接了西、北坡景区，还是众多景点的交会处。一是经绝壁栈道，穿过灵官洞，可到达生态石林。二是经绝壁栈道，盘旋而上，可体验架空栈道的惊险刺激，穿越方竹林海到达金佛寺。三是穿越绝壁栈道，经杜鹃园，可到达北坡药池坝景区。

这条栈道是国内海拔较高的探险游胜地，它全长3500米，海拔在2000米以上，距离地面50~200米，有一部分几乎修建在垂直的绝壁上，一边是万丈悬崖，一边是耸立的绝壁，许多游客上去虽胆战心惊却又流连忘返。又怕又爱，"玩的就是心跳"，说的就是这种感觉。

栈道是金佛山观杜鹃、彩林、云海、佛光的绝佳位置。步行在绝壁栈道上，如遇雾天，就犹如云中漫步，好比神仙，悠然自得。站在绝壁栈道，面对远处，可以春季赏杜鹃；夏季避暑、纳凉，看云海，观日出；秋季观漫山遍野的彩林，红的、黄的、绿的，五颜六色；冬季赏万里雪飘的南国雪原。当风和日丽、阳光明媚、万里无云时可将脚下风光，尽收眼底：金佛山天星度假区、天星小镇、天星酒店都清晰可见，还可远眺南川城区；当背靠绝壁，抬头上望，绝壁栈道那高大、险峻、磅礴的气势感油然而生。

在栈道上，可观赏如画的景色，将美丽的风光拍下来当作永恒的记忆。曾经有游客在这里吟诗一首："栈道挂绝壁，云从脚下起，飘飘凌虚空，或可遇仙女？"

【燕子洞】

朋友们，我们继续前行，就来到燕子洞。顾名思义，燕子洞的得名是因为在洞里生活着许多古岩燕，古岩燕又称短嘴金丝岩燕。体型轻小，活动敏捷，善于在高空中飞行捕食。一般在早上6点出巢，晚上6点归巢，天气晴朗时还能在这里看见万燕齐飞的景象。因为它发出的鸣叫声，和佛经里面记载的妙音鸟的叫声相似，所以人们把燕子洞又叫作妙音洞。

来到洞内，首先映入大家眼帘的就是这一口不二泉。在它旁边，有关于不二泉来历的一块碑文。据碑文记载：燃灯古佛道场金佛山的西坡有一个溶洞，隐蔽在悬崖绝壁之上，当地的人们口传洞里可以同时容纳上千人。以至于在明代中期的时候，全国各地常年发生战争，附近的农民为了躲避战乱就纷纷来到这个洞里，由于洞内人员聚集躲难时间较长，不久人们在生活上就遇到了缺乏水源的一个难题。而当时在山上隐居修行的不二法师，不忍大家受到水源的困扰，就向佛祖祈愿，希望早日找到水源，解决众人用水之困。就在他祈愿之际，忽然飞来一只燕子在他面前鸣叫，不二法师心想难道这只燕子是佛祖显灵来带他寻找水源吗，于是他就跟着燕子一路前行，终于在一处山洞的出口，发现了一眼从洞顶流下的泉水，于是他就召集寺庙的僧人和躲难的民众共同修筑水井储存泉水，从此人们在山上的用水问题得到解决。后来为了感激灵燕和真际不二法师的寻水之恩，人们便将此洞取名为燕子洞，将这口泉取名为"不二泉"，寺庙的僧侣们更是每天拿着木鱼来这里诵经祈福。而来这里取水的百姓们，也都会不自觉地跟着师傅们一起祈福，据说佛缘深厚的人在井边祈愿后，还能够看见井中燃灯古佛的真容，现在我们眼前所看见的正是在原址上进行修复后的不二泉。

经过燕子洞，我们来到灵官洞。洞里春秋，并无寒暑，人间岁月，定有炎凉，避开清静之地，叹造物之鬼斧神工。不作浮躁之想，修心境之平和自在。灵于思，观于行，灵官洞因此而得名。

金佛山上已经探明的，这种类型的洞穴有十几个，它们在750万年以前就已经发育成型，集中分布在海拔2000米的高度上，它们又都相互连接。据专家实测，它们的长度近25千米、洞底面积近18万平方米，是我国乃至世界同海拔上已经发现的长度最长，空间规模最大的水平洞穴系统。

朋友们，我们都很感叹高山溶洞喀斯特地貌的千奇百怪、突兀嶙峋。那么大家知道，它是怎么形成的吗？一是二氧化碳的力量。自然界中的二氧化碳从空气、土壤、生物，甚至地壳深处跑出来，溶解于水，让水略呈酸性，去溶蚀碳酸盐，使岩石形成空洞，然后再将碳酸盐沉淀下来，二氧化碳就这样周而复始忙个不停，使得可溶的岩石被它"折腾"得面目全非。二是水的力量。由于水渗入岩石缝隙，不断溶蚀并扩大缝裂，在岩层内形成复杂的管道系统。当水进入洞体内，可能会开拓新的地下径流水道，从而使一些廊道变干。部分洞体由于水体压力渐小，容易产生崩坠或坍塌，直到达到平衡与稳定。三是时间的力量。随着时间的流逝，岩石不停地被溶蚀，并进行开裂与重合，形成不同的洞穴堆积物品，它们姿态多变、琳琅满目，因此成就了各自独有的身段面貌，无一雷同的溶洞景观。

朋友们，金佛山喀斯特地貌以切割型台原、高海拔洞穴系统和地表浅层喀斯特为特色。拥有国内典型的喀斯特台原、海拔最高的地下河洞穴和生态绝美的地表石林，融山、水、石、林、洞、泉于一体，具有超乎寻常的自然美。

【金佛寺】

各位嘉宾，出现在我们眼前的是西南地区最大规模之一的唐风建筑寺庙——金佛寺。朋友们，现在我们先来一起了解一下金佛山的佛教文化吧。金佛山佛教文化历史悠久，为燃灯古佛道场。最鼎盛时，山上有108处隐修洞，200多座寺庙，散居全山108峰之间，其中以金佛寺、凤凰寺、铁瓦寺和莲花寺最为兴盛。曾有一村民在山中发现一尊金佛，据当地老人说这就是燃灯古佛，因金佛山上大多寺庙都供奉燃灯古佛，由此金佛山也就成为燃灯古佛的道场。大家都知道佛祖释迦牟尼，释迦牟尼的老师就是三世佛中的过去佛——燃灯古佛。

据佛经记载，无量劫以前，释迦牟尼还是善慧童子的时候，燃灯古佛就已经成佛。当燃灯古佛到莲花城说法时，善慧曾借花献佛。还有一次善慧和燃灯古佛出行，看到地面泥泞，善慧便脱了衣服铺在地上，还把头发也铺在地上，请燃灯古佛走过，于是燃灯古佛为他授记"善男子，无量劫后，定当成佛，号释迦牟尼"，由此我们便说燃灯古佛是释迦牟尼的老师。

金佛寺作为金佛山众寺之首，是南川最早的佛教活动场所，在民间流传有"大和尚五百五，小和尚不用数，金佛寺开早斋，长江水泄一尺五"的说法。重庆华岩寺方丈道坚法师在研究金佛山佛教文化时曾在寺院中发现一块石碑，上面刻有"唐金佛寺小引"字样，这块碑文也为金佛寺的起源提供了文字上的依据。由于明末的庙产兴学对佛教寺庙的摧毁，金佛寺一度成为废墟。民国以后，佛教界一直在为佛教复兴而努力，2010年，金佛寺的复建工程纳入重庆市重点寺观教堂保护修缮工程项目。2014年，历时4年金佛寺一期复建工程顺利完工，同年9月23日金佛寺重新开光，标志着金佛山的佛教文化进入了一个新的时期。

金佛寺开光的前一天还出现了十分罕见的瑞相。天气预报说将会是"雷雨"天气，但那天下午天空突然放晴，金佛寺大雄宝殿上空出现了一左一右、龙凤呈祥的祥云。在第二天，也就是开光的当天，当全国20多位高僧大德齐聚大雄宝殿时，原本万里无云的天空又出现了莲花瓣一样的云朵，当天亲眼所见的游客们都啧啧称奇。这种光线的折射造成的自然奇观，在民间看来，是燃灯古佛道场开光，必然会有诸佛踏云降临的预示。

各位嘉宾，接下来我们来看看复建后的金佛寺的构造吧。重建后的金佛寺，整座寺庙占地50275平方米，整体为仿唐代寺庙的建筑风格，呈中轴对称式，中轴线上依此分布着天王殿、大雄宝殿、万佛殿及藏经阁。其中万佛殿中的过去七佛，全部由与佛像等高的檀香木雕刻而成，是金佛寺的镇寺之宝，同时也是珍贵的文物。金佛寺重建后，众多中国书法家协会的成员为金佛寺重新题诗、作对，为金佛寺增加了一道亮丽的风景线。金佛寺寺庙布局以天王殿为主线，纵线对正，依次为天王殿、大雄宝殿、万佛殿及藏经阁。

朋友们，现在我们站立的地方就是第一重殿天王殿。天王殿建筑面积146平方米，殿内正中供奉着弥勒塑像，笑容可掬，袒胸露腹，笑迎客从四方来，他是佛祖释迦牟尼的接班人，也叫未来佛。左右供奉着四大天王塑像，佛龛背后一尊威风凛凛的将军像，面朝里，对着大雄宝殿，手拿金刚杵，也叫降魔杵，那是韦驮菩萨，位居四大天王手下的三十二神将之首。为何韦驮要面向大雄宝殿呢？据说古印度佛寺内的大雄宝殿，为佛祖灵堂，宝殿前是安放释迦牟尼舍利塔，即灵骨塔的。有个"捷疾鬼"偷走了佛的两颗牙齿。韦驮神通广大，能行走如飞，他飞驶抓贼，夺回佛牙。之后，他就担负起守卫佛祖舍利塔的重任，因此在寺庙中他总面向内。

出了天王殿，左右两侧前方还有两座楼。它们分别是鼓楼和钟楼，所谓晨钟暮鼓，乃是古时唐代一种计时方式。早晨敲钟，一天开始。晚间击鼓，一天劳作结束。寺庙保持古风，迎接早晨敲钟，晚上击鼓结束一天佛事，也称功课。之前鼓钟二楼建在大雄宝殿两侧，后来慢慢地往前移，唐朝开始建在山门进去之后的左右两边。

我们继续参观，现在眼前这座宏伟庄严的建筑就是寺院主殿——大雄宝殿。

大雄宝殿建筑面积437平方米，在佛教寺院中，大雄宝殿就是正殿，也有称为大殿的。大雄是佛的德号。大者，是包含万有的意思；雄者，是摄伏群魔的意思。因为释迦牟尼佛具足圆觉智慧，能雄镇大千世界，因此佛弟子尊称他为大雄。宝殿的宝，是指佛、法、僧三宝。大雄宝殿是整座寺院的核心建筑，也是僧众朝暮集中修持的地方。殿中供奉本师释迦牟尼佛的佛像。胸前的金色"卐"符号，唐代武则天把它读作"万"，意为"万德吉祥"。在有的佛寺中，也有写成"卍"的，以前者为准。在佛祖左边站立着的，眉毛雪白的长者名叫迦叶（sè），右边站立的年轻者叫阿（ē）难（nàn），他们是如来十大弟子中最得力的两位。佛祖逝世后，迦叶在灵鹫山主持了佛教信徒第一次集会；阿难是佛祖的堂弟，聪明智慧，擅长记忆，跟随佛祖25年，把佛祖生前的话语写在贝叶树的叶子上，成为佛经。

大殿的左右两侧是十八罗汉，左右各9尊；释迦牟尼佛背后供奉的是观音菩萨，左右各为善财童子和东海龙女。

各位嘉宾，大雄宝殿之后的这个殿堂是万佛殿，它建筑面积306平方米，殿中供奉的是过去七佛，佛像由名贵檀香木打造，每尊佛像高2.5米，宽1米。依次为迦叶佛、拘留孙佛、尸弃佛、毗婆尸佛、毗舍浮佛、拘那含牟尼佛、释迦牟尼佛。

【古佛洞】

朋友们，我们面前这个古佛洞，海拔2100米，探测长度大于25千米，已开发的洞长2000多米，面积为46480平方米。古佛洞洞口高约5米，宽3米，进洞后左转，通道曲折回环，窄处仅容单人通行，称为"七十二道拐"。沿狭窄通道穿行约70米后，洞穴豁然开阔，进入一个面积上万平方米的地下大厅，厅内有天降大佛、徐庶像、石棺材等景点，全长3700米，目前只开发了1.2千米，游览时间约40分钟。

古佛洞占了我国溶洞三最：一是形成年代最远，大约形成于350万年前，早于长江三峡；二是海拔最高；三是空间规模最大，洞内大厅空间面积近5万平方米。2003年，重庆金佛山科考探险队在古佛洞内，发现了10000只金丝燕，当地人称为"岩燕"；同时还发现了一个罕见的、总量在10吨以上的金丝燕粪堆，其形成需要上千年甚至上万年的时间。

大家请看，洞穴周壁上各种大小的类圆形、半球形的凹穴、凹坑等都属于窝类穴。窝类穴是洞穴小形态中一种较为常见的类型。洞穴小形态是指由地下水或洞穴水流地侵蚀和溶蚀作用在洞穴周壁上形成并遗留下来的各种痕迹，如波痕及各种沟、穴、坑、槽和凸出物等，其形态丰富多彩。

经过七十二道拐时，最窄的地方仅能容一人通过，请大家有序通过不要拥挤，注意安全。"拐"是弯曲的意思。佛家有这样一种说法，说每一个人的一生都要经历七十二道难。今天这里的七十二道拐就好像象征着人生当中的七十二道劫难，大家在这里把人生当中的磕磕碰碰都经历了，在以后的生活中一定会平平安安、事事顺利。

穿过七十二道拐，来到古佛大厅，大厅空间面积近5万平方米，最宽处77米，最高处24.6米，静态容量可以容纳25万人。因古佛洞海拔高度达2100多米，钟乳石发育得并不好，洞内主要是一些岩体景观。

朋友们，我们对面潭中的佛像就是南海观音。它最初只是一尊泥塑像，是宋美龄命人建造。当年宋美龄和蒋介石到三泉小住，曾到过古佛洞。当时宋美龄看到这一池水，觉得一平如镜，能使人身心安静，她希望这能让大家虔诚信仰，虽然她自己是一位基督信徒。由于洞顶长期有水滴下来，观音像受到了侵蚀，后来进行了重塑。观音身后的普度舟，其形状完全是一片天然的石壁，没有经过人工雕塑，与前面的观音像自然形成一处景象，意为观世音娘娘普度众生之意。

古佛洞内主要由自然景观和人文景观两部分组成，我们先去看看位于大殿右侧的自然景观，首先映入大家眼帘的就是对面那一尊天降古佛，它是古佛洞的镇洞之宝，也是万佛之祖——燃灯古佛。大家可能感到好奇了，这燃灯古佛的说法从何而来？金佛山是燃灯古佛的道场，因整个山体形似睡佛，并在阳光照射下发出万丈光芒，而据佛经记载燃灯古佛在出生时四周光明如灯，故名燃灯，在他成佛后称为燃灯古佛。而金佛山佛光普照之景象与古佛出生时的景象惊为相似，所以金佛山也被誉为燃灯古佛应迹的化身。我们刚刚在拜佛台看到的只是燃灯古佛的睡佛像，而洞内的这尊古佛正好位于大睡佛的心脏部位，就好比佛祖涅槃之后的舍利，所以这尊天然石佛也被认为是整尊山体睡佛的精髓所在，因此从古至今都被信众们认作燃灯古佛的化身进行朝拜，古佛洞也因此而得名。

现在大家看到的这一横卧的石头酷似棺材，名为"石棺材"。三国时曹操的军师徐庶离开曹营后就不知去向，史书上也没有明确的记载，传说徐庶离开之后来到金佛山古佛洞，见洞内十分清幽，就留在这里修炼。半躺在这石棺材里面潜心钻研兵法。从这边看，酷似一尊石棺材，请大家从另外一个角度看，现在出现在我们眼前的是不是有大、中、小三尊棺材，称为"三连棺"，百姓们常说，摸摸石棺材，升官又发财。今天大家有幸来到三连棺前，也不妨摸一摸，定会给大家带来好运。

脚下经过的这座桥名为古佛桥，它与水相依，与景相协，是古佛洞内一道亮丽的风景线。这尊菩萨叫作"文殊菩萨"，文殊菩萨德才超群，居四大菩萨之首，故称"法王子"。大家都知道五台山是文殊菩萨的道场，五台山是由东西南北中五大高峰组成，据说代表着文殊菩萨的五种智慧。

文殊菩萨旁边这一尊佛像是释迦牟尼，释迦牟尼原名乔达摩·悉达多，古印度释迦族人，是佛教的创始人，成佛后的释迦牟尼被尊称为佛陀。关于释迦牟尼的生卒年代，有着不同的记载，各种说法之间出入很大，难以统一。大致来说，南传上座部佛教一般以前624～前545年，或前623～前544年为释迦牟尼的生卒年代。释迦牟尼16岁时，与表妹耶输陀罗结婚，后生有一子名罗睺罗，这一时期，他过着奢华而舒适的生活。19岁开始多次出游，看到人间各种不同的痛苦，而且无论是谁、无论贫富，都无法摆脱生老病死的最终命运。释迦牟尼始终坚信，世界上应该存在一种永恒的东西，不会因为任何瞬间的痛苦或者死亡而消失。29岁，他放弃太子身份和王宫的安逸生活，离家寻道，经过6年的艰苦修行，仍无法找到解脱之道，于是放弃苦行。35岁时，释迦牟尼在一棵菩提树下冥思苦想，以发誓"不获佛道，不起此座"，终于大彻大悟，领悟生死解脱之道，入道成佛。

现在请各位朋友随我向古佛洞的北边去参观。大家看，在洞厅的中央是释迦牟尼佛讲道的法坛。和一般寺院里的法坛不同，古佛洞的法坛上供奉的是一座双面佛像。这尊佛像背身相连，相背而坐，面貌、服饰、手印都相同，南北两面均为释迦牟尼佛说法像。这尊双面铜佛像的绝妙之处在于，无论你站在前面或是站在后面，怎么也看不出他是一个两面佛，简直如同一人一般。佛教当中讲究众生平等，现在大家看到的双身佛像是为了让四周的弟子都能瞻仰佛祖面容的而特别塑造的。周围1250尊罗汉，左边500尊是从罗汉寺请过来的，它们每一位都有自己的"身份证"，上面写有每个罗汉的尊位，右边750尊罗汉是古佛洞内后面塑的，每一位罗汉的面部表情、姿态动作都有所不同。在中国民间有数罗汉的说法，大家感兴趣的话不妨试一试。选一位投眼缘的罗汉，然后数你生日的数字，数到哪位罗汉，那位罗汉就代表了你近期的运势。还有很多朋友会认为这里的 1250 尊罗汉的存在是不合理的，我们经常说的罗汉有 18 罗汉，500 罗汉，800 罗汉，你们这怎么出来 1250 尊罗汉呢？据佛经记载，在佛祖释迦牟尼圆寂前最后一次讲经说法时现场的罗汉共计 1250 人，而我们的佛授殿还原的就是佛祖最后一次讲经说法的现场。而罗汉是中修行的果位，就像我们常说的等级，在佛教中修行果位分为三种，第一个果位就是佛祖、第二果位是菩萨，第三果位就是罗汉了。

古佛洞有两个出洞口，一个是通向山顶的生态石林中，另一个是我们现在要去的北洞口。沿途可看到保存较完好的熬硝遗址，金佛山的制硝历史长达 700 多年，在古佛洞、金佛洞、观音洞都有发现遗留下来的熬硝灶，数量多达 1000 多个，这也是金佛山洞穴里面的石钟乳颜色都非常暗的原因，因为在熬硝的时候，烟雾会一直熏到石钟乳上，长久以来就导致石钟乳的颜色变成了现在看到的这个样子。

朋友们，1259 年春南平军大败蒙军，战争中，硝起到了非常大的作用。金佛山熬硝历史长达 700 多年，人们用最古老的方式，在没有高技术的支持下提炼出硝，制造出火药抵御外敌，在长达 36 年的抗蒙过程中起到了重要作用。金佛洞古代制硝工场规模庞大，保存完好，世界罕见。2013 年，国际著名喀斯特专家保罗·威廉姆斯的评价是："金佛山采硝遗迹为中国发明的'火药'制造提供了重要证据，具有极高的文化价值。"

【金佛顶】

朋友们，我们脚下这个一览众山小的地方就是风吹岭。它位于古佛洞上方，是金佛山最高峰，海拔 2238.2 米，同时也是大娄山的最高峰。每逢朝日喷薄的时候，金佛顶好似金鸡展翅欲飞，霞光祥云集于翅间，神奇变幻，勾魂摄魄。山顶平坦，是登高远眺、览胜美景的绝佳之地。让游客体验"无限风光在险峰"的绝妙与"山高人为峰"的境界。随四时变化，还能观赏到金佛山群、金佛晚霞、金山云海、金山烟雨和金山雪景等绝妙奇景。

朋友们，习总书记说："绿水青山就是金山银山。"金佛山的美景是大自然对我们最美好的馈赠，我们得用心去感受。接下来的时间就留给各位去感受大自然带给我们的无限风光！

第五章
国家 5A 级旅游景区导游词案例

第一节　巫山小三峡

一、小三峡景区概况

尊敬的各位游客朋友，大家好！欢迎大家来到巫山小三峡—小小三峡旅游。游览期间我们将尽力为大家提供热情周到的服务，希望大家对我们的工作给予合作和批评。

今天我们将乘坐游船游览巫山大宁河小三峡的龙门峡、巴雾峡、滴翠峡和马渡河小小三峡的三撑峡、秦王峡、长滩峡，全程大约需要 4 小时。

各位嘉宾，小三峡—小小三峡景区位于重庆市巫山县境内。巫山位于重庆东部，四川盆地最东沿，东临湖北省巴东县，南接湖北省建始县，西抵重庆市奉节县，北依重庆市巫溪县，东北与湖北神农架接壤，被誉为"渝东门户"。关于巫山名字的来历有几个说法。一个说法是"以山为名"。在巫山附近长江南岸的大山，山脊和山坳成从字形排列，加上天地两线，形态如"巫"字，所以得名"巫山"。另一个说法是"因人而名"。据光绪《巫山县志沿革》记载，"唐尧时，巫山以巫咸得名"。传说巫咸是唐尧时的神医，精针砭之术，"生为上公，死为贵神，埋葬于此，因此为名"，故山为巫山。

巫山人文底蕴深厚，拥有国家级非物质文化遗产——龙骨坡抬工号子。拥有巫山神女传说、邓家背二哥号子、巫山民歌、大溪穿扬号子、踩堂戏、三峡皮影、四川竹琴、重庆烤鱼技艺（巫山烤鱼）、巫山梨膏糖传统制作技艺、翡翠凉粉传统制作技艺、水口银丝面传统制作技艺、土家婚俗等重庆市级非物质文化遗产项目18项，县级非物质文化遗产项目99项。

2008年6月，国务院批准的，国家级非物质文化遗产"龙骨坡抬工号子"属于传统音乐类项目。龙骨坡抬工号子发源于重庆市巫山县庙宇镇。这种民间音乐形式是从巫山人民世世代代辛勤劳动的汗水中孕育发展出来的，至今已有上千年历史。

在刀耕火种的远古时代，龙骨坡的先民们为了生存，狩猎为生。随着捕获猎物的增多，独立的个体已无法承担和满足运输需求，于是自发地形成群体互助合作。在长期集体劳动过程中，逐渐形成了抬工群体，通过吼唱号子协同劳作。久而久之产生了众多的帮组体系，因此，抬工号子又称抬帮号子。龙骨坡抬工号子按音乐速度分为两大类：快腿号子和慢腿号子。路面平、宽，较好上腿的采用快腿号子，歌词内容丰富、风趣幽默，曲调欢快高亢；崎岖山路、上陡下滑，采用慢腿号子，歌词内容灵活多变，多为通报途中遇到的路况，采用问答方式，前后统一。龙骨坡抬工号子的主要特点是：原始古朴、节奏规整、领和对称、速度平稳。由于是群体合作，同时还具有气氛热烈、声音洪亮、韵律感强、耐人寻味的特点，深受广大群众喜爱。

各位嘉宾，我们现在是沿着大宁河自南向北溯流而上。大宁河是长江在三峡段的第一大支流，又名巫溪水。大宁河发源于川、陕、鄂、渝四省市交界的大巴山南麓陕西省平利县，自北向南一路纳小溪、汇潜流，穿出崇山峻岭，在巫山县城东的巫峡口流入长江，全长250千米，适航里程120千米，流域面积3720平方千米，绝大部分为山地。大宁河中上游还有三峡腹地的一些著名胜景，如被称为"四门可通话，一灯照全城"的大昌古镇，巫溪县境内的中国名泉白龙过江、宁厂古镇、僰人悬棺等。

大宁河两岸的山体主要由石灰岩构成，当河水顺着大巴山麓的山体断裂带不断向下侵蚀切割，河床越来越深，两岸岩体逐渐失去支撑而崩塌，再加上地下水、地表水以及植物不断溶解、潜蚀和挤压的作用，因而在断裂带的狭窄地段逐渐形成了风貌奇特的峡谷。

巫山小三峡位于大宁河下游，南起巫山县城，北至县境内涂家坝，是龙门峡、巴雾峡、滴翠峡的总称，全长约60千米。小三峡景区与长江大三峡风景区毗邻，景区内风光秀丽、云雾缭绕，有峻岭奇峰、飞瀑清泉，还有巴人悬棺、船棺、古寨等珍贵的历史遗迹，是国家重点风景名胜区。1991年被评为中国旅游胜地四十佳，2004年被评为国家4A级旅游景区，2007年被评为国家5A级旅游景区。如果说游览长江三峡能体会到雄伟、险峻、跌宕、瑰丽之美的话，那么在小三峡就可领略幽奇、秀丽、原始、古朴的神韵。正因为如此，小三峡被誉为"中华奇观""天下绝景"。

二、小三峡主要景点

【龙门峡】

各位嘉宾，前方我们看到的是龙门大桥。过了龙门大桥，就进入巫山小三峡的第一个峡——龙门峡。龙门峡全长15千米，以雄伟而著称。两岸陡壁森列，宛如两扇大门，可谓"不是夔门，胜似夔门"。峡内绝壁对峙，高峡束江，天开一线，素有"雄哉，龙门峡"之誉。

大家请看前方右岸，绝壁下方有几处清晰可见的石筑寨墙的遗迹，这就是龙门古寨。传说过去一些财主，为防他人抢劫，在此修建了易守难攻的石寨，将金银财宝收藏在寨内。

前方峡的东岸，也就是游船行进的右边，有一座小山峰，峰顶上长着灌木和野草，形若一只威武雄壮的狮子，恰似卫士守在此地，故称为"青狮卫门"。

各位嘉宾，请大家看峡谷的东岸，距河面约200米的山上有一石柱，叫九龙柱。石柱侧面有一蘑菇状的石峰，称为灵芝峰，看上去就像九龙护卫的灵芝仙草。相传勤劳善良的神女，为给三峡百姓治病，在峡内种植灵芝。玉帝听说了这一消息，深受感动，派九条龙来此盘绕在石柱上守卫。九龙恪守职责，无一日松懈。日久天长，九龙和灵芝就化为九龙柱和灵芝峰。大家看九龙柱上自生的九步阶梯，就恰似九条龙的头。诗云"且看九龙盘玉柱"，指的就是这座山峰。

现在我们已经进入了琵琶湖。琵琶湖面积约5平方千米。这里原本水中有一小块陆地，称为琵琶洲，三峡工程蓄水之后，库区水位上涨，小洲被淹没，水域成为湖泊，称为琵琶湖。在湖东岸一幢幢新楼房所在地就是桂花移民新村。

各位嘉宾,大家一路上可能注意到水面跟山坡上的植被之间有一条裸露的岩石地带,这是三峡库区的消落带。消落带是湖泊、河流、水库特有的一种现象,它的形成主要有两个原因,一是季节性水位涨落,二是周期性蓄水。小三峡的消落带就是周期性蓄水造成的。三峡工程建设完成后,冬季蓄水发电水位为175米,每年6月、7月、8月3个月,库区需要腾库,水位调整至夏季防洪水位145米。由于水位涨跌,其间30米水位落差暴露出的土地就是消落带。消落带上的植物由于冲刷和水淹逐渐死亡,导致出现岩层裸露。库区消落带的治理是一项世界性难题,以目前的科学技术暂时还没有解决方案。所以,小三峡的最佳旅游时间是每年的秋冬之际。那时水位回升至175米,裸露的岩层被淹没在水下,而秋冬之季又正好红叶满山,正是小三峡最美的季节。欢迎各位嘉宾到时候再来参观游览。

【巴雾峡】

各位嘉宾,前面我们进入小三峡的第二个峡——巴雾峡。为什么称巴雾峡呢?重庆属于巴文化的范围,在巫山小三峡沿线就考古发现了10余处的巴人遗址,可见这里曾是巴人的重要聚居地,故而地名里有"巴"字。加上峡内云雾缭绕,所以称为"巴雾峡"。巴雾峡以琵琶湖为起点,终于双龙湖,全长15千米。峡内山高谷深、奇峰多姿、云雾迷蒙,有"奇哉,巴雾峡"之称。

前面的这个景点叫"仙女抛绣球"。大家请看峡西岸的岩壁,上面有一个大溶洞,名叫"仙女洞"。洞口离河面有600多米,旁边石壁自然形成一幅酷似仙女的画像,洞的前方有一圆形的大石头,像仙女将绣球抛出来一般,所以叫"仙女抛绣球"。在洞的上方,有一座山峰,形似一桃,名为"仙桃峰"。

各位嘉宾,前面就是狮子峰了。在峡的西岸,也就是游船行进的西边,有一座800多米高、400多米长的山峰。山峰就像一头狮子,赤褐色的是狮子的面部和前腿,朝向东南;身体和后脚朝向西北,尾部插向大宁河。狮子的背部与青天白云相连,形象逼真,栩栩如生,故名"狮子峰"。

在西岸有一座三叠而起的山峰,似一女子静坐在那里,头部、胸部、腿部,线条轮廓清晰,层次分明。山峰两旁各有一股清泉,流入大宁河,酷似女子身上披的轻纱;河边芳草萋萋,山花烂漫,像是她的莲花坐垫,所以这里被称为"观音坐莲台",又称"莲台峰"。有诗人盛赞此景为"更喜观音裹轻纱"。亿万年来,她端坐此处,风吹雨淋,暑往寒来,始终守护着这一方山川。

在观音坐莲台的对岸,半山腰有突出的三块石头,其中一块恰似《西游记》中的猪八戒,这里称为"八戒拜观音"。相传猪八戒在取经途中老是打退堂鼓,成天就想回高老庄过小日子,观音狠狠地批评了他,八戒幡然悔悟,在此拜谢。

请大家抬头看,在峡东岸距河面400~500米的黄褐色的绝壁上,有一长方形的洞穴,里面安放着一具漆黑的棺木。20世纪80年代初,考古发现这是古代居住在这一带的濮族人的葬棺。这种葬俗称为悬棺葬。悬棺葬是我国古代将棺木高置于悬崖峭壁上的一种崖葬习俗,多见于我国南方各地。大宁河悬棺里的随葬品有铜带钩、铜手镯等,考古工作者判定距今已有2000多年的历史。那么在2000多年以前,没有现代化的起重设备,沉重的棺材是怎么放到那么高的绝壁上去的呢?唐代张鷟在《朝野佥载》卷二中记载:"五溪蛮父母死……于临江高山半肋凿龛以葬之。自山上悬索下柩,弥高者为至孝。""五溪蛮"是战国以后分布在今湘西及渝、鄂、黔三省市交界地区沅水上游少数民族的总称,因该地区有雄溪、横溪、酉溪、沅溪、辰溪五条河流,故统称为"五溪蛮"。他们实际上就是濮人的后裔。张鷟的这段记载说明了悬棺的安放方式。在临江的半山上凿出石龛安放棺木。棺木自山顶用绳子悬垂而下,吊运进洞穴。洞穴越高越能显示孝顺。不过巫山小三峡一带的悬棺所置放的洞穴并非人工开凿,而是天然洞穴。将先人的棺木安置于高处,既期望死者像神灵一样居住在令人崇敬的高山巨崖之上,其亡灵又能上达天国,进入仙境。这反映出濮人的原始宗教观念。

【滴翠峡】

各位嘉宾,现在我们进入小三峡的第三个峡——滴翠峡。滴翠峡起于双龙湖,止于大昌湖,全长30千米。这段峡谷是小三峡中最长的峡谷,也是最幽深、最秀丽的峡谷。峡内绝壁绵延、群峰竞秀、一江碧流、竹木葱茏,"无限秀美处,最是滴翠峡"。人们常有"幽哉,滴翠峡"之赞。无处不苍翠,有水尽飞花,此峡被誉为小三峡之最佳景致。

大家请看东岸湖面20多米的高处,那里有一个凹进去的岩穴。岩穴宽

30多米，高6米多，因终年滴水侵蚀，形成大大小小的钟乳石。这些钟乳石高矮不一、姿态各异，如同一群仙人。有的坐着、有的站着、有的蹲着、有的手舞足蹈，正在欢迎各位的到来，人们称这里为"群仙迎宾"，也有人称为"摩崖佛像"。

各位请抬头看，峡东岸数十米高处凌空飞出的一股清泉，化作银丝细雨，纷纷飘洒而下。这里叫作"天泉飞雨"。泉水在空中是雾，落地是雨，是滴翠峡的一处绝景。雨后，天泉流量增大，可喷出几十米远。每当旭日东升或夕阳西下时，都会形成一道彩虹，景色十分壮观。诗人赞誉此处为"天泉飞雨独一家"。

在"天泉飞雨"的下方，离水面50米高的地方有一石砌的寨墙，附岩危立，地势险峻。这里叫作"罗家寨"。此寨建于清嘉庆年间（1796~1820年），有一位姓罗的财主，为了让儿子安心读书，修建了这个独路上下的寨子，请专职先生在这里教儿子苦读。儿子也不负期望，考上了秀才，有了功名在身，在地方上受到一定的尊重，所以，罗家儿子算是取得了很大的成功。根据考古工作者对罗家寨遗址的测量，寨基有400多平方米。1985年，长春电影制片厂出品的武打片《峡江疑影》就是在这里拍摄的外景。20世纪80年代初，旅游部门将寨墙和石阶路修复。21世纪初，又在此新修了接待室和观景台。沿山道上去，不仅可以近距离地感受天泉飞雨，还是摄影爱好者拍照的最佳位置。

在峡西岸离天泉飞雨500米处，山顶有一大一小两块绝壁。小的那块绝壁上，因风化作用，形成酷似一只白猫的图案。小猫的右爪拿着鱼竿，正钓上了两条小鱼。整幅图画形象生动，惟妙惟肖，我们把它叫作"小猫钓鱼"。

各位嘉宾，在游览小三峡的过程中，我们还会碰到一些小伙伴，这就是小三峡里的小动物们。其中最著名的是猕猴。猕猴又称猢猴、黄猴、恒河猴等，是自然界中最常见的一种猴。猕猴是群居动物，小群有十余只，大的群可能达到数百只。20世纪80年代初，小三峡沿岸的植被遭到破坏，猴子总共不到400只。1982年，小三峡成为国家第一批重点保护的自然风景区，巫山县借此良机，严禁砍伐小三峡沿线的树木。同时，为帮助残存的猴群休养生息，巫山县自1983年起，由县财政拨专款，用于购置苞谷等食物喂养猴子。从那时起，小三峡的猕猴们就过上了"吃皇粮"的日子。景区派专人将苞谷投放到猴子活动的区域。随着植被逐年恢复，猴子逐渐增多，现在小三峡的猴子已发展到1万多只，近100个猴群。每个猴群都有自己的地盘，猴群内也有严格的分工。如望山猴，就是哨兵，别的猴子在吃东西的时候，它负责放哨，遇到情况就发出警报。最有趣的是芝麻猴。芝麻成熟的时候，猴群跑进芝麻地，扯下芝麻朝猴身上打，芝麻粒就沾到猴毛里。猴群返回高岩上，找一处光滑大平石，猴王抓住芝麻猴，倒提着抖动，芝麻粒就掉在了平石上。猴王先吃，王妃后吃，之后才轮到其他猴子。而望山猴只能在芝麻猴的毛里找剩余的吃。

小三峡也是植物宝库，有中华蚊母、红豆杉等国家珍稀保护植物150余种。中华蚊母是中国特有的植物，属国家二级濒危珍稀植物；红豆杉是经过第四纪冰川遗留下来的古老孑遗树种，在地球上已有250万年的历史。由于在自然条件下红豆杉生长速度缓慢，再生能力差，所以很长时间以来，世界范围内还没有形成大规模的红豆杉原料林基地。1994年，红豆杉被中国定为一级珍稀濒危保护植物，联合国也明令禁止采伐，是名副其实的"植物大熊猫"。

不知各位嘉宾一路上有没有注意到西岸岩壁上的石孔？这些石孔约20厘米见方，30多厘米深，孔距1米多，与大宁河水面大体保持平行。这就是古栈道的遗址。栈道又称阁道、复道，一般是在悬崖峭壁上凿出石孔、插上木桩，铺上木板形成的架空通道。

大宁河古栈道以巫溪宁厂古镇为中心，南下至小三峡的龙门峡，北上延伸到陕西省镇坪县，向东延伸到湖北省竹溪县，西北延伸至重庆城口县和陕西省小榆河一带。经勘查，沿岸石孔共有近7000个，绵延320千米，是我国最古老、保存最完好的栈道。这么巨大的栈道网是作什么用的呢？光绪年间（1875～1908年）编撰的《大宁县志》引《舆地广记》说："汉永平七年，尝引此泉于巫山。"这里的"此泉"是指宝源山的咸泉。据《舆地纪胜》记载，宝源山位于巫溪县的宁厂古镇附近，是三峡地区最著名的盐泉。宁厂因盐设监、州、县，唐代的时候巫盐就被列为全国官居营的"十监"之一。明清时期，宁厂承担了整个四川地区1/4的盐产量。为充分利用盐泉扩大盐业生产，就需要引盐水出山，沿大宁河分卤煮盐。在地势险要交通不便的大宁河地区，栈道就应运而生了。在大宁河绝壁上凿出石孔，插上木桩，架上竹笕，将盐泉引至大昌、巫山等处煎制。我们肉眼看去，石孔的位置是在一条直线上，但从全程考察，它是沿一定的坡度下降。在宁厂古镇石孔起点位置海拔高度在237米左右，末端龙门峡口处，石孔海拔高度只有140米左右，全程80千米，自然落差97米。大宁河南段的栈道，正是先民们利用自然落差输送盐卤的体现。

三峡工程蓄水之后，除滴翠峡外，小三峡中绝大部分古栈道遗址已经没入江水之中。为了重现栈道景观，还原历史记忆，于2011年在滴翠峡东岸的绝壁上以"原规模、原工艺、原风貌"的形式修复了一段近3千米的栈道。所有的景观建筑都采用现代施工与地方材料和地方技术结合的方式，与周边环境相协调。栈道上包括古寨迎宾、滴翠沐云等五大主要景观，还有多处观景平台。

【小小三峡】

各位嘉宾，峡谷东岸的这条支流叫马渡河。马渡河是大宁河的一条支流，发源于巫山县当阳乡，自东北向西南，流经巫山县滴翠峡东岸，于登天峰附近流入大宁河。据《巫山县志》记载，明崇祯末年，为平定张献忠农民起义军，设立了上马、中马、下马三个关隘。马渡河由此得名。马渡河的下游也有三段峡谷，是大宁河小三峡的姊妹峡，因为比大宁河小三峡更小，故称为"小小三峡"。

小小三峡全长15千米，是三撑峡、秦王峡、长滩峡三段峡谷的总称。小小三峡的形成原因与大宁河小三峡的成因类似，同样是由于河水沿石灰岩的山体断裂带向下侵蚀而成。小小三峡的水道更为狭窄，山势显得尤为奇峻，山谷越发幽深，是小三峡风景区的重要组成部分和延伸景点。小小三峡秀美、神奇，以"山奇雄、水奇清、峰奇秀、滩奇险、景奇幽、石奇美"而闻名遐迩。有人称这里是"出峡复入峡，大峡套小峡，风景转更佳，天下绝妙处，要数小小三峡"。小小三峡也被誉为全国最佳漂流区，有"中国第一漂"的美誉。三撑峡始于马渡河口，全长5千米，是小小三峡的第一个峡。因为水流湍急，两岸又无拉纤之路，逆流而上的时候只能一篙一篙地撑才能前行，故而得名，又称作"长撑峡"。三撑峡里植被葱茏，翠色映目。有鹿回头、寿星峰、石柱湾、相思泉、月亮寨等景观。秦王峡从上渡口至双河，全长4千米。在东岸有一个溶洞，据说明崇祯年间（1628～1644年），有秦姓山贼占洞为王，鱼肉百姓，被张献忠擒获，故名"擒王洞"，这个"擒"是"擒拿"的"擒"，后来被人们传为秦始皇的"秦"，就成了"秦王洞"。秦王峡的名字由此而来。秦王峡内岸壁陡峭而水流平缓，清澈见底，是漂流的最佳地段。长滩峡自双河至平河，全长5千米。峡中有一段约2千米的河滩，宽10余米，笔直一线，水平如镜，沙石洁白，故名"长滩峡"。长滩峡内沿岸多有色彩斑斓的鹅卵石，有滴水岩、聪明泉、手爬岩等景观。

从小小三峡出来，我们又回到滴翠峡。各位嘉宾，前方峡谷东岸有一处斧劈刀削的悬崖绝壁。绝壁高800余米，耸入云天，连绵数里。当金色的阳光洒在高大的峭壁上，赤黄生辉，所以被称为"赤壁摩天"。这是任何艺术家都难以设计和建造的奇观，被诗人赞颂为"赤壁摩天无觅处"。

峡谷西岸这处地方叫"打鱼村"。各位可能觉得奇怪，没有看到打鱼人家，怎么叫"打鱼村"呢？大家请看，半岩上有一块4米多高的钟乳石，依附在黄色的峭壁上，酷似一个身披蓑衣、头戴斗笠的渔翁，正弯腰奋力撒网。渔翁手上，恰好有一树根长至河中，如同网上的缆绳。紧挨渔翁的左侧，有一束古藤从绝壁上的石缝中垂下来，由于绿叶稀少，藤呈黑褐色，恰似一副渔网。渔翁、渔网正好构成了一幅打鱼图。在渔网的左侧约10米的岩穴上，搁着一只7米多长的木船。船呈黑色，离水面有100多米高，人称"打鱼船"。这艘打鱼船和前面在巴雾峡看到的悬棺一样，也是古代少数民族的一种丧葬风俗，这种葬俗称为"船棺葬"。船棺葬是分布于我国南方地区的一种古老葬俗，因把死者的遗体放进形状似船的棺材里而得名。船棺分为底和盖两部分，均由整段木头挖空，两部分上下套合而成。迄今为止，考古发现最早的船棺距今约3500年前，约为我国的夏商时期。船棺葬以巴人最有特色。相传巴人祖先务相在争夺首领的职务时，用土造船，遇水不融，因而获得廪君之位，成为巴国的开拓者。务相死后，人们为了纪念巴族开端史的传奇故事，以木凿舟收殓尸身，置于高岩以示升天。后来，子孙和大臣们纷纷仿效，就成了巴人船棺岩葬的风俗。

前方峡谷东岸有一座300多米高、500多米宽的山峰，宛如一道巨大的屏风。屏风前面有一左一右两座山峰，像两只雄鹰俯瞰着大宁河。这就是双鹰戏屏。屏风和鹰构成一幅"鹰后有屏、屏前有鹰"的天然图画。更奇特的是，此处的绝壁是弧形，像巨人的双手将这幅图画捧在手中，立在屏后。

前面峡谷西岸距离水面约 100 米的悬崖上,有一个岩洞,叫作"飞云洞"。洞外时有飞云掠过,云雾缭绕,故得名。洞口高约 10 米,洞内面积甚大,可容纳万人。洞前左侧有清代嘉庆三年(1798 年)的石碑,存留的碑文写着"烟尘蜂起,人皆躲藏避弗遑。狭险一穴,阔大幽深,诚可潜踪远害,保全生灵"。可见,在战争年代,人们常在此避难。洞内险峻阴森,前行约 50 米,弧形洞顶的裂缝中,有水流随着褶皱的岩壁分三层逐级缓缓而下,在灯光的照射下,像一匹白绢随风摇曳。飞云洞是小三峡之行的最后一个景点,我们的游船将在这里调头返回县城。

各位嘉宾,今天有幸陪伴大家游览了巫山小三峡——小小三峡景区,欣赏了龙门峡、巴雾峡、滴翠峡的秀丽风光,领略了悬棺、栈道的神秘。希望小三峡之行给大家留下美好的回忆,并欢迎大家有机会再次光临小三峡。

第二节　万盛黑山谷

一、黑山谷景区概况

"深深峡谷锁云山,石径迢遥几度攀。行到渝黔交界处,仰头一线是青天。"欢迎各位来到被誉为"西南神农架"的国家 5A 级旅游景区、国家级森林公园、国家级地质公园——险幽奇秀、如诗如画的黑山谷景区。黑山谷的峻岭、峰林、幽峡、峭壁、森林、竹海、飞瀑、碧水、溶洞、仿古栈道、浮桥、云海、田园、原始植被,还有珍稀动植物……这里的一切无一不在翘首期待您的到来和体验。今天将由我陪同大家去领略黑山谷景区的无限魅力。

朋友们,黑山谷景区位于重庆市万盛经济技术开发区黑山镇境内,距万盛城区 20 千米,距重庆主城区 110 千米,交通十分便捷。整个景区主要属山岳型,总面积为 100 平方千米,由黑山谷景区和万盛石林(龙鳞石海)两个部分组成。

万盛特色文化传承久远,这里的国家级非物质文化遗产——金桥吹打声名远扬。有更鼓红苗芦笙舞、道竹芦笙传统制作技艺、金桥唢呐传统制作技艺、祝家山苗族服饰传统制作技艺、黑山谷传统生态茶叶栽培与制作技艺、溱溪河竹艺家具传统制作技艺、红苗竹木制品防蛀处理传统技艺、隆林火烧糯米酒传统制作技艺、石鼓红苗礼歌、茶树红苗长桌宴等重庆市级非物质文化遗产项目21项。有区级非物质文化遗产项目41项。

金桥吹打是流传于重庆市万盛经开区金桥镇的民间吹打乐种，产生于宋元时期，至今已有700多年历史。金桥镇现有乐班70多个，乐手800多人。

在长期传承中，金桥吹打形成了喜庆类、生产生活类、丧事类、民间传说等类别，花灯、大曲牌、朝牌、宫堂等曲牌，以及品打、刁打、散打、干打、夹打、刁散打、竹叶吹奏、口哨等演奏形式，曲目达1000余首。

金桥吹打的吹奏特点表现为音正节稳、音质纯洁、不含混拖拉，音域宽、音量大、力度厚、音色明快、穿透力强，是闻名遐迩的"马风声"派。

由于黑山谷景区荟萃了西南喀斯特地貌风光之精华，是整个大区最好的景观所在，所以我们的游览线路一般是先从黑山谷景区到万盛石林（龙鳞石海）。我们将先从黑山谷北门进南门出，随后我们将游览万盛石林（龙鳞石海）景区。现在我们正从黑山谷的北门，跟随观光车前往景区核心区的路途中，先给大家介绍下风景区的概况。

二、黑山谷景区及主要景点

黑山谷景区处于大娄山余脉，平均海拔1100米。它是重庆万盛与贵州桐梓的界谷，隐伏于茫茫林海深处，峡谷两侧山峰高耸挺拔，奇形怪状的危崖崛险对峙，形成千姿百态的奇异造型。也许您边行边会心存疑问：这山谷为什么要用个"黑"字而不是"绿"字呢？是呀，大家一路上也看到了，在这深深峡谷中，迎着我们的全是满目的绿。两旁山崖披着茂密的植被，层林幽深。有浅淡的嫩绿、青涩的翠绿、奔放的油绿、含蓄的深绿、深沉的墨绿……这些绿颜色嬉嬉闹闹，互相翻卷着又掺和着，争相渲染它们仲春时节的拔节欲望。山谷里明明是绿的世界，又哪见一个"黑"字？面对这浓密的植被，诗人傅天琳语出惊人："绿到极致，就是黑啦！"我想这是对黑山谷名字和特色的最佳诠释了。

黑山谷是典型的喀斯特地貌，全长13千米，山顶与谷底高差最大达1200米。如果我们有幸从高空俯览，就会发现它就是一个V形的狭长山谷。然而，等走近其间却会发现，尤其是从景区大门沿河而下至响水村一段却散布有平缓地、森林、山地、流水、瀑布等多元地貌，可以说身行谷中却犹如步入画中,一步一景,不觉枯燥,反觉生动,尘世的喧嚣与心灵的浮躁皆被抛诸脑后。

黑山谷景区是集"山、水、泉、林、洞"于一体,融"奇、险、峻、秀、幽"于一身,其主要景点包括"一岛、三谷、五峡、七区、十二峰、三十六桥、九十九瀑、一百零八潭"。谷内山高林密、人迹罕至,保存着地球上同纬度为数不多的亚热带和温带完好的自然生态,在已发现的1800多种植物中,有国家一级保护植物红豆杉、桫椤、珙桐、银杉等,被专家誉为"渝黔生物基因库";且其森林覆盖率高达97%,负氧离子含量高达每立方厘米1.2万个,康养效果突出,被誉为"中国最美养生峡谷";此外,它还先后被评选为"亚洲大中华区最具魅力风景名胜区""中国最佳休闲名山""中国最佳绿色低碳旅游休闲胜地""亚洲大中华区最具魅力风景名胜区""巴渝十二景""重庆市首家环保示范景区"等。通过不断的打造,2012年10月30日,黑山谷风景区正式被国家旅游局批准为国家5A级旅游景区。

【黑山谷景区之形成】

游客们,现在我们的观光车已经进入景区深处,静谧清幽的氛围逐渐涌上心头。有话云:"黑山谷,沟连沟;十人提起九人愁。"据说就是在黑山谷的深处曾发生过多起人畜入沟神秘失踪的事件,号称"猎犬入内无踪影,壮士一去难回头",而这些事件至今也无法解释。所以,请游客们保持对大自然的一份敬畏,待会儿咱们进入步行区域后一定不要自行偏离线路,要按咱们景区既定开发线路有序游览,毕竟咱们出来旅行,安全是最重要的。

其实说到这里,黑山谷的神秘,咱们一般人是没法感受的,但是它的地理成因、历史变迁是可以用科学数据来说明的。据科学探测,黑山谷属于湖北和川东褶皱带的接合部,是中生代石灰岩组成的龙骨溪复背斜的中间部分。其出露地层有走留、奥陶寒武系,距今5亿~6亿年,是我国出露岩层最古老的片区之一。据专家考证,黑山谷是距今7000万年前左右发生的一次规模巨大的地壳运动——"燕山运动"的结果。

【黑山谷景区之红果滩】

游客们,观光车现在已经到了终点。"峰高崒屼境幽深,穿谷清溪奏悦音",接下来的行程,我们将沿着一路潺潺小溪、幽幽山风,亲自用脚步去丈量、用眼睛去捕捉、用耳朵去聆听黑山谷的一切。

现在您看到的这一片景观便是红果滩。这滩有上千棵红籽树,虽然现在(假设夏季)还没到红籽长得最好的季节,但咱们已经能看到稀疏的"红"点了。这红籽通常是春开白花,秋结红果,如遇隆冬雪季,白雪红籽交相辉映,更显韵致。由于红色的果实挂在枝头长长久久,寓意极好,所以也由此得名。红籽又名火棘,俗称救兵粮、火把果等,属蔷薇科火棘属常绿灌木或小乔木。果实含有淀粉、蛋白质、维生素C等营养成分,还有消积止痢,活血止血,治疗消化不良、肠炎、痢疾等的功能,大家可以留影,红籽林就最好别进去了,因为树属灌木,树上有刺,稍有不慎,就会"挂彩"哦!

【黑山谷景区之鲤鱼河】

游客们,谷底那条清澈的溪流叫鲤鱼河,它绕着黑山谷底行走了13千米,汇入贵州的羊蹬河,最后又流回綦河。它是万盛第三大河流,区境全长23.1千米,流域面积83.4平方千米,平均流量每秒3.01立方米。由于地壳抬升,河流强烈下切,而使整条河谷呈V形。该河相传因盛产鲤鱼而得名。

沿着此河边上的螺旋形的木制栈道行进,我们就将进入著名的鲤鱼河"十里峡谷"了,峡谷险窄深幽,是黑山谷最为奇妙的风景之一。因为受喜马拉雅造山运动的影响,鲤鱼河其实就是群山裂开的一条地缝,呈典型的V字形深切峡谷形态,相对高差400~1000米,河床最宽处30米,最窄处不足2米。峡谷两岸皆为植被茂密的悬崖,坡度在70°~80°,部分岸壁由于洪水冲蚀底部,甚至逆倾超过100°,形成罕见的倒斜壁奇观。

【黑山谷景区之白玉观音】

仁者乐山,智者乐水。黑山谷中,山水相依,可谓"水在山中走,山在水边秀"。前方巨大的山峰之间,仿佛端坐着一尊神秘的洁白人像,相传它就是观音的化身——白玉观音。佛教认为观世音菩萨是慈悲和智慧的象征,具有平等无私的广大悲愿,当众生遇到任何的困难和苦痛,如能至诚称念观世音菩萨,就会得到菩萨的庇佑。但是这里,我们看到的观世音其实并非真实塑像,只是大自然的幻影,其实也是人们对佛教净土的向往,对宗教信仰的一种敬畏罢了。

【黑山谷景区之石皇伞】

游客们,现在我们来到的便是黑山谷里曾经因为崩塌而演化成的遗迹景观——"石皇伞"。千万年前，也许是山洪，也许是地震导致这里整个岩壁崩塌。而岩壁又没有完全分裂，其掉至谷底后，受到谷底山洪冲蚀作用，出现上下岩层强度差异，崩落体下部遭受洪水冲蚀的强度大，小块松散物被带走，岩石变细，崩落体上部岩石受河水冲蚀作用弱而保持原样，便形成了一把撑开的大伞的模样，故名"石皇伞"。各位，请您赶快到这把大自然精心打造的"伞"下留影吧！

【黑山谷景区之夜郎公主峰】

游客们，大家都知道"夜郎自大"这个成语吧？这个成语中指的"夜郎国"就是中国在西南地区由少数民族先民建立的第一个国家。大约在战国时期，楚襄王（前298～前262年）派"将军庄蹻溯沅水，出且兰（今贵州福泉市），以伐夜郎王"，"且兰既克，夜郎又降"。这时，人们方知西南有一夜郎国，夜郎国一战成名。

可是您知道吗？咱们万盛经开区也有着与夜郎国一样深厚的历史渊源，据历史考证（《万盛与夜郎的渊源》，《万盛日报》，2017/4/17），这里是夜郎人离开北盘江流域之后北迁的故地之一，所以黑山谷曾经是夜郎人的故地是确定无疑的。夜郎王族、夜郎族民都曾在这片土地上繁衍生息。大家看，我们眼前的山峰仿佛一位美丽的公主，头朝西、脚向东，面部轮廓柔和清秀，山脊植被茂密，如同秀发轻拂而下，当地百姓传说，这就是"夜郎公主"的化身，是她对这片养育滋养的土地的眷恋使她留在了这里，佑护着黑山谷的子民。

【黑山谷景区之甩甩桥】

各位，刚刚咱们一直在单调的行进和观览中，接下来黑山谷将给你们来点刺激节目了！大家都知道，重庆是"桥都"，在重庆的两江四岸有上千座大桥，它们稳固、大气，承载保障一方交通安全、行进便捷的重要任务。但也有些桥，它主要负责美，如黔江的濯水大桥；还有些桥，它主要负责玩，如黑山谷的甩甩桥。甩甩桥就是黑山谷景区为您提供的挑战自我、增强自信的体验性项目之一。站在桥上，四处摇晃，尽情玩耍，甩着玩就是一种别样乐趣。但是，因为本项目具有相当的危险性，请老人、小孩与身体不适者不要参与，参与者务必谨慎小心，请勿在桥上打闹嬉戏，故意摇晃，或长时间逗留，以免发生意外。

【黑山谷景区之许愿树】

现在，我们来到的景点，就是咱们在门票上看到的"许愿树"。"许愿"其实是人们对美好生活的期许，它可大可小，不拘形式，实现心愿后，对神许下的诺言也应得以兑现。折千纸鹤、放孔明灯、流星许愿都是百姓们许愿的某种方式。但是来到黑山谷，在大自然的神奇面前，上述方式都太流于普通。如果能诚挚地许下心愿，并把写有祝福语的红绸带系在充满灵性的古树上，让它们寄予您希望与祝福：例如，家庭幸福、身体健康、爱情甜蜜、好运连连、鸿运高照、学业有成……相信您的美梦愿望就能成真。接下来，就请大家去写愿望、系丝带吧。

【黑山谷景区之骆驼西行】

游客们，咱们现在看到的是典型峰脊地貌景观，构景岩层为寒武系中上统娄山关群白云岩，它是由三座并列的山峰通过流畅的峰际轮廓线，构成一匹硕大无比的骆驼头部，紧挨着的两座山峰恰似高耸的驼峰，因骆驼头西尾东，故名"骆驼西行"。

【黑山谷景区之撑腰岩】

各位，在我们黑山谷里边，有很多因地质变化而天然形成的神奇岩罩，硕大的岩腔不仅可以为人们遮风避雨，还能保佑您健康无恙呢！大家看，在这些天然生成的岩腔内撑有根根竹竿。您知道这是为什么吗？相传古夜郎背夫常在此歇脚，据说在岩罩下撑起竹竿，就能够起到舒缓腰腿酸痛，消除旅游疲乏的神奇功效。于是一根根竹竿就这样竖立起来，日久天长，成了不仅是背夫也是人们祈求健康的"神杖"，更成为咱们黑山谷一道独有风景。

【黑山谷景区之梦纱瀑布】

黑山谷里边林密谷深，在最大达1200米山顶与谷底高差之间，从山间蜿蜒流来，从谷涧奔涌而出，从峰顶直泻而下的水便形成了大大小小的瀑布。有人统计过，黑山谷里有99道瀑布，刚才我们沿途已经见到许多，那些青山滴翠、飞流天降的不同景色，不由得使人联想到雨后的整个山谷又将是怎样一个瀑布的世界呀！而其中最纤秀、最柔美的瀑布，就是我们眼前所看到的这幅"梦纱瀑"了。它沿着崖壁缓缓流下，隔河望去，婀娜多姿，宛如一袭永不断头的银色长绢，从天女的织布机上倒挂下来，却又砸落在石壁突出的岩石上，溅出的水花形成大片乳白色的轻烟喷雾，随风轻舞，如梦如幻,"梦纱瀑"由此而得名。如遇枯水期,上游水流变少,其从高处飘落的过程中骤为平行排列的两股,如两泓长流不息的相思泪,故又被人叫作"相思帘"。

【黑山谷景区之黑叶猴最佳观赏点】

游客们,猴子是极有灵性的动物,最会挑选物华天宝的地方栖息生存。相信您在很多山岳型景区内都见过那里的猴子,如峨眉山的峨眉猴(猕猴的一种),梵净山的金丝猴等。而咱们黑山谷里也有一群与众不同、极有灵性的猴子——国家一级保护动物黑叶猴,不知道大家注意到没有,咱们景区的形象代言人正是它。在2017年黑山谷景区举办的第二届高山国际巨型气球节上,高达25米的全球独一无二的黑叶猴卡通巨型气球博得了各界关注。而"25米"的高度选择还暗合了黑山谷里边现存的25只黑叶猴的意思,足见其数量稀少、弥足珍贵。

黑叶猴,又叫乌猿,现存数量极少,是我国十分珍稀、濒临灭绝的一级保护动物。它体形纤瘦,全身除了两颊至嘴角处各有一道白毛外,其余均为黑色,是黑山谷景区的标志性吉祥物。但是这黑叶猴不像峨眉猴性情勇敢霸道,喜欢近人,它的警惕性很高,每天黄昏进洞之前都由群体中担任首领的雄猴率先入洞观察,没有发现异常时,其他成员才依次而入。天黑以后便不再出洞活动,一般都蹲坐在岩洞中凸出的岩壁、石块上蜷曲抱头睡觉。每天清晨出洞之前,也是首领先探出头来,观察洞外的动静,然后其他成员们才相继走出洞外,常常在攀缘、嬉闹一阵之后,才开始逐渐远离洞口去寻找食物。所以,我们不一定能看到它们的身影。

现在我们站的地方就是黑叶猴的最佳观赏点,对面山上常有黑叶猴出没,幸运的话,也许您可看见它们在丛林和绝壁危岩上攀爬、腾跃的矫捷身影。

【黑山谷景区之渝黔分界桥】

游客们,前面我们说过,黑山谷是重庆万盛与贵州桐梓的界谷,而我们现在来到的这座桥,正是重庆和贵州的分界桥——渝黔分界桥。走过此桥,我们待会儿一路上还会陆续遇上更多的分界桥,我们将一直在渝黔两省间来回穿梭,雄关漫道、龙潭飞瀑,可谓是"一脚踏两省(市),两眼望渝黔",多么奇妙。此桥也是接下来一系列浮桥、吊桥的起点。我也在此提醒大家,待会儿我们如遇浮桥,行走颠簸摇晃间,请各位一定注意安全。

【黑山谷景区之锦鸡峡】

游客们,黑山谷两侧岩壁层层叠叠,山势雄奇险峻,水流奔腾湍急,夹岸峰插云天。在峡谷内的竹灌丛中,除有令人叹绝的奇花异草外,还常有中国特有鸟种——野生红腹锦鸡在此出没。这锦鸡又叫"金鸡",它全身羽毛颜色互相衬托,赤、橙、黄、绿、青、蓝、紫俱全,光彩夺目。尤其是雄性红腹锦鸡美丽的外表使得它成为偷猎者热衷的目标,因其羽色艳丽,雄鸟皮可外销供装饰用,活鸟可供观赏展出用,每年各产地的捕杀数量相当惊人。但在咱们山谷里,红服锦鸡可以说受到了极好的保护,没有杀戮也没有驱逐,只有对它们的悉心关注。

【黑山谷景区之鱼跳峡】

游客们,这段峡谷全长 520 米,它曲折迂回、苍翠欲滴、古木参天、飞瀑流泉随处可见。每年春夏季节,下游的红尾鲤、青色鲫鱼、红尾高山鲇鱼等鱼类,如果要进入上游,必须由此弹跳越过落差达 1 米高的鱼跳滩,峡谷因此而得名。

【黑山谷景区之鹰爪岩】

各位,前面悬崖上有一块岩石悬空而出,极像鹰爪,相传天上神鹰因触犯天条被玉帝天降大石镇压于此,天鹰拼命挣扎,头和身体都被深压于此,只露出了挣扎的鹰爪。于是,当地的人把它称为"鹰爪岩",而从天上坠落下来的石块称为"坠石",因天鹰有罪,所以这块石头又叫"罪石"。

【黑山谷景区之黑猴峡】

游客们,现在我们来到的是与刚才我们经过的观赏黑叶猴最佳点相对的黑叶猴常年出没的地方——黑猴峡。此峡全长 420 米,最窄处仅 2 米,两岸险峰重叠,犬牙交错,岸壁倾斜超过 90°,长年累月难见天日。即使在烈日高照、炎热难耐的盛夏,这里也是冷气嗖嗖、寒气袭人。但它却极其符合机警小心的黑叶猴对栖息地的选择。所以,常有国家一级保护动物黑叶猴于此攀跳、嬉戏。

【黑山谷景区之蝉鸣峡】

此段峡谷全长约 300 米,两岸岩壁斜立,似倾非倾,四季泉水叮咚,壁顶林木森严,枯藤翠蔓,遮天蔽日,天呈一线。谷内有春蝉、蚱蝉、叽叽蝉等十余种蝉类，春夏季节，在峡谷内阴暗的密林中，随处可听见各种蝉虫唧唧吱吱的鸣叫声，因此而得名。

【黑山谷景区之渝黔大裂谷】

其实有的游客就把我们整个黑山谷叫作"渝黔大裂谷"，因为它本来就是重庆和贵州的界谷。但是接下来我们要看到的这段"渝黔大裂谷"可是黑山谷的地理地貌的核心，它不仅横跨渝黔，而且确实是一段深层的地表断裂。如果从3D照片上看去，它就像一道裂开的"伤疤"，叫人心疼。整个裂谷全长1000多米，当地山民称之为"大斜槽"，因距今7000万年前的一次剧烈地壳运动中发生山体断裂而形成。裂谷两边石壁因长时间受到洪水冲刷、溶蚀，导致崎岖不平，变化莫测，极为壮观。

【黑山谷景区之黑猴捞月】

游客们，这是一组典型的喀斯特地貌。它由寒武系中上统娄山关群白云质灰岩组成，由于含重碳酸钙的地下水从岩壁中渗出后，在温度、压力改变的情况下，二氧化碳逸出，发生碳酸钙的沉淀而悬垂于顶。其形态恰似捞月的猴子，故名。

【黑山谷景区之神龙峡】

游客们，咱们现在来到的便是"神龙峡。"整个峡谷全长1200米，峡谷千曲百折，曲径如走蛇，最窄处只有2米，最宽处不到30米。峡内因有甘甜清澈的"神龙泉"而得名。

大家看，在神龙沟的半山坡上，有一块巨大的青苔密布的青石板，神龙泉水就从那里冒出，经久不绝。相传它是古夜郎国唯一的御封贡泉，曾有众多卫兵把守。如今的神龙泉水柱高达50厘米，泉眼直径大约20厘米。不论春秋冬夏、洪涝干旱，泉水源源不断、汩汩冒出，再在那石板下聚成翡翠一般晶莹剔透的水潭。

而那与神龙泉交相辉映的便是传说中古夜郎王国的上下神龙洞，"神龙见首不见尾，只缘未到神龙洞"。这神龙洞就是黑山谷天然形成的喀斯特溶洞，据说有人深入洞中，发现类似龙形的石钟乳景观，龙首、龙尾、龙爪、龙角、龙鳞等无一不俱，栩栩如生，神龙洞由此美名远扬。而山谷上一道宽约5米的瀑布从洞顶直泻而下，刚好给洞顶装上了一道透明晶莹的门帘。即便说成是水帘洞也不足为过。

游客们，走完神龙峡，咱们之前所经过的五大峡谷（锦鸡峡、黑猴峡、鱼跳峡、蝉鸣峡、神龙峡）的美景便全部被您尽收眼底、皆入囊中了。可以说，峡谷就是黑山谷的最大特色，随时随处皆是层峦叠嶂、怪石嶙峋、峭壁千仞、飞瀑不断。

【黑山谷景区之飞鱼瀑】

游客们，"飞流直下三千尺，疑是银河落九天"，"飞鱼瀑"是黑山谷里最为壮观的瀑布了，因瀑布的形状像鱼而得名。奇丽雅然的"飞鱼瀑"，落差约80米，到夏天山洪季节，水流量可达每秒5立方米，那时的瀑水向下坠去，如九天银河泻地，气势磅礴，远远望去，银练飞挂，上可接天，直探瀑底。那粗壮的水柱从百米的高处飞落下来，已经不再是"水"了，竟像是珍珠粒，击在瀑底石块上，珠沫玉屑扑面而来，汇成巨大的无形冲击波，让人叹为观止。

【黑山谷景区之龙泉】

游客们，刚才我们一路观览的主要都是谷和山，接下来我们要先后看到的则是一组山水汇成的浅滩、水潭和瀑布群。首先我们看到的便是位于黑山谷景区中枢地段的"龙泉"。泉其实是地下水天然出露至地表的地点。根据水流状况的不同，龙泉四季潺潺、终年不歇，是典型的常流泉。此泉从寒武系中上统娄山关群岩层层面中流出，似潜龙吐水，由此得名。

【黑山谷景区之洗心瀑、洗心潭】

游客们，"人多求洗身，殊不求洗心。洗身去尘垢，洗心去邪淫。尘垢用水洗，邪淫非能淋。必欲去心垢，须弹无弦琴"。这首诗的作者用最通俗的诗句告诫人们，谁都有私心贪欲、缺点不足，无论是谁都会沾染灰尘，只有不断涤荡灵魂，才能保持心灵的澄清美好。但人间几十年，俗心难免染纤尘。黑山谷湿气弥漫，空气中的负氧离子含量特别多，是一个名副其实的天然大氧吧；黑山谷的水碧绿清澈、莹莹灼灼，让人心醉。就让这洗心潭令人神清气爽的空气和水流为您洗去尘世的烦扰、心底的污浊，享受回归大自然的惬意吧！

【黑山谷景区之泥瀑】

游客们，咱们来到的这段便是黑山谷里极有特点的一个景观——泥瀑。它落差约80米，宽10米，为钙华沉积地貌景观，构景岩层为寒武系中上统娄山关群白云岩，颜色像泥，似泥浆从天而降，外观如瀑，故名。

【黑山谷景区之神龙瀑】

游客们，最后我要为您介绍的便是神龙瀑。这瀑布平时水量较小，如飞花溅玉；春夏时节，大雨过后，瀑布就非常壮观，有七八米宽，宛如银练挂在山间。飞流直下三千尺，那水声，响彻整个峡谷，犹如神龙长啸，气势非凡。

三、万盛石林景区及主要景点

游客朋友们，欢迎您来到整个黑山谷景区不可或缺的重要组成部分，也是我国目前考证为最古老的石林——万盛石林（龙鳞石海）景区。听到这里，有的朋友开始质疑了，万盛石林竟然是我国最古老的石林，它难道比列入世界自然遗产、被誉为"天下第一奇观"的云南石林还要古老吗？您可别不信，在这里，我想肯定地回答大家："是的！它就是这么古老！"且听我慢慢道来。

龙鳞石海景区所在的万盛经济技术开发区石林镇古时是一片波澜壮阔的汪洋大海，后来随着全球气候骤变，海洋退却、环境变迁，在亿万年的沉积中，它逐渐沉积发育，最终形成了西南地区发育最典型、形态最丰富的喀斯特地貌。而在对石林中摘取的石龟、石贝壳、石螺化石等的勘测中，地质学家一致认为其形成时间距今至少4.65亿年甚至更早，而这可比云南石林的形成时间还要早2亿年！所以，咱们龙鳞石海堪称"中国第二大石林"，被誉为中国"石林之祖"。

整个石海景区规划面积约4.7平方千米，景区内既有清晰可见的各类古生物化石，造型各异的地表石林，石若瀚海，纹如龙鳞（这也是龙鳞石海的得名由来），又有神秘璀璨的地下溶洞，洞内石笋、石柱、石花、石幔、暗河等发育、景观遍布，是研究云贵高原及四川盆地东南部盆边山区的地质演变、海洋生物演变等的重要载体，具有很高的科学考察及研学旅行价值。此外，龙鳞石海古属夜郎王国辖地，这里世代生活着一支能歌善舞的苗族同胞，灿烂多姿的苗族风情还赋予了石林浓郁的民族风俗特色，特别是一年一度举办的红苗"踩山会"是龙鳞石海也是当地苗族同胞每年的一大盛事，而且也是重庆市非物质文化遗产，为景区增添了美感、灵性和无限动感。

接下来，我们的游览线路是先从景区的南门进，然后再从南门出结束行程。整个景区主线路大约有 4 千米，整个行程大约需要两个半小时。

【龙鳞石海景区之天门洞】

好了，游客们，如果您问龙鳞石海最具特色的景观是哪里呢，我会毫不犹豫地向您首推地下宫殿——天门洞，它最具地理地貌的代表性，且最具观赏价值。现在就让我们一起走近它吧！

整个溶洞由天山瀑布、石莲彩花、倒挂石笋、鹅管鸭肠等 50 多组奇特的天然景观组成。这些景观一经映入你的眼帘，便会产生巨大的吸引力，有如那一见钟情的姑娘，她容颜美丽、姿态婀娜，会在你的脑海里泛起阵阵涟漪，久久不散。

天门洞是一个中型喀斯特岩溶洞，全洞究竟有多长至今无人知晓，据说，有人曾走了一天一夜还未到尽头。目前已开发的游览线路长 700 多米。当您步入洞内，便会顿觉寒气扑面、沁凉透骨、身爽心旷。洞内与洞外的气温相差至少有 5℃。行至此地，大家有没有发现，有一线天光正从洞顶射进来，请您千万别错过，抬头仰望，您会发现那原来是个自然天孔，正是此洞的天生之门，曰"天门"。天门洞也因由此而得名。

该"天门"非人工雕琢，而是自然天成。神奇的是，从"天门"往外探望，蓝天、白云似乎近在咫尺，斜阳西沉时分，阳光射进洞中，七彩光环迷蒙，紫气岚光，把整个天门洞装点成了神奇的世界。中国洞穴学会会长朱学稳在考察了天门洞后说："天门洞内各种次生化学沉积形态，琳琅满目、丰富多彩；其中大多数种类分类广泛，且质地之纯净，形态之完美，在国内目前发现的洞穴中都具有很强的代表性。"洞内各类沉积物所构成的奇观，既玲珑剔透，又辉煌壮丽，是一座不可多得的斑斓辉煌的地下艺术宫殿。

【龙鳞石海景区之中华震旦角石】

游客们，出了天门洞，现在我们看到的正是龙鳞石海景区的最具代表性的一组化石——中华震旦角石。

角石是四五亿年前，也就是奥陶纪时期生活在海洋中的一种无脊椎软体动物，它具有坚硬的外壳，形状就像牛或羊的角，一般是直的，也可以是弯的或盘卷的，所以叫"角石"。角石有不同种类，我们见到的这一种角石叫震旦角石，震旦角石又称"中华角石"，是一种古生物化石，它的外形呈圆锥形，一头尖，一头宽，表面发育有节、竖纹等，将它倒置有如一座宝塔，所以还有"宝塔石""直角石""竹笋石""太极石""塔影石"等之说；其石面有二三十节环状圈纹突起，亦犹似竹笋，如果剖面是横向，则似一幅太极图。如果角石经过凿磨，倩影外露，景致高贵典雅，光彩照人，极具观赏性。

专家们曾在龙鳞石海发现了一条长1.2米、直径12厘米的震旦角石化石，被称为"中华震旦角石之王"。

【龙鳞石海景区之万马奔腾】

各位游客，这一组石头景观叫"万马奔腾"。您看，错落有致、千姿百态的岩石排列在一起，如同一群扬蹄奔驰的骏马。真是"啸啸马鸣，悠悠旆旌""四山旗似晴霞卷，万马蹄如骤雨来"。

龙鳞石海的石林外观主要分为两大类，第一类是剑状石林，第二类是塔状石林。万马奔腾便是剑状石林，这片石林底座厚，上面成片状，被风化成一个个锋利的剑锋。这片石林形成原因主要是流水沿着岩石的节理溶蚀形成溶沟、溶槽后，由于水流很大且方向不一，所以形成各个方向的溶蚀，最后坚硬的地方留下来了，形成一个个剑锋。

【龙鳞石海景区之一线天】

游客们，一线天是典型的地缝溶洞地貌石景，它因两壁夹峙，缝隙所见蓝天如一线而得名；凡是在石林、石桥、天坑、漏斗等天然喀斯特地貌景区甚至是很多名山大川，如华山、武夷山等，您也许都能见到，在咱们龙鳞石海也不例外。

但是有的景区的一线天是一种特殊的侵蚀地貌表现，也有景区的"一线天"则是由地理断层形成的，它最大的特点就在于它两侧的岩石有上下左右的位移。而我们龙鳞石海的一线天就是前者的形成机理，它经上亿年的流水冲刷，形成两边悬崖若削的石壁和仅能容人通过的狭长石径，有如人工堆砌而成的古城墙一般。

这样的一线天在龙鳞石海共有三条，现在我们看到的这条是最深、最长、最美的，深约50米、长约200米、宽1~2米。人在一线天中，仰望长空，蓝天仅存一线。清代诗人李斐有一首诗，写的就是这种奇观："云里石头开锦缝，从来不许嵌斜阳。何人仰见通霄路，一尺青天万丈长。"

【龙鳞石海景区之天下第一扇】

有人说:"不到石海不知石之奇,不观石扇不知扇之大。"现在我们看到的这尊石头,就是龙鳞石海的镇山之宝——天下第一扇。

您看,这柄"石扇",上大下小,岌岌可危。整把石扇高约7米,扇面宽约6米,最厚处2米,扇面重约200吨;而扇柄高约1.6米,宽的一面约1米。巨大的扇面仿佛是人工搁到细小的扇柄上的。它会不会垮下来呢?来到这里的每一个游人都这么担心过。但请你放心,它其实稳若磐石,亿万年来,一直岿然不动。

【龙鳞石海景区之香炉峰】

游客们,现在顺着我手指的方向看到的就是香炉峰。从外形看,香炉峰是由林立的高100米的石灰石所组成的小山峰,远观形似一座香炉,特别是雨过天晴的时候,云雾缭绕,恰似仙境。身处香炉山,可以听山下瀑布倾泻而下的轰鸣声。香炉山的奇特不仅在于它的美丽,而且它是一块风水宝地,苗家的父老乡亲把它视为一座神山,在喜获丰收或喜庆节日时都会到香炉山上烧香拜佛,以祈求他们年年都五谷丰登、幸福吉祥。所以香炉山上常年香火不断,更增添了它的神秘色彩。

攀登上嶙峋怪石,穿越过崎岖栈道,站在香炉山的顶峰,在这里可以观看到万盛龙鳞石海景区的全貌,远处南天门云雾缭绕,山下四周田园阡陌、美不胜收,原香炉山下的两片梯田,通过万盛龙鳞石海景区开发建设者们的精心规划、设计、建设,现在已成为碧波荡漾,垂柳依依的芦花湖,使古老雄奇的万盛龙鳞石海水天相连、山水相映,增添了无穷的妩媚与灵秀。

【龙鳞石海景区之雾石林】

现在,我们看到的就是"雾石林",顾名思义,便是"雾中的石林"。这里的烟雾主要是通过铺设在石林中的人工管道,喷洒水雾形成的,当然除了人工雾石林,还有更加漂亮、壮观的天然雾石林,它们可是龙鳞石海特有的景观。

雾石林并不以刺破青天的雄姿取胜,而是以千姿百态的变化取胜。变化多端的雾与石头相遇,形成石雾相依的自然奇观,隐隐约约、仙姿缥缈,绝对有一种超然物外的感觉。

【龙鳞石海景区之踩山会】

接下来,在前往下一个景点的路途中,我还想给大家讲讲龙鳞石海的民俗风情。我们这里最典型的民俗节日就是一年一度的苗族"踩山会",是红头苗最具特色、最为盛大的传统节日,至今已有300多年的历史,享誉渝南黔北一带。

踩山会又叫踩山坪、踩花山,苗语叫"哦好道",举办时间以前是每年农历正月初二至初五,现在改为公历5月1~7日。苗族踩山会类似汉族的庙会,它的主要功能是让苗族各山寨的人民团聚一起,祭神拜祖,欢庆丰收,联络感情。在踩山会上,青年男女可以谈情说爱(又称"游方""塞念""合姑娘"),老人们可以团聚叙旧,还可以进行贸易交流等活动。

【龙鳞石海景区之石鼓广场】

我们现在来到的就是石鼓广场,真正的石鼓是前方那尊石头,请您顺着我手指的方向看过去,它是由七层圆形石块叠成的,重达10吨,高度约7米,直径约1米,最小接触面积10平方厘米,被誉为石鼓悬空,令人惊叹。

当地的老百姓为了纪念石鼓,自编了几句顺口溜:"石人对石鼓,黄金五万五,谁能找到它,买下重庆府。"意思是石鼓神奇而珍贵,在石林上另有一石人和它遥遥相对,谁能找到它,便会有滚滚财源随之而来。

在广场上还有两面大铜鼓。铜鼓是苗族祭祀的神器,苗族人认为他们祖先去世之后,灵魂会附在铜鼓里面,所以这个铜鼓不能随意敲,只有在一年一度的踩山会上才能敲鼓。大家现在可以随意选择石鼓或者铜鼓前方尽情拍照留念,但是请一定尊重苗族的民族禁忌,不要随意触碰鼓面。

【龙鳞石海景区之苗王宫】

游客朋友,上面这幢古香古色的"干栏式"建筑,叫苗王宫,是按照苗家风貌设计打造的。苗族的生活习俗是"人并楼居,登梯而上,称为干栏"。类似于现在的吊脚楼。

前面我已经给您介绍了,万盛红头苗以妇女红布带裹头而得名。其实,苗族先民就有"好五色衣服"的习性,万盛苗族服饰忠实地保留了这一传统。苗王宫里陈列了各种苗族服饰,各位请随我一同参观。

苗族男子的服饰比较简单,为大襟右衽绲边领青色长衫,衣服领边镶花边,头缠白帕,青色绑腿。苗族妇女服饰较浓艳,常见艳色衬衣,手套绣套,胸前是蜡染或刺绣的大套围腰,腰间还围有镶有花边的百褶裙,头戴彩色缠头,形似圆盘大帽,外沿绣有图案的彩布或绸布小花,缀以珠宝,腿上套花绑腿,全身服饰华美照人。苗族妇女的刺绣、蜡染,充分体现了她们的聪明智慧。

各位朋友,龙鳞石海的参观到此结束,这也意味着我们今天对整个黑山谷景区的穿越进入尾声。如果在服务中有不周之处,还望您海涵,请您多批评指正。欢迎您再次光临黑山谷景区。

第三节 酉阳桃花源

一、酉阳桃花源概况

朋友们,欢迎大家来到重庆酉阳桃花源景区。人们都说:"世界上有两个桃花源,一个在您心中,一个在重庆酉阳。"桃花源是一幅理想国的画卷,也是千百年来世人憧憬的精神家园。相信在每个人的心中都怀揣着一个世外桃源的梦。今天,就让我们吟诵着陶渊明的《桃花源记》,沿着1600多年前武陵渔人的足迹,一起走进国家5A级旅游景区,走进心中那与世隔绝的桃花源。

酉阳桃花源景区总面积50平方千米,核心区35.4平方千米。酉阳桃花源因陶渊明的《桃花源记》而名扬天下。桃花源景区浓缩了中国武陵山区最美的原生态田园风光,它以奇特的地质奇观为蓝本,以和谐的田园生活为支点,以远离尘嚣、闲逸悠远为归宿,构成了一个独特而深厚的文化场域,吸引着无数的怀抱桃源梦的人,告别世俗喧嚣、步入世外桃源、探寻科学奥秘、回归绿色天堂。

桃花源景区由世外桃源、太古洞、桃花源国家森林公园、酉州古城、桃花源广场、二酉山景区6个部分组成。世外桃源太古藏书、观音坐莲、石鸣钟鼓、桃涧流红、秀才看榜、玉盘仙迹等景点,与桑竹田园、亭台楼阁、栈道廊桥、寺庙祠堂等错落有致,相映成趣。桃花源天坑深度在100～150米,面积1万余平方米。太古洞为单斜构造地层走向发育的纵向洞穴系统,洞穴规模庞大,溶洞内沉积物千姿百态,形成惊、险、奇、幽的独特景观。桃花源国家森林公园被誉为"植物王国、天然氧吧",森林公园内健身步道纵横交错,观景亭、阁、塔、台随处可见,人与自然和谐相处。酉州古城全长1.3千米,土家吊脚楼依山而建,展示了800年州府的恢宏气势,是土家族民俗、建筑、历史、文化的"博物馆"。桃花源广场占地8.6万余平方米,是武陵山区面积最大、功能最全的综合性文化广场,在这里,动可舞摆手欢歌,静可觅木叶情韵。

酉阳土家族、苗族文化代代相传,这里有民间文学类的酉阳古歌,传统音乐类的酉阳民歌,传统舞蹈类的土家族摆手舞,以及传统戏剧类的面具阳戏4项国家级非物质文化遗产项目。有木叶吹奏、酉阳耍锣鼓、酉阳吹打、上刀山、酉州苗绣、酉阳西兰卡普传统制作技艺、酉阳白酒传统酿造技艺、浪坪传统织绸技艺、哭嫁等28项市级非物质文化遗产项目,以及198项县级非物质文化遗产项目。

酉阳土家族摆手舞主要流传于重庆市酉阳县土家族人民当中,是一种以摆手为基本特征的祭祀性舞蹈。

土家族摆手舞以祈求幸福吉祥为主题,是土家人用以酬报先祖的重要形式,是一个庞大的艺术载体。它分为"大摆手"和"小摆手"。"大摆手"主要表现古代战争等宏大场面,其舞粗犷而劲勇,一般在大摆手堂举行。摆手时,中置龙凤大旗,象征土家族远祖八部大王蒙"龙哺乳、凤羽温"长大,为感谢龙凤之恩遂置龙凤旗世代相传。"小摆手"则主要表现日常生产、生活的场面,其舞轻柔而细腻,一般在爵主宫、土王祠举行。摆手时,先由土老司主持祭祀祖先和土王,以粑粑、豆腐、猪头等为供品,烧香膜拜,然后在摆手坝的中央生起篝火,土家后生和姑娘们在土老司的指挥下围绕篝火翩翩起舞,常常通宵达旦。

二、世外桃源主要景点

【桃花源牌坊】

桃花源牌坊立于湘黔公路旁,它是进入桃源仙境的山门,是一座气宇轩昂的门楼式牌坊。牌坊采用仿古建筑,高16.18米,宽26.8米,中空净跨12米。1992年由酉阳县政府和桃花源风景名胜区管理处集资兴建,是目前我国横道跨线最长的第一大牌坊。桃花源牌坊相传为人间和仙境的接界处,在这里可遥闻仙境内的鸡犬之声。牌坊外为人间，跨进牌坊即到了桃花源仙境。

牌坊上方匾额为遒劲有力的魏碑体"桃花源"三个字，两边的楹联是现代文学大师流沙河先生游览桃花源之后所写："时光隧道今通古，桑竹田园主娱宾。无影无踪渔郎路志，有根有据陶令文章。"从楹联中不难看出：流沙河先生对这里是《桃花源记》的原型地，是非常认可的。那他的"根"和"据"都是什么呢？首先文章第一句就写到"晋太元中，武陵人捕鱼为业，缘溪行，忘路之远近"。一是时间指的就是东晋太元年间，酉阳也是建县于汉高祖五年，属荆州武陵郡，这里正是地处武陵山区腹地。二是"捕鱼为业"就和我们这里的交通有很大关系了，当时以水路交通为主，第一条水路就是咸阳儒生避秦难来的乌江水系，第二条水路就是沅江，而赵世炎、王勃山也是通过这条水路到上海到北平的，当时是以农业、渔业为主。三是渔人也有史籍记载。明代萧良有所著启蒙书籍《龙文鞭影》，里面记载了渔人的名字就叫黄道奇。四是从历史角度来说，酉阳南宋绍兴元年到清朝的雍正十三年，有604年的土司文化，在土司统治时期有一个"汉不入境，蛮不出洞"的皇家戒律，当地人被称为蛮人，和外界的联系很少。而文章中描述的景点我们等会儿会一一去到，有无数的专家学者经过多方考证，一致认为桃花源确实是陶公笔下的世外桃源的原型地。

【大酉洞太古藏书】

我们现在考到的就是《桃花源记》中的"林尽水源，便得一山，山有小口，仿佛若有光。便舍船，从口入"的场景。这个溶洞名叫大酉洞，属中国南方典型的喀斯特溶洞，它的基岩属寒武纪时代，距今已有近5亿年的历史。因洞内有石室藏书，加之唐代段成式所著《酉阳杂俎》中有"大酉藏书"的记载，大酉洞因此而得名。溶洞的右上方，岩壁之上刻有"桃花源"三个大字，系现代著名文学大师马识途所书。

进入溶洞后您会发现，与入口处的狭窄不同，洞内还是非常宽敞，视野辽阔。有没有给您一种"豁然开朗"的感觉呢。这个神奇的溶洞，自然也会带给我们很多惊喜。比如，您的右手边：一尊由钟乳石自然形成的观世音菩萨像默默站立，栩栩如生。

在我们的左前方，有一条蜿蜒栈道，直通洞顶，洞顶上方是洞中有洞，别有洞天，里面藏有桃花源里最大的秘密，那就是刚刚给大家介绍的石室藏书，又名太古藏书。酉州历史上最为著名的州官之一、广东肇庆人氏罗升梧，在酉阳担任州官期间，为大酉洞的石室藏书的历史所震撼，亲自手书"太古藏书"四个大字，刻于溶洞的石壁之上，笔力遒劲，气势恢宏。

在这里，我给大家介绍一下太古藏书的由来。公元前221年，秦始皇统一六国之后，为了统一人们的思想和文化，大量烧毁六国史书、坑杀六国儒生，史称"焚书坑儒"。在秦始皇的暴政之下，一群咸阳儒生被迫背负诗书、携妻带子，离咸阳、经汉中、出剑门，循嘉陵江、长江、乌江，沿枳城（重庆涪陵）、龚滩，负笈来此酉阳绝境，将商周经典古籍藏于洞中。《酉阳直隶州总志》中"有秦人，负书籍，辗转来酉，为避秦皇焚坑之祸"的记载，与《桃花源记》中对桃源人身份的描写"自云先世避秦时乱，率妻子邑人来此绝境"天然吻合。

对太古藏书感兴趣的，不只是酉阳州官罗升梧一人。关于太古藏书一事，另一位酉阳知州章恺对此也是惊叹不已，并留下"荆州记载岂荒唐，古洞探奇事渺茫。千卷遗书秦火后，几人负笈酉山阳"这样的诗句。大酉洞不仅有着悠久的历史，还有着深厚的文化底蕴。除了我们已经听到的、看到的，不知道还有多少不为人知的文人墨客曾在这里尽情地挥斥方遒，传承中华文脉。

【良田、美池、桃涧亭、桑竹廊】

现在，大家眼前的景象，便是当年武陵渔夫初入桃源时看到的第一景象，也就是文章中描写的"土地平旷，屋舍俨然，有良田、美池、桑竹之属"的地方。历经千年，尽管物是人非，当年避难来酉阳的秦朝儒生早已不见了踪影，但这桃源内的美景却千年如故，从未改变。这里仍旧是良田里阡陌纵横，瓜果飘香；美池旁桃树掩映，游鱼戏水……正可谓"此景只为书中有，人间哪得几回游"。

美池中有桃涧亭和桑竹廊。桃涧亭取自阳春三月，桃花瓣飘落溪中，随溪而流，宛若"桃涧流红"。桑竹廊取义"桑竹田园"之意，赏尽世间繁华，最美还是桑竹农家。这种清新自然、恬静纯美的生活，才是人们永恒的追求。

【潜村】

从美池过来，就要进入世外桃源里的第一个村子——潜村了。潜村因陶渊明先生又名陶潜而得名。这里是桃源里最为热闹的场所了。每逢客至，可爱淳朴的桃源人在"问所从来"之后，便会"设酒杀鸡作食"热情地款待来宾。当年的武陵渔夫便是在这样的热情中"停数日"才"辞去"的。想必也是因为这里给他留下的印象太过美好，才使得他情不自禁，把说好的"不足为外人道也"的世外桃源告诉了太守大人，想要重访桃源。当然，结局我们都是知道的。渔夫"不复得路"，最终无缘再入桃源。但其实我们要感谢当年的渔夫，正因他，才有了这个美丽又神秘的故事。今天让我们来弥补这个千年的遗憾，一起重温当年渔夫所感受到的热情。咱们先来看下墙上的这个大字，这个字念"醢"，是秦朝的一种小吃，其实就是肉酱。想象一下，当年渔夫偶入桃源，桃源人"杀鸡"做"醢"，来热情地款待他。除此之外，还有其他的一些美食，比如桃源卤煮等。

  感受了桃源人"杀鸡以作食"的热情之后。我们再来体验一下桃源里"设酒以宴客"的豪爽。中国的酒文化可谓是博大精深，源远流长。考古发现：在三四千年前的商代，青铜器中已发现盛有酒。大家知道，酒是由粮食酿造而来。在古代，农作物产量低，少量产出的低度酒仅供祭祀和鼓舞士气用，秦朝律法规定一般平民是喝不到酒的。但是在这个没有苛捐杂税的世外桃源，人民有足够的粮食用于酿酒，您眼前的酒名为"桃花源洞藏酒"，是采用景区内桃花源国家森林公园下太古洞中的深层矿泉水，以景区周边优质的苦荞和玉米为原料，经古法纯手工酿制而来，并于天然溶洞中窖藏数年。此酒口味纯正，先苦后甜，不上头不烧喉，适度饮用还有延年益寿之功效。我国古代文人墨客皆爱饮酒。借酒抒怀的诗作也是不胜枚举。有李白举杯邀明月的雅兴，有苏轼把酒问青天的胸怀，有欧阳修酒逢知己千杯少的豪迈。而今酒也是我们工作应酬、好友聚会的必备品，今天大家有缘相聚在这个告别凡尘俗世纷繁喧扰的世外桃源之中。也许大家心中都有感触，不妨在此品尝一杯，借着这杯桃花酒抒发一下自己的情感，把玩手中岁月，细品杯中乾坤。酒坊的旁边就是桃源人的住所，也是当年武陵渔夫"停数日"时的一个休息场所。我们可以看出：房屋内先秦风味，古意苍茫，给您一种温馨恬淡、自由安逸的舒适感觉。

  【靖节村】

  咱们接着去下一站——靖节村，去感受桃源内不一样的风土人情。"一骑红尘妃子笑，无人知是荔枝来"，如此兴师动众，快马加鞭都是因为古时没有冰箱，食物不易保存。那在这样的条件下桃源人又该如何储存食物呢？我们先来看看这个字——草字头下面一个三点水加一个且，这个字念"菹"。是古人通过风干、腌制、发酵等方法所制成的一种美食。它是当时各家各户餐桌上的必备菜肴，桃源人来到这里，生活富足。就把剩下的红薯、辣椒、玉米也通过这些方法加工之后，形成了摆在咱们面前的这些红薯干、渣海椒等颇受欢迎的美食。

豆腐是中国的传统食品，味美而养生。一般意义上的豆腐多用黄豆、黑豆和花生豆等含蛋白质较高的豆类制作。也有绿豆豆腐、橡豆腐等比较另类的豆腐制品。把黄豆等豆类经过清水浸泡、石磨磨浆、浆液过滤、煮沸点卤、压制成型等工序之后就可以制成美味的豆腐了。豆腐含有多种微量元素，据说豆腐还有治疗水土不服的功效。这儿的豆腐还有很多种吃法，除了我们刚刚看到的霉豆腐，还有臭豆腐、小豆腐、土家菜豆腐等。大家都可以尝试一下。相信您肯定都听过这样一句话："人生三大苦，撑船、打铁、磨豆腐。"但是接下来，您可能会发现：在世外桃源中，不论是豆腐坊的豆腐倌，还是桃花溪上的撑船人，他们虽然都做着辛苦的工作，但在他们的脸上，我们看不到一丝对生活的不满，反而都洋溢着淳朴幸福的笑容，这可能就是世外桃源的魅力。

接下来就一同去看看他们"柴、米、油、盐"的平凡生活。周礼有记载"以九职任万民，一日三农生九谷"，九谷指先秦时候的九种粮食作物：稻、稷、秫、黍、麻、大豆、小豆、大麦、小麦。四周房梁上挂满各种谷物，无一不展示了桃源生活的富足，不难想象出丰收季节这个小作坊的热闹景象。您现在看到这个石碾它的前身是用来舂米的石臼，后经"木匠始祖"鲁班的改造，就变成今天的石碾。

【悠然酒坊、摔碗酒、曲水流觞】

朋友们，刚刚看到的那些谷物，到了这里，摇身一变就成了神奇的"粮食精"。我们可以到前面的悠然酒坊去看一下古人是怎么饮酒的。古人饮酒，主要分为两种：豪爽型的，叫作摔碗酒；文雅型的，叫作曲水流觞。

每逢客至，桃源人必"设酒杀鸡"款待宾客，眼前的屋舍内便存放着桃源人款待贵客的特色美酒，此酒先苦后甜、口味绵长、唇齿留香，同样是

"桃花源洞藏酒"。我们喝桃花源洞藏酒,喝完以后,把碗摔碎,寓意岁岁平安,天长地久。这就是豪迈的摔碗酒。

眼前的饮酒游戏叫作曲水流觞,是中国的传统民俗。人们在农历三月初三,选择一处弯曲的水流,让斟满酒的羽觞在水中漂流,羽觞在谁的面前停下,谁就取杯饮酒或作诗一首,后来逐渐发展为文人墨客诗酒唱筹的雅事。而这也是因为东晋大书法家王羲之与他的好友谢安等人,在兰亭修建竣工之后,围坐兰亭溪边,曲水流觞,饮酒作诗,引为千古佳话。感兴趣的朋友可以体验一下桃源内的"曲水流觞,吟诗作赋"。

【五柳村:过路茶、喊水泉——棕编】

中国人讲究诗酒茶不分家,苏轼就曾经说过"且将新火试新茶,诗酒趁年华"。从酒坊过来,是桃源内的过路茶,它蕴含着老秦人的心酸和苦楚,秦时战乱不断,男丁都被军队抓去服兵役了或者修筑长城,一家生活的重担就落在了柔弱的妻子身上,而她们在农忙之余,会在丈夫返家的必经之路摆上过路茶,既可以补贴家用又可寄托对亲人的思念之情。在酉阳有两种茶比较有名,一是宜居茶,二就是老鹰茶,老鹰茶因为它生长在很高的地方,一般只有老鹰可以飞那么高,而老鹰也经常去啄食,具有清凉解暑的作用,而它与普通茶的不同之处,在于醒神但无兴奋作用,不影响睡眠。坐在这里,看着阡陌纵横、鸡犬相闻的景象,品一品茶,享受这安宁、闲适的田园生活,何尝不是一件乐事?

眼前这个不起眼的石洞,是桃源内神奇山泉水,讨水者必须大声喊,或者拿石头敲击石壁,这清爽甘甜的泉水才会流出来,任大家喝到心满意足。待你自觉喝够了之后,它就断流停止,一切归于寂然。《酉阳州志》中就有"泉在山足巨石下,石下二穴如鼻孔状,乞水者以小石叩石上,大呼讨水,须臾即涌出,随人之多寡,器之大小,各答所求,人既去,水就随涸"的记载。今天大家也可以讨一口水喝,看它给不给我们面子。

这里有一个用木柴做成、造型奇特的"柴门"。"柴"与"财"音近。这柴门即为财门。您不妨在这里讨个好兆头。钻一钻这能让人财源广进的"财富之门"。旁边这木板上,是用小篆字体书写的"挑财"二字。自然,"挑柴"即为"挑财"了。在这里,您不妨做一回桃源樵夫。挑一挑桃源柴,聚一聚桃源财。让您财源滚滚来。但请切勿"挑财"心切,一定要注意安全,小心刮伤。

现在展现在我们眼前的就是被称作"土家之花"的西兰卡普了。在土家语里,"西兰"是铺盖的意思,"卡普"是花的意思,"西兰卡普"即土家族人的花铺盖。人们往往在"花铺盖"前冠以"土"字,以表示出这项民间工艺所包含的土家族的民族特点。土花铺盖受到土家族人民的珍爱,视之为智慧、技艺的结晶。被列入《第一批国家级非物质文化遗产名录》。以其独特的工艺和美妙的构图被列为"中国五大织锦"。在土家族习俗中,土家姑娘11~12岁时就开始学习彩织。土家妹子出嫁时都有自己亲手编织的土花被面,新娘父母以精美的土花铺盖陪嫁为荣,婆家也以此来推测新娘针线活的巧拙贤愚。因而,土家姑娘在婚前的日子里总是起早贪黑,精心制作她心爱的花铺盖。

您看,咱们桃源姑娘的织机外就是阡陌交通、良田纵横。就像诗人孟郊在《织妇辞》中描绘的"夫是田中郎,妾是田中女。当年嫁于君,为君秉机杼"那样。田夫蚕妾,牛郎织女,这种简单也最为理想的生活方式就是最真实的桃园生活。男子在田间辛勤耕耘,女子则操持家中一切,他们善于纺织和刺绣。眼前所看到的这些绣品也是桃源姑娘智慧的结晶——秦绣。秦绣源于老秦地传统的纳纱绣和穿罗绣。按照经纬施针。绣法多样、颜色艳丽、层次感丰富。且在不同的角度、不同的光线下,会产生不同的色泽,展现出真丝绣品的美感。桃花源遍地桃花,桃源内秦绣也多以桃花为主题,而桃花的寓意有很多,在古代"桃符"有辟邪之意;诗经《桃夭》有云"桃之夭夭,灼灼其华",将桃花比作美丽的女子,由此更是衍生出"桃花"代表爱情;又因"红桃"与"宏图"谐音,又有大展宏图之意;"桃李满天下"又将其和老师相喻。绣品简单而情意深厚,桃源绣娘钟情于"桃花"这一题材,可能也是因为在她们看来"桃花溪上舴艋舟,只载春光不载愁"吧。她们在这里,一针一线绣出对桃园生活的热爱,绣出对往来过客的祝愿。大家不妨走近观赏一番,挑一些符合心意的绣品作为纪念。

在《桃花源记》里有这样的描述,"黄发垂髫,并怡然自乐",那古人乐从何来?您看这边有秋千、跷跷板、竹艺等,都是桃源人用来打发闲暇时光的。既然来此大家不妨领略一下传统竹编技艺的风采。竹编工艺有着悠久的历史。由于竹子取材自然、能编易织的特点,桃源人一直以来都是用竹子编织各种农具和日常生活用品，给生活带来了极大的便利。我这还有一个关于咱们篾匠师傅的小故事：师傅年轻的时候，喜欢上了一位勤劳朴实的姑娘，姑娘的父母为了考考他的本领和智慧，就叫他编制三样东西，一是哦呵哦呵哦呵，二是腾云驾雾水上波，三是千丝万缕不煞果，师傅苦思冥想怎么也理不出头绪，大家是否也很好奇？我们一起来猜猜到底是什么！其实这三件东西在农村特别常见。一是响槁，用来赶跑偷吃地里粮食的野猪和麻雀之类的，一边撵一边喊着哦呵哦呵；二是蒸食物用的箅子，把它放在盛有水的锅里，水烧开之后，蒸汽跑上来，就形成了雾气缭绕、烟波浩渺的世界，因而叫水上波；三是刷锅用的竹刷，最终，篾匠师傅凭着他的智慧和手艺做出了这三样东西，娶到了他心仪的姑娘。

【隐逸村：躬耕园、缘溪榭、桃源人家】

眼前这座简朴的农家小院，还原了陶渊明先生辞官归隐后恬淡生活的意境。也就是在平淡自然中，陶渊明先生写出了诸多脍炙人口的诗句："少无适俗韵，性本爱丘山""采菊东篱下，悠然见南山"。随着现代生活节奏的加快，人们多多少少都会厌倦都市的纷繁，即便如你我这等凡夫俗子，也不免生出些许陶潜先生"性本爱丘山"的感慨来。想象一下，一家人生活在这一方小院中，从青丝到华发，喜有人同乐，哀有人同悲。日出而作，日落而息，闲暇之时研究各种美食，这就是我们心中的世外桃源。

咱们眼前这座独具特色的建筑名为"缘溪榭"。就像它的名字一样，这是一座充满了诗情画意的小楼。共分为两层：上层是弹琴地，下层是读书堂。小小的一间学堂，也是来之不易。我们都知道：秦皇残暴，曾经为了巩固自己的统治、统一人们的思想，在丞相李斯的建议下，大规模的坑杀儒生，焚烧史书。可谓是"伤心秦汉，生灵涂炭，读书人一声长叹"。在这样的暴政之下，一群秦朝儒生，被迫背负诗书、携妻带子、跋山涉水、历经艰辛，辗转来到了这个与世隔绝的地方。这里没有压迫，没有纷争。他们在这里繁衍生息，恪守"耕读传家"的祖训，将桃源礼仪和文化一代一代地传承下去。让我们走进这座美丽的小楼，听着清越无比的琴音，去体验秦晋时期的礼仪以及古典文学。

绿水青山人家绕，桃源深处有人家。我们现在看到的这间屋子，位于桃源深处，好像如陶潜先生般遗世而独立。又仿佛是这桃源山水的恋人。依偎着青山，怀抱着绿水。这个美好的地方也是当年武陵渔夫在桃花源里拜访的最后一户人家。其实每次到这个地方，每次坐在这个火铺上，听着淳朴热情的桃源人热热闹闹的"龙门阵"，听着最朴实的口音。我都会感到全身心的放松。都会不由得发出歌词中的感慨"时间都去哪儿了"。

【陶公祠】

我们现在来到了陶公祠。这里可供人们读书、写字、品茶、赏乐，是陶渊明心中的世外桃源。也是世世代代桃源人生活的地方，他们举家迁徙来到此处后，与当地的文化相融合。眼前的建筑为土家族的吊脚楼，属于典型的杆栏式建筑，上方是人们的居住场所，下方是用于堆放杂物的地方。走到一户人家，要看家庭的富贵程度，就看吊脚楼的角，角往上方翘得越高，装饰得越漂亮，就证明这家的地位越高。

堂屋是最尊贵的地方，用于招待客人、供奉祖先、主持家庭会议。堂屋中间供奉的是陶渊明先生，中间有一副楹联，"为人高洁难自弃，隐在山林怀式微"道出了其不为五斗米折腰的高风亮节的气节，隐在山林还在担心天下，体现其"先天下之忧而忧，后天下之乐而乐"的情怀。这样的陶渊明先生又有着怎样的一生呢？他是浔阳柴桑（今庐山市）人，出身于破落仕宦家庭，他外公是历史上赫赫有名的东晋名士孟嘉，曾祖父是东晋大司马陶侃。

受先人的鼓舞，少年陶渊明的心里藏着两个梦想：一个梦想是像曾祖父陶侃那样济世苍生，另一个梦想则像外公孟嘉那样洒脱不羁、率性本真。怀揣着这样的梦想，少年渊明经历了五仕五隐的徘徊，江州祭酒，振军参军，最后陶渊明在叔叔的引荐下做了彭泽县令。

谁知上任不到三个月，陶渊明因为忍受不了督邮刘云的索贿，愤然辞官而去，不为五斗米折腰。陶渊明从此彻底抛弃了原先的济世苍生之梦，归隐田园，因而，也就有了那篇引人深思的《归去来兮辞》。这间屋子里悬挂着的就是陶渊明先生的那篇《归去来兮辞》。我们走近观赏一下归去来兮，田园将芜胡不归！这一年，陶渊明42岁了。后世的李白在这个年龄趾高气扬地踏入皇宫，仰天大笑出门去：我辈岂是蓬蒿人！踌躇满志，豪情万丈。而陶渊明则恰恰相反——我的后半生将要在田园里度过，我成了一棵树，一只叫不出名字的鸟，一尾潜在水塘深处的鱼。

屈原歌哭之际把生命献祭给了汨罗江；李白喋喋不休、得意轻狂，把一颗赤子之心挂到胸腔外面；而陶渊明却自言自语：我只想回归田园，过我自己的日子。

然而真实的田园生活并非全都是诗意的栖居，也同样充满了坎坷和无奈。在陶渊明退居田园的第三年，家中失火，把房子和储备的粮食烧得一干二净，全家人到了赤贫边缘。这时有一位好心的老农劝他出仕，为了生活，没必要把自己弄得苦兮兮的，何况还有一家老小。

看透官场险恶的陶渊明却安然处之，淡然地说了一句："晏如也。"

陶渊明为什么会写《桃花源记》呢？人间—田园—桃花源，这是陶渊明灵魂成长的轨迹，是他对人生、对生命进行终极思考的探索过程。在桃花源里，没有尔虞我诈，没有纷扰斗争，有的只是天高地迥、晨晖夕阴，清风徐来阵阵花香，清新雅致，优雅醉人，给了他及世人一个心灵依托之处。此心安处及吾乡，桃花源其实并不遥远。

桃花源记中没有记载陶渊明先生来过此地，但是文章中所提到的"武陵渔人"却是真实存在的一个人物，在这间屋子有一些书籍。其中这一本是明代萧良友所著的《龙文鞭影》。书本中详细记载了渔人的姓名住址，发现桃花源、小住桃花源、再寻桃花源的经过。很多的专家学者通过时间、地点、人物、交通、历史来论证，一致认定世界上只有两个桃花源，一个在您心中，另一个就在您脚下——重庆酉阳。除了《龙文鞭影》，在陶公祠里还有一些比较有意思的文字，叫作"酉阳天书"。在酉阳民间古抄本和古碑上有一批文字奇异独特而无人能破译，故被称为"酉阳天书"。"天书"现存1000余字，文字以汉字的偏旁部首组合而又与汉字不同。经中国古文字专家鉴定，神秘的"天书"可能与"太古藏书"遗存典籍中未被统一的先秦六国文字有关。它是研究汉字起源、发展、演变和少数民族文化的重要资料。比如，一个口里面加一个八字，大家猜猜是什么意义？这个字被专家们破译为"国"字。大家想象一下，把一个国家八方领土围起来是不是相当于一个"国"字。如果大家感兴趣的话，可以买一份酉阳天书，自己带回家研究研究。

眼前的石像就是陶渊明先生的塑像，他头戴帛巾、身穿袍衣、左手抚须、右手拿书，好似在思考下一首诗怎样创作。陶渊明先生一生有三大最爱——菊花、喝酒、作诗。"采菊东篱下，悠然见南山"，短短几个字就让菊成为陶渊明先生的代名词。

【染坊】

相信大家都听过战国时期荀况的千古名句"青，出于蓝，而胜于蓝"，而这句话就源于咱们眼前的传统工艺——染色技艺。传说早在4500多年前的黄帝时期，人们就能够利用植物的汁液染色。在周朝便设有管理染色的官职"染人"，到了秦代则设有专门的染色司。而"避秦难"来酉的桃源先祖也将这一传统工艺在桃源内传承了下去。您看，咱们桃花源的这些阿姐，每天早早地起床工作。她们把茜草、紫草、蓝草、黄栀子等天然的植物染料捣碎、煮沸、发酵、提纯配制成染剂。由于没有统一的材料比例和时间标准，全凭长期积累的经验而定。所以，这里的每一块土布都是淳朴桃源人经验和智慧的结晶。她们勤劳的双手也将煮染、浸染、皂煮固色等一道道看似简单的工艺变得富有诗意起来。这些原本毫无生气的白布也被赋予了灵魂。它们凝聚着几千年的文化，也在一代代桃源人的传承下具有鲜活的生命和灵气。请您静下心来，细细欣赏咱们眼前的这些艺术品：这些蓝白相间，仿佛青花瓷一样清新典雅；这些五颜六色，宛若唐三彩一般绚丽多姿。

【问所从来】

美池旁边的这户人家就是当年武陵渔夫进入世外桃源后看到的第一户人家。这里的几位老人也是当年负笈来酉的秦朝儒生的后人。咱们到屋里来感受一下他们别样的桃源生活。这间屋子的正中央就是当地的一个特色"火铺"。火铺是当地人烹煮饭食、教育子女、举行重大家庭决策的地方。火塘的中央，放着一个生铁铸成的三脚架，它除了用来放置做饭用的鼎罐之外，还被认为是安居乐业的象征。是不可以随意移动的，只有家里面地位最为尊贵的长辈才有资格移动它。除此之外，在火铺上不可以说不吉利的话，更不可以跨越火塘。否则会被认为是对祖先的不敬。您现在坐着的这个草凳，是用稻谷的秸秆编织缠绕而成的，经济环保又结实耐用。是当地人智慧勤劳的结晶。总体来说，这个地方，相当于客厅、厨房、祠堂的结合体。而旁边的一间屋子，就是卧室了。不难看出，屋子保留了先秦的风格。虽然简单古朴，却也如陶渊明先生所写的一般"户庭无尘杂"。整间屋子整洁而别致。里面还有一个小小的婴儿摇篮。想象一下，若干年后，这家人的生活一定如古诗所写的那般"老妻画纸为棋局,稚子敲针作钓钩",生活宁静自然又充满了诗情画意。

【欢送词】

洞中才一日,世上已千年。桃源不老,洞府永恒。桃源一梦,梦醉千年。不知不觉中,我们沿着陶渊明先生的《桃花源记》所描述的一个个场景,愉快而又圆满地游完了桃花源景区。不知道您是否曾梦回桃源,心是否留在了桃源,只愿这桃源美景不仅养了您的眼,也静了您的心。希望桃花源这块神奇的土地,给您留下了美好的回忆。欢迎您再次光临!

第四节　江津四面山

一、四面山景区概况

欢迎大家来到好山好水、富硒富氧的国家级风景名胜区、国家5A级旅游景区江津四面山观光游览。非常荣幸能陪同大家一起走进四面山、了解四面山。

游客朋友们,我们今天的游览行程是上午前往望乡台景区、土地岩景区和珍珠湖景区,中午稍作休息,下午将前往大洪海和龙潭湖。我们的观光车从游客中心到望乡台景区的车程时间大约15分钟,利用这段时间,我先为大家简单介绍一下四面山的概况。

江津四面山位于重庆、四川和贵州旅游金三角的接合部,属于云贵高原大娄山北翼余脉,距离重庆主城130千米,离江津城区90千米。四面山景区面积为213.37平方千米,主要由望乡台、土地岩、龙潭湖、洪海、珍珠湖5个核心部分组成。四面山景区凭借独特的自然景观、优美的生态环境、丰富的旅游资源,早在1994年就被评为国家级风景名胜区,2014年被命名为重庆市首批旅游度假区,2015年被评为国家5A级旅游景区和国家生态旅游示范区。

俗话说:"有山无水单调,有水无山枯燥,有山有水绝妙。"四面山景区以瀑布为精髓,以森林为肌肤,以丹岩为骨架,以文化为神韵,以爱情为基调,是当之无愧的绝妙之地。四面山景区的旅游资源可以用八个字来概括,那就是奇山、异水、红石、厚文。

首先是奇山。四面山，顾名思义，四面都是山，东面狮子山、南面凤凰山、西面笔架山、北面玄武山。从地质学的角度讲，四面山属于倒置山，倒置山就是山体起伏与地质构造起伏呈相反的现象，也就是向斜成山，背斜成谷。四面山山势南高北低，最高峰蜈蚣岭海拔1709.4米。四面山森林覆盖率高达95.8%，是地球北纬28°仅存的面积最大、保护最完好的亚热带原始常绿阔叶林带，有中华双扇蕨、桫椤、红豆杉、猕猴、中华大鲵、中华秋沙鸭、弹琴蛙等珍稀动植物近2600种，被联合国生态学会专家誉为"天然物种基因库"。四面山也是重庆市内有名的"天然氧吧"。因此，四面山不仅是旅游观光的胜地，更是康体养身、避暑消夏、绿色生态游的绝佳选择地。游客朋友们，我们置身在这天然大氧吧中，建议大家多做做深呼吸。

其次是异水。四面山的水源是由飞龙河、茶坝河、临仙河三大水系组成。以龙潭湖、珍珠湖、大洪海为首的800米以上的湖泊有9个，形成规模宏大的高山湖泊群，水域面积达5平方千米，80%的水域达到一级水质。拥有以"华夏第一高瀑"望乡台瀑布为代表的举世罕见的高山瀑布群，因此四面山又有"千瀑之乡"的美誉。除了湖泊、瀑布，这里的水源被称为异水，还有一个关键的原因，便是富含长寿元素——硒。2012年，江津被评为全国第25个"中国长寿之乡"。众所周知，硒是人体健康长寿必需的一种微量元素，有抗癌、抗氧化、促进生育能力、提高人体免疫力的功效。近年来，江津依托富硒资源，做大做强富硒产业，目前已经形成了大米、花椒、茶叶、蔬菜、水果、畜禽、水产和中药材这8大类富硒产业，推出了瓮红红茶、骄王花椒、硒浦大米、吴滩土鸡等十大富硒农产品品牌。

再次是红石。四面山独特的地理位置和自然条件，形成了107个地质遗迹景点，其中以土地神岩为代表的丹霞地貌，特别具有观赏价值。丹霞地貌是指红色沙砾岩经长期风化剥离和流水侵蚀，加之特殊的地质结构、气候变化以及风力等自然环境的影响，形成孤立的山峰和陡峭的奇岩怪石。丹霞地貌主要分布在中国、美国西部、中欧和澳大利亚等地，以中国分布最广。丹霞地貌最突出的特点是"赤壁丹崖"，数以千计的悬崖奇峰呈现出鲜艳的丹红色和红褐色，相互映衬、各显其神，展示出"色若渥丹，灿若红霞"的奇妙风采。

最后是厚文。四面山的人文旅游资源同样非常丰富。四面山留下了距今5000多年的先巴人文化遗迹——灰千岩摩崖壁画;四面山的千年古观朝源观始建于北宋年间,观内满布诡异字体,艰深难识,千百年来解读不一;四面山的会龙庄,被誉为"西南第一庄"和"深山中的紫禁城",是重庆地区保存最完好的仿宫廷式古庄园。还有西南剿匪最后战场——文家寨,中国西少林——四面山少林寺等人文景观,都具有重要的历史与文化价值。

另外,四面山所在的江津区,还有重庆市级非物质文化遗产项目26项,如钟云舫民间故事、小彩龙舞、金钱板、石蟆百戏伎艺、白沙杂耍、江津酱油、醋酿造技艺、江津烧酒酿造技艺、江津米花糖制作技艺、塘河婚俗、江津白沙"闹元宵"习俗等。区级非物质文化遗产项目84项。

"钟云舫民间故事"作为重庆市级非物质文化遗产,在江津流传甚广。钟云舫是清末四川省江津人。生于1847年,殁于1914年。是清末有名的楹联圣手,被今人荣为"联圣"。钟云舫是一个很有故事的人物。机智、诙谐、幽默和敢于斗争是他的性格,他就是重庆的阿凡提和纪晓岚。

2003年,钟云舫被评为重庆市历史文化名人。成为自秦巴蛮子至中华人民共和国成立以来重庆历史长河中涌现的历史文化名人之一。

讲到这里,相信大家已经对四面山的美景充满了期待,我们的观光车马上将到达今天游览的第一站望乡台景区,请大家随我到望乡台景区观光游览。

二、四面山主要景点

【望乡台景区】

游客朋友们,我们现在已经来到了望乡台景区。望乡台景区是四面山的核心景区之一,有"不看望乡台不到四面山"的说法。整个景区以望乡台瀑布为核心,以爱情为主题。有天下第一心、天下第一眼、心形栈道、爱情林、老妻少夫树、相思桥、一帘幽梦桥等以爱情为主题的景点20余个。

我们眼前这挂雄奇壮观、水声如雷的巨瀑就是望乡台瀑布,它高158米,宽48米,是我国迄今为止发现的单级落差最大的宽幅瀑布,也是四面山众多的瀑布中,最为壮观的一挂瀑布,被誉为"华夏第一高瀑""中国最美十大瀑布"。

大家请看,高悬的瀑布像一面水晶帘子,又像一团团下坠的浓烟,当它从山崖坠入潭中的时候,激起碎玉一般的水花,瀑声如雷、震山撼谷、摄人心魄。说到瀑布,大家一定会联想到彩虹,望乡台瀑布的彩虹更是四面山众多瀑布中最漂亮的。都说瀑布气势如虹,虹到底是个什么气势?相信大家看到望乡台的彩虹之后就会体验到的。各位如果想要看到"虹伴飞瀑"的美景,导游建议最佳观赏时间是在晴天上午的9~11点,而最佳地点,大家可以选择在"华夏第一高瀑"碑刻处观赏,也可以选择在瀑布底端的观景台观赏。

请大家换个角度远眺望乡台瀑布。大家看出瀑布与整个山脉构成了一幅什么图案吗?是的,是一个大大的"心",这便是望乡台瀑布的一大奇观——"天下第一心"。望乡台瀑布周围环绕的丹霞画壁,与四周树林间的整体轮廓酷似心形,飞流直下的望乡台瀑布正好从这颗"心"的正中穿过,就像丘比特之箭,从而形成了全球最大的瀑布类心形丹霞景观,大自然的鬼斧神工让人不得不赞叹。在望乡台瀑布的对面,有一个天然的洞穴,像一只眼睛,取名"天下第一眼"。天下第一心与天下第一眼深情凝望,对视千年。我们便赋予了它不一样的含义:你在我眼中,我在你心里,大家是不是觉得特别浪漫呢。

正是由于"天下第一心"美好的爱情寓意,我们把望乡台瀑布前的这片树林叫作"爱情林"。很多来自全国各地的情侣们来到这里,将幸福寄语挂上树梢,让这些梦想在"天下第一心"的见证下茁壮成长。除了爱情林,望乡台景区还有多处景点都跟我们的爱情文化相关,如老妻少夫树、相思桥、一帘幽梦桥等景点,情侣朋友们,不妨去看看,去许下你们美好的祝愿。

瀑布后方有一条长长的栈道,栈道全长417米,宽1.5~2.2米。请大家随我沿着这栈道登上瀑布顶,近距离感受它的宏大气势。大家注意看,瀑布下面有三个雕刻在石头上的字,分别是"丹""玉""翠"。这三个字概括了望乡台瀑布的地貌和环境,也体现了望乡台瀑布有"叠丹""叠玉""叠翠"三叠之美。"叠丹"是指赤壁丹岩的丹霞地貌环绕在瀑布四周;"叠玉"是指瀑水跳珠,如银色碎玉,层层跌落;"叠翠"是指瀑布周边绿荫满山,在阳光的照射下层林尽染。三叠交相辉映,构成了一幅色彩绚丽的山水画卷。朋友们，现在我们已经到了瀑布内。从瀑布内观看瀑布，水如白纱，从眼前飘下，"望乡披纱"由此得名。穿过引水隧道，我们来到了瀑布顶端，站在万丈悬崖边，各位有没有"登山始觉天地广，到海方知浪渺茫"的感觉呢。

游客朋友们，望乡台瀑布还开创了中国夜观瀑布的先河，是我国首个可供游客夜间观赏的大型瀑布景观。它通过采用国际先进的智能控制声光电技术，将绚丽多姿的色彩映照到望乡台瀑布这块天然屏幕上，使瀑布不断地变换形状、颜色和长度，立体地呈现出一个七彩缤纷的奇幻瀑布。在夜幕的静谧和光影交错间，七彩变幻、瀑声萦绕，伴以唯美的音乐，呈现出另一番大自然的奇幻风情。感兴趣的游客不妨晚上再过来看看，相信会带给您不一样的视觉体验。

【土地岩景区】

游客朋友们，我们现在来到的土地岩景区，主要由天然壁画、瀑布、圣水、峡谷等构成。大家请看，映入我们眼帘的是刀斩斧劈般的巨大岩壁，这就是四面山丹霞地貌最具代表性的土地岩天然壁画，被称为"亚洲第一岩"。这个天然壁画是大自然留下的抽象派艺术杰作，宽163米、高56米，面积近5万平方米，是发育完整、典型的幼年期丹霞地貌代表之作。远远看去，就像半壁丹岩倒映在湖中所成的景象，其实它就是一块完整的岩壁经自然风化腐蚀所成。各位能在岩壁上看到哪些图案呢？有的说看到了癞蛤蟆，有的说看到了阿凡提，还有的说看到了美女……这就需要大家擦亮自己的眼睛，发挥你们的想象力，去驻足解读、细心品味了。

大家请听，是否听到了潺潺水声？是的，水声是从这条涓涓小溪中发出的，而小溪中有段宽而平坦的石滩被称为"洗马滩"，以前这里因地平水浅而被搬运木材的工人用来洗马、休息，因此得名。请大家沿着溪水往前走，会看见在悬崖边上有很多大而深的洞，这些洞是以前为修建索道运输木材而留下的。大家看溪水一路流淌到悬崖边，一泻而下，坠入谷底，形成一挂优美的瀑布，这就是土地岩瀑布。土地岩瀑布高89米、宽25米，悬垂于绿树红岩之中，三面赤壁环绕，与巨幅丹霞壁画两相呼应。瀑布翻卷升腾，化为无数透明碎珠，形成节节梯形水帘，斜飘深谷，景象万千。土地岩瀑布也有彩虹，这里的彩虹虽然不如望乡台瀑布彩虹宏伟壮观，却更多了一份柔美和精致。每逢阳光明媚的下午时分，它总会如期而至与大家相见。

大家请看，在巨石岩壁下有一股清澈细小的溪流，正淌入岩壁下方一个天然的石碗里。这股清泉被称为土地岩的"圣水"。四面山景区水中富含钾、锂、锌、草酸、偏硅酸等有机质和微量元素，对人体健康大有裨益，而且这水冬暖夏凉、入口微甜，大家可躬身品尝一下。

【珍珠湖景区】

游客朋友们，我们现在游览的珍珠湖是四面山八大水库之一，海拔1250米，是四面山海拔最高的一个高山湖泊，同时也是四面山最原生态的湖泊。过去长期藏在深闺无人识，只有少数探秘者知道，2010年才向广大游人开放。

接下来，我们一起从山底步行到山顶，大约需要40分钟。大家看，我们脚下都是清一色的赤色石梯，弯弯绕绕，沿着悬崖峭壁一直延伸到山顶。走累的朋友可以在旁边的茅草回廊稍作休息。

大家是否听到潺潺的流水声了？是的，不远处那挂瀑布便是杉坪子瀑布。杉坪子瀑布是因为这里山峦拔地而起，山顶成坪，坪上杉木成林，所以叫作杉坪子。瀑布便从这山垭飘然而下，既像团团翡翠，又像粒粒珍珠，洒落在红石河谷中。大家看瀑布落差不过几十米，但水质却清澈冰凉，四周植物常年青翠，瀑布景观别具一番风味，近年来这里已然成为情侣们拍婚纱照外景的选择热门之地。

请大家随我过小溪溯流而上，不远处的珍珠滩是珍珠湖景区众多景点中最有特色的一个景观。其原为景区内伐木工人运送木材的通道，由于常年流水，山路较滑，工人们在通道上凿了许多小槽方便木材的运送。偶然发现，当溪水流过此段时，由于众多小槽的阻拦，在阳光照射下，溪水跳动似亿万银珠洒落，颇为壮观，珍珠滩因此而得名。当溪水沿滩头层层叠叠跌落，就像一串灵动的音符在青山、绿树、红石中跳跃，形成了三次跳跃、三次跌落的珍珠滩瀑布。所以珍珠滩瀑布也是四面山众多瀑布中风格迥异的三级瀑布，层层叠叠、珠水跳动，真是妙不可言。

朋友们，现在我们终于登上了山顶，来到了珍珠湖旁。大家看，珍珠湖就像一块碧绿的翡翠镶嵌在群山之间。由于珍珠湖海拔相对较高，水质优良，湖里所产的生态鱼口感细嫩，广受游客朋友们的喜爱。大家有机会也不妨尝一尝，我们也将在此稍做停留休息，下午我们将继续前往大洪海和龙潭湖观光游览。

【大洪海景区】

游客朋友们,经过中午的短暂休息,我们现在将前往大洪海景区。大洪海景区位于四面山林区深处,以幽静之美著称。大洪海并不是天然湖泊,而是在1970年洪海村人响应毛主席兴修水利的号召,花了三年多时间,筑坝蓄水,拦截头道河形成的水库。大洪海全长6850米,宽60~200米,最深处12米,蓄水310余万立方米。

好了,现在我们已经来到了大洪海下码头,我将带领大家一起乘船领略风光秀丽的大洪海,游程大约需要1小时。我们的游船正行驶在大洪海中,大家请看,湖面碧波粼粼,像一面晶莹的宝镜,镶嵌在翡翠的世界中。山上郁郁葱葱的植被倒影在湖中,形成别具一格的"水下森林"。两岸生长着国家一级珍稀濒危保护植物红豆杉,它被誉为"植物大熊猫"。野生红豆杉生长条件近乎苛刻,生长地域窄小,对气候条件要求严格。我们能在大洪海看到红豆杉,充分说明这里的自然条件非常理想。从红豆杉的树皮和树叶中提炼出来的紫杉醇对多种癌症疗效突出,被称为"治疗癌症的最后一道防线"。高纯度紫杉醇价格昂贵,每公斤高达200万元人民币左右。

大家快看,不远处有几对鸳鸯正栖息在湖边。说到鸳鸯,大家都知道,它是永恒爱情的象征,是一夫一妻、相亲相爱、白头偕老的表率。唐代著名诗人卢照邻曾写诗赞颂:"得成比目何辞死,愿作鸳鸯不羡仙。"但四面山的鸳鸯却非常独特,每日都要经过嘀咕、争吵、分行、独处、再婚"五部曲",有人把四面山的鸳鸯戏称为"风流鸳鸯"。这里的鸳鸯夫妻每天早上8:30左右便开始互相嘀咕、粗门大嗓地争吵,最后劳燕分飞、各奔东西,重回"单身汉"生活,下午5时许,形单影只的鸳鸯们终于耐不住寂寞,开始寻觅新的伴侣,爱情争夺战硝烟四起,有的一见钟情、有的好事多磨。但那些雄健、俊俏的鸳鸯便成双成对、喜结连理,喜滋滋地相拥归巢。然而也有经过数小时仍未找到"心上人"的"剩男剩女"们,便显出了急躁之情,四处乱窜的它们只好降低择偶标准,不管肥瘦、俊丑地"拉郎配"。

说完这"风流鸳鸯",请大家再看前方的那座半岛。岛上峰回路转,很有柳暗花明的感觉,那便是桃花岛。如果沿着岛边的小路走进去,还有一座古墓,上面刻有向氏佳城。据考证,这是向家的祖坟,大约建于清同治年间(1862~1884年),这也是一座在南方很少见的夫妻合葬墓,具有一定的科考价值。

　　游客朋友们，我们的游船已经到达大洪海上码头，请大家随我下船，再步行10分钟左右，去看看两块界碑。大家请看，东面这块是川黔界碑，建立于1988年，因为原江津县属于四川管辖。在川黔界碑旁还立了一块石碑，石碑北面为四川，上书"毛主席万岁""没有人民的军队便没有人民的一切"，南为贵州，上刻"下定决心、不怕牺牲、排除万难，去争取胜利""人民、只有人民，才是创造世界历史的动力"。西面这块是渝黔界碑，1997年重庆直辖，原江津市划为重庆管辖后才立的。跨过这两块界碑，就是贵州省习水县大坡乡的飞鸽村。各位朋友可以在这两块界碑处拍照纪念，感受一下脚跨两省（市），然后我们将乘船返回大洪海上码头，驱车前往今天最后一个景区——龙潭湖观光游览。

【龙潭湖景区】

　　游客朋友们，我们最后参观的龙潭湖景区，是因泥石流而形成的堰塞湖，是一个长约3000米、宽约100米、深约20米、面积约21万平方米的湖泊。请大家随我一起乘船游览。

　　大家请朝我手指的方向看，龙潭湖畔的这四座山峰直插云霄，时常被轻烟白雾环缭漫绕，仿佛四扇画屏，恰似独具中国特色的梅兰竹菊四君子图，画屏山因此而得名。

　　我们的游船已经行驶到龙潭湖的中段，大家请向西岸半山腰望去，那里有一块巨石，高约10米，宽约8米，如同一个天然猴头俯视着龙潭湖，尖嘴猴腮，活灵活现，就像孙大圣再世，我们称为"猴王探海"。传说由于孙悟空护送师父取经成功后，十分喜爱这里的青山绿水，于是将身躯嵌入青山，仅留下猴头在外，长年观赏这里的湖光山色而乐此不疲。大家再顺着我手指的方向看龙潭湖北段西壁，两岩叠立百丈，中间被一峰阻隔，宛如一对恋人，咫尺天涯，对目相思，人们称为"相思岩"。

　　大家再远远遥望，陡峭的岩壁上刻有"卧龙沟"三个大字，这是近代江津籍书法家周浩然先生所题写，由著名石刻工艺大师周武先生所雕刻。为什么叫卧龙沟呢？这主要是由于周武先生根据龙潭湖关于龙的传说，在卧龙沟里面因地制宜地雕刻了四条石龙：第一条"云龙"，体长27米，胸围3.6米，给人一种在雷鸣电闪之时仿佛即将腾飞天际之势，生动逼真，动感十足；第二条"滚水龙",形态缠绵,婀娜多姿,在龙壁上翻江倒海,刻工十分精湛;第三条"盘龙",是由矗立沟内的一墩四面悬空的巨石运用圆雕手法刻成,龙身盘成的顶部可容十余人,此龙环绕回舞,蟠身昂首,气宇非凡;第四条"喷水龙",雕琢在沟内一小岩脊上,龙身体内镂空,溪水经龙口喷出形成龙吐水景观。下面就请大家随我下船进入卧龙沟一睹究竟。

卧龙沟是一条原始古朴、神奇迷离的峡谷,这里地貌奇特,危岩奇石,林木幽深,保持着自然原始的生态环境。大家快看,树丛中有三五成群的猴子跳跃其间,有的悬挂在树梢上,有的攀于崖壁,为卧龙沟增添了一份灵动生机和悠闲野趣,是这里独具一格的"活景观"。

生活在这里的猴子,是四面山的野生猕猴,大约有300只,是一支比较庞大的猕猴群落。我们重庆话把猴子称为"猴三儿",这里的"猴三儿"特别有灵性。首先他们懂得遮羞,因为野生猕猴的尾巴并不太长,"猴三儿"的整个屁股基本露在外面,它们大部分时间保持蹲坐的姿势,目的就是遮住自己的关键部位。其次,这里的"猴三儿"特别爱美。这些野生猕猴,特别是猴姐猴妹们,经常喜欢蹲坐在河边对着水面照镜子,臭美着呢。那咱们猴哥呢?它们基本都是忙着搜寻自己心仪的目标哦。"猴三儿"除了知羞爱美之外,还特别喜欢与人亲近。沟内大大小小的猕猴真的是见人不怕,与人同乐。只要你们做出投食的动作,它们会动作敏捷地争相抢夺,有的"猴三儿"看见你手上拿有零食水果,还会对你苦苦纠缠,索要食物。

各位游客朋友,为期一天的四面山之旅就要结束了,非常感谢大家对我工作的支持配合,愿四面山幽静的湖光山色能洗涤您的舟车劳顿,也愿四面山秀美的景色风光能带给您美好的回忆,期待与大家再次相聚在江津四面山。

第五节 云阳龙缸

一、龙缸景区概况

大家好!欢迎大家来到风景秀美、气候宜人的云阳龙缸景区观光游览,非常高兴能陪同大家一起来领略龙缸的风采。龙缸被誉为"长江三峡最后的香格里拉"，是重庆旅游冉冉升起的一颗璀璨明珠。

龙缸景区位于云阳县东南部的清水土家族乡境内，属于典型的喀斯特地貌，因龙缸天坑、云端廊桥而闻名遐迩。它先后荣获"国家地质公园""中国原生态旅游景区""国家旅游服务最佳景区"等殊荣，2017年2月晋升为国家5A级旅游景区。景区主要景点有龙缸天坑、云端廊桥、绝壁栈道、岐山草原、清水湖、石笋河、大安洞、七夕楼等。

云阳人文底蕴丰富，这里有重庆市级非物质文化遗产项目14项，包括新津船工号子、薅草锣鼓、打夯号子、抬工号子、五句子歌、竹台孝歌、高阳板凳龙、亚亚戏、瑞兰斋桃片糕制作技艺、云阳泥溪土法造纸技艺、陶器传统制作技艺、鱼泉酶豆渣传统制作技艺、巴渝皮鼓传统制作技艺（云阳皮鼓制作传统手工技艺）、重庆藤编（外郎藤编传统手工技艺）。还有县级非物质文化遗产项目84项。

游客到云阳一定会吃桃片糕，云阳的"瑞兰斋桃片糕传统制作技艺"既是重庆市级非物质文化遗产项目，也是中华老字号。"瑞兰斋桃片糕传统制作技艺"系流传于云阳境内的生产桃片糕的手工技艺。始于唐代，至清初宋瑞兰在前人生产桃片糕基础上予以发展并开设"瑞兰斋"后，技艺有了新的创造。至民国年间，云阳县城发展到18家斋铺。中华人民共和国成立后，尤其是改革开放以来，云阳桃片糕多次荣获省、市奖项。

桃片糕品种丰富，主要有香甜、椒盐、玉米、黑米、果味五种。其制作工艺精细，原料配制要求严格，制作工序有选米、淘米、炒米、粉碎、润粉、拌糖、做糕、静置、切片、包装等十余项，具有柔软香甜、营养丰富、利于消化的特点，同时兼具补肾、润肺、利尿之功能，以及展得开、卷得拢、点得燃、白如玉、可闻明显香味、甜度适中、入口易溶、易化渣、不粘牙等特色，是誉满川渝的特色产品。

好了，各位游客朋友，就让我们走进龙缸去领略它的魅力吧。

二、龙缸主要景点

【云端廊桥】

云端廊桥属于高空体验项目，建议有心脏病、高血压、恐高症的朋友量力而行。

廊桥崖壁上有"天下第一廊桥"这六个大字，是著名书法家、原中国书法家协会主席张海题写，其书法四体皆能，以隶书、行草为最著。其极具个性的草隶，为书界所公认。

廊桥以天空之花的造型凸显在悬崖绝壁之上，如一朵花瓣在山顶云端轻舞飘扬，设计充分体现了冒险的探索精神。

廊桥有四大特色。一是悬挑长度世界第一：云端廊桥周长60米，主体钢箱梁结构单臂悬挑长26.68米，比举世闻名的美国科罗拉多大峡谷玻璃廊桥悬挑还长5.34米，是名副其实的天下第一廊桥，世界最长的悬挑玻璃廊桥。这项绝世工程是人类利用自然、发挥创造力的又一奇迹，是由中国500强企业——中机中联工程有限公司设计、施工总承包建设的。它地处海拔1106米、离清水湖水面710余米高的景区"爱情漫道"绝壁之巅，占地6386.88平方米，于2015年4月26日正式对外开放。二是观景效果世界一流：廊桥巧妙地将建筑与自然融为一体，造型似一朵花蕾在云中绽放，悬挑的廊桥似凤头，与龙缸遥相呼应，契合了中国传统文化"龙凤呈祥"的和谐寓意，是建设工程技术与艺术、文化完美结合的典范，是龙缸景区的地标性景点。可以720°无死角地欣赏美景，若是夜晚站在这里，前方山峰绵延不绝，岩石斑驳多姿，有如一幅天然水墨画。脚下清水湖薄雾婆娑的湖光山色和石笋河峡谷几万年来地质变化的浩瀚更是一览无余、尽收眼底。到廊桥一游，"直穷绝顶高，始觉天地阔"，很多朋友都会眼前一亮、大彻大悟，人生境界也从此豁然开朗，有了"进退得失不过过眼云烟，珍惜当下良辰美景才是潇洒人生"的新体会。三是惊险刺激世界一流：廊桥矗立于千米绝壁之巅，桥面、护栏采用三层夹胶全通透超白玻璃，透视效果超乎想象。当您踏上桥面，身旁空无一物，脚底万丈悬崖，顿感身如悬浮、凌空微步、步步惊心。四是安全系数世界一流：廊桥的安全性也是无可挑剔、绝对有保障的。基础采用在实际强度超过100兆帕斯卡的超坚硬石灰岩中植入8根带扩大头的直径达1.5米、深度15米的钢筋混凝土桩体，并在悬崖绝壁上施加了8根20米长的巨型锚杆。特殊定制的廊桥栏板高1.5米，采用55块弧面26.28毫米厚夹胶钢化超白玻璃。桥面宽3.4米，专门定制的踏面板透明无遮挡部分净宽1.8米，采用52块三层共48.04毫米厚夹胶钢化超白玻璃，玻璃每平方米设计承重500千克，护栏高1.5米，采用55块弧面26.28毫米厚夹胶钢化玻璃。再加上 SGP 高强度胶安全系数非常高，即使玻璃损坏，依靠胶的张力人踩在上面也不会垮塌。为提高游客在廊桥上活动的舒适度，在其端部的钢箱梁内还装置了 8 组、单组重量达 7.5 千牛的阻尼减震器。廊桥主体结构可以承受 8 级地震、14 级台风。

【大安洞】

大安洞全长 2000 余米，其显著特点是洞中套洞、景中生景，洞穴之多、景观之幽，世所罕见。九洞相连，美景相接，犹如艺术长廊。第一洞形如"门厅"，面积达 4800 多平方米，高 50 米，顶为穹隆状。上面密布垂挂的钟乳石，有的如"蟒蛇入洞"，有的如"倒吊金猴"，活像卫士守门。沿着上层平台约 120 米长的步道，便进入第二洞"龙钟洞"，洞中除有"迎客柱""百猴闹寿星""双龟驭海螺""降魔神杵""大莲台""盔甲石"等奇妙景观外，最奇特的当数"龙王钟"了，它高 20 多米，直径 7 米，用石击之，洪亮悠扬的钟声可传洞外，堪称天下第一钟。第三洞为"龙泽洞"，全洞除右岸可通行外，其余全被一条宽约 25 米的地下河淹没，水深没顶。在灯光的照耀下，河水波光潋滟，荡红漾绿，石莲、石笋如水中芙蓉，比比皆是，栩栩如生。一根高 25 米、直径不到 30 厘米的钟乳石犹如海底龙王的"定海神针"，静静地插在水中，正等待孙悟空来取呢。

目前已经开发了前三洞，2016 年 5 月正式对外开放，专家考察后预测，该洞比四川兴文溶洞群中最大的天泉洞大一倍，比桂林芦笛岩、浙江瑶琳洞大 10 倍，被誉为"天下第一洞"。

【绝壁栈道】

龙缸的独特在于天坑，而精华在牵手栈道，栈道挂在绝壁上，悬在半空中，下面是万丈深渊，环绕着山顶云崖，行走之间有心发怵、腿发颤的感觉，空灵之感也会油然而生。牵手栈道长达 660 米，恋人、情人中难免有望而却步者，需另一位牵手去欣赏绝佳美景。

栈道分为"牵手栈道"和"月影栈道"两个部分。在景区映月洞至夯口石的游步道中数百米的悬崖上建设长约 3320 米的空中绝壁栈道，其中 200 米为玻璃栈道。为缓解栈道游客拥堵，龙缸景区对原来栈道进行拓宽和加固，栈道增宽到了 2.2 米，并且对玻璃也进行升级，采用云端廊桥的特制玻璃——三层夹胶超透白玻璃。龙缸的玻璃栈道改造升级之后，无论是宽度还是惊险度都超过湖南张家界的玻璃栈道。

【映月洞】

映月洞位于龙缸北东100多米处的悬崖峭壁之中,为龙缸的第一层溶洞。有南北两个洞口,南洞口高2.9米,洞长43米,直径3.4米;是龙缸的第一级暗河通道,北端为暗河的出口。

映月洞有"一绝",每年的农历八月十五月圆之夜,月亮从映月洞东边的七曜山升起,月光刚好从洞中穿过,成为一道奇景,被称为"穿洞映月",这也是映月洞的来由。映月洞还有"一趣",叫作"映月圣灯"。只要站在洞口的侧面,把手平伸出来对着洞口的底部,以合适的角度和距离就可以拍出一张"映月圣灯"的照片。

陶渊明曾在《桃花源记》中记载,"林尽水源,便得一山,山有小口,仿佛若有光……复行数十步,豁然开朗"。映月洞刚好暗合了世外桃源入口的样子。穿过映月洞,洞的那一头也有一个"阡陌交通,鸡犬相闻,不知有汉,无论魏晋"的世界。在洞中的两旁有一些凹槽,这里曾经是一片浅海,这些凹凸不平的槽就是海水不断冲刷而成,这也是地球留下的最古老的印记之一。洞中水槽有水滴沿钟乳石滴下,不分冬夏,滴水不绝。映月洞的北洞口高3.9米,右边崖壁上有"映月洞"三个大字。

【龙缸】

龙缸其实是一个天坑,缸口呈椭圆形,长轴距离304~326米,短轴距离178~183米,深度达335米,是世界最大的岩溶竖井,其深度位居我国第三、世界第五。龙缸缸壁,直上直下,就像刀削下来一样,两壁之间的角成90°,被誉为"天下第一缸"。

龙缸对面的山上有个山洞,叫作月崖洞,该溶洞几乎与映月洞平行,是一个直径5米左右的溶洞,是数亿年前地下暗河冲刷而成的第二层溶洞。龙缸景观组合有序,地表的石芽、峰丛、漏斗与地下的三层溶洞自成系统。尤其是它的三层溶洞,第一层是"映月洞",第二层是月崖洞,第三层是位于缸底的地下暗河,直接通向山底的石笋河。

龙缸缸壁上部草木丛生,松柏横卧;中部光滑异常,寸草不生;底部丛林遍布,终年碧绿。龙缸内壁如削,缸壁由峭壁拱成,缸沿有羊肠小道可通,最宽处2米有余,最窄处不足40厘米。缸口最低处鹰嘴崖海拔高度

1113米，人站在缸沿上，一边是千仞缸壁，一边是万丈悬崖，脚下山岚弥漫，头顶白云轻踱，真是神飞魂动，扣人心弦。

当地有这样一个民谣相当形象地概括了龙缸的特点："龙缸宽，孙悟空都不敢翻；龙缸险，掉个金砖不敢捡；龙缸深，缸底大树像根针。"

【老寨子】

老寨子又名"谭家寨子"。当时谭氏家族富甲一方，为了躲避土匪的抢劫，就在这四面绝壁的险峰上修建了这座寨子进行避难。从整个山形来看，这座山三面都是绝壁，山底是万丈深渊，而唯有一条独路可以进出，可以说是一夫当关，万夫莫开。

在寨子中间现在还存有一个太极八卦图阵的水池，是当地人祈福、求子的胜地。

【石笋河】

石笋河全长12.5千米，宽20~200米。北起双河口，南到大安洞，位于长河滩上游，两岸青山分布有很多石柱，下面最长的石柱高约200米，与周围岩石脱离，状若竹笋，这就是石笋河的由来。在大地的构造上，龙缸地处渝东褶皱带及湘鄂川黔隆起褶皱带之间的过渡地带，受断裂构造的影响，而构成景区成景基础的中三代三叠系石灰岩厚达1115米，这些巨厚的可溶性岩层在地应力作用下，发育了大量节理、裂隙，从而为流水溶蚀提供了通道，同时也为成景提供了空间，到了距今6700万年的新生代，地壳抬升、河流下切，在流水冲刷、气候变换，以及物理、化学和生物等外动力的综合作用下，便形成了区内最为惊心动魄的岩溶地貌和最为神秘的峡谷景观。

【龙洞】

龙洞是龙缸景区最早开放的一个溶洞。溶洞的形成是石灰岩地区地下水长期溶蚀的结果，石灰岩里不溶性的碳酸钙受水和二氧化碳的作用能转化为微溶性的碳酸氢钙。由于石灰岩层各部分含石灰质的量多少不同，被侵蚀的程度不同，就逐渐被溶解分割成互不相依、千姿百态、陡峭秀丽的山峰和奇异景观的溶洞。

洞中主要为岩溶景观，目前对外开放的有两个洞庭分为前庭和后庭，庭内遍布石笋、石柱、石幔、石帐、钟乳石，以及钙华等，造型生动、变化万千、惟妙惟肖、组合巧妙，恰似龙宫瑶池，人间仙境；龙洞后庭洞壁呈波浪状，壁上乳石高挂，形态各异，似而不似，妙不可言，地面层层梯田，如农家村社，给人以沧海桑田之感。前庭，呈葫芦状，长约200米、高约50米、宽30米，总面积约5000平方米。而龙洞的精华，在于形态各异的钟乳石，钟乳石的形成往往需要上万年或几十万年时间。由于形成时间漫长，钟乳石对远古地质考察有着重要的研究价值。后庭，呈菱形，极像云阳县行政地图，洞长100米、高70多米，面积约3000平方米，似一片清澈见底的水墨梯田。

【七夕楼】

七夕楼地处龙缸景区的最高峰，海拔1186米，楼高七层共33.44米，寓意着爱情的生生世世，永不分离。七夕楼建筑面积仅1000平方米，但因地势狭窄、陡峭，建设难度较大。七夕楼位置高，视觉效果好，是龙缸景区观景最全的一处不可多得的地方，可360°观景，感受"会当凌绝顶，一览众山小"，什么是"念天地之悠悠，独怆然而泣下"，什么是"山重水复疑无路，柳暗花明又一村"。这里也是供奉盐水女神、集成爱情文化的特殊景点，不可错过。

各位游客，今天的游览到此结束。希望龙缸之行给大家留下美好的回忆。

第六节　彭水阿依河

一、阿依河景区概况

各位朋友，大家好！欢迎大家前来阿依河景区观光游览，我是讲解员××，很荣幸能为大家服务，今天我将带领大家走进神奇、美丽的阿依河，欣赏原生态美景、感受惊险刺激的漂流、体验浓郁醉人的民族风情，希望阿依河的梦幻之旅能让您难以忘怀。

随着汽车的行进，我们已经来到了阿依河景区。地球早期的地壳运动，板块内部强烈碰撞和水平挤压，使这一带沉积岩发生弯曲而形成了褶皱地质。褶皱构造中，"向斜成山，背斜成谷"，共同形成了阿依河青山秀水的美丽峡谷风光。

阿依河在古代称作长溪河。具彭水县志记载：长溪溪流盘旋，每遇水溢，邑人常泛舟游泳，八景之一。可见古人就发现了这一奇妙的美景。元代著名诗人，也是到彭水为官的、做过绍庆府总管的王师能，他的《长溪九曲》一诗，把他对这里山美如画的欣赏和赞美写得淋漓尽致。诗是这样写的：

  锦水纤萦绕翠峰，一湾一折碧溶溶。
  野凫贴浪飞之字，兰桨挑波转画艎。
  倒映层峦云影乱，凉生夹岸树荫浓。
  凭高远眺添幽兴，忘却山头报晚钟。

为什么这里现在叫"阿依河"呢？这是因为苗族人把美丽、勤劳、善良、能给人带来幸福生活的姑娘称为"娇阿依"，苗语"娇阿依"后来发展为曲牌名，阿依河的名字也是根据苗歌《娇阿依》而得来。

阿依河作为"乌江画廊"旅游黄金线路上的一颗明珠，位居"新巴渝十二景"之首，并荣获"全国民族文化旅游新兴十大品牌"，被评为游客最喜爱的重庆"十大景区"和"十大黄金自驾游线路"，并享有"清凉圣地"的美名。2019年12月31日，阿依河景区被文化和旅游部评定为国家5A级旅游景区。阿依河景区河段约16千米，是典型的峡谷地貌，大家可以看到景区内环境清幽，景色绝美，道路凿山而建，蜿蜒曲折。阿依河是一处很有民族特色的原生态景区，景区内山上可观自然风光，山下不仅可以欣赏民俗风情，也可以在幽深的峡谷中游览；在神秘的母子溪大峡谷里探险，还可以体验刺激难忘的漂流。

阿依河地处彭水县，这里有国家级非物质文化遗产项目2项，一是传统舞蹈类的高台狮舞，二是传统音乐类的苗族民歌。市级非物质文化遗产项目35项，如诸佛盘歌、梅子山歌、庙池甩手揖、玩牛、木腊庄傩戏、彭水苗绣、苗族银饰锻制技艺、涪翁烧白传统制作技艺、郁山鸡豆花制作技艺、苗族踩花山节等。还有县级非物质文化遗产项目245项。

彭水苗族民歌又称鞍子苗歌，流传于重庆市彭水苗族土家族自治县鞍子乡及其周边地区，是彭水苗族民歌的典型代表。鞍子苗歌植根于苗乡，涵合了黔中、巴、楚多民族文化，特色鲜明。

鞍子苗歌的内容十分丰富。按类别分，有劳动歌、时政歌、仪式歌、情歌、生活歌、历史歌、儿歌、杂歌等；按表现形式分，有独唱、合唱、对唱、一领众唱、多领众唱、齐唱等；按歌词结构分，有五言句、七言句、十字句和长短句；按唱腔分，主要有高腔、平腔、混腔三大类；按曲式分，有号子、小调、连句、盘歌等。

鞍子苗歌一般为无伴奏清唱，其中薅草打闹歌由盆鼓、大锣伴奏，祭祀歌由盆鼓、大锣、川钹、小马锣、海锣伴奏。

鞍子苗歌的突出特点是：以窄声韵三声腔为核心歌腔，核心音调结构变形延伸，广泛运用交替调式，音域高腔系列的大跳进上升下跌旋线，乐句拖腔尾音和乐曲结音的下滑，非功能性均分律动型节拍节奏等，因而不同于其他地区的苗歌，在渝东苗歌中独树一帜。

二、阿依河主要景点

【青龙天梯】

大家请看，这是阿依河特有的观光电梯，它于 2010 年 10 月动工，2012 年 8 月竣工，电梯总高度为 180 米，运行高度为 148.8 米，目前在全户外观光电梯高度中位居亚洲第一，采用两台德国全进口三面观光电梯并列分体运行，每台每次最大额定载客量 15 人，运行速度为每秒 2.5 米。过去的游客从山上检票口进入，要徒步走下 1000 多级高低不等的石阶，途经巴山凉亭、古栈道、一碗水三个景点，费时半个多小时才能到达峡谷内观光区。而乘阿依河观光电梯只要 1 分钟。

阿依河观光电梯作为景区交通的全新方式，解决了多年困扰景区的交通瓶颈问题，它的建成对阿依河景区客流起着科学的调配作用。是自然景观与人造奇迹的完美结合，希望游客朋友们好好享受的同时也一定要注意安全。

来到了谷底，是不是感觉有一股清新的空气向您迎面扑来呢。现在我们可以尽情地享受大自然赐予我们的礼物了，现在我们来到的是青龙谷的入口，大家请看这里有两条青龙，叫作"双龙迎客"，一条是岩壁浮雕，龙身摆舞，龙爪张扬，一条是盘龙腾空座雕，昂首喜庆，这是景区送给游客朋友们的祝福，大家可以在这里拍照留念。

【青龙谷】

青龙谷位于阿依河侧畔。谷岸两山逶迤交织，谷涧溪河蜿蜒穿洞，绵延1.5千米，青龙谷号称有三奇：第一奇，青龙谷是远古山体碰撞的洪荒遗址；第二奇，青龙谷是伏羲女娲交尾的峰峦化石；第三奇，青龙谷是盛唐王子自缢的悲怆剧场。青龙谷因山水似龙，伏羲女娲似龙，王子似龙，三龙辉映而得名。

根据地质学家研究，在几千万年以前，这两座山是分开的，后来由于地质作用，板块运动挤压将两座山紧紧挤压在了一起而形成了我们今天所看到的黑洞，洞内伸手不见五指，有许多条状石笋，貌似水流一样，这些都是上千上万年而形成的。大家在黑洞中行进是不是有点迷茫呢？南宋大诗人陆游说得好："山重水复疑无路，柳暗花明又一村。"大家看到前面的亮光了吗？跟着光线走，我们来到了"一线天"，因为中华文明的始祖伏羲氏"一画开天"，大地为之动容，鬼神为之哭泣，山神笑开了嘴巴而让阳光照射进来，阳光只有在正午时才能照入谷底，照耀尘封已久的心灵，庆祝人类告别荒蛮，走向文明。在岩壁上有青色龙头，昂扬在灌木丛中。龙身弯曲拖逸为溪河石桥，下雨时龙头喷泉，预兆丰年。

青龙潭如葫芦，水如碧玉，北口有飞瀑激荡，声如洪钟，峡谷传响。此潭有青龙戏水，故名青龙潭。又说发配至此的长孙无忌常临潭观瀑，北望故土，在此留有"侬阿家住朝歌下，早传名。结伴来游淇水上，旧长情"的诗句。因此地又叫"龙吟瀑"。

现在大家看到的这里是筛子岩，因泉水冲刷到岩壁上，而岩壁就像筛子一样将泉水过滤分散发出而得名。那被筛过的泉水分外清澈透亮，从筛子的各个孔里流出，而筛子底下则因上千年的水流冲击作用形成了独具特色的石笋石柱，在这里，大家可以感受到小型喀斯特地貌的神奇与美丽。

【千步梯/巴山廊亭】

游客朋友们！我们来到的是千步梯文化长廊。文化长廊主要是苗家工匠们在崖壁间泼墨挥毫、书写苗族人的衣、食、住、行，以及风俗习惯、传统节日等文化传统。千步梯文化苗味十足，托传青史和一碗水传奇的神秘更是让人敬畏、深思，欲罢不能。现在让我们一起去揭开千步梯文化长廊和"梦中的阿依河"的神秘面纱吧。

请大家随我一起从千步梯往下走,慢慢地下到我们美丽的阿依河边。大家都知道,李白有首著名的诗作《蜀道难》,对于蜀道的艰险,大诗人唱道:蜀道难,难于上青天。但仅仅是听说,大家可能无法感同身受,所以请大家仔细观察我们脚下的阶梯,它们都是直接在岩石山体上人工开凿出来的,因为蜿蜒曲折,也从来没有人数清过阶梯的数目,所以有人便给它取了个千步梯的名字。一会儿大家可以试着从巴山廊亭开始计数,到阿依河边的时候再将数目报出来,大家比比看谁数的数目最接近一千步。

大家现在看到的廊亭就是我刚才说到的巴山廊亭,这处廊亭依山而建,古朴典雅。人在廊亭内可以俯瞰母子溪大峡谷,也可鸟瞰对面的山势,每天清晨,这里都会有云雾缭绕、日出红光的美景,恍若仙境,更似羽化登仙。对爱好摄影的朋友来说,这里绝对是拍摄取景的好地方哦!

【竹板桥】

现在,我们已来到了阿依河主要景区入口竹板桥。因为先秦时期,这里用竹子做桥方便大家过河,这在当时是少有的民间工艺方法,后来为了纪念造桥师傅们,便将此地命名为竹板桥。

阿依河历史源远流长,民族文化异彩纷呈,地域风情韵味十足、清新别致,竹板桥保留着传统造纸术,传承了东汉发明家蔡伦的造纸工艺,展现了中国古代"四大发明"的原始魅力,为人类留下了非常宝贵而可视的、可复制加工的文化遗产。经过竹板桥,大家沿着这条小路一直往上走,大约1小时的路程就可以到造纸现场参观、体验古代造纸工艺流程。

【七里塘峡谷】

七里塘峡谷全长3.5千米,游览时间1小时左右。峡谷里碧水清幽,山谷高深,内有奇峰怪石、悬崖嶙峋、古树奇花,现在就请大家随我一起泛舟,细心品味无限诗意,用心体验大自然的唯美神奇,感受苗家儿女峡谷放歌的原始与清新。

穿行于七里塘峡谷中,一路相随的便是两岸的翠竹。竹子无牡丹之富贵、无松柏之苍翠、无桃李之娇艳,但它中通外直、刚正不阿的品性为人们所称颂。古代的文人墨客无一不对竹子表达出喜爱之情,宋代大文豪苏东坡先生就曾经这样赞美竹子:可使食无肉,不可使居无竹……意思就是说居住的地方不可以没有竹子。

导游服务能力——重庆导游现场考试实务

竹子在滋养中国人性情的同时,也保存并传播了中国的古文化。东汉之前,大批珍贵的文献都是写在竹简上的,直到蔡伦改进了造纸术,纸张才飞入寻常百姓家,成为大众化商品。在唐宋时期,生活在这里的人们就学会了土法造纸,到20世纪80年代大都已经消失,只有竹板桥造纸术不但顽强地生存了下来,而且不断创新发展。历史上竹板桥土纸曾是极佳的书写、祭祀用纸,经过刘氏家族几百年的改良和传承,现在的纸质更加细腻,因其绿色环保、有良好的吸水性,又易于燃烧,早已远销国内外。竹板桥刘氏继承和发展了东汉发明家蔡伦的造纸术,利用沿河两岸丰富的竹资源生产环保型草纸,家家有作坊,人人会造纸,被世人称作"大山里的蔡伦部落"。竹板桥造纸工序也十分复杂,有"七十二道脚手,除开吹那一口"的说法,其主要的工艺流程主要有取料、制料、制浆、成型、干燥、包装以及保管。土法造纸之所以珍贵,就是在于这些复杂的过程全凭造纸师傅的经验完成,至今没有衡量标准,所以只有经过常年磨砺才能练就最好的造纸技艺。但随着社会的进步以及大量印刷制品占据这一市场,竹板桥土纸的生存空间日渐萎缩,年轻人不愿居住在闭塞的山沟里学习这门古老的传统技艺,纷纷外出打工,后继乏人,造纸术面临失传危机,2007年被列入《重庆市非物质文化遗产保护名录》。

在竹筏右前方,大家有看到一幕水帘倾泻而下吗?一条条清澈的水流注入河中,就像一条条晶莹剔透的珠帘悬挂在峡谷中,这里就是滴水岩,也叫水帘洞。当地人称之为"圣水",可以用来驱毒避邪,百试百灵。滴水岩下方还有一只调皮的猴子,突出的那块岩石就是猴子的身体,它探头探脑地想去抓水中的月亮,却怎么也捞不起来。猴子捞月的下方,有一尊一米多高的观音像,保佑大家旅途平安。

前面就是七里塘最狭窄的地方"一线天",从这里往上看到的天空就像织女纺织做衣服的一根白线。大家拍照的时候可以同时将水中的倒影与峡谷拍进相机里,感受水天一线、直贯云霄之感。

【鹦哥峡】

游客朋友们,我们现在开始沿着观光栈道游览美丽幽深的阿依河了。阿依河两岸翠竹环绕、山谷高深、绝壁连绵,苗家情歌回荡山谷,人在其中,仿佛置身于山水画一般。现在我们游览的是鹦哥峡,大家静静听流水的声音,是不是像鹦鹉唱歌一般动听呢?特别是涨水后,河水更是叮咚作响,像鹦鹉欢叫。因为苗家儿女把鹦鹉叫作鹦哥,认为这是一种会给人们带来幸福吉祥的鸟儿,所以便把这里命名为鹦哥峡。

前方有个山洞,在晨雾中忽隐忽现,那叫卧虎洞,里面非常宽敞,可以摆放108张桌子,叫这个名字不是因为洞里有老虎,而是有着一个不同寻常的真实故事。民国时期,有一名国民党的营长因排行老二,大家叫他二营长,其真名叫彭国亮,他是潜伏在国民党里的共产党员。为了工作,他就住在这个洞里。他小时有一个结拜兄弟叫冉唤堂,长大后成了贵州的土匪。长征前,贺龙前往湖南剿匪,路过彭水黄家坝时,冉唤堂逃脱了。冉唤堂跑到洞里来避难,刚好遇见二营长正在大摆生日宴席。于是冉唤堂到厨房烧火,彭国亮便跟其到厨房,趁其不备,一枪打死。此时人们才知道彭国亮是共产党,以后便叫这个洞为卧虎洞了。

我们现在走过的桥叫作"情人桥"。桥的两岸各有一株曼珠沙华(也叫彼岸花),那是佛经中描绘的天界之花,这种植物"花开不见叶,有叶不开花",花和叶是天庭里的两个因为相爱而触犯天条的小仙化身,它们虽然永不得相见,却依然彼此相守、彼此相知、彼此深爱,共同见证了最真挚爱情的存在。

各位游客,阿依河的水清澈见底,因为它的上游是没有污染的山区,水质为国家一级地表水。请看左前方水下有一个洞,它叫黄鱼洞,这个洞深不可测,经常有国家二级保护动物黄鱼出入,大的有8~9斤重呢。请大家抬头看,鹦哥峡陡峭直立的岩壁被葱茏的树木环绕分割成匀称的多个层次,天气变化时,常能看到山间云雾缭绕,峰顶忽隐忽现。苏东坡的《赤壁赋》里说"飘飘乎,如遗世独立",用以形容阿依河峡谷的风姿是最好不过的了。

【白泡坨】

各位游客,我们现在来到了白泡坨,这里因为水深鱼多,水面上到处泛起白泡泡而得名。在这里我们可以登上"三景亭"稍事休息,也一并观赏鹦哥峡和白泡坨的美景。白泡坨河水清冽,河水因河底沙石高低而自然分层,非常优美,摄影爱好者可不要错失美景哦!

【虹潜溏】

现在我们来到了虹潜溏。这里全长1.5千米,深不可测,水深鱼多。雨后，这里常常出现一座直通天界的七彩虹桥，仙客们在彩虹仙子的带领下来到这里游玩，那时的河面上薄雾弥漫，似轻纱飘荡，恍若仙境。来到这里，大家会感觉到自己被青山碧水蓝天所环抱，身在绿色天堂。水面游艇往来穿梭，游客欢声笑语贯耳，还有两岸不时传来的猿叫声，更有那苗家山歌在山谷回荡。

【牛角寨】

各位朋友，请看前面悬崖峭壁上的白色岩壁像什么？是不是像一个牛头，那可不是一般的牛头哦！那是蚩尤的影子，相传蚩尤乃牛头之身，骁勇善战。曾率子民与黄帝子民大战多年，最终皇帝在金乌（就是太阳）的帮助下灼伤了蚩尤，蚩尤退到这座山谷里休养生息。这里峡谷高深、植被葱茏、河水清幽，每天太阳能照射进来的时间非常有限，正好给了蚩尤非常好的条件养伤。而峡谷深而窄，易守难攻，黄帝也一时没有办法。正在伤神时，黄帝身边的一位谋士献计，派人乔装打扮成蚩尤的子民，悄悄在蚩尤养伤的地方修建一口大型的蓄水池，名义上是蓄水为蚩尤及军队做饭，实际上则囤积雨水与河水，形成一面天然的镜子。修建好后，黄帝命金乌看准时机照射这面天然的镜子，镜子反光照射蚩尤，蚩尤再次被照射，加重了灼伤，其身影也被强烈的阳光投射到了身后的岩壁上，于是就有了这块像牛头一样的岩壁。话说蚩尤被再次灼伤后，匆匆逃跑，黄帝一路乘胜追击，最后，蚩尤一路退到离这里1000米左右的溶洞内，潜入地下养伤。黄帝正命人追赶，这时，女娲娘娘下凡，劝说黄帝，上天有好生之德，蚩尤既已被你逐入地下，何必赶尽杀绝，留他一族在地下生活吧，你和蚩尤就此划地为界如何？既然是女娲娘娘劝说，黄帝焉能不听，但黄帝仍担心蚩尤有朝一日率兵反扑，把杀戮带到人间。为避免生灵涂炭，便命一条青龙常年守在洞口，又命金乌每天必须到此查看，方才放心。几千年过去了，太阳依旧每天照射到这个洞口，青龙也始终盘在洞口，守望人间。这洞就被后人称为"青龙洞"。而当年蚩尤养伤的地方被后人开发为一座苗寨，因岩壁上的牛头而得名"牛角寨"。大家到了牛角寨仍能看到那个蓄水池。站在蓄水池边，还能通过水面的倒影看到岩壁上的牛头。

牛角寨三面环山、一面临水，是集苗家民俗风情为一体，面积达3000多平方米的苗寨。牛角寨按典型的苗家民居风格设计，可同时容纳800人住宿、500人用餐、150人会议。寨子四周的峰峦深含野性之美。这里远离尘嚣，却又自成一体，有着陶渊明笔下"采菊东篱下，悠然见南山"的闲逸。牛角寨由吊脚楼、风情酒店、风雨桥、爱情长廊等多个部分组成，集休闲、娱乐、观光、住宿于一体。牛角寨的游客接待中心出售旅途中需要补充的各类用品，吊脚楼和风情酒店配备了现代的洗浴设备，十分舒适，欢迎大家前去体验。

【青龙洞】

亲爱的游客朋友们，大家下午好！欢迎来到地下地质博物馆——阿依河青龙洞参观游览。溶洞原名叫"大洞"，后来因该溶洞对岸绝壁石崖像只老虎，洞口形似像一条盘龙，改名为"青龙洞"。青龙洞不仅顺应了传说中的"左青龙、右白虎"的表述，而且，龙是传说中的一种善变化、兴云雨、利万物的神异动物，在众多的朝代中也有一些君主取青龙来作自己的年号，也有祥瑞之兆的记载。这也说明阿依河的溶洞用青龙来取名"青龙洞"预示着阿依河景区更加祥瑞若此，游客更加幸福吉祥。大家请看这边的诗，"青山藏宝贝，龙住小河边。洞里谋福祉，游人富万年"。这是原国家行政学院副院长周文彰先生在2013年8月11日考察青龙洞后，对青龙洞的自然奇特美景而感慨万千，即兴吟诗作赋一首《游青龙洞》。虽然青龙洞是近两年才对外开放的，但它却足载着万千的神奇。

青龙洞分上下两层，沿途我们将会欣赏到九子龙门、龙池、龙女彩帐、龙王戏水等景点，常年恒温16℃左右，洞内钟乳石类型繁多，有些类型在世界上极为罕见，受到很多前来观光游客的青睐。

来到洞内，大家请看这边的汉白玉观音像，她会一路上为大家保驾护航。现在请大家站稳脚跟抬头往上看，上面是九子龙门，九条龙的龙身生动形象地呈现在我们的头上，俗语有"云神龙见首不见尾"，这里的神龙就是首尾不得相见，可见其法力无边。

大家看我们左前方的是嫦娥彩帐，嫦娥仙子经常会在里面翩翩起舞，大家可以看到衣袂飘飘，彩帘飞舞，似乎在随风而动。而换一个角度观察，则形成另一番美丽的景象，妙笔生花，大家可以看到一片一片的石帘垂落下来，像不像丝丝缕缕的狼毫笔尖？在右边大家可以看到一位婀娜多姿的嫦娥，穿着洁白的素衣，正在回望她的仙帐，她身姿轻盈，衣袖翻飞，正在翩翩起舞。

告别嫦娥仙女，我们来到了五彩瑶池，正如文章《五彩池》中描绘的一般：漫山遍野都是大大小小形状各异的水池，有的好像弯弯的月牙，有的犹如浅浅的菜碟，有点像硕大的葫芦，有的仿佛绽开的荷花……颜色形态多姿，如梦似幻。令人目不暇接，流连忘返，真是"五彩瑶池不在天上而在人间"。这一片大的石梯田学名叫边石坝，老百姓也称之为千秋田，而国外的朋友则称作为万里长城。著名洞穴专家朱教授在考察时说洞内景观大同小异，而像这里边石坝的面积如此集中且区域较广确属罕见，为溶洞一大特色。

大家是否听到轰轰如雷鸣的声音，在这溶洞里四处回荡，大家可以猜一猜是什么声音呢，看，一条巨龙从天而降，浪花四溅，水雾缭绕，来到我们溶洞的核心精华点——洞天飞瀑。一条河流从天而降，形成了这片200多米高的银白瀑布，声如雷鸣之洪，势如奔马不停，腾云驾雾、雄伟壮观、奔腾不息，不知从何而来，去往何处，有种"飞流直下三千尺，疑是银河落九天"的感觉，不和诗一首，不足以抒发胸臆！现在，请大家跟随我原路返回。领略了青龙洞的地底宫殿，再看到外面的蓝天白云，真有种重回人间、恍如隔世之感。

第七节 黔江濯水古镇

一、濯水古镇景区概况

游客朋友们：大家好！欢迎来到濯水古镇景区。希望我的服务能为大家的濯水之行锦上添花，并祝大家旅途愉快！

濯水古镇位于重庆市黔江区东南角濯水镇境内，地处乌江主要支流阿蓬江畔，距黔江城区26千米，渝怀铁路、渝湘高速公路、国道319线穿境而过，距黔江舟白机场26千米，交通便利，是国家5A级旅游景区、国家级历史文化名镇。是一个集土家吊脚楼群落、水运码头、商贸集镇于一体的千年古镇。

战国时期楚国诗人屈原在《楚辞》中写到，"沧浪之水清兮，可以濯我缨；沧浪之水浊兮，可以濯我足"。濯即洗涤，濯水就是取其义而命名。

濯水古镇景区总面积4.8平方千米，主要包括濯水古镇、阿蓬江湿地公园、乡村旅游区、蒲花暗河四个板块。

濯水古镇旧名濯河坝。在先秦时属楚国，秦属黔中郡，汉属武陵郡，晋"永嘉之乱"后"没于蛮僚"，明清时属酉阳冉土司管辖。濯水古镇兴起于唐代，兴盛于宋朝，明清以后逐渐衰落，是渝东南地区最负盛名的古镇之一。作为重庆旧城老街的典型，濯水古镇的街巷格局保留较为完整，具有浓郁的渝东南古镇风韵，它既体现了与其他城市历史街区的差异，也承载着巴文化、土家文化与汉文化的融合、传承与创新，同时码头文化、商贾文化、场镇文化相互交织。

蒲花暗河景区位于黔江区蒲花河濯水段，蒲花河系阿蓬江的一条支流，暗河部分长约2千米，河水最深处达20余米，主要由暗河、溶洞、峡谷组成，主要景点有天生三桥、黑龙潭、赤穴、大峡谷等。

阿蓬江国家湿地公园的湿地面积1706.5公顷，其中，天然湿地（河流湿地）面积1212.1公顷，人工湿地面积494.4公顷。阿蓬江湿地公园有湿地维管束植物240余种。湿地公园对保护阿蓬江湿地资源、保护生物多样性、保持水土、涵养水源、净化空气、调节气候、科普教育、促进地方经济发展、多种经营等方面都起到很大的作用，不但取得巨大的生态效益，而且取得明显的社会效益与经济效益。湿地公园不但展示了丰富的湿地动植物资源、良好的湿地生态环境和优美的自然风光，还可以让游客从中获得丰富的湿地生态、动植物资源、环境保护等方面的科普知识。

乡村旅游区以桐木、堰塘、五福、双龙等高山村和"一江两岸"为重点，坚持农业与旅游融合和差异化、特色化、规模化发展思路，完善特色农业布局，加快效益农业发展步伐，促进旅游业与农业互相促进、互相补充的效益良好、环境友好的农业发展之路。特别是"一江两岸"休闲农业与乡村旅游示范带建设，在三门、蒲花等社区培育油菜、万寿菊、杨梅、青脆李等花果3000亩，初步形成四季有花、四季有果的万亩花瓜示范带特色产业布局。

濯水古镇所在的黔江区，拥有国家级非物质文化遗产——传统音乐类的南溪号子。还拥有帅氏莽号、谢家锣鼓、黎水拗岩号子、蕲草锣鼓、中塘向氏武术、濯水绿豆粉制作技艺、濯水石鸡砣土陶制作技艺、西兰卡普（土家织锦）制作技艺、鲊（渣）海椒传统制作技艺、黔江鸡杂传统制作技艺等重庆市级非物质文化遗产项目33项，区级非物质文化遗产项目146项。

南溪号子在重庆市黔江区土家族人民中广为传唱。南溪号子歌词多为即兴创作，但其腔调和唱法比较固定。唱腔主要有"大板腔""九道拐""三台声""打闹台""南河号""喇叭号"等10余种。基本唱法为：1人领喊，2人或3人喊高音，3人或更多的人喊低音，众人帮腔，从而形成高中低声部互相应和，在山野间悠扬激荡的天籁之声。南溪号子的内容涉及土家族历史、地理、民间传说，蕴含丰富的民族文化信息。独特的演唱风格，彰显土家民族音乐文化遗风，具有极高的艺术价值。

朋友们！每一个古镇都有自己的特色和灵魂，濯水也不例外。下面，请大家随我一起走进濯水古镇，去感受它历史的积淀，欣赏它精巧的建筑，寻找它独特的灵魂。

二、濯水古镇主要景点

【水师城门】

现在我们看到的是水师城门。濯水有1000多年的土司统治历史，雍正十三年（1735年）"改土归流"。很长一段时期，这里是长江以南进入武陵山区的第一个集镇、第一个塘铺、第一个驿站、第一个关隘，驿道、商道、盐道必经于此。水师城门是往来客商进入古镇的唯一通道，具有重要的战略防御作用。由于历史的原因，我们现在看到的水师城门，是按照从前的原样复建的。这三座城门，全部为拱形结构，底座由砖石垒筑而成，坚固无比，而上面的城楼，则为木质阁楼式，美观大方。三座城门互为犄角、遥相呼应。

【红军渡】

红军渡，以前曾是阿蓬江上两大官渡之一，是两岸往来、货物装卸的综合性码头，濯水的繁荣多半依赖这一优势。1934年5月6日，中国工农红军第三军军长贺龙、政委关向应率领部队，从这里横渡阿蓬江，奔袭彭水城。当时濯水30多名船工，集结了17条木船，人歇船不歇，不停运送，直到傍晚，才把红军将士和物资全部平安运送过江。当天，还有30多名濯水青壮年参加了红军队伍。如今,每年的端午节,濯水都会举办大型的龙舟赛,这里就成了龙船码头。

【川湘旧道】

在我们前面的这条街,是修建于1936年的川湘公路的一部分,是当时的战备公路。抗日战争时期,这里曾设有国民党军队辎重部队的汽车修理站。解放战争时期,刘邓大军左翼兵团也由此入黔。中华人民共和国成立后,这段公路成为国道319线的一部分。濯水以路为市,形成了眼前这条街道。我们现在看到的川湘旧道,已经没有了穿梭的车辆,而成了一条铺着青石板的步行街。在这条步行街上,你可以看到土家特色的民居,闻到土家美食和濯水泉孔酒的馨香。这里用优质泉孔水酿出的粮食酒纯净透明、醇馥幽香、口感纯正、远近闻名。游客朋友们,今天来到了这里,不妨去品尝品尝。

【徐廷泽故居】

这里是徐廷泽故居。1928年,徐廷泽就在这栋房屋里出生,他1944年应征入伍,历任国民党军通信兵、电台排长、见习教官。1963年6月2日,身为国民党空军第二联队11大队43中队上尉飞行员的徐廷泽,带着对祖国和家乡的热爱与敬畏,毅然驾驶美制F-86F喷气式战斗机从台湾省新竹直飞福建省龙田,投入共和国的怀抱。他的义举,是濯水人天理良心的生动诠释。徐廷泽归来后,国防部授予他中国人民解放军空军少校军衔,并奖黄金2500两,先后担任解放军空军某航校飞行团副团长、司令部副参谋长、副校长等职。1978年加入中国共产党,是第四、第五、第六届全国人大代表,2005年病逝于北京,享年77岁。他所驾回的"佩刀"歼击机现在保存在中国军事博物馆,突击步枪陈列在重庆市警察博物馆。

【天理良心展览馆】

现在我们看到的是天理良心展览馆。天理良心是濯水的灵魂,是濯水人做事的行为准则。通过这个展览馆,我们可以对濯水的社会文化、商贾文化有一个初步了解。在参观过程中,请不要大声喧哗,也不要随意触摸展览品。

接下来我们将正式进入濯水古镇的核心地段,去参观游览濯水古镇的"三宫六院"。当然了,这不是古代皇帝的三宫六院,而是濯水古镇的三大会馆建筑和四大家族所留下来的深宅大院。

【余家大院】

现在我们看到的是余家大院,又称八贤堂,是清乾隆年间(1736~1795年)余姓进士宅第。余家大院为什么被称为八贤堂呢?八贤堂原本是北宋元祐年间(1086~1094年),供奉功绩、道德俱佳的八位贤士的地方,余氏先祖余靖就是当时的八贤之一。宋时名相范仲淹大家都知道吧?他写下了"先天下之忧而忧,后天下之乐而乐"的千古名句。范仲淹得罪皇帝被贬黜时,余靖因上书谏言,也被贬黜,并由此出名。余靖的后人引以为傲,就以"八贤堂"为堂号,以纪念先祖。《余氏宗谱》用"一门三进士,四代五尚书"来形容余家人才辈出的情形,濯水人有"余家的顶子"之说。

余家大院两侧是青砖砌的封火山墙,马头墙角则用青石筑成,墙上装饰兽头,用来避邪镇煞,院内的建筑是穿斗式全木结构。原来的大院共三进,第一进是商铺,第二进是祠堂,第三进是住房。三进院落内共有五个天井,除沿中轴布局的三个外,靠南面封火墙还有两个挂壁天井,是古镇上天井最多的一个大院。传说苍天有五只眼睛,这五个天井象征"苍天有眼"。俗话说"人在做,天在看",余家讲究"为人处事要敬畏天理"。

余家是远近闻名的书香门第。在清代早期,濯水古镇余家出了公文、公学、公安、公邦四兄弟,他们的名字组合成"文学安邦"一词,足见其"苦读诗书、入仕为民"的志愿,其中余公安中了进士,曾获赐顶戴花翎,现还保存有御赐牌匾一块。到了清代晚期,朝廷腐败,世风日下,余家便开始从医,治病救人,并通过开药铺,卖药材,积累财富,买田置地,成为濯水大户之一。我们可以看出余家深受传统文化的影响,主张"君子处世,遇治则仕,遇乱则隐",即"沧浪之水清,我就濯缨;沧浪之水浊,我就濯足"。

【万天宫】

清朝初年,濯水古镇有万天宫、万寿宫、禹王宫三大会馆,但目前留存下来的只有万天宫和万寿宫。现在我们看到的是修复后的万天宫。万天宫原本是集川主庙和四川会馆于一体的综合性功能建筑。川主指的是主持修筑都江堰的李冰,他封号为"万天川主崇应惠民大帝"。除此之外,万天宫内一般还供奉蜀汉昭烈帝玄德(刘备)、关圣大帝关羽、桓侯大帝张飞等。这里也是濯水古镇本地商人和民间社团组织聚集、议事和交流的场所。

濯水古镇的万天宫始建于清乾隆年间，为砖、木、石混合结构，其建筑规模在濯水古镇三大古会馆中是最大的，在濯水古镇的古建筑中具有重要的地位和代表意义。门楣上用青石斗拱修建至顶，正中阴刻"万天宫"三字。但原来的万天宫在"文革"中被损毁，如今进行了重建。

【龚家抱厅】

现在我们参观的是龚家抱厅。龚家抱厅修建于晚清时期，是西南地区少见的抱厅结构的古建筑。这里也是我国著名气象学家龚沛光的故居。

我们都知道，渝东南一带土家族的建筑主要是吊脚楼，龚家抱厅也不例外。整栋建筑依地势而建，临街一面只有一层，临江一面则变成两层，吊脚接地。在街上看，楼的正面是朝着街上；从江边看，楼的正面又朝着江边。

大家站在这里向上看，上面修了一个四周通透的屋顶，形成一个冲天阁楼，给抱厅带来了极好的采光，同时又可以遮风挡雨。这一建筑形式极为罕见，是土家吊脚楼建筑中的珍品。

相传，龚家的祖上赶鸭子来到濯水，发现这里适合居住，就在此定居下来。为了在这样的少数民族集聚地立足，龚家在发展产业的同时，还购置枪械，组织私人武装。从清朝到民国，龚家都是镇上拥有枪支最多的家族，最多时有枪支3000余条，故有"龚家的杆子"一说。原西属专员甘明蜀在《酉属视察记》中写到："史上濯水虽为富庶之乡，且商贩往来要道，但东北两面多乡联匪盘踞，时常火并，环境险恶。"之所以少有匪患，在于龚家数十年力任地方公事，乐善好施，保境安民。龚家后生也有行医、经商、求学的，如抱厅的原主人龚沛光的父亲，就以行医为主。他乐善好施，为百姓做了不少好事，如遇荒年，还在抱厅外施粥救困，被镇上的人称为"活菩萨"，曾获赐"乐善好施"牌匾一块。

【烟房钱庄】

烟房钱庄包容濯水古镇汪家的两大产业。我们先说生产烟墨的烟房。以前阿蓬江两岸遍地都是油桐树，每年可收获大量制烟墨的原料——桐籽。明清时，这一带到处都建有烟房，在烟房里把桐油放灯碗里点亮，再把碗悬吊在灯火之上，把积成的烟灰送到濯水进行加工，就可以制成写毛笔字用的墨。

当时，来自古徽州的商人詹信安带来了享誉海内外的徽墨制作技艺，在濯水一带形成了桐籽收购、榨油、烟墨生产、徽墨加工和销售的产业链。

随着产业的发展壮大，为了方便在全国交易和汇兑，濯水当地最大工商业主汪子文和詹信安又开办了这个钱庄，并发行钱票。目前存世的钱票有1903年、1904年、1905年三个年份的版本，长225毫米，宽95毫米，画面分三个部分：最上面为蒲花河山水风景图，中间是濯水官宦商贸图，其下为十孝图和《金钱歌》。钱票由上海望平街文翰斋刻印，设计、印制精美，是我国清代私票中的典型代表，也是重庆市所发现并有实物存世的最古老纸币。

民国后期，国民经济面临崩溃，通货膨胀严重，政府发行了很多大面额钱币，集市小贩在做生意时十分不便。于是烟房钱庄倡导约定，把钱撕成两半使用，每半边相当于面值的一半，被当地人称为"半边钱"。后来，这种"半边钱"也解决不了交易中小额找补的问题，他们又发行一种"找补券"用于交易，并以信誉和财力较好的汪家用粮食作为"找补券"时效性的担保。足见濯水商人的智慧和对"天理良心"的敬畏。

烟房钱庄内有三个天井，呈倒品字形排列，体现了"四水归堂、财不外流"的思想。整个钱庄分为前店、起居、银库三个功能区。钱庄是古镇上开间最多的大院。

【汪家作坊】

汪家是当时镇上最大富商，经营多种加工业，不但和徽州的商人詹信安合办了烟房钱庄，还有三个榨油作坊。人们用"汪家的银子"来形容汪家当时的富有。汪家拥有的房产，一度占了整条老街的1/3。

这个汪家作坊建筑面积680平方米，是四进三天井院落。房屋为砖木结构，融石雕和木雕为一体，显得富丽堂皇。从建设的空间布置上看，作坊还有一大特点，那就是第一进前店与街齐平，而后面两进的作坊和住房却高出了几十厘米，形成"前店后坊"的形式。

【汪本善故居】

汪氏家族不但产业巨大，还十分重视教育，人才辈出，其中最出名的要算汪本善了。汪本善是镇上第一个大学生，我国著名有机地球化学家、中科院研究员。这栋房子便是汪本善的故居。

这栋吊脚楼依河岸坡地而起，共有五层，是濯水古镇最高的吊脚楼，也是古镇上唯一有封火山墙的吊脚楼、唯一可透过这里的大门和地下通道看到江景的建筑，故被称为"濯水第一楼"。大家可以看到，从这栋楼的内部，可以直接下到江边。汪本善故居不仅是濯水曾经繁华的商业标杆，更是濯水古镇的人文历史发展的缩影。

【光顺号】

这座大院最初是前面我们提到的安徽商人詹信安所开办的一家客栈，后来詹信安与汪家合作开办烟房钱庄等其他业务，就把这座院子卖给了一个叫俞光顺的当地医生，于是大院改名叫光顺号，并成为濯水古镇十大号口（号口指规模较大的商户）之一。

光顺号是三进两天井合院建筑，临街一面为木构架，两边封火墙和院后为砖砌，各进之间用青砖墙体分隔，一门相连，门框为石条打制，第二进和第三进之间没有大门。独特的建筑格局在院内形成一条很长的通道，而且采光很好。大院左右两厢都有一个冲天阁楼，内院二、三层共设有七段栏杆阳台，具有典型的会馆式商号特征，而非纯粹的民居式建筑。光顺号广泛采用木雕、石雕，表现出高超的装饰艺术水平。在窗扇、窗下挂板、楼层拱杆栏板及天井四周的望柱头上，都有丰富逼真的人物、花鸟、虫鱼等图案。

【樊家大院】

樊家大院为砖木结构，纵深布局的三进合院建筑，宅院具有较为严谨的空间序列。房屋造型独特，各进呈梯级移位，以大门、二门、过厅、堂屋直至后院，递次变化，由宽敞到紧凑。

樊家大院最特别的地方有两处：一是临街一面为全开放式门厅，不设大门，是古镇上唯一没有大门的大院，意思是此处没有门槛，不论富贵贫贱，都可以到此免费求学；二是大门外连接了这个过街凉厅。目前在全国的古镇中，只有四川犍为和这里尚存这一建筑形式。

据说樊家当时只是做小本生意的，卖些烟、酒、菜油之类的商品。但樊家人自小都会拳脚功夫，热心助人，在镇上总是为百姓打抱不平，深为镇上百姓所爱戴。镇上的人用"樊家的锭子（拳头）"来称赞他们的行侠仗义。光绪年间（1875~1908年），樊家在此开设义学，创办了濯水古镇第一所义学讲堂，为濯水及周边地区的人提供免费教育。由此可见，濯水人重视教育由来已久，具有商儒并重的世风。后来，新学兴起，义学讲堂停办，凉厅逐渐成为小商小贩们赶场聚集之地，可以休息、避雨、交易、喝茶、聊天，没有日晒雨淋之忧。樊家热心助人和行侠仗义的品质，依然在延续。他们不只是考虑自己做生意，还为过往行人和流动的小摊小贩着想。

【道德碑】

刚才，我们参观了六大院。每个大院都承载着一段历史，每个大院都是唯一的、独特的。但是，它们却有一个共同特点：那就是他们所秉承的道德观。是什么道德观呢？现在大家找到了吗？对了，天理良心！这就是濯水古镇的灵魂。

这座"天理良心"道德碑，立于清光绪十四年（1888年），它时刻警示着濯水人，在为人处事、经商贸易中都要讲"天理"，有"良心"，做到男女平等、老少无欺。天理看重他律，良心强调自律，两者相辅相成，构成了濯水人的文化精神。上苍有天眼，人间有良心。在稍后的游览中，我们还将继续见证。

【李家老街】

现在我们经过的这条街叫李家老街。处于渡口、古道和军事要塞地位。明清时，濯水渡成为旧酉州四大官渡之一，同时也是重要的驿站。濯河坝古驿道兼作商道，旧川东地区南下商道必经于此。李家老街曾经是濯水主码头上面最繁华的街市，茶馆林立，商业繁华，1982年的一场洪水让其荡然无存。现在我们看到的，是后来在其原址上复建后的。濯水李家为草圭堂李氏一支，李家后生李永端，字春晖，是一位抗日名将，在川军中先后担任副团长、团长、副旅长、副师长、参谋长等职，曾率领川军将士参加淞沪会战、马当要塞保卫战等重大战役，1943年，在上饶对日军作战中阵亡，年仅43岁。其夫人杨媲辉和儿子李庆高、李庆林一直居住于李家老街。

【万寿宫】

现在我们看到的是三大会馆之一的万寿宫。万寿宫又名江西会馆，最初是为了纪念江西的地方保护神许真君而修建。后来江西人在外地经商，为求保佑，在一些重要的客居城镇建立万寿宫。万寿宫曾经规模极大，目前我们能看到的只是它的一部分——戏楼。戏楼建筑高度15米，总建筑面积1030平方米，也是土家建筑和徽派建筑的结合。戏楼上面有丰富多彩的木雕，从这些木雕可以看出濯水古镇虽然是土家族的聚集地，却深受中国传统文化的影响。

如今这里不但是濯水古镇的标志性建筑之一，也是濯水人娱乐、聚会的主要场所，非物质文化遗产后河古戏的传承、演出阵地。清同治年间（1862~1875年），当地戏迷借鉴其他剧的唱腔，加入濯水本地民间戏剧和音乐元素改造而形成了一种独特的地方剧种，称为"后河古戏"。

"半台锣鼓半台戏"是后河古戏的一个特点。锣鼓分轻重缓急，注重唱念做打，有曲牌上百种。唱腔分南北上三路，感情丰富，有的高昂铿锵、有的婉转悠扬、有的悲壮凄凉、有的戏耍幽默。道白以濯水地方方言为主。

游古镇老街，品土家美食，看后河古戏，听蓬江水音。游客朋友们，刚才我们游览了濯水古镇老街，大家可以沿着老街或者阿蓬江边的青石板，返回至天理良心展览馆前。我们在那里集合，进行下面更为精彩的行程，去穿越世界第一的风雨廊桥，探索神秘的赤穴溶洞，去体验"苍天有眼"的蒲花暗河奇观。

【沧浪桥】

大家好，现在我们将走过世界第一的风雨廊桥——沧浪桥，到桥的另一端乘坐旅游车前往蒲花河。它一头是繁华的街市风情，另一头是美丽的自然奇观。

沧浪桥是横跨古镇内河、阿蓬江和蒲花河的人行风雨廊桥，全长658米，因其造型和修建年代不同，又可分为四段欣赏。第一段为"濯河怀远"，桥长310米，桥上建有一层塔亭，最高处为中心阁楼。整座桥体应用重檐、歇顶、土家点将台、檐口升起与多层举折等手法，创造了统一而有变化的桥身形态，造型尤为古朴典雅。濯水风雨廊桥第二段唐钟长韵长105米，中央钟楼部分高四层、26米。该段由廊道与钟楼构成，中心位置高耸重檐歇山顶式钟楼，悬挂仿唐铜钟一口。濯水风雨廊桥第三段彩虹伏波长97米，该桥跨越蒲花河，是由单拱桥体与曲直结合的桥身，线条，宛如一道绚丽的彩虹。濯水风雨廊桥第四段蒲花飞龙段桥长146米，以曲线屋顶与现代格栅桥墩相结合，立面以龙的整体形态为创作原型，隐喻与水相生的飞龙跨河腾飞。

整座风雨廊桥，从濯水到蒲花河岸，通过廊桥联系两岸，借助廊桥的造型变化，寓意着蒲花两岸从传统走向现代的精神。从传统走出，迈向未来！不仅为世界第一长度的廊桥，在形态上、结构上、工艺上实现了传统与现代的结合，中式与欧式的结合，东方建筑美学与西方建筑美学的结合，更是传统木质廊桥与使用胶合木和钢架相结合的全新的结构方式，实现了建筑上新的探索和尝试。

桥上每年开展的摸秋节、女儿会、千人宴等活动，可以说是万众欢歌，成了土家儿女和八方来客的聚会狂欢的节日。这座桥有很多文人墨客题咏，留下了不少优秀的诗篇和楹联，使这里成了中国楹联文化名桥，桥上所呈现的数百件的楹联名家名作，感兴趣的朋友可以细细品味一番。

【结束语】

各位朋友，濯水的故事讲不完，濯水的美景看不够。临别之际，我想请大家记住濯水，记住这里的"苍天有眼"，记住这里的"天理良心"，记住那连接自然与人类的天下第一桥。祝愿各位身体健康，旅途愉快！也请大家把濯水的故事装入行囊，把土家的祝福带回家乡。谢谢大家！

第六章
大型综合类景区导游词案例

第一节 长江三峡

一、长江三峡景区概述

游客朋友们,大家好!欢迎各位游览长江三峡!非常高兴有机会为大家服务。愿壮丽的长江三峡和我的服务带给您一个愉快的旅程。

俗话说:"不走三峡,不算到过长江。不游三峡,不算了解长江。"在游船即将起航之际,我先将长江三峡的整体情况向各位做一个简单介绍。说到长江三峡,不能不提长江。长江是我国最长的河流,是全世界第三长河,它仅次于非洲的尼罗河和南美洲的亚马孙河。它的源头在青藏高原的唐古拉山,流经青海、西藏、云南、四川、重庆、湖北、湖南、江西、安徽、江苏、上海等11个省、直辖市、自治区,最后汇入东海,全长6363千米,长江流域面积占我国国土面积的1/5。习惯上,人们依据长江干流所处的地理环境及水文特征来划分为三段。上游:从源头至湖北省宜昌市的南津关,长度为4512千米,占全江总长度的70.9%。河流大部分流经高原、高山、峡谷地带,具有明显的高原山地峡谷河流特征。中游:从湖北宜昌南津关至江西湖口,长度为955千米,占全江总长度的15%,河道迂回曲折,江面宽展,河床比降锐减,水流迟缓,平均流速只有每秒1米。尤其自湖北的枝江到湖南的城陵矶一段,古称荆江,素有"九曲回肠"之称。下游:从湖口以下至长江入海口，长度为 896 千米，占全江总长度的 14.1%，江阔水深，支流短小。地势更为平坦，水网密布，湖泊众多，一派水乡泽国的景象。

当长江流到重庆市奉节县时，便冲开崇山峻岭奔腾而下，形成了雄伟壮美的长江三峡。长江三峡由瞿塘峡、巫峡、西陵峡以及其间的宽谷地段组成。它西起重庆奉节的白帝城，东到湖北宜昌市的南津关，全长 193 千米。三段峡谷各有特色，瞿塘峡雄伟险峻，以"雄"著称；巫峡幽深秀丽，以"秀"为特色；西陵峡滩多水急，以"险"出名。三峡两岸重峦叠嶂，形态各异，船行驶在三峡中，一会儿山色全阻，一会儿豁然开朗，别有洞天。

瞿塘峡又称夔峡，它西起重庆奉节白帝城，东至巫山县的大溪镇，全长 8 千米，在举世闻名的长江三峡中最短，但却是景观最雄伟壮观的一个峡谷。长江在这里切开中生代石灰岩，形成了陡峭的峡谷。瞿塘峡西端入口处，两岸断崖峭壁犹如刀削斧劈，最窄处相距不足百米，形如门户，故称"夔门"，也叫瞿塘峡关。山岩上有"夔门天下雄"五个大字。瞿塘峡山高峡窄，仰视碧空，云天一线，唐代诗人杜甫曾写下"众水会涪万，瞿塘争一门"的名句。峡中水深流急，波涛汹涌，奔腾呼啸，令人惊心动魄。

李白诗云："巴东三峡巫峡长。"巫峡西起重庆巫山大宁河口，东到湖北巴东县的关渡口，全长 46 千米，是长江三峡中最长的一个峡谷。由于巫峡谷深峡长，日照时间短，峡中湿气蒸郁不散，容易成云致雾，云雾千姿百态，似烟非烟、似雾非雾、似云非云，变化多端，有的似飞马走龙，有的擦地蠕动，有的像瀑布一样垂挂绝壁，有时又聚成飘飘云纱，在阳光的照耀下，形成巫峡佛光，因而古人留下了"曾经沧海难为水，除却巫山不是云"的千古绝唱。屏列于巫峡南北两岸的巫山十二峰为巫峡景观之最，而十二峰中又以神女峰最为俏丽。古往今来的游人莫不被这里的迷人景色陶醉。

西陵峡西起湖北秭归的香溪口，东至宜昌市的南津关，全长 66 千米（因中有宽谷相间，故不是三峡中最长的峡谷）。曾经的西陵峡以滩多水急著称，自古三峡船夫世世代代在此与险滩急流相搏。"西陵峡中行节稠，滩滩都是鬼见愁。"而现在，这样的情况已成为历史，随着葛洲坝、三峡大坝等工程的建成蓄水，水位上升，险滩礁石永睡于江底，加上航道整治，西陵峡中滩多水急的奇观、船夫搏急流的壮景已不复见了。今天西陵峡的大部分已经成为三峡工程的平湖库区。

举世瞩目的三峡工程是目前世界上最大的水利工程,它是综合治理长江中下游地区防洪问题的关键,工程还有发电、航运、灌溉和发展库区经济等多项综合效益,对我国社会主义现代化建设及提高我国的综合国力起着非常重要的作用。三峡大坝坝长1983米,最大坝高185米,最高运行水位175米,总蓄水量393亿立方米,三峡工程总装机容量1820万千瓦,年发电量847亿度,相当于1991年全国总发电量的1/8,相当于10座广东大亚湾核电站。

长江三峡的基本情况我就先简要介绍到这里,接下来让我们一起去品味壮美的长江三峡吧!

二、长江三峡经典景点

(一)长寿湖风景名胜区

游客朋友们,大家好!非常高兴有机会陪同大家前往长寿湖游览!长寿湖旅游风景区位于素有"寿星之乡"的重庆市长寿区境内,距重庆主城区58千米,距长寿城区18千米,是三峡国际旅游热线黄金水道的重要节点,也是长寿区旅游业发展的龙头景区。整个景区以其"岛湖风光""长寿文化"享誉四方,并以"长湖浪屿"被评为巴渝新十二景之一。

长寿湖是因1954年动工兴建长寿湖水力发电站,1956年10月1日,龙溪河狮子滩水力发电站大坝截流蓄水后,形成的西南地区第一大人造淡水湖,因位于长寿区境内而得名。整个长寿湖风景区规划面积266平方千米,水域面积为65.5平方千米,大约是杭州西湖的10倍。有人说"江河湖海最美在湖",在长寿湖上分布有大小岛屿203个,湾岛交织,浅滩成片,自然天成,生态良好,湖岛风光秀丽动人,天赐长寿岛更显分外神奇。

长寿湖旅游风景区于2003年成立。景区以长寿湖为核心。长寿湖景区以"山、岛、湖"等山水风光为核心元素,融长寿文化和山川景观为一体,集游览观光、亲湖体验和休闲度假于一体,自然与人文协调统一,是重庆重点发展的生态旅游区,也是三峡国际旅游黄金线的第一站,多次被评为"巴渝十二景"之一。2012年11月,长寿湖景区荣膺国家4A级旅游景区称号。

长寿湖旅游风景区沿湖打造了西岸景区,整个西岸景区全长约为4千米,囊括了百寿园、水上游乐中心、巴清丹砂园、东海寺湖畔人家、百花岛、浪漫鹊桥、浪漫浴场、浪漫花田、情人坡等景点。景区每年都会举办不同形式的活动，包括郁金香花展、菊花展、龙舟赛、铁人三项赛、马拉松赛等，充分突出了"运动、浪漫、养生"的主题，带你领略不同的浪漫与刺激，景区可提供水上游船观光、陆地亲湖观光、水上游乐三大特色组群服务。

【百寿园】

百寿园位于长寿湖入口公园内，全长约990米，占地面积超过12万平方米，集书法、雕刻、赏石、文学等众多艺术门类之大成。百寿园是全国唯一诠释"寿文化"的主题公园，百寿园主要以石刻表现"寿"字的艺术，由石造景，采用太湖石、灵璧石、汉白玉等10余种名贵石材，以年代为序，通过"名家寿字书法""民间寿文化组合""寿字主题图案"三部分内容，从古至今展示"寿"字的演变过程。其中，"名家寿字书法"有自先秦以来100位名家书写的寿字。这些名家中，有秦始皇、武则天、乾隆等历代皇帝；有王羲之、米芾、郑板桥、唐伯虎、徐悲鸿、齐白石等古今书画大家；有毛泽东、鲁迅、林则徐等近代名人名家。"民间寿文化组合"包括了寿桃、寿山福海、百寿祈福等内容；"寿字主题图案"有十二生肖、佛八宝、暗八仙、钟鼓笙磬四音、琴棋书画四文。百寿园"寿"字石刻造景19余处，可远观，可近赏，可坐下休憩，也可扶靠赏景。最大的寿字为花岗石整体"寿"字，高达3.5米。最具特色的雅安石刻百寿图，由99个寿字组成，辅以9个百寿、千寿、万寿等合体寿字组合，寓意九九归一。长寿湖百寿园是品读寿文化的大观园，以独特的文化内涵、精湛的石刻艺术、丰富多彩的表现形式而闻名。

【天赐寿岛】

在长寿湖上有一座天赐寿岛，是上天赐予长寿湖的宝贝，也是长寿湖景区的核心景观，更是天下一大奇观，从天空中俯瞰，岛屿呈繁体的魏碑体"寿"字形状，极为形象生动，仿佛一颗璀璨的明珠漂浮在长寿湖之上。整个寿岛由19个岛屿和9个湖湾港汊围合而成，经测量，这个天然"寿"字，长约1299米，宽约699米，占地面积达33万平方米。更让人惊奇的是，寿岛正面看是个"寿"字，而将"寿"字反过来看则又是一个长寿的"长"字，正所谓"长寿双齐、天赐长寿"。一景暗含两个文字，这更显出大自然的鬼斧神工，造物者的造化神奇。观赏长寿湖"天赐寿岛"的奇观，必须在天空中朝下俯瞰，首次航拍的寿字图片还曾在中华人民共和国成立60周年重庆的彩车上巡游和上海世博会重庆展馆中作为重庆的名片展出过，这也是"天赐寿岛"作为长寿湖重要形象大使而名扬天下的重要原因之一。

【长寿湖大坝】

长寿湖大坝是当年建设者们为建设狮子滩发电站而修建的拦河蓄水重要工程。狮子滩发电站是中华人民共和国成立后"一五"计划的156项重点建设项目之一，当时有一个流行的说法是：北有小丰满，南有狮子滩，狮子滩水电站更是中国水电工业的摇篮，为我国培养了一大批水利专家。如今的长寿湖大坝也成了长寿湖风景区的重要景点，整个大坝长1014米，高52米，坝宽8米，加上3座附坝，拦水线总长为3880米。每当大雨来袭，长寿湖湖水猛涨至135米的溢洪线时，大坝便会开闸泄洪，洪水顿时夺闸而出，形成巨大的银色飞瀑，这也是长寿湖的一大特色景观。

（二）丰都名山风景区

游客朋友们，大家好！欢迎来到被誉为"中国神曲之乡"的丰都！今天由我带领大家一起步入闻名天下的丰都鬼城，共同感受鬼国神宫的奇妙，一起品味双桂山的美景。

各位朋友！丰都人文底蕴深厚，这里有国家级非物质文化遗产——丰都庙会。有石工号子、龙孔戏牛舞、鬼城神鼓舞、狮舞（丰都龙河高台狮舞）、仙家豆腐乳传统制作技艺、包鸾竹席传统制作技艺、麻辣鸡块传统技艺、茶元白酒传统酿造技艺、青龙茶传统制作技艺、楼子山迎春狮舞会等，重庆市级非物质文化遗产项目17项，县级非物质文化遗产项目57项。

丰都庙会，始于西晋，至今已有1000多年历史。北魏年间佛教传入丰都，即在平都山上开始修建佛寺。历经数朝，平都山上殿宇成群，逐渐构成一个完整的幽冥世界，具备一整套阴曹地府的机构设施和组织系统。丰都民俗文化持续发展，丰都庙会日渐兴盛。丰都庙会主要包括四项内容：一是体现鬼城基本格局的众多庙宇，二是丰富多彩的鬼神传说，三是庙会所需物资的商贸交易，四是各庙宇以及整个"鬼城"的宗教祭祀活动。

各位朋友！一座名山，千年鬼城，充溢着"唯善呈和"的文化内涵。无论过去还是现在，丰都鬼城并没有鬼，所有关于鬼的传说与故事，包含的皆是教人多行善事的文化精髓。这也才是真正的丰都鬼城中的"鬼文化"。丰都名山风景区以博大精深的鬼城文化、精美怪异的雕塑、神奇美丽的传说而享誉世界。

现在我们看到的这座牌坊就是鬼城牌坊。它是进入鬼城游览区的大门，进入这道大门就是鬼城了。鬼城名山风景区是1982年国务院公布的第一批国家级风景名胜区。2000年又被评为首批国家4A级旅游景区。

我们来看看牌坊上的"天下名山"四个大字，丰都鬼城就在这座山上。这座山既是天下有名的山，同时，山的名称就叫名山。名山在古代本名平都山，北宋大文豪苏轼来登山时写下了"平都天下古名山"的诗句。从此以后，这座山就改叫名山了。名山并不像峨眉山、泰山、黄山等那样雄壮，它的海拔只有288米，有道是"山不在高，有仙则名"。在这块牌坊上最抢眼的就是"鬼城"二字了。鬼城的来历有好几个版本，最流行也较为可靠的是"二仙传说"。据东汉刘向所著的《列仙传》记载：西汉的王远，字方平，东海人，曾任中散大夫，后弃官隐去，避地平都山（就是名山），入山学道，后修炼成仙升天而去。晋代葛洪著《神仙传》记载：东汉的阴长生，是东汉和帝刘肇阴皇后的曾祖父。他一心求仙学道，于东汉建光元年（121年）在平都山白日羽化升天。到了宋代，阴长生、王方平的名字被人们简化连读为"阴王"。"阴王"即"阴间之王"，也就是阎王。既然阎王在名山，那名山就是阴曹地府所在地了。于是以讹传讹，名山就逐渐修起了鬼国的各种建筑，形成了现在的鬼城。

民国《酆都县志》记载："唐曰仙都，宋改景德，亦称白鹤观。按李唐主老聃，俗多好道，沿及宋季，道书误将阴、王连读，遂为地狱之说，谓阴司在酆。且引李白诗'下笑世上士，沉魂北酆都'二语证之。于是，皆信酆都为鬼国。"

我们首先步入的是哼哈祠。这位鼓着鼻子的是哼将，名叫郑伦。那位张着大口的是哈将，名叫陈奇。两位神将俗称哼哈二将，是《封神演义》中的人物。大家看，这两位神像躯体雄伟，面做愤怒状，头戴宝冠，上半身裸露，手执金刚杵，一个鼓鼻在哼，一个张口在哈，双目圆睁，凶猛可畏。哼哈二将是护法神，是佛寺山门中的两位金刚。

游客朋友们，现在我们所在之处便为报恩殿了，殿内供奉的是地藏目连，他是佛祖释迦牟尼的十大弟子之一，称"神通第一""孝行第一"。地藏菩萨与文殊菩萨、普贤菩萨、观音菩萨合称为佛教四大菩萨。文殊称为"大智"，普贤称为"大行"，观音称为"大悲"，而地藏称为"大愿"。地藏在佛祖前立下大誓愿，要度尽六道众生，拯救众苦，直到地狱撤空，再没有任何一个"罪鬼"受苦，自己才成佛。按佛教的说法，六道轮回永无休止，所以地藏菩萨只能在地狱做着没完没了永无穷期的救度教化罪鬼的工作。这个殿为什么不叫"地藏殿"而叫作"报恩殿"呢？这是源于"目连救母"的故事。目连的母亲青提因为不敬佛门，被打入地狱受苦，目连为了救度母亲，使其解脱，报母亲哺乳之恩。受释迦牟尼指点，在七月十五地藏出生这一天设盂兰盆会，历尽艰辛，才将其母亲救度出来。所以，这个殿叫报恩殿。

各位朋友，这是药王殿。中国的药王殿遍布各地，但供奉的药王并不一致。有的供奉的是古代的伏羲、神农、黄帝。伏羲创八卦，神农尝百草，黄帝著《内经》。有的供奉的是历史上的名医，如扁鹊、华佗、张仲景、孙思邈等。有的供奉的是佛教中治病的佛和菩萨。名山药王殿供奉的药王是历史上的两个名医，孙思邈和邳彤。孙思邈，号真人，唐代名医，京兆华原人。他喜老庄学说，博涉经史百家，兼通佛典，在养生学、医药学、炼丹术等方面都有杰出成就，以"天人合一"讲论医理，著有《千金要方》《千金翼方》等医学名著。后世追封他为医圣、药王菩萨。邳彤，河北安国市人，他是东汉开国功臣，曾追随刘秀在平定王莽篡政的战争中立下战功，被任命为曲阳太守。他不但精通医学和药理，而且倡导扶持民间医药行业。从此，安国就有了种药、制药、重视医疗的传统，成为我国后来的"药都"。到了宋朝，宋徽宗加封他为"灵贶公"，并下诏建庙祭祀。于是，邳彤渐渐被封为"药王"。

现在我们来到了财神殿，这里面供奉的是两位财神：一位是文财神比干，一位是武财神赵公明。文财神有商朝的比干，战国时的范蠡；武财神有道教中的赵公明，三国时的关羽；另外还有五路财神，即赵公元帅赵公明、招宝天尊萧升、纳珍天尊曹宝、招财使者陈九公、利市仙官姚少司。文财神比干是《封神演义》中的人物。这位武财神是大家最熟悉的赵公明，他是民间广为信仰的财神。赵公明的形象为头戴铁冠，手持铁鞭，面黑多须，跨虎。他手下有招宝、纳珍、招财、利市四神，专司"迎祥纳福，追逃捕亡"。在《三教搜神大全》一书中，说赵公明"买卖求财，公能使之宜利和合。但有公平之事，可以对神祈祷，无不如意"。从此，赵公明司财，使人致富深入人心，是民间广为信仰的财神。

各位朋友，这就是大名鼎鼎的奈何桥，桥下的水池就是血河。奈何桥原来是廖阳殿的附属建筑，建于明代，后附会成奈何桥。"奈何"二字系梵文的音译，意思是"地狱"，所以奈何桥是阳间通往阴曹地府之桥。传说人死后魂归阴间都要走黄泉路，进鬼门关，过奈何桥。奈何桥长7.2米，宽2.5米。诗曰："时间鬼哭与神号，血水浑波万丈高。无数牛头并马面，狰狞把守奈何桥。"可见奈何桥之凶险。奈何桥不仅是通往阴曹地府的通道，它也是检验人在世时是善是恶的关口。善人死后过奈何桥就能顺利通过，恶人死后过奈何桥就会被守桥鬼卒用利刀尖叉打落到血河中被铜蛇铁狗撕咬吞食。

中华人民共和国成立前，人们到名山进香时都要去走奈何桥，为的是在生前先过了奈何桥，免得死后过奈何桥受苦。山上的和尚就在桥面抹桐油，过的人必须三步跨过桥去，一旦跌倒，和尚就说你做了恶事，必须捐钱做法事消灾，用这种手段来赚取钱财。奈何桥两边还各有一座石桥，左为金桥，右为银桥。在世为官清廉、德行高尚的人有神佛接引，顺利通过金桥飞升成仙；在世行善积德的人有白无常迎接，顺利通过银桥经阴天子发落转世投富贵人家。朋友们，这奈何桥下就是血河。传说血河中流的都是血水，污秽不堪。血河中有铜蛇、铁狗、毒虫张着大口要吞食恶人。过奈何桥的恶人都要被守桥的鬼卒打到血河中受苦。所以，中华人民共和国成立前，每年的农历十月十六都要举行"血河大会"，为的是救亲人脱离苦海，顺利超度。人们纷纷用布带垂入水池中，将蚂蚁、青蛙、虫子"钓"上来放生。据说，那"钓"上来的青蛙、虫蚁就是自己的亲人变的。这样，就把亲人救出了血河。奈何桥是鬼城知名度很高的建筑，是鬼城文化惩恶扬善的重要载体。各位朋友，现在就请大家随我过奈何桥。

现在我们来到了大雄宝殿。它原来叫廖阳殿，建于明朝永乐年间，是明朝蜀献王朱椿的香火殿。明末廖阳殿被焚毁，清初重建更名为大雄宝殿，改供三世佛。大家知道，大雄宝殿是佛教的正殿。那么，名山上建的是鬼城，为什么又有佛教的大雄宝殿呢？这是因为鬼城宣扬的是"善"的思想，这与佛教主张的"善"是一致的，只不过鬼城宣扬的是惩恶扬善，佛教主张的是劝人为善。而佛教宣扬的因果报应、六道轮回等理论用鬼城来表现是最恰当不过了。所以，佛教文化也融入了名山，使名山鬼城成为道教、佛教、儒家思想相融合的地方。

游客朋友们，现在在我们眼前这位袒胸露腹、盘腿而坐、大肚圆滚、手拈串珠、喜眉乐目、笑口常开的胖和尚就是大家熟悉的弥勒佛。弥勒是梵文的音译，意思是"慈氏"，慈祥的慈，姓氏的氏。据《弥勒上生经》和《弥勒下生成佛经》说，弥勒出生在古印度南天竺劫波利村大婆罗门家族，属第一等贵族，十分高贵。他后来成了释迦牟尼的弟子，侍立在一旁听法。释迦牟尼预言，弥勒将继承自己的佛位，成为释迦牟尼的法定接班人。所以，在竖三世佛中，弥勒佛是未来佛。有一副写弥勒佛的对联很有趣："大肚能容，容天下难容之事；开口便笑，笑世上可笑之人。"既形象又富有哲理。

各位朋友，这大堂里面供奉的是三世佛、观音、大势至、迦叶、阿难以及十八罗汉。这正中的三尊雕像就是三世佛。三世佛又分横三世佛和竖三世佛。竖三世佛的三位佛是指前世佛燃灯佛，他是释迦牟尼的师父，今世佛释迦牟尼如来佛，来世佛弥勒佛，他是释迦牟尼的接班人。名山上塑的是横三世佛。横三世佛是指分别住在东方、正中、西方三个世界的佛。这位居于正中的就是娑婆世界的释迦牟尼，即如来佛；这位居于东边的就是东方净琉璃世界的药师佛；这位居于西边的就是西方极乐世界的阿弥陀佛。观音菩萨是中国人最熟悉的，观音全称叫"大慈大悲救苦救难灵感观世音菩萨"。大慈大悲的"慈"和"悲"与世俗的含义是不同的。佛教称"与乐""慈"，"拔苦"为"悲"，意思是佛、菩萨爱护众生，给予众生欢乐，怜悯众生，拔除苦难。大势至菩萨一般人不太熟悉。据说他是转轮王的第二个儿子，他与观音都是阿弥陀佛的胁侍，都是帮助阿弥陀佛接引众生脱离苦海的。所以，阿弥陀佛、观音、大势至合称"西方三圣"。韦驮是四大天王手下的神将。韦驮受释迦牟尼法旨，要在南赡部洲保护出家人，护持佛法。所以，韦驮就是佛教中著名的护法神。这位是释迦牟尼十大弟子之一的阿难。阿难全称"阿难陀"，意思是"欢喜""喜庆"。阿难在古印度实有其人。他是释迦牟尼的叔父斛饭王的儿子，也就是释迦牟尼的堂弟。阿难是在释迦牟尼成道那天夜里出生的,所以,天生跟佛有"缘分"。阿难25岁跟随释迦牟尼出家,侍从释迦牟尼25年,受持一切佛法。阿难在师兄弟中称"多闻第一",就是记性最好。释迦牟尼升天后,五百罗汉聚在摩揭陀国王舍城外的七叶窟,回忆念诵释迦牟尼生前的言论,把确实无误的结集成佛教经典。"多闻第一"的阿难单独一人就诵出了全部经藏。这位是释迦牟尼十大弟子中的第一位,名叫"迦叶"。他全名叫"摩诃迦叶",也译为"迦叶波"。"迦叶"的意思是龟。据说,他看见一只灵龟从水里钻出来,背上驮着仙图送给他,于是就把龟作为一族的名字。"摩诃迦叶"译成汉语就是"大龟氏"。"迦叶波"的另一个意思是"饮光",说龟能吞咽日光,以光代食。迦叶号称"头陀第一"。释迦牟尼升天后,迦叶继续统领徒众修行佛法。他是佛教史上第一次集结的召集人,对佛教的流传和发展有很大贡献,后世称其为"初祖"。阿难与迦叶在创立佛教上立下汗马功劳。迦叶升天后,阿难又继领佛教徒众,被后世称为"二祖"。按佛教的说法,一个人因为修行的功夫不同,取得的成就不同,每一种成就叫作一个"果位"。在大乘佛教里,佛教的最高果位是"佛",接着是"菩萨",然后才是"罗汉"。在小乘佛教中,"罗汉"是最高的果位。据说是释迦牟尼弟子的罗汉有十六位。后来佛教传入中国,又加上两位,称为十八罗汉。

游客朋友们,这个叫"星辰墩"。它由上下两部分组成,上面的铁墩叫"心神铁",是个半球形,重182.5千克。下面底座叫"铁灵根"。传说这是阴、王二仙在平都山修炼成仙得道升天的地方,所以叫"星辰等"。"星辰等"就是天上的星辰在等仙人飞升。因为"等"与"墩"相通,所以又叫"星辰墩"。还有一个传说,"星辰墩"是唐代尉迟敬德在名山监修寺庙,为练腕力而铸的。据说能将星辰墩上部分旋摆上去,使之立于中心凸起之上,就可以治心病。治心病并非治心脏病,而是那种心中有忧、焦虑成疾的心病哟。

请大家抬头看,这里有一段石梯,共有三十三级。大家可不要小看这三十三级石梯。这三十三级石梯代表三十三重天。登上了这三十三级石梯就到了玉皇殿。所以,这一段石梯叫"登天梯"。古人认为天很高,有很多重。有说九重天的,有说三十六重天的,有说九十九重天的。这里的三十三重天是根据《子不语》记载而来的。每一层石梯代表一重天,都有名称。

登上了三十三重天，我们就来到了玉皇大帝住的地方——玉皇殿。玉皇殿古名"凌霄宫"，清康熙四年重修名为"玉皇观"，康熙末年更名"玉皇殿"至今。玉皇殿里供奉的玉皇大帝像高7米，是名山上最大的一尊雕像。玉皇大帝的来历源于上古先民对天帝的崇拜。古人认为风雨雷电日月星辰的发生与运动都是由天上的神在掌管，而这些神又由天帝在统管。道教产生后，把天帝说成神仙界的皇帝，称为玉皇大帝。玉皇大帝简称"玉皇""玉帝"，是中国汉民族崇拜的最高神。他住在金碧辉煌的凌霄宝殿，手下有托塔李天王、哪吒、四大天王、千里眼、顺风耳、太白金星等文臣武将。他管辖着一切天神、地瘟、人鬼，总管三界（天、地、人）、十方（东、西、南、北、东南、西南、东北、西北、上、下）、四生（胎生、卵生、湿生、化生）、六道（天、人、阿修罗、畜生、饿鬼、地狱）。这位雍容华贵的娘娘是天界的第一夫人，玉皇大帝的太太，就是大家在电视剧《西游记》中看到的王母娘娘，又叫西王母。

各位朋友，请大家看这个碑。碑上的字大家认识吗？这碑上的字看似一个字，实则是"唯""善""呈""和"四个字。这是著名书法家李半黎先生书的作品。"唯善呈和""惩恶扬善"是丰都鬼城表达的核心思想。人世间的人和人的行为，用两个字就能涵盖，就是"善"与"恶"。"善"就是"好"，好人，好事；"恶"就是"坏"，坏人，坏事。只有惩恶，才能扬善，只有扬善，才能呈和。人有善心，做善事，大家才能和睦相处。人人有善心，人人做善事，社会才会和谐。这就是鬼城文化的内涵。正因为丰都鬼城的核心是一个"善"字，所以，佛教讲善，就把释迦牟尼请到了名山；道教也讲善，就把玉皇大帝请到了名山。因为山顶已经有了阴天子，所以如来和玉皇只能屈居山腰了。不过凡间的时空观念和神仙的时空观念不一样。不管把如来塑在哪里，大家还是觉得他在西天灵山；不管把玉皇大帝塑在哪里，大家都认为他就是在天上。

各位朋友，这里就是平常人们谈之色变的鬼门关了。鬼门关之所以令人恐惧，是因为它是人死后亡魂通往阴间的关口，入鬼门关即意味着死亡。丰都鬼城的鬼门关看上去并不可怕，也用不着害怕，因为人都有生有死。按宗教的说法，人死后灵魂都要到阴曹地府，到阴曹地府都要过鬼门关，走黄泉路，过奈何桥。和奈何桥一样，鬼门关既是人死后通往阴间的必经之路,也是检验人在世时是善是恶的关口。大家请看,镇守鬼门关的是一些恶鬼,据说是阴天子派他们在这里盘查过往亡魂的。在世为善的人亡魂带上路引就能顺利通过。"路引"就是通往阴曹地府的通行证,上面盖有"丰都县正堂""丰都城隍""阴天子"三枚大印,是专门发放给善人去阴间的。在世作恶的人亡魂过鬼门关就会受到苛刻盘查,验明身份后押往十殿受审,再打入地狱受刑。所以,丰都鬼城的鬼门关和人们平时所说的鬼门关并不是一回事,既有共同点:死亡的关口;也有不同点:检验善恶的关口。它是鬼城"惩恶扬善"文化内涵的载体。

游客朋友们,这就是黄泉路。"黄泉"顾名思义,就是黄色的泉水,水含有泥沙就呈黄色。泉水是地下的水,黄泉就是地下的泉水。古人认为宇宙有三个空间,就是天间、人间、阴间。天间是神仙住的地方,人间是人住的地方,阴间是人死后住的地方。所以,人们常说死后的人在九泉之下如何,把人死说成命赴黄泉。人死后魂归阴曹地府,去的路当然在地下。地下有黄泉,所以去阴曹地府的路就叫黄泉路了。这条黄泉路,其实是天子殿外的一条走廊。

黄泉路里面墙壁上原来有唐代、明代、清代的十几块古碑。由于保护文物的需要,现在已经作为文物保管起来了。大家现在看到的这块碑叫"劝诫碑",是1927年蓬溪县县长孙治国所立,碑文系铜梁县县长吴载易书写。碑题是:"请看好讼、做贼、好淫、孝顺、惜字的结果。"

朋友们,现在我们来到了望乡台,这里高20.3米,楼顶重檐四翘角,象征阳间、阴间两重世界和东、南、西、北四方,孤立高耸。登上望乡台,可看透阳间、阴间两重世界,目及千里万里,四面八方。传说望乡台是人死后亡魂遥望家乡,与在世亲人做最后诀别的地方。按佛教的说法,人是由躯体和灵魂构成的。躯体是要死亡腐烂的,而灵魂是不灭的。人的死亡就是灵魂离开了躯体。人死后其灵魂到了阴间,跨阴阳界,走黄泉路,进鬼门关,过奈何桥,然后到地府报到。地府再根据此人在阳世的表现做出判决,好人升天堂,恶人下地狱,一般的人转世投胎。阴曹地府是个充满人性化的地方。地府在对这个人发落之前,阴天子感慨于人对家乡的依恋和对亲人的亲情,大发仁慈之心,允许亡魂再看看家乡,与亲人做最后的诀别。望乡台是阴曹地府专门为亡魂望别家乡而设置的,亡魂登上望乡台,不管他的家在世界何方,他都能看到家乡,看到亲人,并与亲人做最后的诀别。

各位朋友,我们现在来到了天子殿。天子殿始建于西晋,由于各种原因,这座庙宇在1700多年的历史中多次改建重修,现存的天子殿是被火焚毁后,于清康熙三年重修的,其中的钟鼓楼是清光绪二十七年修的。天子殿是名山年代最久、规模最大、保存最完整的庙宇,是鬼城的核心。天子殿是阴天子办公的地方。阴天子就是阴间的天子,也就是鬼国的皇帝,我们平常俗称的阎王。一说阎王,大家可别害怕,丰都鬼城的阎王和我们平时印象中的阎王不一样。他是一位相貌堂堂、公正严明、爱情专一的贤明君主。他手下的一批文臣武将都是各有本领、职责明确、公正清廉的忠臣。他们共同承担起阴曹地府惩恶扬善的重任,目的是建设一个光明正大、公正公平、唯善呈和的鬼国。大家首先看到的是天子殿前的"拷罪石"。顾名思义,这个"拷罪石"是用来拷罪的。怎样拷罪呢?人单脚站在拷罪石上(男左女右),两眼盯着"神目如电"几个大字,若无罪则心不虚,就站得稳;如果做了过恶之事,神的眼睛像电一样,有罪之人在神的面前就会心慌意乱,自然就站不稳。拷罪石与其说是用来拷罪亡魂的,不如说是用来拷问活人的,因为按鬼城的说法,人在世时做了哪些善事,干过什么恶事,阴曹地府早已知道得清清楚楚,这就是善恶昭彰,还用得着拷吗?而活着的人干了坏事,一般都会隐瞒不认,这就是人性的弱点。所以古人到鬼城来进香,都要过拷罪石这一关,接受神的拷问,从而知错改恶而从善。拷罪石就是古人借鬼城来警示世人的。来!大家都到拷罪石上站一站,站不稳不要紧,不就是做过错事吗?古人云:"人非圣贤,孰能无过,过而能改,善莫大焉。"不过,你最好是要站稳!

这天子殿第二道门的两边分别是黑白无常和鹰蛇二将。黑白无常就是人们平常说的勾魂鬼。只不过这黑白无常是有分工的。白无常穿白衣,戴白高帽,上面写有"你也来了"四个字。他一手拿雨伞,一手拿蒲扇,笑眯眯的。原来他是负责迎孝接善的。凡是孝子善人阳寿终结,白无常就去迎接他的亡魂,给他遮雨、打扇,引他进鬼门关,顺利通过奈何桥,到阴天子那里接受赏赐,或升天堂,或投胎富贵人家。黑无常却是青面獠牙,手里拿着铁链,穿黑衣,戴黑高帽,帽子上写有"正在捉你"四个字,一脸凶恶。原来他是负责"锁恶拿顽"的。凡是奸臣恶人,阳寿到期,黑无常就去捉拿,套上铁链拉到地府受审。这鹰蛇二将是天子殿前的卫士。据说蛇将是宋朝一位儒生拾到一枚蛇蛋孵化出的小蛇。儒生用馒头喂养它长大，小蛇就化为金甲神为其看家护院。后来，儒生被含冤斩首，小蛇为主人复仇。玉帝感其忠烈，封其为蛇神，派到地府效力。鹰将据说是成吉思汗的猎鹰。猎鹰战死，太祖亲封它为鹰将，镇唬奸邪。门口壁画是四值功曹，即值年神李丙、值月神黄承乙、值日神周登、值时神刘洪。

游客朋友们，这里就是阴天子和他的文臣武将上朝的地方，相当于封建社会皇帝的金銮殿。大家请看，这上面头戴金冠、身着龙袍、相貌堂堂、庄重威严的坐像就是阴天子。阴间的天子就是俗称的阎王。像高6米，是贴了金的。这位阴天子并非平时所说的恐怖之神、死亡之神。在鬼城传说中他是一位公正严明、治国有方、爱情专一的贤明君主。据说全世界的人死后亡魂都要到丰都鬼城来报到，接受地府的审查和处置。阴天子要做到公正严明，使其善有善报、恶有恶报，首先要分清善恶。在阳世就有好名声的善人要得到善报，在阳世受冤的好人也要昭雪而得到善报；在阳世就受到惩处的恶人要得到恶报，在阳世没有受到惩处的恶人也要得到恶报，在阴间受到惩处。所以，丰都鬼城是封建社会劳动人民想象出的一个公平公正的理想国度，是古人借鬼说事、以鬼喻人的产物，它并非在宣传封建迷信。

请看，这是十大阴帅，就是阴间带兵的将领，它们是阴天子的武将，分别是日游、豹尾、鸟嘴、鬼王、牛头、黑无常、鱼鳃、黄蜂、夜游、马面。这是四大判官。察查司，他双目如电正气凛然，负责对亡魂侦查、审查，相当于最高人民检察院检察长的级别。赏善司，他身穿绿袍、笑容满面，专门负责对善人的赏赐：大善大赏，经仙道升入天堂；中善中赏，经人道转投富贵人家享受荣华富贵；小善小赏，经人道转世投胎。罚恶司，他身穿紫袍，怒目圆睁，一脸严肃，专门负责惩罚恶人。根据恶人罪恶大小，分别发到十殿阎罗处接受审判，然后打入不同层次的地狱服刑。罪大恶极的打入十八层地狱永世不得超生。崔判官，他是四大判官中的头号人物，一手拿生死簿，一手拿勾魂笔，专门执行为善人添寿、让恶人归阴的判决。他相当于现在最高人民法院的院长。崔判官叫崔珏，《西游记》说，崔珏在唐太宗手下为臣，先为县令，后升至礼部侍郎，与丞相魏徵是朋友。他生前为官清正，死后当了阴曹地府的判官。因泾河龙王被斩一案，泾河龙王在阎王面前告了唐太宗李世民一状,魏徵修书托崔判官保佑李世民。崔判官不但保佑李世民还阳,还给他添了20年阳寿。在还阳途中,唐太宗又遇无数冤魂前来索命,崔判官又出面排解,帮李世民借一库金银安抚众鬼,李世民才得以脱身还阳,又活了20年。这位头戴凤冠身披霞衣的美丽女子就是天子娘娘,也就是阴天子的夫人。阴天子并不像封建皇帝那样有三宫六院,他只有这一位夫人,而且是自由恋爱结为夫妻的。传说天子娘娘叫卢瑛,是四川省大竹县人。她的父亲是当地的员外,夫妻俩老年得女,把女儿视为掌上明珠,年方十八还待字闺中。有一天,卢瑛跟随母亲到丰都名山进香。当她给阴天子像叩拜时,看到阴天子相貌堂堂,庄重魁梧,就在心中祈祷:但愿将来能嫁如此郎君。卢瑛的心思被阴天子知道了,阴天子就派一只蜜蜂去向卢瑛求婚。卢瑛进香返回家乡,一路上一只蜜蜂就在耳边飞,嗡嗡的声音似在问:"嫁不嫁?嫁不嫁?"卢瑛挥手赶蜜蜂:"去!去!"蜜蜂于是飞回告诉阴天子,说卢瑛已经答应了阴天子的求婚。卢瑛回到大竹,神情恍惚,三天后无疾而终。她已经被阴天子迎娶回名山,做了天子娘娘。卢瑛托梦给父母,说自己已经和阴天子结为夫妻,让父母到丰都名山来看她。卢瑛的父母来到名山,见阴天子身后新添了娘娘,样子正是自己的女儿,不禁大哭。一位高僧了解了前因后果,恭贺卢员外道:"你们的女儿已经肉身成仙做了天子娘娘,她就是万人敬仰的神仙了,你们也成了皇亲国戚了,可喜可贺啊!你们还哭什么呢?"于是,员外夫妇转悲为喜。从此,大竹就成了天子娘娘的娘家。每年农历三月的娘娘大会,大竹人都要举行隆重仪式到丰都给天子娘娘进香。这个习俗,今天已经演变成鬼城庙会被保留了下来。天子娘娘在阴间是分管女子的青春美貌的。

地狱是梵文"那洛迦"的意译,就是阴间的监狱。地狱是佛门"十界"中的最恶者。十界依次为:佛、菩萨、缘觉、声闻、天、人、阿修罗、畜生、饿鬼、地狱。其中,佛、菩萨、缘觉、声闻称为"四圣",天、人、阿修罗、畜生、饿鬼、地狱称为"六道"。六道中后三道称为"三恶道",地狱是恶道中之最。地狱的名目繁多,大家最熟悉的就是十八层地狱了。据《十八地狱经》讲,十八层地狱的名称分别为:一、泥犁地狱;二、刀山地狱;三、沸沙地狱;四、沸屎地狱;五、黑身地狱;六、火车地狱;七、镬汤地狱;八、铁床地狱;九、盖山地狱;十、寒冰地狱;十一、剥皮地狱;

十二、畜生地狱；十三、刀兵地狱；十四、铁磨地狱；十五、铁册地狱；十六、蛆虫地狱；十七、烊铜地狱；十八、阿鼻地狱。十八层地狱中刑法一层比一层残酷，令人毛骨悚然。据说人在世时做了恶事，死后都要下地狱受苦。罪恶越大的下地狱层数越深，受的刑罚就越重。十恶不赦的人则下到十八层地狱，永世不得超生。十八层地狱是鬼国用来专门惩治恶人的，如忤逆不孝的要下油锅，做生意缺斤少两的要受秤刑、心黑之人要挖心、造谣诬陷之人要割舌等，宣扬的是恶有恶报。在阳世做了坏事没有受到惩罚的，在阴间也是逃不过的。你看那秦桧两口子，他俩在世时害死岳飞父子，还享尽荣华富贵，到了阴间就下了地狱。十八层地狱集中体现了鬼城"惩恶扬善"思想中"惩恶"的一面。

　　城隍庙属于道教中的冥神体系，是一个城市的保护神。因此，每个城市都有这个城市的城隍菩萨。在中国有些地方，城隍菩萨在历史上实有其人，通常为当地历史上的名人，城隍菩萨的职务相当于阳间的府县级官吏。名山上的城隍就是丰都城隍，它是丰都城阴间的县令。丰都阳间的县令管丰都阳间的事，丰都城隍管理丰都阴间的事。传说丰都城隍每年要三次出巡察访，可见他很尽职尽责。据说人死后灵魂都要到地府报到，持有"路引"的就能顺利通过各道关卡。"路引"就是阴间的路条，上面盖有"丰都县正堂"（县令）、"丰都城隍""阴天子"三枚大印。所以，丰都城隍的权力很大，丰都城隍庙历来香火旺盛。

　　朋友们，现在我们来到了十殿，里面住着十殿阎罗。这十位阎罗，是阴天子属下的十个王。鬼国的体制是按封建制度设置的。像周朝，最高统治者是周天子，周朝有若干个诸侯国。各个诸侯国都有王。秦朝以后，虽然国家置郡县，但还是由皇帝分封若干个王。在丰都鬼国里，十殿阎罗就是阴天子手下的诸侯王。他们的主要职责是审判罪鬼，并掌管相应的地狱。十殿阎罗既像地方人民法院的院长，也相当于各个监狱的监狱长。看了十殿轮转王的六道轮回，大家也全面了解了丰都鬼城。世上哪儿有什么鬼，哪儿有什么阴间。鬼城只是古人用来教育人、警示人的一个场所，是古人对当时社会制度不满而想象出来的一个国度。惩恶扬善匡正义，善恶昭彰显光明，唯善呈和好憧憬，因果报应顺民心。

　　看了鬼城，人存善心，善有善报，平安一生。平安是福，福寿长远。

第六章 大型综合类景区导游词案例

各位朋友,这里是阴司街。阴司街就是阴间的街。传说人死后亡魂就到了阴间,阴间也和阳间一样,有城市,有街道,人们也要到街上去玩耍,去做买卖。现在大家看到的是阴司街牌坊。这个牌坊为青石结构,三重檐,四圆柱,三开间,高17米,面阔17米。牌坊两面有浮雕34幅,有黑白无常、牛头马面、十大阴帅等。"阴司街"三个隶书字为原中国书法家协会副主席刘炳森所书写。整个牌坊雄伟壮观,造型独特。现在请大家随我去阴司街逛一逛。

朋友们,真正的阴司街应该在阴间,我们是看不见的,其实那也是一种迷信的说法。我们现在逛的街当然是人造的古街,它建于20世纪90年代。这条街的建筑全部采用丰都本土建筑风格,雕花门窗,穿枋挑梁,木椽青瓦,大翘檐角,显得古色古香。阴司街店铺林立,旅游纪念品极有特色。丰都名特小吃味美可口。街上还有木偶戏、城隍出巡等民间文艺表演。

各位朋友,登上九十九级台阶,我们现在来到了鬼国神宫。鬼国神宫外形像一个古城堡,城墙为青砖砌成,城墙上垛堞排列整齐。宫门外有一对汉白玉麒麟,宫门是一个巨大的鬼头张着大口。宫门上方是著名书法家、原中国书法家协会副主席刘炳森题写的"鬼国神宫"四个大字。从鬼头大口进入神宫,我们就会进入一个眼花缭乱的神奇世界。神宫里面是用声、光、电等高科技手段表现的鬼城传说故事,是一个动态的阴曹世界,惊险刺激而又好玩。表现的内容有哪些呢?大家进去游览一番就清楚了。

游客朋友们,现在我们来到了这座名叫双桂山的山,它海拔401米,是名山的姊妹山。名山上是鬼城,属于阴间;而双桂山是国家级森林公园,属于人间。虽是人间,却是人间仙境。双桂山双峰挺拔,绵延雄伟,山上翠柏含黛,古榕如盖,花有百色,鸟有百语,曲径通幽、处处氧吧,清泉流淌、声声琴鸣,恰似人间天上,又似天上人间,真是好去处,大家随我来。古代文人墨客到丰都,不光爱游览名山,也爱游览双桂山。

各位朋友,这是"恩来亭",是1986年为纪念周恩来总理、李先念副总理、李富春副总理视察丰都28周年而建造的。1958年,周恩来总理受毛主席委托,亲自抓长江流域规划和三峡工程规划这两件大事,于2月28日率副总理李先念、李富春,科学院副院长张劲夫,国家计委副主任刘西尧,水电部李葆华、刘澜涛、钱正英等负责同志,湖北省委书记王任重,四川省委

- 195 -

书记阎红彦,以及100多名专家沿长江而上考察,3月4日下午乘"江峡"号抵达丰都。周总理一行考察了丰都榨菜生产。当问到榨菜是不是全卖给国家,农民回答是全卖给国家时,周恩来说:"要让群众留一点,自己做点咸菜吃。"周总理一行考察了名山,指示要保护好鬼城名胜古迹,政府要拿钱对名山进行维护。事后,县上对名山进行了维修。所以,丰都鬼城得到了较好的保护。当听到酆都县的"酆"字难写时,周总理说:"现在酆都县连年丰收嘛,改成丰收的丰字好。"遵照周总理的意见,丰都县人民代表大会作出决议将"酆都县"改为"丰都县",并经四川省政府上报国务院。当年9月,经国务院批准,"酆都县"正式更名为"丰都县"。

朋友们,这是贺龙阁,里面塑有贺龙的半身像,还陈列有贺龙、刘伍的有关照片和资料,是为了纪念贺龙驻防丰都而建造的。1923年,贺龙任四川陆军第四师独立第一旅旅长,驻防丰都。时任丰都县知县的刘伍为官清廉,办事公道,体察民情。他为了惩治作恶多端、逼死几条人命的安仁镇团总许春樵,请求贺龙支持。贺龙派部队逮捕了许团总,并押赴刑场执行枪决,老百姓无不拍手称快。后来,刘伍因为丰都县老百姓贫穷,拒筹军阀陆柏香要的军饷,被陆柏香扣押。贺龙部复返丰都,夜袭陆柏香,救出了刘伍,并护送回重庆。不久,刘伍结识了恽代英,加入中国共产党,后被选为中央候补委员,1930年被捕,壮烈牺牲。贺龙离开丰都回到湘西,后来参加八一南昌起义,成为无产阶级革命家、军事家。中华人民共和国成立后被授予元帅军衔。

各位朋友,这是护国亭。此亭建于1985年,是为了纪念刘伯承在护国讨袁战争中血战丰都负伤而建造的。1916年,袁世凯废共和称帝,云南率先起兵护国讨袁,全国纷纷响应。1916年3月,刘伯承率四川讨袁护国军第四支队,于丰都狙击沿江西行的北洋军。刘伯承一边派人潜入县城到处张贴讨袁护国布告,一边诱使北洋军进入护国军埋伏圈,出其不意地对敌发起攻击,一举攻占丰都县城。刘伯承身先士卒,冲锋在前,在攻打大西门的战斗中,刘伯承被流弹击中。一颗子弹击中了他的头顶,一颗子弹击中了他的右眼,顿时血流如注,痛昏了过去。身边人员急忙抢救。刘伯承醒后说:"不要管我,攻城要紧。"随行人员随后将刘伯承抬到"恒春店"中药店。中医郑慎之为他治伤,后又转到重庆一德籍医生诊所治疗。刘伯承伤虽治好,但从此失去右眼。刘伯承后来加入红军,一生南征北战,立下赫赫战功,成为著名军事家,中华人民共和国成立后被授予元帅军衔。护国亭中有刘伯承碑,介绍了刘帅光辉的一生;有刘伯承赠邓小平手书碑,叙述了他在讨袁护国丰都战斗中负伤的情况;有护国亭纪念碑,亭前是"刘伯承血战丰都"组雕。

各位朋友,我们现在来到了苏公祠。苏公祠始建于明洪武元年(1368年),清同治七年(1868年)重建,名坡公祠,早毁。1984年重建,更名为苏公祠。苏公祠是为了纪念苏洵、苏轼、苏辙三父子到丰都而建的。北宋仁宗嘉祐四年(1059年)十月,一天晚上,一声声鹿鸣从双桂山上传来。夜晚鹿鸣,知县好生奇怪,忙派人上山察看。发现山上一只白鹿一边跳跃一边鸣叫,大家急忙追赶。赶至森林深处,白鹿忽然不见了,闪现出一位白发老翁,告诉赶鹿的人们:"回去告诉知县,明天将有圣人到此,务必恭迎。"说罢就不见了。知县听了汇报,一夜难眠。第二天早上,知县早早恭候在长江码头。不一会儿,一艘官船驶来,船上下来大文豪苏氏三父子。原来,苏氏三父子是奉命赴汴京上任,途经丰都。知县设宴为三苏洗尘,言及白鹿夜鸣一事,三父子也觉惊奇,非常感动。次日,三苏游名山双桂山,苏轼赋《仙都山鹿》诗一首,《题平都山》诗两首。因诗中有"平都天下古名山"句,于是平都山从此以后就改称名山了。苏洵也赋《平都山》诗一首。

这里古时为"玉鸣寺",后来因为苏洵、苏轼、苏辙三父子到丰都时曾有白鹿夜鸣,所以改为"鹿鸣寺"。鹿鸣寺被毁后,1987年在此改建孔庙,供奉孔子。孔子是我国古代最伟大的政治家、思想家、教育家,儒家学派创始人,世界著名的文化名人。

各位朋友、各位来宾,先生们、女士们,丰都名山景区现在就游览完了,谢谢各位对我工作的配合和支持。祝大家旅游顺利,一路玩得高兴。

(三)丰都雪玉洞

各位朋友,大家好!欢迎来到丰都雪玉洞参观游览!雪玉洞是目前国内已开发洞穴中最年轻的溶洞,中国洞穴研究会会长朱学稳教授称洞内钟乳石"洁白如雪、质纯似玉",雪玉洞因此得名。2004年4月24日雪玉洞正式对外营业。国际岩溶自然遗产地权威专家、世界自然遗产保护联盟洞穴特别工作组主席 Elcay Hamilton Smith 教授率团考察雪玉洞后，评价雪玉洞是"世界上真正美丽的洞穴、是我一生中考察过的一万多个洞穴中所罕见的"。由于其极高的观赏价值和科考价值，中国地质研究学会还在雪玉洞成立了中国第一个"中国洞穴科普基地"和"中国洞穴观测研究站"，中国地质学会会长朱学稳教授亲笔题写"雪玉洞"三个大字。其中世界级奇观有 4 处：规模最大、数量最多的"塔珊瑚群"晶莹剔透，最薄最长的"石旗王"直径达 4 米，冰清雪洁的"地盾"傲雪斗霜，"鹅管王"长达 2.5 米。它们皆为世界之最、洞穴珍品。2005 年雪玉洞入选国家 4A 级旅游景区。

雪玉洞有三个世界罕见。第一，雪玉洞是世界罕见的洁白如雪的溶洞"冰雪世界"。由于雪玉洞是质地极纯的碳酸盐岩，洞穴沉积环境封闭很好，洞顶厚度很大，因而溶解后的碳酸岩溶液杂质极少，因而生成的洞内景观 80%"洁白如雪、质纯似玉"。第二，雪玉洞是世界罕见的正在快速成长的洞穴"妙龄少女"。据专家考证，距今 5.5 万年至 8 万年前，雪玉洞才开始发育于龙河边上；距今 1 万年以内，洞内环境才改变为有利于次生化学物的生成和发育，其他洞穴，钟乳石景观一般是几万年到几十万年前生成的，质地老化，色泽暗淡。而在雪玉洞，除极少数有四五万年历史外，那些浩如烟海、色泽如玉、千姿百态、美不胜收的沉积物景观，都是在 3300 年至 1 万年之前生成的。这些洞穴景观酷似一群花季少女，正处在快速成长时期。洞穴沉积物景观的生长速度，一般是 100 年一毫米左右，而雪玉洞达到 100 年 33 毫米。第三，洞内沉积物生成的景观，种类齐全、规模宏大、分布密集、形态精美、令人难以置信。这里有大量鬼斧神工的鹅管、妩媚动人的钟乳石、昂首待哺的石笋、精美绝伦的石柱、薄透如纸的石旗、迎风招展的石带、气势恢宏的石幕、凌空高悬的石幔、从天而泻的石瀑布、繁星灿烂的流石坝、不可思议的石毛发、千姿百态的卷曲石、还有洞壁溶蚀后形成的众多妙趣横生的鸟兽鱼虫，还有那堪称世界第一的石盾和塔珊瑚花群等，真的是"白玉雕琢玲珑界，冰雪起舞桃花源"！

各位游客朋友，进洞之后我们就可以听到洞内潺潺的流水声，脚边是地下暗河，这条地下河贯穿整个雪玉洞。雪玉洞全长 1644 米，现已开发的旅游线路为 1166 米，分为上、中、下三层，六大游览区。现在我们所在是第一层，也是第一个游览区。

【金龙迎宾】

这里是金龙迎宾，它是一个岩溶蚀余景观。据说，这条金龙是雪玉洞主安排在这里专门迎接客人的。大家听见了吗，它在说："客人们好，世界奇观雪玉洞欢迎你们！"

【玉带飘飘】

这洞顶的钟乳石景观非常奇特，如同条条玉带随风飘舞，被称为玉带飘飘。

【情侣石】

这是两根石笋，恰似一对情侣并排而立，互表心意，所以叫它情侣石。

【玲珑宝塔】

这尊石笋形态精美、玲珑剔透、酷似宝塔，我们称它为"玲珑宝塔"。塔上有白色粉末，据说是塔内焚香飞出的香灰，但地质学家说是镁矿粉，并且含水量很高，用手可以捏出水来。

【星光灿烂】

这里是星光灿烂，属于流石类景观。上面沉积的是碳酸钙，矿物学名称叫方解石。随着灯光和观看方位的变化，它就会呈现出星光灿烂、变幻无穷的奇妙景观。

【祥云道】

这座天生桥是一条通往天上人间的幸福大道，由于桥上祥云缭绕、轻盈飘逸，所以人们称它为祥云道。通过幸福的祥云道我们到达第二游览区"天上人间"。这一游览区拥有"梦里水乡""仙女沐浴""五彩瑶池"等十余处景观。

【梦里水乡】

雪玉洞中，有几个洞身较高、洞穴跨度较大的大厅，这里是第一个大厅，我们叫它梦里水乡。这是一个景观内容丰富而又组合较好的景区，是雪玉洞中的"娱乐城"。请看：这是九龙戏水，这是仙女沐浴。请回头一看，这是清音琴台，可听那高山流水的美妙乐章。这下面有高山流水，上面还有七彩瑶池。

【琼花争妍】

这一片花朵，争相吐艳，我们叫它琼花争妍。它的洞穴学名称叫塔珊瑚花。

【天井峡谷】

这里是天井峡谷，是由洞内水流下切而形成的一片峡谷地带。它迂回曲折、幽深秀丽、峰回路转，别有一番情趣。这里有天生二桥，酷似一朵硕大无比的土灵芝。这是天井。

【金玉满堂】

前面这一段，景观十分集中，共有24处，而且品位很高，是本游览区内的一大宝库，我们将它统称为金玉满堂。

【冰清玉洁】

这一巨大的石盾，人们给它取名冰清玉洁。由于它体形巨大，而且晶莹剔透，如同羊脂，也有人叫它羊脂盾。你看，这还真给人以弹指即穿的感觉呢！

【银瀑飞泻】

这又是一个壮丽的景观，气势不凡，它叫银瀑飞泻七叠泉。

【魔棍】

这根奇特的"魔棍"，不知是怎样形成的。说它是重力水沉积物，有一段又是横向生长的；说它是非重力水沉积物，其主要部分又是垂直生长的。由于成因讲不清楚，于是就叫它魔棍。

【金银盾】

请看上前方：那里悬空挂着一块盾牌，叫金银盾，是难得一见的稀世珍宝。传说当年雪玉洞曾遭外敌入侵，金银盾是雪玉洞主大战后遗弃的神物。这块盾牌为什么叫"金银盾"呢？因为看上去一面像是黄金锻造，另一面却是白银铸成。其实既非黄金，也非白银，而是分两个时期形成的。早期的石盾年代久远，并且杂质较多，因而是黄色；由于水源一度中断，它停止生长几千上万年之后，又开始恢复发育，且质纯而呈白色，至今还在生长之中。我们即将登上雪玉洞的天上天，通往天上天的道路就是第三游览区"步步登高"。这一游览区包含"刺破青天""石旗王"等景观。

【刺破青天】

这是一尊挺拔的石笋。武隆芙蓉洞有"亚洲雄风"，云南阿芦古洞有"天造神物"。雪玉洞中的这尊石笋叫"刺破青天"。

【石旗王】

这面巨大的石旗,据说是世界之最,因此称为石旗王。

【碧海银峰】

这里洞中有洞,更是别有一番景象。你看那大片珊瑚田中,突起一座银白色的冰峰,真是横看成岭竖则峰,傲然屹立碧波中,冰清玉洁尘不染,寿与天地日月同!我们称它为碧海银峰。

【七朵晶花】

这是七朵晶花。它应该属于塔珊瑚类,但奇特之处在于它们都长有身子,花却开在头顶上。有人猜测是七仙女依恋凡尘,从天上私奔来到雪玉洞的。雪玉洞的主题就是这似雪似玉的美景,在第四游览区"北国风光"就能让我们尽情领略。这一游览区容纳了"竹筒山""玉龙虾""雪绒花""音乐家之手""瑞雪兆丰年""长城内外""雪玉企鹅""冰天雪地""雪玉宫""玉珠飞泻挂前川""泻玉流光""高峡冰川"。

【竹筒山】

这是竹筒山,属于洞穴蚀余景观。它高达30余米,形同一根劈开之后巨大竹筒。这在其他洞穴也是没有的。

【雪绒花】

这片景观叫雪绒花。那些杂乱丛生的雪绒,洞穴学名称叫石毛发,是由非重力水所带的沉积物形成的。

【瑞雪兆丰年】

雪玉洞处于南国,这里却千里冰封,万里雪飘,一片白雪茫茫,好一派北国风光。我们叫它瑞雪兆丰年。

【长城内外】

这里是长城内外。你看这万里长城,气势磅礴何其宏伟,毛泽东笔下"长城内外,惟余莽莽;大河上下,顿失滔滔"的诗情画意,在这里表现得淋漓尽致。

【雪玉企鹅】

这是一块大地盾,由于形如企鹅,所以叫它雪玉企鹅。它高4米,宽2.5米,是目前世界洞穴石盾中最大的,被称为石盾之王。据朱学稳教授考察,它是一个蚌壳体,由两半组成,水从中间向上喷出,然后从四周流下沉积而成。这种现象是非常罕见的。

【冰天雪地】

这一片美丽的石流壁景观,我们叫它冰天雪地。你看,地上还生长着不少石毛发呢,客人们在其他洞穴能够见到吗?

【泻玉流光】

朋友们,展现在大家眼前的这组景观,叫作泻玉流光。从这组景观我们可以看出雪玉洞之美,当无愧色。有人说雪玉洞是个"聚宝盆",此话不假。大家看,从洞顶上飞流直泻而来的玉宝,气势磅礴,扣人心扉。千百年来,为了人间的美好,为给大自然增光添彩,它终年不息,从不减势。依附在洞壁上的成块、成柱、成丝、成珠、似龙、似兔、如虎、如羊的玉宝,在特定的地质环境作用下,恰似一道道流光闪过,五彩斑斓,显得更加娇媚。

【高峡冰川】

长江高峡出平湖,龙河峡谷有"冰川"。雪玉洞的冰川,虽不如珠穆朗玛峰和北极的冰川辽阔壮观,却有自己的气度和个性。雪玉洞内的冰川不是冰,而是洁白无瑕的玉川,它只会增添和延伸,不会消融和崩塌。雪玉洞的"高峡冰川"美就美在把珠峰和北极的冰川之精华都浓缩在里面了,因而大有一种"欲渡黄河冰塞川,将登太行雪满山"的诗情和画意。大家今天能在鬼城丰都的彼岸欣赏到冰川世界的风光,真算是有缘分和眼福。

城市中看到高楼大厦不奇怪,能在狭小的第五游览区"琼楼玉宇"领略高楼大厦那就心旷神怡了。大厦里建立了"金銮宝殿""仙山琼阁""云岗残雪""星光大道""母子情深""沙场秋点兵"等几处壮举。

【金銮宝殿】

大家看到的是雪玉洞中的金銮宝殿。这是上天培育的极品,是雪玉洞的佼佼者之一。这座宫殿造型优美,结构井然。顶天立地的68根玉柱,错落有致,或雕龙刻凤,或繁花簇拥。粗犷中不失精细,精细中不乏犷力,似古代巴民族图腾文化的象征。雪玉洞中的"金銮宝殿"与北京城故宫内的金銮宝殿(太和殿)的72根雕龙金柱相比,更为复杂精致。其奥妙就在它们的做工差距上。建造北京城的金銮宝殿连同整个故宫在内只花了14年的工夫,而雪玉洞的"金銮宝殿"却用了上万年的时间,至今还在完善之中。就工艺制作而言，故宫内金銮宝殿的雕龙金柱是出自凡人的艺术手段，而雪玉洞的"金銮宝殿"的玉柱是出自大自然的鬼斧神工。

【云岗残雪】

这是雪玉洞中的第三个大厅，我们叫它黄花岗。这片场景由洞穴崩塌堆积而成，是洞穴发育到成年的产物，多发生在跨度较大、洞身较高的地段。看来这里崩塌年代较早，崩塌体上已有新的石笋等景观在生成发育之中。

【星光大道】

美丽的方解石结晶像星星般闪耀，照亮我们脚下的道路，星光大道就这样建立起来。洁白的钟乳石净化您美丽的心灵，让您带着愉悦的心情进入第六游览区"前程似锦"。这一游览区由"花木峥嵘""繁花似锦""小老鼠""林海雪原"共同造就。那么现在大家看到这片景观，科考名称叫作"塔珊瑚"。其形成条件非常复杂，它是在特定条件下，地下河水即将干枯，水中碳酸钙饱和度非常高，同时底部有塔形方解石结晶形成，再加上洞顶上有水滴滴落，三个条件才能共同形成这种景观。所以这类景观全世界目前只在美国、法国、墨西哥、以色列、巴西、南非、澳大利亚7个国家有发现，而我们现在看到的是全世界发现面积最大、观赏价值最高的一片，所以是洞中第三个世界之最。大家可以看到，这里的塔珊瑚非常密集，就如一群群士兵在接受将军检阅，所以这里借用南宋大词人辛弃疾的《破阵子》"醉里挑灯看剑，梦回吹角连营。八百里分麾下炙，五十弦翻塞外声，沙场秋点兵"，命名此处为"沙场秋点兵"。它的另外一个俗称叫作兵马俑，但是就时间维度而言，它的存在比秦始皇兵马俑更悠久，兵马俑不过2000多年的历史，而它们已经5800多年了。而这里还有一个最大的看点，就是在5800年以前，这里把中国地图长了出来。

【花木峥嵘】

请看洞顶，这里有一片片密密麻麻的鹅管，其密度之大，堪称又一个世界之最。我们给这里的景观取名叫花木峥嵘。

【繁花似锦】

请看洞顶，这些石钟乳形态十分奇特，有如仙女散花。我们叫它繁花似锦。

【林海雪原】

这组景观就是林海雪原。乍看起来名不副实。但您只要留心品读,就可领悟到似乎中国北方地区"林海雪原"的精华都聚集在这里。您看那玉白的雪地、雪堆、雪坡、雪柱彼此相连,茫茫一片,构成了"原驰蜡象"的意境。无数根玉柱参差不齐组成的林海,在雪原中竞显风流,千姿百态,栩栩如生。这组景观就是林海雪原,它是溶洞最后一个景点,里面钟乳石林立,就如一片淹没在大雪中的森林,而且里面非常幽深僻静,还有200多米没开发,所以命名为"林海雪原"。这边下台阶的时候,请注意安全,小心碰头,小心地滑。

到这里,我们又可以听到潺潺的流水声了,我们又回到了开始进来的地方。总结起来,我们在里面整个行程是:两环两回头,三个世界罕见和四个世界之最。两环是指整个线路是一个大环,而雪玉宫上面是一个小环;两回头是指我们在龙凤呈祥和沙场秋点兵所走的两段回头路。

今天的游览到此结束,谢谢大家的支持与合作!

(四)忠县石宝寨

游客朋友们,大家好!欢迎您来到三峡"四大国宝"之一的石宝寨旅游。我将竭力为大家做好服务。

石宝寨位于忠县,这里人文底蕴深厚,有重庆市级非物质文化遗产项目16项,如石宝寨的传说、咸说忠文化、忠州石工号子、忠州吹打乐、邱氏泥塑、土法造纸技艺、石宝蒸豆腐制作技艺、忠州豆腐乳制作技艺、忠州传统制盐技艺、乌杨白酒传统酿造技艺、谢氏铁匠传统锻造技艺、良玉汤圆粉传统制作技艺、香山蜜饼传统制作技艺等。县级非物质文化遗产项目22项。

重庆市级民间文学类非物质文化遗产项目"石宝寨的传说"主要流传在重庆市忠县境内,以及忠县周边的万州、梁平、石柱、丰都、垫江等地。石宝寨的传说的某些故事雏形始于佛教文化的传入,早于石宝寨的修建,而其盛传应在明清之间。

石宝寨的传说内容丰富,大致可分为四大类。一是智慧类:反映当时能工巧匠制造石宝寨时表现出来的聪明才智,如《游师傅修寨楼》《玉印山》等。二是因果报应类:反映佛教文化中的善有善报,恶有恶报,如《玉印山》《人头石》等。三是孝道类:反映生前孝敬老人,能获得好报,如《雁鹅石》《手扒岩的土地菩萨》等。四是石宝寨内容演绎类：把石宝寨中的故事情节与民间生活联系在一起，加以引申，如《巴蔓子刎首留城》《秦良玉的传说》等。

朋友们！石宝寨建在临江的陡壁孤峰拔起的巨石上，因相传巨石为女娲补天所遗的一尊五彩石，故称"石宝"。又因其孤峰拔地而起，四壁如削，像一方硕大无比的玉印，又名"玉印山"。明末谭宏起义，据此为寨，"石宝寨"之名由此而来。石宝寨被誉为"世界八大奇异建筑"和"世界上最大的江中盆景"。

各位朋友一定对眼前这样的建筑格局感到费解吧，为什么会在江中建一处如此雄伟的建筑呢？其实原本它并不在江中，由于三峡大坝的修建改变了周边地势，加之其独特的地理位置、地质构造和奇特的山体形状及所承载的深厚历史文化与自然遗产，不可能实施异地搬迁复制。因此，在三峡工程建设过程中，为全面永久保护好石宝寨，充分体现"不改变原貌"的保护原则，确保石宝寨的文物价值，经过专家论证，石宝寨保护工程采用"贴坡围堤"就地保护方案。2005年4月，经国家文物局审批同意，同年12月正式开工。整个工程总投资上亿元。为了足够坚固，打入水下的钢筋水泥"墙"平均深度达27米，相当于9层楼高，最深的30米。围堤的高度是178米。三峡大坝蓄水后每年10月至次年5月它是"全岛"，夏天水位下降后，又会变成"半岛"。建设过程中采用了不动寨子、抬高楼门、沿玉印山周围修筑一圈护坡、保护山体的工艺，同时在护坡上修建1米高的仰墙，把整个寨子围起来。现在的石宝寨真正成为江中"小蓬莱""世界最大的盆景""永不沉没的航空母舰""世界最美的水寨"。

【景区大门和御印风情街】

各位请看，景区大门是一巨大的牌坊，由条石砌成，飞檐翘角，牌坊上面刻有"石宝寨"三个大字，该字是由国家雕塑院院长吴为山先生亲笔题写。大门左右各有一只石狮，这对石狮又名"风水狮"，寓含"招贤纳吉"之意。

与大门正对的是御印风情街，该街道采用了明清渝东建筑风格和巴蜀建筑风格，并吸纳了石宝寨的部分建筑手法。街道青石铺路，两旁仿古建筑林立，翘顶飞椽，装饰仿古门窗。

朋友们，现在我们已经进入了景区，在我们的右侧是景区管理处和游客接待中心，左侧有厕所，有需要的朋友可以抓紧时间如厕……

【悬索桥】

悬索桥是目前通往石宝寨的唯一陆路交通人行桥。悬索桥全长188米，宽3.5米，桥面以上悬索塔架高5米，塔架采用钢筋混凝土框架结构，桥身采用德国进口钢缆，桥面用木板铺设，两边为金属栏杆。桥面高178米，与石宝寨围堰顶部同高。桥头矗立着的石质牌坊上横书的"江上明珠"四个大字是1992年，时任中央政治局委员、国务院副总理的田纪云同志视察石宝寨时欣然挥毫题写的。当年的石宝寨，孤峰拔地，屹立江畔，清人熊文稷诗称"荦确巨石临江起"，张问陶也诗称"孑孑石宝寨，屹立江水东"。寨楼和奎星阁独具匠心的艺术造型与其所依附的环境相得益彰，达到了天人合一的最高审美境界，令人流连忘返，叹为观止。今天的石宝寨，当水位达175米时，四面环水，碧波荡漾，远望去，像一颗璀璨的明珠镶嵌在浩瀚大江之中，是名副其实的长江明珠。

站在桥头，隔着铁桥，我们远远可见的那块长108米、宽20米的巨石，因其孤峰拔地、四壁如削、形如玉印，古名玉印山。相传此山乃女娲炼石补天时遗留下来的一块五彩宝石，又称为"石宝"。据《四川通志》记载，明末清初，农民起义军首领谭宏曾率军据此险要，安营扎寨，故名"石宝寨"。远远望去，石宝寨既像盆栽，又似游轮，因此石宝寨也被誉为"天下第一盆景"和"永不沉没的航母"！

【围堰】

朋友们，我们现在所在的位置是石宝寨的围堰。围堰全长600米，绕石宝寨整整一圈，将长江水挡在外面。由于石宝寨独特的地理位置、地质构造和奇特的山体形状以及它所承载的深厚历史文化与自然遗产，不可能实施异地搬迁复制。为全面永久保护好石宝寨，充分体现"不改变原貌"的保护原则，确保石宝寨的文物价值，经过专家研究，国家文物局最终决定对石宝寨采取就地保护的方案。此项保护工程共五大部分：一是石宝寨围堤护坡工程，修建临江侧挡墙、背江侧护坡、背江侧仰墙、排水廊道和排水箱涵等。二是危岩治理工程，对36处危岩进行治理。三是修建陆地交通桥，即我们刚才通过的悬索桥，连接石宝镇与石宝寨。四是对古建筑进行维修加固。五是修建配套建筑及绿化环境工程。该保护工程于 2005 年动工，耗时整整三年的时间，总投资约 1.1 亿元人民币。自此，石宝寨变成了一座四面环水的江中孤岛，风景迷人，景观丰富，以崭新的姿态展现在世人面前，真正成为江中小蓬莱和世界上最大的盆景。

朋友们，下面我们向左沿着围堰前行，大家可以看到围堰之外滔滔的长江水和围堰之内壮丽的石宝寨塔楼，这里是拍照的最佳处，大家可以依次排队合影留念……

【必自卑】

朋友们，沿着青石板路下行，绕过一片绿荫，我们来到了这座形制古朴、典雅别致的高大石牌坊前。该石牌坊是道光二十七年（1847 年）乡绅邓得意先生所立。门匾正面阴刻大书"必自卑"三字，取自《礼记·中庸》："君子之道，譬如行远必自迩，譬如登高必自卑。"意思是登高一定要从低的地方开始，远行一定要从近的地方起步。昭示人们干事创业既要志存高远、敢想敢干，又要脚踏实地、循序渐进。牌坊背面题刻"瞻之在前"四个大字，取自《论语·子罕》"瞻之在前，忽焉在后"，意思是看见它的时候，它在你前面，可是忽然之间，它又出现在你后面了。形容上寨的木梯辂转旋升，沿途的景色变幻多姿。

【石宝寨寨门】

穿过牌坊，便到了石宝寨寨门。寨门由砖石筑成，高 6 米多，歇山翘角瓦顶，三楼四柱三间，其上有"五龙捧圣"和"双狮戏彩"等精美浮雕泥塑，描金绘彩，绚丽多姿。门额横书四个镶瓷大字"梯云直上"，意为以云作梯，扶摇直上云霄。游客拾级而上，有飘飘然而入仙境步步高升、乘风快意之感。中间竖写三个小字"小蓬莱"，相传八仙曾在此歇息修炼，觉得此山胜似蓬莱仙境，因此而得名。由此使人感慨，石宝寨景色迷人，乃仙人居所。

【全木塔楼】

石宝寨塔楼主体为红色的全木塔楼阁，是我国现存体积最大、层数最多的穿斗式木结构建筑。塔楼构思奇妙，工艺独特，始建于清康熙年间（1662～1722 年），距今已有 300 多年的历史。塔楼共 12 层，通高 56 米。相传乃当地的能工巧匠观察雄鹰展翅盘旋而上玉印山，得到灵感而构思设计的。塔楼分为上下两部分，下面九层、上面三层。下九层隐含"九重天"

之意。楼内设铲旋木梯，供游人攀登而上。清人侯若源《登石宝寨》诗曰："石级层层登绝顶，一层眺望一徘徊。"描绘了登临石宝寨旋转而上如飞鸟回旋徘徊的奇妙体验。红色塔楼临岩筑基，依山取势。古人聪明地利用岩石的自然倾斜，打孔穿石立柱，木石相接、飞檐翘角、层层收缩而上，通高56米，浑然一体，蔚为壮观。整个寨楼没有用一颗铁钉，楼体材质考究，选用生长多年、木质坚硬、防蛀耐蚀的马桑树作为主要材料，至今完好无损。古人高超的建筑技艺完美地将川东民间建筑风格与古代宫廷建筑的神韵融为一体，留下了为世人赞叹的石宝寨。顶上三层为1956年修补建筑时所建，寓意"天外有天"。

【晴雨碑】

进入寨门，我们看到这一块通黑色的石碑。这是为纪念当年主持修建塔楼的乡绅邓得意先生以及其他捐款者而立的功德碑，记载了自咸丰四年（1854年）春三月始石宝寨维修、扩建、修缮的情况，赞颂了邓得意先生邀集乡绅共议兴修和捐资的功德，并记载了此次维修乡人捐资总额和参与工程的匠人、住持者姓名等，为廪生罗廷宦撰文，对研究当时的文化有一定的考古价值。

【巴蔓子将军塑像】

现在我们位于塔楼第二层，呈现在大家面前的是巴蔓子将军塑像。据史料记载：巴蔓子，忠州人，是东周末期的巴国将军。约公元前4世纪，巴国发生内乱，将军蔓子向楚国借兵，许诺以三座城池相谢。楚国助其平息内乱后，巴蔓子不忍国家领土分割，乃自刎以头授楚使，以致歉。楚王深受其感动"以上卿礼葬其头"，巴国"亦以上卿礼葬其身"。巴蔓子以自己的头，保住了巴国的三座城池，使三城百姓免遭亡国祸殃。此等舍生取义、忠君忠民之举奠定了千百年来忠县乃至整个中华民族的忠义的灵魂。忠县古名临江县，唐太宗有感巴蔓子忠义之举，于唐贞观八年（634年）赐名忠州。忠县是中国历史上唯一一个以"忠"命名的州县，1913年改名忠县，沿用至今。千百年来，巴蔓子的忠义精神影响着世世代代的忠州儿女，他们忠勇诚信、务实创新、勤奋劳作，践行着忠文化之忠勇、忠义、忠诚、忠信，把人类最崇高最精华的"忠"文化思想融入神州大地。

【直方大石刻】

登上了塔楼的第三层，我们可以看到正前方的石壁上可有"直方大"三个大字,此乃清嘉庆二十五年(1820年)川东兵备道陶澍在经过石宝寨时亲自题刻的。"直方大"三字出自《周易》"坤"卦,"君子直方大,不习无不利。"取平直、端方、正大之意,此处可用来描绘石宝寨山直、庙方、楼大。"直"字也暗含为人公平正义,做事耿直大方之意。

【严颜、甘宁将军画像】

我们继续往上走,在塔楼第四层,抬头便可看见严颜、甘宁两位将军的画像。严颜,三国巴蜀名将,巴郡临江(今重庆忠县)人。三国时刘备派张飞沿水路攻打江州,生擒严颜,然严将军拒不投降,并说:"我州只有断头将军,没有投降将军。"张飞怒令将其斩首,严颜从容不迫地说:"砍头就砍头,何必发怒也?"张飞被严颜这种忠勇无畏的精神感动,亲自为他松绑,将他释放。甘宁,字兴霸,三国东吴名将,巴郡临江(今重庆忠县)人,官至西陵太守、折冲将军。建安十三年(208年),甘宁率部投奔孙权,战功赫赫,孙权曾说:"孟德有张辽,孤有甘兴霸,足可敌矣。"甘宁为人仗义疏财,深得士卒拥戴。忠县作为忠文化的发源地之一,也是忠文化的传承之地,从古至今,这片土地上孕育了无数忠义之士,忠义精神是忠州儿女立身处世的精神支柱。

【链子口】

七楼左侧出小门可见"链子口"。明万历年间(1573~1620年),知州尹瑜倡修天子殿,为运砖、木等建筑材料上山,便加固拓宽古栈道、石梯,开凿"链子口","贯铁索于壁",扶索而上,可达寨顶西侧临江小平台,名曰"望江台",登临极目,无限江景尽收眼底。在斋楼修建之前,人们上山就是由此而上的,然而路途十分险要,清人熊文稷诗称:"铁索累累贯山巅,一步一蹲仅容趾。振衣直上最高峰,山巅平平竟如砥。"记述了古人登临石宝寨顶的艰难。

【奎星阁】

塔楼上三层稍往后退,支撑于山顶石台之上,凸起直入云霄,人称"奎星阁"。奎星是民间神话故事中主宰学者兴衰之神,在学子心目中地位崇高。奎星阁为三楼四角攒尖式建筑,红颜绿瓦、飞檐翘角、高耸云端、蔚为壮观。奎星阁是观赏长江风景的绝佳之地,朋友们可以极目远眺,领略长江的壮阔。

【鸭子洞】

山顶与塔楼第九层相连处,有一平坦石坝,面积1200多平方米,刚才说的由链子口也可达此平坝，石坝右侧（临江）有一孔穴，人称"鸭子洞"。相传洞深并与江相通，时有云气从洞中冒出。有人放一只脚上系着红绳的鸭子进去，鸭子经过九曲十八弯，最后从江面上浮起来，由此可证鸭子洞与长江相连。鸭子洞也由此得名。清代诗人王尔鉴游历至此留下古诗："绝顶红开绀宇宫，云飞树纱来天风。天地滉漾度云彩，泉深下与江波通。"又传明末清初，将军谭宏率领的农民起义军被围山顶上，三个月之后，官兵见还有鲜鱼挂在寨门，以为神助义军，故有"莫道山不大，内藏百万兵；围它三个月，活鱼挂寨门"之说。

【天子殿】

天子殿修建于明万历年间（1573～1620年），距今已有400多年历史。是道家文化的胜地。殿门横书"绀宇凌霄"，意喻到了天界的凌霄殿，有居高临下、一览众山小的雄伟气魄。在这里眺望远处，江水尽收眼底，有"孤帆远影碧空尽，唯见长江天际流"的意境之美。天子殿分为前、中、后三殿，大部分利用平顶台面临悬崖筑墙基，将建筑尽量放在中部，前后两部分留下平台，前中后三殿位于一条中轴线上，即使庙宇看起来恢宏大气，又增添了游览山光水色的场所。

【护法殿】

现在我们来到的是前殿——护法殿，这里供奉忠义神武的关圣大帝（关羽）和象征风调雨顺的四大天王。关公塑像左右两边分别为其副将周仓及义子关平，三人塑像均为实心汉白玉打造，总重量达12吨。此组雕塑是后来走水路，从挡水墙到九楼平台，通过人工塔吊吊上来的。关羽并非忠州人士，其祖籍是今天的山西运城，但他作为"忠义"的化身，成为民俗信仰中的主神，因此被供奉于这个忠义之地。奉节的白帝城、忠州的石宝寨和云阳的张飞庙分别供奉刘备、关羽、张飞的塑像，再现了他们生死与共的兄弟情谊。前殿左右分别为四大天王。四大天王可通过其手中的法器进行辨别，手缠一龙者为西方广目天王：能以净天眼随时观察世界，护持人民，为群龙领神（职顺）。手持宝伞者为北方多闻天王：比喻福德之名闻于四方，制伏众魔，护持人民财富（职雨）。手持琵琶者是东方持国天王：慈悲为怀，保护众生，是主乐神（职调）。手持宝剑者是南方增长天王：能传令众生，增长善根，是护法神（职风）。四大天王合起来就是"风调雨顺"，是人类的保护神！

【玉皇殿】

玉皇殿为天子殿的正殿,置庄严神圣的玉皇大帝塑像以及南极仙翁、真武大帝、太上老君、文曲星(魁星)、太白金星、哪吒、九曜星、巨灵神、二郎神、托塔天王等天宫里的各路神仙雕像于其中。玉皇大帝,是中国道教中最大的天神,上掌三十六天,下辖七十二地,掌管神、仙、佛、圣、人间、地府的一切事务,权力无边。他住在金碧辉煌的灵霄宝殿中,每年腊月二十五日下界巡视,考察众生。

正殿后面两边原本是厢房,原有道士居住,后来因石宝寨被评为国家重点文物保护单位,禁止烟火,这里被打造成了"八仙过海"和"瑶池祝寿"两幅大型玻璃钢浮雕。浮雕规模宏大、制作精美、形象逼真。两浮雕中间修有"爱河桥"。

【王母殿】

现在我们来到了天子殿的后殿,后殿供奉的是王母娘娘和七仙女。王母娘娘雍容华贵,凝重端庄,每年三月初三是她的生辰,届时天上、人间、地下、四海的各路神仙都要到瑶池来为她祝寿,热闹非凡,场面壮观,称作蟠桃会。

【流米石】

王母殿后是"流米石"。传说"石穴有米出,可饭一僧。僧嫌孔小,凿之使大,米遂绝"。古人用这故事对贪心者进行了绝妙讽刺,在当今社会我们亦要廉洁自律、乐于奉献,不要一味索取、贪心不足。

【古炮台】

"缓步上石来,清风透满怀。此景堪图画,别是一天台。"跨出寺庙,便抵达一块平坦石坝,此处海拔238米,是石宝寨山顶制高点。炮台是在清同治年间(1862~1875年)用来抗击外来侵略者而建。在这里大家可以俯瞰整个石宝移民新场镇的全景。新场镇于1996年开始修建,2006年年底全面完成迁建任务,是重庆市重点移民示范镇,也是三峡库区移民大镇。

各位游客朋友,今天的石宝寨之旅就要结束了,非常感谢大家一路上对我工作的支持和配合,不足之处还请大家提出宝贵的意见和建议。石宝寨集山水、古建、人文于一体,形制奇特、瑰丽壮观,向我们展现了大自然造物的奇妙和我国劳动人民的聪明智慧。真诚地祝愿大家在接下来的行程中一路顺风!

（五）万州大瀑布群旅游区

各位朋友，大家好！欢迎莅临万州大瀑布群旅游区。下面就由我来为各位做景区介绍。

万州大瀑布群旅游区位于重庆市万州区境内的长江支流青龙河，青龙河发源于万州天城的铁峰山，全长70千米，主河44千米，青龙河贯穿整个景区，汇入长江，流径约12千米，青龙河上形成了三个梯级瀑布群，从上往下为：万州大瀑布—仙女滩瀑布—鲸鱼口瀑布，三个瀑布都很大，仙女滩瀑布与万州大瀑布一样有一个可以穿越的水帘洞，鲸鱼口瀑布因为似鲸鱼张开的嘴，所以叫鲸鱼口瀑布，其间还有一些小的瀑布，如马尿溪瀑布等。

现在我们要游览的是核心景区——万州大瀑布群旅游区。眼前的"开瑞轩"是游客接待中心，取"开瑞"之意，"开"乃继往开来、开放、开敞之意，"瑞"为瑞气、祥瑞之意，"开瑞"意为我们景区敞开怀抱欢迎大家的到来，同时也将祥瑞之气呈给各位，祝大家瑞气盈门！长廊两边柱子上有副"陶然"对联，上联"客上天然居"，下联"居然天上客"，出自清乾隆皇帝，乾隆皇帝有一天到一家名为"天然居"的饭庄去吃饭，看着饭庄牌匾上"天然居"三个字非常高兴，就说到自己是客，于是挥毫写下了此对联，今天我们将这副对联放在此处以表对各位尊贵游客的欢迎和对自然山水之美陶醉之意。

【玄音亭】

"高山既得赏风叶，深谷无妨听瀑声。"静下心来聆听，耳边会荡起似有还无的瀑布声、风声，仿若天籁，玄妙无比！我们现在所处的位置距我们的万州大瀑布很近了，坐在此亭中小憩一下，感受身处大自然的娴静，荡涤城市的喧嚣，此时我们放松心情，闭上眼睛仿佛气势磅礴的瀑布已然在身后……

这里有一块字迹怪怪的神秘石刻，据说是诗仙李太白来此仙游时，为考查我们后来者的想象力所出的一道考题。大家请看左侧的岩石，上面刻有八个字，被世人称为"神秘诗"，上下每两个字都暗含一句诗：第一个"竹"字跟其他字相比显得特别小，暗喻"小竹"。第二个是岩石的"岩"字，是横着写的，这两个字暗喻的诗句是"小竹横岩外"。第二列的第一个字是

"亭"字，但是这个亭字的中间少了两横，称为"空亭"。第二个字是开门的"开"字繁体的一半，这两个字暗喻的诗句为"空亭门半开"。第三列第一个字为"夜"字，这个"夜"字的一竖特别长，它暗喻的是"夜长"；第二个字是事情的"事"，可却少了上面的一横，其暗喻的诗句为"夜长无一事"。第四列的第一个字是"有"字，它是偏着写的，意指"偏有"。最后一个字为"来"字，它少了下面的一个"人"字，所以最后一句的意思为"偏有一人来"。也有本地的书法家及其他文人推测，这首"神秘诗"也有可能是宋朝四大书法家之一的黄庭坚书写的，而诗句"偏有一人来"中的"一人"是暗指李白曾到过万州大瀑布。

【陆安桥】

陆安桥始建于清同治十年，也就是1871年，该桥为单孔石桥，桥净跨31.7米，长58米、宽9.48米、高16.65米，桥面呈阶梯状，共126步，靠观瀑台这边65步，靠甘宁将军像这边61步，两边有0.9米高的护栏，陆安桥原建在万州老城苎溪河上的陆家街，取名"陆安桥"，距今已有140多年的历史了，是中国单孔石桥的典型代表，被收录在我国桥梁专家茅以升的《中国桥梁技术史》和英国李·约瑟先生的《中国科学技术史》书中，有很高的知名度，是世界名桥之一。由于陆安桥在长江三峡淹没线175米以下，万州移民后将被淹没，所以作为文物，2007年6月原样搬迁复建到这里，位于大瀑布下游几十米远的地方，横跨青龙河，它的石头是被编号以后，一坨一坨运到这里，照原样采用了古老的黏结方法——糯米石灰浆黏结而成。文物古桥与"亚洲第一瀑"遥相对应，形成历史与自然的交叠，交相辉映，又为大瀑布景区增添了更加厚重的历史文化内涵。

【观瀑台】

在这里我们可以看到万州大瀑布的全貌，瀑布宽115米，高64.15米，面积7417.15平方米，是目前亚洲发现的最大的单挂瀑布，被誉为"亚洲第一瀑"，大瀑布形成于大约2.15亿年前的中生代三叠纪和侏罗纪时期，常年波涌浪叠，云雾氤卷，瀑布挟6条主岔河和60多条溪流丰沛的流水，长年浩浩荡荡，凌空飞泻，每秒流量达5～8立方米，最妙之处是在阳光的照射下，瀑珠时时生辉，瀑雾处处成虹。而随着水势大小、阳光强弱、观赏角度的变换，彩虹的位置、形态、色泽还会发生奇异的变化，形成"飞瀑斜虹""卧波长虹""双曲彩虹""跨岸飞虹""水帘霓虹""饮洞巨虹""龙潭饮虹"等,堪称天下一绝。

【甘宁广场】

我们现在要去的地方叫甘宁广场,甘宁将军是三国时期东吴的一员大将,是中国历史上32位名将之一。甘宁(163~222年),字兴霸,东汉巴郡临江(重庆万州甘宁镇)人,少好游侠(少年有力),颇读诸子,17岁左右任过蜀郡臣。204年率800健儿往依刘表,因居南阳,不见进用。205年,转托黄祖,黄祖又以凡人畜之。208年见用于孙权,因智勇双全、战功显赫,被孙权封为西陵太守,折冲(常胜)将军。222年2月,甘宁将军死于吴蜀交战的夷陵大战中,甘宁将军死后归葬故里甘宁镇。但因他是蜀人而效命于吴,又因为是死于致蜀汉昭烈皇帝痛亡的夷陵大战,族人怕受株连,纷纷隐姓埋名,避祸他乡。只在家乡为他垒了一个土堆,不敢树碑立传。直到1932年,当地教书先生杜介山重新为他垒坟修墓,才第一次在墓前和现在的新桥头为他立了两块碑,碑文分别为"大将军甘宁墓"和"吴折冲将军西陵太守甘宁故里"。"文革"中被毁,碑被砸为数截流失民间,现在人们为了纪念他,在景区为他重新修墓,碑文是"西陵太守折冲将军甘宁之墓"。还在景区为甘宁将军雕塑了石像,供后游人述三国之往事,发思古之幽情。

甘宁将军像是用上好青石雕刻加工而成,于2002年12月完工。甘宁战马像长3.4米,高1.6米,基座长3.6米,宽1.8米。这尊甘宁像是由本地艺人马本银雕刻的,最能体现艺人特殊技艺的是人和马的眼睛,远看就像是镶了两颗玻璃珠子在里面,将眼睛的立体感显现出来,而实际上是空的,是利用光学原理产生的效果,取材青石的优点是不易风化。今天,我们站在这里,瞩望甘宁将军英姿,是否又看见了已经暗淡了的刀光剑影,又听见了已经远去了的鼓角铮鸣?

【太白阁】

现在矗立在大家眼前雕梁画栋、古色古香的建筑就是"太白阁",诗仙李白曾两次到万州大瀑布游玩,此处瀑布轰如雷鸣,又是欣赏彩虹的绝佳之地,李白第二次来到此处正好遇上了双虹叠瀑的奇景,当即对酒当歌,留恋不已,后人为此修建了太白楼,历史辗转,太白楼几经损毁,又几经修复,最终改名为"太白阁"。在这段历史的长河中,吸引了无数文人墨客到此感怀诗仙李白的足迹，大家看到的这块"大雅"的匾额，就是北宋状元冯时行在此留下的墨宝。对联"云青青兮欲雨，水澹澹兮生烟"出自李白的《梦游天姥吟留别》。

这块太白阁的匾额与对联则是中国四大名著之一《西游记》的作者吴承恩在此留下的墨宝，整个诗篇名《太白楼》：青莲居士登临地，有客来游兴不孤。山水每缘人得胜，贤豪多共酒为徒。云飞醉墨留朱拱，花拥宫袍想玉壶。独倚阑干倾一斗，知君应复识狂夫。据说《西游记》中水帘洞、花果山的奇思妙想就是吴承恩在游玩万州大瀑布时获得的灵感。太白阁于2013年9月25日开始对外营业，共三层，是兼餐饮、茶楼于一体的茶餐厅。

接下来请大家穿好雨衣，带好雨伞准备穿水帘洞。在水帘洞内仰望瀑布，尽享"飞流直下三千尺，疑是银河落九天"的恢宏气势。穿行于洞内，遮天蔽日的银帘挡住我们的视线。雪白的雾岚缭绕，洁净的水珠飞溅，如雷的瀑声轰响，大自然真是鬼斧神工啊！

大家身处的这个天然的大洞叫观音古洞，此洞由一整块岩体组成，与瀑布后面的水帘洞浑然一体，面积有7000多平方米，洞中有洞、洞中有泉，花木葱郁、冬暖夏凉。

无量潭中供奉着的这尊"滴水观音"造像，同样是仪态端庄，栩栩如生。观音菩萨手执净瓶，清澈的泉水从净瓶中汩汩流出，普度无尽众生。说起这个滴水观音像，她有着几个神奇的数字，她高3米，观音身体部分高2.19米，正好吻合了观音诞生的日子二月十九；莲花底座高81厘米，寓意观音在得道前历经九九八十一难，很是神奇吧！无量潭有大慈大悲、功德无量之意，也有此潭神秘莫测、奇妙水中幻境之实。这里可放生鱼、鳖等生物，积功德、行大善之人可福延三代。洞内有直接凿刻在岩壁上的送子观音像，这尊送子观音是清嘉庆二十三年（1818年）凿刻的，经年香火不断，距今已有190多年的历史了。左边有一个洞，叫养儿窝。

大家看，洞的正中这尊观音是乘龙观音，基座高1.2米，观音像高4米，雕像高5.2米，她是从浙江普陀山观音道场请回来的，关于她的来历说来话长。那是在浙江普陀山慈济寺里，有位道慈大师，4岁就在普陀山出家了，经过50年的潜心修炼，对观音佛法及观音像修为深厚，成为慈济寺监院，为一方大师，现任普陀山观音道场住持。他说：以前曾多次梦到长江边佛光冲天，香火缭绕，不解其意，于是，他有许多次到长江沿途考察，冥冥之中想寻找梦中的佛光地点，寻寻觅觅很久，直到2005年9月15日，他应万州政府的邀请来到了这里，才找到了梦中佛光的缘由，原来佛光就是大瀑布缤纷的七色彩虹，而香火就是观音古洞内1818年打造的观音像的香火。大师看到半圆的七色彩虹和观音像，赞叹瀑布佛缘深厚，佛法无边，当时就捐赠人民币30万元，以此谢当地人民对观音像的保护，救助当地贫困失学儿童。道慈大师察看了观音古洞后，认为洞的朝向、地理位置、均适合重建观音像。为弘扬观音佛法，大师决定向观音古洞内赠送普陀山南海观音道场观音像，同时决定在普陀山迎佛回洞，并于2006年1月10日与重庆佛教协会会长维贤法师一起率12位高僧，在此为乘龙观音举行了盛大的开光大典。这尊观音也是马本银先生的作品。

2012年4月23日，大瀑布公司从浙江请回了32位观音应身，共33像进驻观音洞，围绕在乘龙观音周围的就是。她们的名字为：杨柳观音、龙头观音、持经观音、圆光观音、游戏观音、白衣观音、莲卧观音、泷见观音、施药观音、鱼篮观音、德王观音、水月观音、一叶观音、青颈观音、威德观音、延命观音、众宝观音、岩户观音、能静观音、阿耨观音、阿摩提观音、叶衣观音、琉璃观音、多罗尊观音、蛤蜊观音、六时观音、普慈观音、马郎妇观音、合掌观音、一如观音、不二观音、持莲观音、洒水观音。

前面的亭子叫"醉吾亭"，大家再看这副对联，"远看山有雨，近听水无声"，您一定会觉得奇怪，"远看山有雨"还能理解，这是由瀑布形成的水雾，远看似雨，可是靠近瀑布，明明有这么大的轰隆声，为什么说"近听水无声"呢？因为站在此处，您的眼球、心灵都将被瀑布的磅礴气势所震撼，虽然雷鸣不绝，却充耳不闻，让您陶醉在一种忘我的意境之中。

【天风栈道】

会当凌绝顶，一览众山小，"天风栈道"正是景区观瀑览胜、游山赏水的最佳地方，"天风栈道"修建于2011年11月，2012年4月完工，全长500米，耗资近500万元，途中修建了亭、台、廊、阁供游人休息。瀑布风光无限，登高眺望亦成奇景，大家看到刻在石壁上的"半壁"，取自白居易的诗句"插在半壁上，其下万仞悬"，凸显了天风栈道的险要地势。匾额上的"自在"二字，取自白居易的诗句"更无忙苦吟闲乐，恐是人间自在天"。

"涪翁亭"因宋代诗人黄庭坚有一号"涪翁"而得名。"白云横而不度，高鸟倦而犹飞""上观碧落星辰近，下视红尘世界遥"，都是出自黄庭坚的诗。

景区的森林覆盖面积大，植被茂密，景区有乔木、灌木树种99科，255属，505种。乔木以马尾松占99%以上。有中药，如刺五加、何首乌等，还有人们熟知的坚果核桃树、板栗树等。景区竹子有五种以上，目前知道的有慈竹、凤尾竹、水竹、文竹、小佛肚竹和毛竹等。慈竹，纤维丰富、韧性好、叶阔大，是造纸的原材料，也被作为瓷胎竹编工艺品的原材料。它的生长特点是成簇生长，每年8月才长新竹，竹笋食用价值不高，但在景观园林中被广泛栽植，深受人们喜欢。再讲毛竹，毛竹的生长过程可谓自然界一大奇观，种植期5年内丝毫不长，到了第6年雨季来到的时候，它竟以每天约2米的速度向上急蹿15天左右，最后大约可长到30米，并成为竹林中的身高冠军，而且更为奇特的是，它生长的那段时间方圆十多米内的其他植物便停止了生长，等到它的生长期结束后，这些植物才又获得了生长的权利。原来，它前5年不是没有长，而是向下生根。经过5年的地下工作，它的根可长到方圆10米、深5米的地方，真是盘根错节，博大精深。

各位朋友，今天的游览就要结束了，祝各位欢心、顺心、开心，并请多提宝贵意见！

（六）云阳张飞庙

游客朋友们，大家好！欢迎大家到云阳张飞庙旅游！江山风清，亭阁飞檐，层楼峭拔，煞是壮观！这里就是号称"巴蜀一胜境，文藻一胜地"的云阳张飞庙。张飞庙又名张桓侯庙，始建于三国时期蜀汉末年，距今有1700多年的历史，历尽沧桑，经久不衰。庙宇依山傍水、浓荫蔽日、建筑嵯峨、雕塑玲珑、金石书画、林林总总，庙、山、水构成了一幅绝妙的立体写意画。而其中最值得一提的是这里文章绝世、书法绝世、镌刻绝世，因而素有"三绝"之盛誉。正壁上"江上风清"四个大字，端庄劲拔，是清末名噪京城的书法家彭聚星回乡时书写。张飞庙为全国重点文物保护单位，国家级4A级旅游景区，国家级风景名胜区。我们看见的这座张飞庙，因三峡工程的建设，按照"不改变文物原状"的原则，从下游32千米的云阳老县城对岸的飞凤山搬迁而来。张飞庙现存建筑近90%的构件都是从老庙拆迁来的材料，它依然保持着依山、坐岩、临江的地理特征。张飞庙的搬迁是我国自中华人民共和国成立以来地面文物搬迁级别最高、搬得最远、影响最大的一项工程。

大家都知道，张飞，字翼德，河北涿郡人。蜀将张飞，刚强直理，忠毅雄猛，勇冠三军，为蜀汉江山的建立立下了汗马功劳，为古今世人所敬仰。然而，他生于河北省涿郡，殁于四川省阆中，其战守之地或当阳，或赤壁，或巴州，或阆中，南征北战之中都与云阳没有直接联系。为何在这千里之距的云阳长江边上建庙立碑呢？民间传说三国时期，吴蜀交兵，蜀将关羽败走麦城，张飞正驻守四川阆中，惊闻噩耗"旦夕号泣，血湿衣襟"。急令部将在三日之内备齐三军将士的白旗白甲挂孝出征伐吴，为关羽报仇。部将范疆、张达深知不能如期复命，又惧张飞虎威，遂趁张飞醉卧之际，将其杀害，并取下头颅直奔东吴。这时，吴王孙权得知刘备兴兵伐吴，他深惧哀兵必胜，又恐魏兵乘虚而入，乃决定不与蜀国交兵，并派人向刘备请和。范、张二人闻此巨变，一时惊恐万状，慌忙将头颅抛入长江。当天傍晚，一老渔翁在铜锣渡撒网捕鱼时将张飞头颅捞起，惊恐之间，恍然入梦，梦中受张飞之托，遂将其头颅葬于蜀地，不能让其随江水流入吴境，即云阳县城对岸的飞凤山麓，并邀集穷苦百姓修起了最早的张飞庙（名为显忠庙），这就是张飞"身葬阆中，头葬云阳"的奇妙传说。

张飞庙，经过历代修葺扩建，汇集了历代建筑之精粹，构成了一组完美的古建筑群。它依山取势，坐岩临江，层层叠起，错落有致，庙内殿宇巍峨，古朴厚重，园林小桥相映，草地流水有韵。宋人陈似在游览后的碑记中就有"胸忍胜境之最"。英国著名商人阿奇波得·立德在1879年游览张飞庙后，在他的游记《扁舟过三峡》一书中称"是他见过的最美妙的东方美景"。因此，张飞庙在历史上被称为"巴蜀一胜境"。张飞庙不但景色秀美宜人，而且蕴藏着深厚的古代文化韵律，远自汉唐宋，近至明清，无数文人墨客在拜谒张飞庙后，挥毫抒情，赋诗留联，现庙内收藏历代名人字画碑刻、楹联、匾额、摩崖题刻800余件，各大书法家、众多流派、各种风格兼收并蓄，真可谓"张祠金石，甲于蜀东""江人文藻，称胜地也"。因此，历史上人们称之为"文藻一胜地"。

现在我们脚下的桥叫望云桥，请各位朋友往张飞庙看。它屹立在临江石崖之上，坐南朝北，东面和北面是悬崖峭壁，无法设门，只能在此设山门，并以曲折石梯引人登临。山门有邪门歪道之说。山门与庙宇西墙左侧门柱凸出西壁一尺，将朝向改为西北，其原因是门前山溪对岸有一山梁，挡住了西边视线，使人有逼仄之感，而山门侧向西北以后，视野可达浩瀚东流的江面和远处逶迤群山，遥望西蜀成都，以表达张飞对大哥刘备的忠心耿耿。因此，门与梯道就变成了邪门歪道。中央电视台《话说长江》和2002年《正大综艺》重庆专辑中均以提问的形式，请观众回答邪门歪道的缘故。山门上方的石匾阴刻"张桓侯庙"四个遒劲大字，以显其庙名。山门石柱上有称得上是川东地区最长的一副长联，共68字。作者是清朝末年时任学部主事的云阳书画家彭聚星用民间传说、历史掌故，以吊古之情撰写而成。

现在请大家转身往后望，这就是著名的白玉池瀑布，山上至山后的水流奔泻而下，从高十多米的石岩上坠落，潺潺不息，漾青缭白，喷珠溅玉，给人"春秋多佳日，山水有清音"的感受。而夏季洪水冲入池中，轰然作响。古人夏云青在游览后一首诗中就有"瀑布交悬走怒雷"的佳句。瀑布飞溅出的雨雾在阳光的照射下，绘出一道彩虹架设在水潭两边。白玉池平静幽深，在阳光照射下，显现出一片光洁油润的白色，就像一块硕大的白玉，古人便因此而命名。而我们现在所看到的这个白玉池及瀑布是通过专家实地测绘，按照原比例人工复制的一个瀑布和白玉池，虽然是人工制造，但还是不乏真实。

现在我们来到了结义楼，顾名思义它是以刘、关、张桃园三结义而命名的。这是一个三重檐木结构，红柱黄瓦带藻井，典型的盔顶式建筑。站在楼下我们抬头可见：刘、关、张三人高举酒杯，仰天长望，一派庄严肃穆。当英雄洒血祭天，不求同年同月同日生，只愿同年同月同日死的时候，那份慷慨，那份悲壮堪称千古壮举。这组雕像是在原来泥塑的基础上修改而成，以玻璃钢为材料的古铜色组像。就在20世纪40年代，孙元良驻军张飞庙时，也曾写下"吾侯椎屠耳，辉煌酹大志，岂为高官爵，宅心在济世"的五言诗，赞颂张飞一心为国为民的崇高品格。请大家转过身来，映入我们眼帘的是黄庭坚奉皇命所写的《幽兰赋》。《幽兰赋》木刻共6块12帧，高2.07米，宽3.86米，是庙内最大的木刻。它置于结义楼底，首先给人以气势磅礴之感。这通大行书，字体质朴豪放，纵横多姿，大小兼令茂密，布局开朗壮阔。其苍劲、豪迈、旷达之气，着实令人肃然起敬。赋中赞美幽兰"虽无人而见赏且得地而含芳"的词句，令人回味无穷。

现在，我们来到结义楼字画廊。大家可以看到：楼廊书画满地，文武对峙，别具风采。现在就请大家随意欣赏。结义楼的字画廊可谓是楼廊书画满地、文武对峙、别具风采。

大家请看这座典型的渝东地区硬山抬梁式民居建筑，它就是今天我们参观的重点——正殿。这里进深三间，面阔五间。因在明嘉靖年间火灾被毁，于清道光元年（1821年）重建。张飞庙正殿，高阔轩昂，巍峨肃穆，张飞雕像四周香烟缭绕，油灯点点，弥漫着人们对这位猛将的敬仰和钦佩。正殿是当地老百姓希望神灵呼风唤雨、解除灾祸、添子加孙、财源茂盛、国泰民安、风调雨顺的场所，每天烧香敬神的人络绎不绝。我们看到的这尊张飞坐像是2003年由四川美术学院教授王官乙在他1981年设计的张飞泥塑的基础上修改，再由四川青铜研究所用青铜制作而成的。这尊铜像高3.1米，净重1.9吨。以前正殿中的神龛上供的是张王菩萨，眼圆口阔，黑面短须，令人生畏，在"文革"中被破坏。而现在这尊铜像是根据《三国演义》中那深入人心的张飞形象塑造成"豹头环眼，燕颔虎须"的黑脸张飞，在运筹帷幄之后，即将传令三军披甲出征的姿态，又根据出土的汉代陶俑及画像砖俑确定的衣着、盔甲。

在古代的寺庙里，很少在庙里有夫妻共享神座的。云阳张飞庙却为张飞安排了寝宫，让他们夫妻万年相伴，永享恩爱之情，给神化了的张飞抹上一层浓郁的人情味。张飞妻子称夏侯氏，其伯父夏侯渊，曾在定军山交战时被老将黄忠斩于马下。据《三国志》记载，东汉建安五年（200年），张飞偶遇一采樵少女，见而爱之，知是宦家良女，娶其为妻，生一子两女，长女是刘禅之妻，称敬哀皇后。婚后15年亡，次女后又嫁刘禅，称张皇后。

现在我们来到了观音殿，原观音雕像是民间艺人在清道光二年（1822年）所塑。其雕像依山砂岩倒悬，除金童玉女外，还有百子分布在崖间各处，重10余吨的泥塑崖壁只用稻草为筋，近百年无坍塌，可见中国古代工匠技艺之高超。庙内《装修观音大士金身碑》碑中记载了塑像的过程。

我们眼前的这座双重檐的六角形亭阁的宋式建筑，名叫助风阁。因阁前曾有清代康熙、雍正年间时称贤相的张鹏翮亲笔题赠的"助我清风"一匾而得名。传说张鹏翮在朝廷拜官以后，回遂宁老家祭祖，船经云阳，不听舟人劝告上岸祭拜桓侯,甚至口出狂言:我乃大清一统之相,张飞不过蜀汉偏安一将,自古相不拜将,更何况文臣不拜武将。硬逼船工摇桨拉纤把船拖到上游15千米处的三坝溪挽艄夜宿。次日晨起,见官船又回到桓侯庙下的铜锣古渡,如此三日反复,张丞相才知道桓侯英灵显赫,只得甘拜下风,备办三牲三果登岸祭拜。回船以后,上风陡起,船行如箭,使其平安到家。他亲书匾额并作诗两首,在返回时亲自送到张飞庙内。《张表碑》陈列在助风阁外壁。这件碑刻的原刻早已泯灭,只有拓本传世。书画家彭聚星花重金购得此拓片,于1914年镌刻而成。其隶体貌似平常,但结构和运笔都有韵外之味,别具风采,使人品味无尽。它是汉隶中极好的一通碑刻,不在常人推崇的《曹全碑》和《乙瑛碑》之下,只是传世甚少,未被人赏识。

请各位朋友特别注意这块残碑——《陈似云安桓侯祠碑记》,它是在维修张飞庙时从铺路石板中发现的,是张飞庙的一件重要历史文物。陈似在北宋宣和四年(1122年)司刑云安。于宣和七年(1125年)正月"渡江履登新祠"看到这里"门翼持起"写下了这篇文章。张飞庙虽有书记载为"汉末建",但岁月荏苒,沧海桑田。此碑的发现可以证明宋代就有张飞庙。而在张飞庙搬迁后的考古中,发现了宋以前的文化堆积,进一步证明了张飞庙存在于宋代以前。

游客朋友们,这里是障川阁,它是专门为陈列长篇石刻《出师表》而修建的,是因门上匾额"保障全川"而得名障川阁。这里陈列着岳飞所书诸葛亮的《前出师表》《后出师表》。诸葛亮的出师表为三代以下有数之文,其文表达了他"鞠躬尽瘁,死而后已"的赤诚之心,是一篇人人称颂的佳作。岳飞以刚劲之笔所书,结体遒美,气韵生动,行草兼备,笔走龙蛇,气势雄劲。此石刻是彭聚星从京师带回云阳,由金石名家张仲雅勾勒上石,请遂宁的金石大师何今雨举刀,历时一年零五个月于清光绪二十九年(1903年)七月镌刻而成。其原作的提锋压腕,浓墨枯笔,在石刻中表现得淋漓尽致。行家见此无不叫绝,故有文章绝世、书法绝世、镌刻绝世的"三绝"之称。成都武侯祠的《出师表》就是从张飞庙拓片翻刻而成的,其镌刻艺术与原刻大相径庭。

大家看,在这石梯旁有一水位线。它就是清同治九年(1870年)的洪水线。碑文为"大清同治庚年,洪水至此"。其水位原高为150.35米,现在高程为204.46米左右。当时,民间俗称"张王菩萨洗脚"。这年的大水使张飞庙正殿以下的建筑全被淹毁,现在的结义楼、望云轩、杜鹃亭、得月亭等建筑是在清光绪元年(1875年)重建的。这是目前长江有文字记录的最高水位线。三峡工程在论证时,很多专家专程来此考察,作为论证的依据,具有较高的水文价值。

我们现在来到了望云轩门口,请各位欣赏这根门柱上的这副楹联:"斯文开盛会,高阁看丰年。"进入望云轩,大家抬眼就能看见一排精致的隔扇窗。伸手推开窗户,美丽的云阳城跃然眼前。幽静的庭院与缠绵的藤蔓散发着情与义的交融。综观全庙,依山傍水、浓荫蔽日、建筑嵯峨、雕塑玲珑、金石书画,林林总总,宛如一幅绝妙的立体山水画。

长江三峡的游览长盛不衰,而张飞庙的文物古迹更令人感到趣味无穷。按照原貌搬迁的"江上风清"张飞庙,继续保持它独有的形象和神韵,弘扬中华民族悠久的历史文化。感谢各位朋友的参观!

(七)巫山神女峰

欢迎各位到神女峰——神女溪参观游览。巫山神女景区位于重庆市巫山县以东秀峰区和河梁区境内,地处著名的长江三峡巫峡核心景区内。景区总面积132平方千米,核心景区面积28平方千米。景区由神女峰、神女溪和神女天路组成,是饱览巫峡、观赏红叶、亲近神女的最佳景区。2014年被评定为国家4A级旅游景区,2015年神女溪景区入选"长江三峡30个最佳旅游新景观",2016年与三峡大坝等景区共同被评为"新三峡十大旅游景区"。

【神女峰景区】

各位嘉宾,我们现在就到了神女峰景区的大门。神女峰景区位于长江的北岸,是以神女峰为依托、以巫山神女文化为内涵的旅游胜地。神女峰是巫山十二峰之一,海拔高1112米,因有一根巨石突兀于青山云霞之中,宛如一位亭亭玉立的少女,故名神女峰。她屹立山巅,每天迎来朝霞、送走晚霞,又名望霞峰。古人有"峰峦上主云霄,山脚直插江中,议者谓泰、华、衡、庐皆无此奇"之说。陆游《入蜀记》中称,"十二峰者……唯神女峰最为纤丽奇峭,疑为仙真所托"。进入景区大门可以看到两条梯道,梯道在东北部的山脊上汇合。我们沿西侧梯道往上,首先看到的便是护神阁。护神阁因供奉着风、雨、雷、电四神而得名。护神阁的东侧,是巫山十二峰的展示图。图画利用了中国传统的剪纸图案，长10余米，高约2米，简洁地展现了巫山十二峰的形态。

上行数米，就到了第一个观景平台——感兴台。20世纪80年代初，一部讲述发生在三峡的异姓兄妹悲欢离合的电影《等到满山红叶时》风靡全国，电影插曲《满山红叶似彩霞》的词曲就镌刻在感兴台，"满山红叶似彩霞，彩霞年年遇三峡"的优美旋律传唱至今。沿感兴台上行数十米，临江处的这个亭子叫"舒亭"，与中国当代女诗人舒婷的名字谐音。舒婷1981年6月游览了长江三峡，写下了著名的《神女峰》一诗。在诗中，当人们争相一睹神女的时候，舒婷却为神女感到心酸和不忍，"与其在悬崖上展览千年，不如在爱人的肩头痛哭一晚"成了歌咏神女的经典诗句。

各位嘉宾，我们现在来到的是观峡楼。观峡楼位于游道外侧崖壁上，脚下就是长江。顾名思义，这里是观赏巫峡的绝佳之地。每当秋冬之际，巫峡红叶满山、长江碧流如镜、天空瓦蓝如洗，让人流连忘返。三峡地区历来以红叶著称，初冬时分，三峡两岸红叶浸染，70%以上的山体都被成片的红色覆盖。但瞿塘峡太短、西陵峡太散，唯有巫峡集山峰之精粹、集红叶之精华，是观赏红叶的最佳去处。巫山野生红叶有10万亩，集中成片的有2万多亩，素有"红叶之乡"的美誉。巫山红叶品种非常丰富，有200余种植物树叶在秋天变成红色。主要为黄栌、乌桕、枫树等红叶树种。特别是黄栌，集中成片，整个山头一片火红。红叶的形状有掌形、星形、羽毛形、心形、椭圆形、鸭掌形、针形等20多个种类。色彩以火红居多，另外还有血红、酒红、铁红、紫红、玫瑰红等。巫山由于红叶的独特品种和立体气候等原因，巫山红叶的观赏期长达3个月，由高到低从11月初一直延续到次年1月。而其他地方红叶观赏期一般只有1个多月。在巫山观赏红叶，可以沿巫峡、神女溪、小三峡——小小三峡乘船观光，也可以乘车去当阳大峡谷、望天坪、红叶沟等地，还可以登山远眺。在神女峰景区就既可远眺，也可徜徉于红叶丛中。巫山红叶堪称最具特色、面积最大、种类最多、景观最美、观赏价值最高、观赏方式最灵活的红叶游览地。

各位嘉宾，我们现在来到的是暮雨台，在靠山上3米处的石壁上的亭子叫朝云亭。"朝云"和"暮雨"出自战国辞赋家宋玉的《高唐赋》和《神女赋》。《高唐赋》和《神女赋》是内容相衔接的两篇文章，均由序和正文组成,序叙述写作的原委,正文进一步铺写。大家所了解的神女的故事来自序而非正文,相比之下,序的故事性更强,流传更广,像大家熟悉的神女自称"旦为朝云,暮为行雨,朝朝暮暮,阳台之下"就是出自序。在两篇序中写了两个著名的梦。《高唐赋序》以追叙的手法写了"楚怀王梦巫山神女"的故事,《神女赋序》则记述了楚襄王"梦与神女遇"的故事。神奇美妙的梦境,给神女故事蒙上了梦幻的色彩。

巫峡以千变万化的云海为特有的景色。巫峡谷深峡长,日照时间短,蒸郁不散的湿气,沿山坡冉冉上升,形成千姿百态的云雾。十二峰隐现其中,如同仙境。宋玉也借助了云、雨来营造意境。楚襄王见高唐观上云气特异,询问宋玉云气的来历,才有了《高唐赋》。宋玉将神女描述为朝云暮雨的化身,是对巫山多云、多雨气候的高度总结。因宋玉所描述的巫山神女"自荐枕席"的故事,"巫山云雨"一词,逐渐演化为人们熟知的一个隐语,成为男女幽会的代名词。李商隐所写"一自高唐赋成后,楚天云雨尽堪疑"即源自这种文化心理。但唐朝诗人元稹在《离思》一诗中写道"曾经沧海难为水,除却巫山不是云",看过无比深广的大海的人,别处的水再难以吸引他;看过云蒸霞蔚的巫山之云,别处的云都黯然失色。以沧海之水和巫山之云比喻爱情的深广笃厚,"沧海水"和"巫山云"又成了忠贞爱情的象征。暮雨台、朝云亭既契合了神女的故事,又是反映了巫山神奇的自然风光。暮雨台面积约500平方米,可容纳400~500人同时观景。而朝云亭位置略高、观景角度更好。

现在我们来到的是襄王梯。襄王梯也得名于《高唐赋》和《神女赋》。宋玉和楚襄王游云梦,讲述了楚怀王与神女相会的故事,并为他作了《高唐赋》。当夜襄王果然梦见神女。然而神女神圣高洁,不可冒犯,留下襄王"惆怅垂涕,求之至曙",伤感失意地泪流不止,苦苦等待到天明。这就是通常说的"襄王有意、神女无心"的来历。襄王梯分黑、白两道,各49步。黑白相间的阶梯寓意阴阳昼夜,陡峭的阶梯令人望而却步,反映出人和神难以逾越的鸿沟,暗示着神女的遥不可及。

各位嘉宾,这个长廊叫授书廊。授书廊得名于"大禹治水,神女授书"的典故。传说神女瑶姬曾授九卷天书给大禹,并派神丁帮助,大禹"遂能导波决川,以成其功"。与神女峰隔江相对的飞凤山麓,曾有神女授书台,是巫山名胜中的"三台"之一。现在我们游览的授书廊是一条依山就势修建的风雨廊道。

云华廊距授书廊不到百米。云华廊的得名也与神女相关。唐末五代著名道士杜光庭在《墉城集仙录》中结合《山海经》等古代典籍和民间传说，讲述了一个与宋玉完全不同的神女的故事。杜光庭是唐末五代人，避乱入蜀，后来追随前蜀王建，官至户部侍郎，赐号传真天师，晚年隐居青城山，号东瀛子。杜光庭在《墉城集仙录》中的《云华夫人》一则中写到："云华夫人，王母第二十三女，太真王夫人之妹也，名瑶姬……尝东海游还，过江上，有巫山焉，峰岩挺拔，林壑幽丽，巨石如坛，流连久之。时大禹理水，驻山下，大风卒至，崖振谷陨不可制，因与夫人相值，拜而求助。即敕侍女，授禹策召鬼神之书……"在杜光庭笔下，巫山神女被称为云华夫人，名瑶姬，是西王母的第23个女儿。她云游东海返回的途中，被巫山巍峨的峰岩、秀丽的峡谷吸引，流连忘返。大禹治水正驻扎在山下，与云华夫人相遇，拜求她帮助。云华夫人授予大禹《策召鬼神之书》，又命狂章、虞余、黄魔、大翳等神将帮助大禹劈开山石，打开狭隘之处，疏通洪水。大禹非常感激，登上巫山去拜谢她，却见云华夫人已化成一亭亭玉立的柱石。转眼间，她又腾飞空中，化为缥缈浮动的云彩……云华廊由此得名。廊上的壁画展示了神女的仙宫生活以及助大禹治水的功绩。

各位嘉宾，现在我们眼前的就是神女庙。神女庙最早见于文字可以追溯到《高唐赋》。楚怀王游高唐，梦见神女自荐枕席，临别时称自己"旦为行云，暮为行雨，朝朝暮暮，阳台之下"，楚怀王"故为立庙，号曰朝云"。从战国至唐代，神女庙都是指阳台之侧的朝云庙。阳台位于巫山城北约1千米的高邱山上。唐仪凤元年（676年），在神女峰对岸的飞凤峰麓一处叫青石的地方建神女庙，自此，人们所说的神女庙就指青石的神女庙。宋宣和四年（1122年），改名为凝真观。因其位于江边，上下舟船经过，人们都要祈求保佑，进行祭拜和游赏。直到1949年以后，青石神女庙才逐渐湮灭无迹。此外，在大宁河东岸的高龙嘴箜篌山麓、青石下游的碚石、骡坪镇，均在清代时建过神女庙，可见神女在巫山人民心目中的重要地位。在神女景区复建的神女庙位于神女峰下，海拔高860米，占地面积约8000平方米。建筑风格采用民间庙宇的形式，庙宇有98个飞檐，采用传统建筑方式勾角相连。

神女庙主要供奉神女和道教的仙人,二楼为神女文化展示大厅,三楼为上客堂,最险峻之处为药师殿。

各位嘉宾,我们现在就来到了神女的脚下。眼前的这块巨石就是神女石了,在远处眺望,这块石头酷似一位亭亭玉立的少女,这就是神女峰名字的由来,也是神女故事的灵感所在。神女石不是堆放在山巅的一块滚石,也不是飞来石,而是石灰岩溶蚀过程中残存的石柱。这是岩溶地貌中常见的景观。神女石高6.4米,站在山巅与河对岸的青石隔江相望。唐代刘禹锡写下了"巫山十二郁苍苍,片石亭亭号女郎"的句子,描绘了神女婀娜的姿态。

【神女溪景区】

各位嘉宾,游览了神女峰,我们现在乘船横过长江,到神女溪景区参观。游览神女溪景区将换乘仿古船,请大家注意上下船安全,行船过程中请穿好救生衣。

神女溪是长江南岸的一条支流,因靠近神女峰而得名。神女溪发源于巫山县官渡镇雷坪村龙洞处,全长30千米。上游名为官渡河,中段名紫阳河,下游为神女溪,在青石镇汇入长江。河流上段地势开阔,水流平缓,下游15千米是峡谷地段,河道狭窄,山高谷深,就是我们今天要游览的神女溪。神女溪因水面湍急、溪浅道窄,其中有10千米为原始山谷,人迹罕至。三峡工程蓄水后,溪面变宽,优美的风景展现在人们面前,成为三峡游的新亮点。神女溪是一处典型的喀斯特地貌景观,山陡谷深,时见暗河溶洞。

远处的山峦被称为"倒睡美人峰"。连绵起伏的山峦,好像一位少女仰望着天空。在睡美人头部下方,可以看见"巫山"二字,还有一个像"云"字的印章。传说巫咸是唐尧时的神医,精针砭之术,"生为上公,死为贵神,埋葬于此,因此为名",故这里称为巫山。而这个印章就是尧帝赐地给巫咸的时候盖的印章。

在船行的左上方,可以看到一座形如手掌的山峰,称为手掌峰。因大拇指与另四指分开,又称为"五指峰"。

前方山上有一个天然的溶洞,称为"大硝洞"。"硝"是制火药的"硝石"的"硝",传说是古代民间熬硝制火药的地方,也是当地老百姓躲避战乱的地方。洞口虽小,但洞内极大,可容纳数万人。巫山是典型的喀斯特地貌,多溶洞。巫山有三大溶洞,最著名的是大庙龙骨坡溶洞。1985年,在

第六章 大型综合类景区导游词案例

龙骨坡溶洞发现了至今204万年前的巫山猿人化石。这个发现有力地支持了"人类起源的多地区说",颠覆了人类仅起源于非洲这一说法。

在船左前方溪水东岸的这座山峰叫上升峰,是巫山十二峰之一。巫峡东起巴东县官渡口,西至巫山县大宁河口,全长45千米。巫峡峡长谷深,江流曲折。这里是我国著名的暴雨区之一,雨量多,又是石灰岩地区,在长期风雨侵蚀和河川深切之下,形成许多气势峥嵘、姿态万千的山峰,其中以巫山十二峰最著名。"放舟下巫峡,心在十二峰"。巫山十二峰分别坐落于长江两岸,江南江北各有六座山峰,但江南的净坛、起云、上升三座山峰隐于群山之后,乘船在巫峡中不可见。陆游在《三峡歌》一诗中描写"十二巫山见九峰,船头彩翠满秋空"就是对未能见十二峰全貌发出的感叹。三峡工程蓄水后,水位上升,在巫峡中虽可隐约看到这三座山峰,但只有在神女溪中才能真正领略它们的风光。上升峰海拔780米,山势险峻峭拔,尖峰高突,巍然屹立。一角斜上,飘飘欲飞,犹如巨鸟飞升九天,故得名上升峰。侧面远观时,峰形似鲲鹏展翅,当地老百姓又称为老鹰岩。如果登上峰顶,可以远看万里长江,巫峡百万雄峰。在峰顶还有一具悬棺。悬棺葬是我国古代将棺木高置于悬崖峭壁上的一种崖葬习俗,多见于我国南方。生活在三峡地区的古代濮人也采用这种丧葬形式。棺木自山顶用绳子悬垂而下,吊运进洞穴,越高越能显示孝顺。将先人的棺木安置于高处,既期望死者像神灵一样居住在令人崇敬的高山巨崖之上,又期望其亡灵能上达天国,进入仙境。

在右前方的山峰是巫山十二峰的起云峰。起云峰海拔720米,距上升峰约2千米。起云峰常年云雾缭绕,云雾常从山腰由下而上渐次腾起,故名起云峰。它是当地村民的天然气象站,可以根据云雾的情况识别天气。如果山顶有云那么第二天一定会下雨,当地人称为"有雨山戴帽";如果下雨的时候,半山腰的云雾始终不散,那么这场雨一定会持续好几天。这也有科学的解释:气温没有上升,水汽不能发散,自然雨就要一直下了。起云峰云雾缥缈迷蒙,变幻无穷。赵孟頫描写起云峰为"袅娜江边柳,飘飘岭上云",又有《巫山一段云》写到"聚散随风起,沉浮任气扬。云深变幻化奇妆,山色赛华堂",生动展现了起云峰云起山间、变幻莫测的美景。

现在进入的是神女溪中的叠翠峡。两岸群峰叠翠,植被葱茏,水碧山绿,仿佛世外桃源。叠翠峡以两个特点而著称:第一个特点是"静",在峡内，除了鸟鸣，再无其他声音；正如王籍所说"蝉噪林逾静，鸟鸣山更幽"，鸟儿的叫声更增添了峡谷的幽静。第二个特点是"绿"，漫山遍野的翠竹，把神女溪装扮得如同一颗绿翡翠；从山之巅到水之滨，碧色连天，有诗赞为"叠嶂千重碧"。

在船的右方，可以看到一大片光滑的绝壁，犹如天然屏障，这就是月亮石。每当月圆之夜，皎洁的月光照在绝壁上，折射到整个峡谷，如同白昼一般。中秋佳节的时候，这里还能看到"三月同辉"的奇观。天上一个月亮，山中一个月亮，水里还有一个月亮。

现在我们来到的是灵秀峡。灵秀峡以奇峰怪石、峡谷幽深、峰回路转而著称。两岸狭窄光滑的崖壁，犹如天然的回音走廊。在这里呼喊一声，就能传到很远的山外，因此又称为回音壁。

在船行的左前方，有一座山峰，好像万人景仰的毛主席，那就是伟人峰。我们仿佛看见毛主席在这里身披风衣，指点江山，设想三峡建设的伟大蓝图。如今，伟人的夙愿已完成，"一桥飞架南北，天堑变通途。更立西江石壁，截断巫山云雨，高峡出平湖。神女应无恙，当惊世界殊"。伟人在《水调歌头·游泳》中畅想的三峡工程已在全国人民的共同努力下得到了实现，如果巫山神女看见，也会惊诧世界的变化吧。

在前方船行的右岸，那座高耸的山峰就是巫山十二峰中最隐秘的净坛峰。净坛峰海拔1020米，周长不过千米。山峰犹如一位静坐神坛之上的仙人。峰下有一泓清潭，峰上有一个大平台，很像一处洁净的祭坛，故名净坛峰。明代郭棐写到"山色连天碧，江声绕峡清。彤坛夜静七星明，揽辔重含情"，既描绘了净坛峰的美景，又表达了自己身为夔州知府澄清吏治的决心。

【神女天路】

神女天路是神女景区的重要组成部分，由南北两条水陆环线组成。所谓南北，是以长江为界，南环线在长江南岸，北环线在长江北岸。南环线从县城出发，到达柳坪游客中心后换乘观光车，沿途可俯瞰长江，隔江眺望神女峰、神女庙，赏峡江烟云；到达黄岩游客中心以后，换乘索道下行至黄岩观景平台，观净坛峰，再乘坐垂直观光电梯至神女溪梦幻客栈，换乘画舫游神女溪，游完神女溪后乘船回到县城。南环线是一条水陆结合的游览线路。北环线从县城出发,沿 S103 省道抵骑马岭,沿途可赏巫峡烟云,再经核桃坪旅游度假区到达望霞游客中心,乘索道下行到神女庙,沿步道下行至神女峰码头,再乘船经巫峡回到县城。北环线主要是陆路线路。

南环线的平均海拔约 1000 米,沿途有天盏灯等景点。天盏灯是神女天路南线的第一个观景平台。相传当年大禹治水,从父亲鲧治水的失败中汲取教训,变"堵"的办法为"疏"。但要疏通洪水,就要凿开群山万壑,是个大工程。大禹带着治水队伍,不停奋战,想要早点完工,使人民脱离洪水之苦。但当时科技水平落后,晚上无法取光,工程难以进行。这时西王母的第 23 个女儿瑶姬下凡来帮助大禹。瑶姬为了给治水队伍晚上照明,就在我们现在所在的地方点燃了一盏天灯。天灯光照千里,亮如白昼,而且整夜都不会熄灭。治水队伍的工作效率大为提升,不久就完成了工程,凿通了三峡,疏通了洪水。"天盏灯"因此得名。背后的大山称为天灯堡。请大家由观景平台向东北俯瞰,山势连绵如同无数灯盏一般。

仙履台传说是瑶姬和她的姐妹们下凡来到巫山最先落脚的地方。后来她们为了帮助大禹治水,又从这里飞临巫峡北岸。在观景台下原来的人行小道上,还保留有当年神女姐妹们留下的脚印。

这个观景台叫瑶台。瑶台因瑶姬而得名。至于瑶姬究竟是谁,有种说法是瑶姬是西王母的第 23 个女儿;晋人习凿齿在《襄阳耆旧传》中记载:"赤帝女曰瑶姬,未行而卒,葬于巫山之阳,故曰巫山之女。"在民间传说中,瑶姬曾助大禹治水,然后化为神女峰,永驻三峡。在瑶台观景,可以看到山底大江逶迤,对面万峰磅礴,最能感受到巫山山水的气势。在这里,还可以隔江眺望神女峰、神女庙。

现在我们来到的是山神庙。传说当年神女授予大禹天书,帮助大禹治水。按照天书指引,大禹又拜访了巫山山神,并且畅谈了巫峡的山川形势,完善了治水之法,山神庙由此而来。

飞云台是神女天路陆上观光最大的观景平台。在这里既有群峰起伏的壮丽景色,又可俯瞰神女溪。特别是雨后的云景,更是令人称奇。这里的云流动特别迅速,聚散之间,景象变化万千。景区在飞云台组织了民俗表演,大家可以一起体验、互动。

在即将告别之际,请允许我对大家的合作表示衷心的感谢,希望神女景区之行给大家留下美好的回忆，并欢迎大家有机会再次光临神女景区，光临巫山。

第二节　山水都市

一、山水都市旅游概述

尊敬的游客朋友们，大家好！非常荣幸今天可以陪伴各位游客游览壮丽的山水都市——重庆。

重庆北有大巴山，东有巫山，东南有武陵山、大娄山，地形大势由南北向长江河谷倾斜，起伏较大。整个重庆重峦叠嶂，起伏不平。重庆城区几乎完全坐落在山中，"山中有城，城中有山"，是一座典型的"山城"。同时，长江干流自西向东横贯重庆全境，流程长达665千米，嘉陵江自西北而来，三折入长江。长江干流重庆段，汇集了嘉陵江、渠江、涪江、乌江、大宁河五大支流及上百条小河流，年平均水资源总量在5000亿立方米，每平方千米水面积居全国第一。毫不夸张地说，整个重庆城都屹立于水中，是一座名副其实的"江城""水城"。独特的山水资源禀赋，使得重庆被称为"山水都市"。由于山水相连，起伏有致，立体感和层次感极强，故而也有人将重庆称为"天上街市"以及"一座站起来的城市"。

朋友们，请您往车窗外面看，整个城市跃然眼前的除了高楼大厦外，便是连绵不绝的青山和川流不息的滚滚江水。山、水、城如此和谐地融为一体，重庆也成了独具魅力的山水园林城市。歌乐山、南山雄踞其中，嘉陵江、长江穿城而过，整个城市依山而建，临江而筑，层叠而上，气势磅礴。重庆也便成了全国唯一的建在两江环绕的山上的城市了。此种错落景致造就了重庆独一无二的山水城市景观，尤其是夜间，繁星闪耀于星空，灯火散落于山水间，迷人的夜景让人流连。

有人说"仁者乐山，智者乐水"，也有人说"有山无水不秀，有水无山不壮"。重庆将山水融为一体，这也造就了重庆人独特的性格特征，是山之雄伟，塑造了重庆人豪放与率直的性格；是水之阴柔，塑造了重庆人灵动与聪慧的品质。加之，重庆在山中，有坡有坎，人在城中行就等同于锻炼身体，有助于塑身材；重庆在水上，气候湿润，有助于护皮肤。因此，重庆山水铸就的内外兼修的"重庆美女"便闻名天下了。

重庆气候冬暖夏热，雨量充沛，湿润多阴，湿度大，由此产生了独特的饮食文化。码头文化与饮食文化密不可分，相互结合，共同造就了"麻、辣、烫、鲜、脆"一锅煮的重庆火锅，重庆的火锅起源于江边船夫生活，如今早已名扬天下，红遍大江南北，成为最具大众化特色的一道美食名品。重庆人把"吃"变成了一种融入自然山水的体验，叫作"山水特色餐饮"。重庆人最爱去吃的地方要么在歌乐山、南山中，要么在嘉陵江、长江边。坐在山中、江边或船上，看着优美的山水都市景色，品尝着鲜辣爽口的美食，不亦乐乎！

听了这么多山水交融的重庆特色，我想各位游客朋友们一定非常想亲身感知重庆的美景、美女以及美食。那就让我带领各位游客一起开启美妙的"山水都市"之旅吧！

二、山水都市经典景点

（一）重庆人民解放纪念碑

朋友们，现在矗立在我们眼前的就是重庆人民解放纪念碑了！这也是我们今天行程的第一站。解放碑最初落成于1940年3月12日的孙中山先生逝世纪念日，同时命名为"精神堡垒"激励中国民众奋力抗战以取得胜利。抗战胜利后，改"精神堡垒"为抗战胜利记功碑。1949年11月30日，山城重庆获得解放。次日，这座碑的顶端飘扬起欢庆重庆解放的第一面五星红旗。1950年10月1日，重庆人民又在这里隆重庆祝中华人民共和国成立后的第一个国庆节，当时万人空巷，盛况空前。从那时起，记功碑正式改名为人民解放纪念碑，重庆人习惯地将其称为解放碑。功勋卓著的刘伯承元帅亲自为解放碑题词"重庆人民解放纪念碑"。从此，解放碑便成为重庆盛大集会和重大节日的庆典之地，成为重庆当之无愧的纪念性建筑。任何一个城市都有自己的标志，任何一个标志性建筑都是一个城市历史的浓缩与见证。说到重庆，最能体现重庆人精神、最具代表性的就是我们现在看到的解放碑了。具有特定历史内涵的它，至今仍牵动着人们景仰的目光，在海内外具有较高的影响。

俗话说："不到解放碑，等于没有来重庆。"如今的"解放碑"早已泛化成为一个地域概念——解放碑中央商务区，成为购物者的天堂，全国十大商业中心之一。正所谓"三千年江州城，八百年重庆府，一百年解放碑"，饱经风霜的解放碑真正的历史只有百年，但长江和嘉陵江似乎约定了要在最后的汇流前在此收一收腰，有意要将那人气、灵气和财气通通聚拢在这里。因此，在不到50年的时间里，解放碑一跃成了中国西南地区首屈一指、寸土寸金的"黄金口岸"。特别是重庆直辖后，在它仅仅1平方千米的地面上，囊括了购物、旅游、商贸、餐饮、娱乐、休闲和金融等各种功能，成了世界人口密度最大的地段。它是重庆的象征、山城的名片和中国西部第一街。这里拥有银行、保险公司、证券交易所、大型百货商场等各类服务机构，每天要迎送一批又一批的中外来客，它是重庆最时尚和最繁华的去处，是最有希望的商务中心和投资热土……

（二）洪崖洞民俗风貌区

朋友们，现在我们已经来到了著名的洪崖洞民俗风貌区。该风貌区极具巴渝文化特色，建在百丈悬崖峭壁之上。既雄伟又新奇，既古典又现代。按照"世界独有，重庆一绝"的理念，风貌区成功复制了"悬崖上的吊脚楼，记忆中的老重庆"。这是古老重庆吊脚楼建筑的现代化演绎。近年来，由于其独特的人文和景观效果，正吸引着大量海内外游客前来参观，游人络绎不绝。

朋友们，请您抬头仰望整个建筑物，它依山而建，面朝嘉陵江。曾经有来自北京的游客从一楼进入洪崖洞，从顶楼出来的时候看到有汽车在行驶，令他惊讶不已，这便是该建筑物的最大特点了，也是山城建筑物的奇妙之处。

洪崖洞景区的全名叫"洪崖洞民俗风貌区"，将山城传统民居"吊脚楼"和古今巴渝文化二者有机结合并进行了再创造，从而打造出一个以休闲旅游为龙头、以餐饮娱乐为主体、以时尚商业为补充的大型综合旅游胜地，被誉为重庆的"城市名片"和"重庆人的宴客厅"。

早在公元前316年，巴国为秦国所灭后，大名鼎鼎的张仪亲自来到这里建起巴郡的第一座防御城——江州城，其范围很小，就是两江环绕的半岛前端约2平方千米之地。当时在江州城四周筑有城墙，建有仓库、民居、军营，是秦国修建起来作为顺长江而下攻取楚国的大本营。洪崖洞所在的这一带，因扼江临崖地势险峻而成为一处军事要塞。后经历朝扩建，江州城的范围逐步增大，但此地一直保持着军事要塞的地位。

明朝初年，戴鼎扩建重庆旧城时，共建起了"九开八闭"十七道城门，"洪崖门"作为一道军事城门而成为"闭门"。一种说法是，重庆人习惯把圆弧形的城门叫作"洞"（城门洞），所以"洪崖门"又被叫作"洪崖洞"；另一种说法是，此处原来就有一个大洞，清乾隆年间（1736~1796年），名士王尔鉴被贬至重庆担任巴县知县，在他的《小记》中有这样的记载："洪崖洞在洪崖厢，悬城石壁千仞，洞可容数百人，上刻洪崖洞三大篆字。"两种说法哪个是真哪个是假，时间太久，难以辨清，所以，只能如实地告诉大家，洪崖洞历史上到底有没有一个"洞"，留待专家们继续考证，但不管怎么说，洪崖洞作为军事要塞的重要地位却是任何朝代都不可否认的。

在我们的正前方，一缕飞瀑从崖壁间的缝隙中倾泻而下，此景便是古巴渝十二景之一的"洪崖滴翠"了。古代的时候，这里的风景真的很美！当年，在悬崖顶上的城区里，也就是今天的新华路一带，曾经林木苍翠，树多则蓄水，于是一条小溪从山林间渗出，沿大阳沟、会仙桥一直流到洪崖洞附近，形成一道瀑布悬空而下，落至崖间再顺着岩石自上而下地汇作涓涓细流。在少雨的季节，水就星星点点地往崖下滴，水珠被阳光映透得个个如绿珠碧玉，便有文人骚客们将其称为"洪崖滴翠"，常有文人雅士到访并留下墨宝，其中不乏苏轼、黄庭坚这样的大文豪。据王尔鉴《小记》记载："城内诸水逾堞抹岩额而下，夏秋如瀑布，冬春溜滴，汇为小池入江。石苔叠翠，池水翻澜，夕阳返照，五色陆离，莫可名状。至若渔舟唱晚，响答岩音，又空色之别趣也。"

历史上一直都有文雅之士对巴渝名景进行评定，其中最为有名的是1760年，颇有文学和审美素养的王尔鉴考察当时巴渝各景后评定出来的"巴渝十二景"（后世称为"古巴渝十二景"以示区别）。据说当年的评定标准很高，主要指标是"空灵"。"其趣在月露风云之外，其秀孕高深人物之奇，登临俯仰，别有会心……空灵缥缈，在有象于无象之间，最称奇妙。别具幽趣，空灵不著色相……"所以，王尔鉴所选的巴渝十二景都当得"空灵"二字，美得能让人心颤的，往往是只可意会不可言传的。

但是，随着岁月的流逝，城区里的溪流消失了，"洪崖滴翠"已成绝唱。为了还原当年的胜景，令人思古怀幽，景区在建设之时为大家复原了这一景致。让我们以一首王尔鉴的诗来唤起对"洪崖滴翠"这一历史美景的想象吧——"洪崖肩许拍，古洞象难求。携得一樽酒，来看五色浮。珠飞高崖落，翠涌大江流。掩映斜阳里，波光点石头。"

最引人注目的就是那贴壁而立、层叠而上、檐崖高飞、灯火阑珊、如梦似幻的洪崖洞吊脚楼夜景。看动漫长大的年轻人，更是在日本动漫大师宫崎骏创作的经典动漫作品《千与千寻》中，发现片中的某些画面居然撞脸洪崖洞！于是，便给了洪崖洞一个"千与千寻现实版"的称呼，这样一来就吸引了更多"动漫一代"来此打卡了。

"吊脚楼"为半干栏式建筑，最基本的特点是正屋建在实地上，厢房除一边靠在实地和正房相连，其余三边皆悬空，靠柱子支撑。为什么这里会修建这样的楼房呢？大家看看眼前的地形就清楚了。这里的房子都是修建在崖壁上的，而且，对于潮湿多雨的重庆地区，吊脚楼通风透气，还能起到很好的防潮效果。这是古巴渝人民发挥聪明才智顺应自然环境而建造的典型山地民居。

"吊脚楼"在巴渝地区有很长的历史。早在唐宋时期，我们所站的地方还是一处河滩，江岸离崖壁最宽处73米，最窄处仅20多米，而眼前这个崖壁却高达75米。这一带地区是嘉陵江即将汇入长江的江尾部分，而长江自古就是进出巴蜀之地的黄金水道，因而这一带形成了很多的水码头，船来货往，一派繁忙。水上运输的兴旺，不仅带来了物资的囤积，也引来了成千上万的纤夫、船工和商人。

到了清康熙四十六年（1707年），重庆城内设置二十九坊，坡顶上的那一带为"洪崖坊"，属于文教区和富户商绅的住宅区；其余还附设城郭十五厢，在洪崖坊城墙外的称为"洪崖厢"，在此居住的都是穷人，如搬运工、纤夫、洗衣人等，他们身份低微进不了城，不得不在城外的崖壁上凿洞居住，然后向洞外延伸出一定宽度的木板使房屋面积得以稍微拓展，木板下用粗细不均的树干支撑着，木地板上再钉出简易的木板墙，盖茅草作顶，最早的吊脚楼就这样形成了。后来在此居住的人越来越多，房屋就越建越多、越建越高，洪崖洞码头最兴盛时，这样的吊脚楼有数百栋之多。于是，又在崖

第六章 大型综合类景区导游词案例

壁上搭建起楼梯方便上下，一片"长"在崖壁上的壮观建筑群由此而生，虽简陋却不失风采，远看就像燕窝鸟巢一般，这就是劳动人民的智慧！

都说"富人的街道漂亮，穷人的河街热闹"。当时，最有名的是千厮门、洪崖洞一带的纸盐河街和天成巷。货栈和加工作坊沿江而设，酒店、商号、茶馆、客栈一家接着一家，街市上商人、船员、居民、力夫各色人等来往穿梭，进进出出。入夜后，酒店、茶馆内灯火通明，生意非常兴隆。

清末民初，战乱频仍，洪崖洞日渐毁弃，成为重庆城的丐帮大本营。抗日战争爆发后，大量外省人内迁到重庆，这一带地区仍有不少穷苦人家居住。中华人民共和国成立后，陆路交通越来越发达，水路交通被逐渐取代，重庆沿两江分布的各个码头也逐渐衰落。因为年久失修，洪崖洞一带的吊脚楼渐渐变成了危房。20世纪末，这里已经成为繁华都市中的一处急需改建的危旧"棚户区"了，后经改造成了"中华悬崖城"。

洪崖洞的吊脚楼名气越来越大，再加上周边独具重庆特色的千厮门大桥、轻轨、渝中半岛的林立高楼以及重庆无处不在的火锅，吸引来了一部中日合拍的动画连续剧《重神机潘多拉》来此选景，其总导演河森正治曾两次亲临重庆踩点，网上有他坐在洪崖洞西侧的马路边上的照片，最后，这部动画片干脆全盘照搬重庆的城市景观，看过此片的朋友会发现，剧中2031年时那个富有科技未来感的梦幻城市——"新翔龙市"完全是重庆渝中区的模样。

洪崖洞一期工程2006年建成，总建筑面积为6.5万平方米，其中商业面积5.3万平方米。除负一楼的观江停车库外，地面以上尚有11层，1楼为洪崖洞古玩城、文创街；2楼为洪崖洞民俗特色商馆；3楼是百业工坊老街；4楼为巴渝民俗美食街，是一条全国独一无二的、建在半空中的步行商业街，故有"天街"之称；4~5楼有北京全聚德烤鸭店；6楼有心心咖啡厅，是一处有故事的全江景休闲观景地；7~8楼为洪崖洞大酒店的客房；9~10楼为洪崖洞异国美食街；11楼即被称为"城市阳台"的屋顶平街（沧白路）层。

现在我们来到了4楼的巴渝民俗美食街，这就是刚才我为大家介绍的全国独一无二的、建在半空中的、有"天街"之称的步行商业街了，街的两边商铺林立，主街后面还有小巷，肯定能找到一家您喜爱的巴渝传统美食。想要带点重庆土特产回家馈赠亲友的话，这里也有各种土特产销售门店。当然，作为"重庆人的宴客厅"和以餐饮娱乐为主体的大型综合旅游地，这里不可能只有特色小吃，这里的高档特色餐厅也有不少，比如这里的"洪鼎美人美"火锅、和家食府川菜馆、全聚德烤鸭店等。其中，"洪鼎美人美"火锅是由小天鹅自己创新打造的时尚火锅，被誉为"中华火锅第一鼎"。其特色是颠覆了传统山城火锅的饮食方式，菜品以牛羊肉、山珍、海鲜等健康时尚食材为主，宣传一种健康时尚的饮食理念；和家食府川菜馆则是一家可承接高档川菜席宴的豪华中餐厅；而纵贯4～5楼的全聚德烤鸭店则是有着上百年历史的全国知名餐饮界老大哥"全聚德"集团在中西部地区开设的唯一一家直营店，味道绝对正宗。

除了这些可品尝美食的商铺外，来到天街不要忘了四面"打望"喔！我说的打望，不是让大家只顾看美女，作为一个极力挖掘巴渝文化的项目，这里到处都有文化的符号。比如，"洪鼎美人美"餐厅外墙的青砖造型就很有文化特色，它用写意的手法做出了一个个古朴的锅鼎，象征着小天鹅的火锅与传统锅鼎之间的有机联系。夜晚时，这些锅鼎里的LED灯还会一闪一闪的，仿佛锅中正在沸腾，煞是诱人！其他的墙面上还有各种反映巴渝文化的浮雕，最令人惊叹的是位于玻璃直升电梯外墙的洪崖洞纪事文化墙，分列两边的这两块文化墙均高达30米，由四川美术学院创作团队创作。这是目前重庆最高的巨型彩色浮雕，讲述了自公元前316年秦灭巴国起2000多年来的人文历史，以及古代到过洪崖洞的文人墨客所留下的墨宝，反映出各界名流对洪崖洞的喜爱。此外，路边还有出自郭选昌先生之手的表现巴渝民间生活的雕塑，大家可以慢慢观赏。

我们现在集合的位置是天街的东端，这里就是我市最著名的巴渝剧院。剧院分为两层坐厢，可同时容纳840人观剧，内部设备非常先进，是国内领先的高科技梦幻剧院。这里经常上演具有浓郁巴渝风情的传统剧目，欢迎大家有时间赏析品鉴。

巴渝剧院外的这个坝子上，还有一个表现母子烫火锅的雕塑，母子三人的生动形象格外有趣；旁边的两只姿态优雅的白色天鹅是小天鹅集团的形象大使，将它们与远处的橘红色千厮门大桥拍摄到一起，一刚一柔、一动一静，其画面美不胜收。这里还有一堵富有巴渝传统文化底蕴的高高的浮雕墙，我们称其为"巴渝文化墙"，记载着自公元前12世纪巴人在此建立巴国以来3000多年演绎出的文化历史。右侧最上边是古代巴人演出的"茅古斯舞";第二格是重庆川剧"四大名角"的浮雕;第三格为抗战时期风靡全国的抗日话剧《雾重庆》和一代影星秦怡、白杨;最下边两格是郭沫若和他编撰的话剧《屈原》;左边往上还有当时的著名话剧明星及其主演的抗战话剧;左上角还有一幅获得"中国戏剧梅花奖"、蜚声海内外的重庆当代川剧《金子》的浮雕。

在4楼天街,我们可以近距离地看到洪崖洞吊脚楼的建筑材料,初来乍到的游客朋友往往会感叹这栋建筑耗用木材太多,很不环保,同时还为这里的消防安全担心。其实,请大家放心,我们看似木材的外墙建筑材料使用的是一种名为"GRC"的新型建筑环保材料,它的外观完美地还原了实木的效果,却又比实木更加耐用,其防火性能和等级堪比石材,制作时需要使用4种主材进行翻模,然后经过七道油漆工序,才能达到如此完美的效果。GRC材料的使用年限高达100年,在洪崖洞使用的全部材料中,真正的木材所占比重仅为28%,而以GRC为主的非木材建筑材料的使用比例高达72%。洪崖洞的建造不仅突出了文化内涵的挖掘,同时也十分注重体现建筑的环保理念。

请大家随我步行至天街的西侧端头。这里是仿建的城墙,反映的是洪崖洞古时的军事要塞地位。城墙这里可以从侧面欣赏洪崖滴翠的景观,也可通过旁边的多条步道,深入对面的观景亭和壁上的"洪崖滴翠水帘洞"。因为小道狭窄陡峭,请大家不要拥挤,相互礼让,有序通行,注意脚下安全。此外,这后面还隐藏着一条通往坡顶的城市大步道,是连通渝中母城上下半城的市民生活步道,在景区人流量特别大的时候,这条步道被设置为单行道,承担起了分流的作用,待会儿脚力好的朋友可以去走走,体验一下山城人民爬坡上坎的日常生活。城市大步道两侧还有一些很有特色的餐馆呢。

我们现在所在之处就是有"城市阳台"之称的洪崖洞11楼滨江观景大平台,其占地面积达7000多平方米,是我们重庆城区少有的建在房屋顶上的都市广场。站在城市阳台上,可将"一城山水半城灯"的山城夜景尽收眼底。低头,俯视洪崖洞层层叠叠的屋顶;抬头,造型优美的千厮门大桥从嘉陵江北岸直逼眼前,一桥飞架,通联两岸,汽车、轻轨分层穿行;远处,是两江交汇之地,嘉陵江北,长江之南,高楼临江,地标性建筑物——大剧院霓虹闪烁；目光顺嘉陵江上下巡视，一座接一座造型各不相同的大桥如蛟龙横跨大江，彰显重庆"桥都"风采。凭栏伫立，江风拂面，极目远眺，不由豪情万丈，诗兴大发。

洪崖洞城市阳台位居解放碑中央商务区，与周边景点相距很近，此处距离解放碑650米，至国泰艺术中心和重庆美术馆仅260米，周边有各种档次的餐馆、酒店、银行、商场等的分布也很密集，交通更是便利，公交车站、轻轨站、机场快线大巴车站均距此不远，在国泰艺术中心附近还设有专门为游客开辟的T480都市观光巴士咨询中心。

在这个城市阳台上，还有张培爵烈士纪念碑以及好几组郭选昌先生创作的反映重庆人文特色和洪崖洞古炮台历史的雕塑，我将重点为大家介绍郭先生精心创作的洪崖洞主题雕塑——记忆山城，其他作品请大家自由观赏，每件作品都是附有简介的。

"记忆山城"大型城市雕塑是洪崖洞民俗风貌区核心主题雕塑，是洪崖洞乃至山城重庆的重要形象标志。整个雕塑高12.9米，宽7.5米，由黄铜锻造而成，以金箔勾勒轮廓，尽显神韵气魄。铜雕巍巍而立，其造型为象形字"山"，代表"山城"之意。雕塑上面的房屋、石梯、撑竿皆为吊脚楼的标志性符号，体现了重庆人不畏艰难、与天争辉的刚毅精神。该作品是现实主义与浪漫主义完美融合的典范，它将重庆的传统吊脚楼拔高、夸张、变形为三个枝丫，犹如一棵大树，将融入传统建筑中的巴渝文化精髓展现出来，体现了作者对山城家乡民俗风情的深刻理解、热爱，揭示了"山在城中，城在山中"的山城特色主题，彰显了老重庆城市生活的历史记忆，被中外宾客誉为山城重庆的城市文化经典之作，2005年该作品获得"全国优秀城市雕塑年度大奖"。

该雕塑还有一个亮点，大家看那个蹲在屋檐下躲雨打手机的人，有没有朋友认出这个人代表的是什么人群的形象？对！他就是名扬四海的"山城棒棒军"。这个由铝材料制作的塑像，其神态给人以一种惟妙惟肖的"滑稽"感，与厚重、传统的吊脚楼形成强烈的时代反差。但我们每个重庆人看到这个形象，却会油然而生一种亲切感。

对于我们山城居民而言，成天爬坡上坎已经够辛苦的了，再要拎着大包小包上上下下，年轻力壮者可能无所谓，年老体弱者就相当困难了。从20

世纪 80 年代开始，重庆主城地区便自发诞生了一种特殊的职业，北方标准称呼为"挑夫"，我们山城人民亲切地称之为"棒棒军"，因为他们每个人手上都拿着一根竹棒，竹棒上的标配是一卷麻绳。他们散布在城市的大街小巷、车站码头，你只要喊一声"棒棒儿"，一瞬间他们就会出现在你的面前，你挑选了其中的一个，则其他应声而来的"棒棒儿"会自觉退开，再等下一个雇主的招呼。他们生活俭朴，聚居在廉价的房屋之中，凭着自己的劳动力，挣着一元、两元的辛苦钱，他们是那个时代重庆发展不可或缺的贡献者，为我们千家万户的老弱者提供了极大的帮助，所以，我们非常感谢他们，也很尊重他们。重庆人去到外地出差，面对一大堆行李物件的时候，最想念的就是我们的山城棒棒军了。当时重庆电视台还拍摄了一部叫《山城棒棒军》的电视剧，国内很多电视台都播放过。随着经济的发展，私家车越来越多，网购也极为方便，故而现在的重庆已经看不到规模壮观的棒棒军了，只有少数人还零星驻守在商场、超市等需要挑夫的地方。

我们今天的游览活动即将结束，感谢大家不远千里来此打卡！让我们用一句经典评价结束今天的讲解："洪崖洞，悬崖上的吊脚楼，记忆中的老重庆！"

（三）重庆市人民大礼堂

游客朋友们，大家好！非常荣幸有机会为大家服务，希望带给大家一次愉快的旅程。

我们现在所站的地方就是重庆人民广场，正对面这座雄伟的建筑便是重庆市人民大礼堂了。它由正中间圆形屋顶的主体建筑——礼堂、左侧的配套建筑——北配楼、右侧的配套建筑——南配楼、礼堂背后的东配楼，以及我们眼前的牌楼等建筑组成。1997 年重庆直辖，拆除了原有的围墙，修建了我们脚下的人民广场，大礼堂与广场浑然一体，使整个建筑群更加辉煌。

朋友们，我们可以看到整个大礼堂建筑外观采用中国传统民族形式，主体部分仿北京天安门重檐歇山顶和天坛祈年殿重檐圆攒尖造型艺术，南北两翼配以廊柱式长楼，利用山坡地形分层筑台。整体布局中轴分明，左右对称，庄严典雅。大礼堂占地 66000 平方米，建筑面积 18500 平方米，总高 65 米，主体高 55 米，圆形大厅内四楼一底，大型舞台一座，设 4000 个座位。由于建筑结构精巧、风格独特，大礼堂和设计师张家德先生被一并载入了英国皇家建筑学会出版的《建筑史》一书，蜚声海内外。

　　重庆市人民大礼堂于1951年6月破土兴建，1954年4月竣工，原为"西南行政委员会大礼堂"，1956年，西南大区撤销，更名为"重庆市人民大礼堂"，它是重庆市重要标志性建筑之一。朋友们，请跟随我的脚步一起去近距离地欣赏这座雄伟的建筑物吧。

　　我们现在正在穿过的是一座古香古色的牌坊，它四列三跨，具有典型的明清建筑风格，采用了钢筋混凝土结构的仿木建筑形式，上书有金光灿灿的"重庆市人民大礼堂"。穿过牌坊后，各位游客朋友们可以看到人民大礼堂雄踞于高台之上，这128级台阶共分为三层，恰好烘托出整个建筑的立体美感。各位朋友可以设想一下，如果此建筑平台而起，不设在高台上的话，肯定就无法衬托出其雄奇伟岸，这也是设计者结合山城地势的自然禀赋，造就了建筑史上的奇葩。

　　让我们拾级而上，请朋友们注意观察台阶两侧的白玉兰灯，它们宛如整齐的仪仗队正恭迎着您的到来。大家都知道白玉兰是春天的象征，设计者也正暗含此意，代表着中华人民共和国成立后的重庆也迎来了春天。

　　各位朋友，我们已经到达了平台之上，大家请看，大礼堂正上方绿色琉璃瓦大屋顶和飞檐的造型全靠斗拱结合柱、梁、檐而形成。同时，这也是力学和结构学的完美境界，由于斗拱的托、飞、拱、伸的作用，使整个建筑显得庄严华丽、摇曳多姿。斗拱使屋檐飞翘起来，这样，大屋顶既能挡雨，又不会挡住光线，也使得礼堂里边异常明亮。

　　现在的大礼堂是重庆市接待中外贵宾的重要场所之一，接待了众多党和国家领导人以及国外友人。同时，大礼堂也是重庆市举行重大会议和演出活动的中心。亚洲议会和平协会第三届年会闭幕式，亚太城市市长峰会文艺演出，重庆市的人大会议、政协会议，重庆直辖市挂牌揭幕大会等重大会议均在这里召开，这里已经成为重庆的标志与象征。

（四）重庆中国三峡博物馆

　　游客朋友们，参观完人民大礼堂后，我们现在来到了重庆中国三峡博物馆。细心的游客朋友一定会发现，眼前的这座博物馆的总体布局通过以东西走向的人民大礼堂对称轴为主轴线联系起来，主轴线上人民大礼堂、人民广场、博物馆一气呵成，张弛收放洒脱自如，形成"三位一体"的四维效果。

朋友们，我们刚才站在人民大礼堂前向西望，博物馆主体的玻璃顶在阳光照射下有如从水中和群山中升起的红日，显出勃勃生机。现在我们站在博物馆面前从西向东望，人民大礼堂在人民广场和谐曲线环抱的映衬下，昭示出博物馆和人民大礼堂两个不同时期标志性建筑的历史对话，而人民广场则成为对话的极佳场所。

您现在所处的位置正是首批国家一级博物馆、中央地方共建国家级博物馆、全国爱国主义教育示范基地、全国首批学雷锋志愿服务标兵单位——重庆中国三峡博物馆的大门。我将带领大家从一楼的展示厅开始，依次参观、逐一领略三峡历史文化精神、地方历史源流、重庆城市变迁和重庆抗战文化。

【三峡博物馆概况】

重庆中国三峡博物馆坐落于重庆市渝中区人民路236号，毗邻重庆市人民政府，与重庆人民大礼堂遥遥相对。重庆中国三峡博物馆是一座集巴渝文化、三峡文化、大后方抗战文化、移民文化、统战文化的收藏、保护、研究、展示、传播为一体的综合性省级博物馆，前身为1951年3月成立的西南博物院，1955年6月因西南大区撤销更名为重庆市博物馆，2000年9月经国务院办公厅批准设立重庆中国三峡博物馆，2005年6月18日，建成后的新馆正式对外开放。该馆占地面积3万平方米，建筑面积45098平方米，展厅面积20858平方米，年均接待海内外观众180万人次。

历经60余年发展，重庆中国三峡博物馆现有藏品11.4万件/套（27.9万单件），涵盖23个文物门类，逐步形成了古人类标本、三峡文物、巴渝青铜器、汉代文物、西南民族文物、大后方抗战文物、瓷器、书画、古琴等特色藏品系列。该馆具有"壮丽三峡""远古巴渝""重庆：城市之路""汉代雕塑艺术""历代钱币""西南少数民族风情"等10个常设展厅，年均推出临时展览20余个，同时呈现《重庆大轰炸》半景画演示和《大三峡》环幕电影，形成了较为丰富的展览体系。

大家在博物馆中庭两侧所看见的是博物馆十大镇馆之宝之一：乌杨汉阙。2001年发现于重庆忠县乌杨镇，距今已有2000年的历史，"阙"为古代宫廷、寺庙、墓葬前附属的建筑，常左右成对，乌杨汉阙是中国所有汉代阙中第一个作为博物馆馆藏文物陈列的汉阙。

【"壮丽三峡"展厅】

首先我们进入的是位于博物馆一楼的"壮丽三峡"展厅。该展厅包括"造化三峡""山水之间""三峡风流""永远的三峡"四个展览主题，精选大量三峡地区珍贵实物、资料，全面呈现了三峡的自然山水、历史人文、百万移民、文物抢救和三峡水利工程等方面，展现出三峡的自然造化、风云际会和人间奇迹，带领我们感受三峡的壮美、神奇、深厚与多情。

下面给大家重点介绍的是中心展柜陈列的偏将军印章。偏将军印章是国家一级文物，也是博物馆的十大镇馆之宝之一。这枚东汉时期的"偏将军印章"是1982年市民刘定全在嘉陵江边拾得，捐赠给重庆市博物馆收藏。此印系龟钮方形金印，通高2厘米、钮高1.2厘米、边长2.4厘米、重108.95克，含金96%。篆刻印文"偏将军印章"，是一方汉代官印。据《三国志》记载，关羽曾被封为偏将军，《三国演义》还有关羽"挂印封金"的佳话。两汉官印制度，即官高者用龟钮，中下级官吏用鼻钮的制度。金制官印流行于汉晋时期，目前全国共发现26枚，两汉金印仅存15枚，至为珍贵。

我们继续往前走，这面玻璃罩后的碑刻是博物馆十大镇馆之宝之一的景云碑，是目前三峡地区唯一出土的汉碑。景云碑全称为东汉巴郡朐忍令景云神道碑，为东汉汉碑，距今已有1800多年的历史。巴郡为重庆的古称，朐忍为现今的云阳，景云是当时云阳的县令。朐忍令景云神道碑出土于三峡库区云阳县旧县坪遗址，是东汉朐忍令雍陟于熹平二年（173年）为纪念70年前的朐忍令景云而立。碑文主要记载了景云生前的政绩、公德以及三峡地区的政治、地理、移民等史实。景云碑是目前三峡地区唯一出土的汉碑，碑额正中雕刻有"妇人启门"图，左右刻兔首人身像和三足乌，此碑年代久远、保存完好、雕琢精美，具有极大的历史文化书法价值。

为了更好地保存和展现三峡大坝蓄水前的三峡原貌，博物馆兴建了全国第一座全周数字无缝环幕电影厅，目前为游客推出了"大三峡"环幕数字电影。该厅同时拥有多个全国乃至世界第一，代表了环幕电影的最高水平。观众厅直径18.3米、高12米，是全国最大的一个环幕电影厅，厅内银幕周长57.7米、高5.8米，是全国最大的一张银幕，该放映厅第一次在环幕电影中使用了数字放映机，这在全世界也是第一次。

【"远古巴渝"展厅】

接下来我们进入的是位于博物馆二楼左侧的"远古巴渝"展厅。该展厅包括"旧石器时代""新时期时代""青铜器时代"三个展览主题,汇聚了重庆地区出土的大量旧石器时代、新石器时代和青铜时代的精品文物,我们从中可以领略巴渝文化的源流和发展脉络,感受其承载的科学、历史和艺术价值,以及先人们的创造力、想象力和奋发自强的精神。

复原山洞右侧展柜中陈列的巫山人左侧下颌骨化石是我馆十大镇馆之宝。1985年,考古工作者在龙骨坡的石灰岩洞穴内发现了一段人类的左侧下颌骨化石,上面还带有两枚臼齿,这一发现引起了科学家的极大兴趣。经研究,科学家将这批人类化石的主人命名为"巫山人"。经古地磁测年确定距今有200多万年,同时出土的还有石器以及120余种脊椎动物化石。

我们现在看到的展柜中陈列的是出土于涪陵小田溪的战国青铜虎钮錞于,同样属于博物馆十大镇馆之宝。巴人崇尚老虎,青铜器上不乏以虎作为纹饰。錞于是巴人的代表性器物,一般用于战争和祭祀场合。顶部的钮采用了巴人图腾虎的造型。请从右侧方向继续参观。

展厅角落里陈列的是出土于巫山重庆地区目前发现最早的青铜器——商代三羊尊,它是博物馆的十大镇馆之宝,其肩部有三个对称的羊头和鸟形装饰,腹部装饰有夔龙纹,是盛酒或温酒的器皿,具有浓厚的中原文化特征。

中心展柜陈列的鸟形尊也是本馆的十大镇馆之宝之一。这件文物出土于涪陵小田溪墓群,整体造型是一只特征怪异的鸟,它头顶有冠,嘴巴阔且短,双目圆睁前视,大耳脖粗、体态肥大、尾巴短,还有一双蹼足。这件器物和中原的鸟兽形尊造型相似,但嘴上有孔,背上却没有灌酒的口,应该不是有实际用途的器物。该器物造型、纹饰极其精美,其体轻、壁薄、中空,铸造难度极高,是研究巴人的审美情趣、工艺水平和铸造技术难得的艺术精品。

【"重庆:城市之路"展厅】

现在我们进入的是位于博物馆二楼右侧的"重庆:城市之路"展厅。该展厅包括"城市变迁""商贸金融""工业崛起""英雄城市""直辖风貌"五个展览主题,从城市化、工业化,以及政治近代化等多个方面展示了重庆城市近代化的历程。作为西南地区的门户,重庆的发展与近现代史上几次重大事件的影响密不可分。游客朋友们可以在参观过程中感悟历史变迁与社会发展。

解放战争时期,重庆是第二条战线的重要舞台。重庆解放前夕,被关押在歌乐山集中营的300多名革命烈士,为中国人民的解放事业献出了宝贵的生命。江竹筠便是其中一位女性代表,她就是小说《红岩》中"江姐"的原型。现在大家看到的就是江竹筠烈士的遗书,也是本馆十大镇馆之宝之一。这是江竹筠在狱中写给亲人的信,希望亲人能够将自己的孩子抚养成人,"以建设祖国为志,为共产主义革命事业奋斗到底"。这页手掌般大的遗书,反映了烈士鲜为人知的、作为慈母柔情的一面,其对儿子的谆谆教诲,对现在的人们有着重要的启迪意义,也是极好的爱国主义教育宣传资料。

(五)重庆红岩革命纪念馆

游客们,大家好!重庆是一座拥有3000年历史文明的名城,作为地域代表的"红岩",是重庆红岩嘴13号(中共中央南方局暨八路军驻重庆办事处驻地)、曾家岩50号(周公馆)和虎头岩(《新华日报》总馆)"红色三岩"的总称。

红岩精神产生于抗战相持阶段和第二次国共合作的大背景下。1939年年初,中国共产党为了巩固抗日民族统一战线和加强国统区工作,在重庆成立了中共中央南方局,开始了在国民党统治区长达八年的斗争历程。在极其艰苦险恶的环境中,南方局在中共中央的正确领导和周恩来、董必武等同志带领下,把马克思列宁主义、毛泽东思想与具体实际相结合,努力实现共产主义世界观、人生观、价值观与中华民族传统美德、民族气节的融合,在长期斗争中形成了一种代表成熟时期中国共产党人崇高思想境界、坚定理想信念、巨大人格力量、浩然革命正气的精神品质,那就是红岩精神,红岩精神的代表性成果就集中展示在即将参观的红岩革命纪念馆中,请大家跟随我来。

说起红岩革命纪念馆,不得不提及红岩村。红岩村因其地质成分主要为侏罗纪红色页岩而得名。确切地说红岩村叫作红岩嘴刘家花园。抗日战争时期,刘家花园不是花园而是农场。农场的主人也不姓刘,而姓饶,叫饶国模,是一位拥有殷实资产的中年知识妇女。她早年就读成都益州女子师范学校,其兄饶国梁是黄花岗七十二烈士之一。受其影响,饶国模学习新文化,接受新思想,20年代末,怀着"实业救国"的理想,购置下刘家花园,开辟成大有（大家所有的意思）农场，经过多年艰辛创业，农场已经粗具规模。

1939年年初，中共中央南方局成立，秘密设立于八路军驻渝办事处内。周恩来任书记，负责领导中国南部广大地区以及港澳等海外地区党的工作。周恩来达到重庆后，考虑到日机轰炸和市区房屋狭小、分散等诸多不便，便委托中共川东地下党在重庆另找地方。经过实地勘查和了解，党组织认为大有农场离市区较近，又便于防空，农场内地广人稀，出路方便，利于开展工作。而且农场主的三个子女先后都加入了中国共产党，这更是必不可少且至关重要的条件和因素。

于是，来人以八路军办事处的名义与饶国模商谈租房事宜。根据协议，办事处出资3000元，与饶国模共同建房，房屋建好后，由办事处无偿使用3年，三年后办事处如需使用，每月向饶国模交纳房租若干。房屋当年春天破土动工，秋天落成，一栋砖木结构的三层楼房，外观形似两层，为防日机空袭，楼房外墙涂成深灰色。随着人员的增加，又在农场内修建了礼堂，办起了招待所、托儿所等。这园俨然成了中国共产党在国民政府乃至整个中国南部的"大本营"。

抗战胜利后，中国共产党代表董必武离渝赴宁之际，除了亲笔题写"大有农场"四字外，还特意写下了一首《题赠饶国模女士》的七言绝句："八载成功大后方，红岩托足少恓惶。居停雅有园林兴，款客栽花种竹忙。"诗后附有这样的题跋："倭寇侵逼，国府西迁，重庆襟江背岭，成为战时首都。远地来人云集潮涌，吾辈初至此邦，几难措足。铜梁饶国模女士豪爽好客，渝郊红岩经营农场，欣然延纳，结庐期间，忽忽八年。当胜利还都，赠一绝致谢。"

所以位于渝中区红岩村52号的重庆红岩革命纪念馆主要展现的是抗日战争时期南方局在重庆的革命斗争。纪念馆2000年竣工。馆内展示了1000多件南方局历史文物图片资料，运用伟人蜡像、艺术场景、大型声光沙盘模型、多媒体影视等多种高科技手段，再现了这段历史。

【大有农场牌坊】

"大有农场"，是当年饶国模创办农场时自己为农场取的名字。最初这个牌坊是用竹子搭建的，后改为砖砌。我们现在看到灰色的门牌上的"大有农场"，是1946年中共代表团离开重庆迁往南京的时候由董必武亲自挥毫题写的。

现在我们眼前的这棵黄葛树，是当年饶国模亲手栽种的，当年它是一个非常重要的路标。因为往右通往八路军重庆办事处大楼，往左则是通往国民党的国民参政会大楼。有个顺口溜是这样说的"走红岩，投八路，抬头先看黄葛树"。它还有个名字叫作阴阳树，1960年郭沫若重返红岩时曾写下诗句"农场名大有，榕树界阴阳"，从而得名阴阳树。大家看这棵树的树杆长得不一样，这是因为在1976年它曾被雷电击中，经过科学嫁接培植，使其成活得更加繁茂。

【饶国模的故居】

饶国模的故居坐落在前往办事处必经的小路旁，当年如有地下党的同志来汇报请示工作，往往先说找红岩村的刘老太太，到了这里之后再由饶国模送往办事处。

饶国模是四川大足区云路乡人，曾就读于成都益洲女子师范学校。她从小就受到二哥爱国思想的熏陶。民国时期，丈夫刘国华任铜梁县县长，后2人因政治见解不同而离婚。因为丈夫姓刘，所以大家都亲切地称呼她为"刘老太太"。八路军重庆办事处迁到大有农场后，她给予了八路军办事处工作、生活多方面帮助和支持，同时也受共产党人的理想和追求深深影响。1948年，饶国模毅然申请加入了中国共产党。

在办事处修好后，饶国模为了支持办事处和南方局同志们的工作，又划了一批地，让他们先后修建了招待所、礼堂、托儿所、防空洞等。橱窗中展示的是中华人民共和国成立后饶国模写下将红岩村的所有土地和房产敬献给人民政府的实物丝绸。右边的文件是任命她为重庆市人民代表的证书，左边是毛泽东亲自签发的任命其为西南军政委员会监察委员会委员的任命书。中华人民共和国成立以后，饶国模前往北京任全国政协委员。

1960年饶国模因突发脑出血在北京去世，应她生前的要求，将她送回到了红岩村，埋在红岩公墓的旁边。这张照片是81岁的邓颖超在1985年重返红岩时在饶国模的墓前敬献鲜花的照片，当时她在墓前深情地说道："我们不应该忘记饶国模，没有刘老太太，哪里来我们的红岩哦！"由此可知，饶国模为革命、为中华人民共和国做了很大的贡献。

【南方局、八路军办事处旧址】

八路军办事处的大楼是办事处同志自己设计修建的,楼房结构非常巧妙,从外面看是2层楼,其实它有3层,三楼由阁楼改建而成。大楼占地500余平方米,建筑面积1186平方米,共有大小房间54间。1939年夏天建成,一直使用到1946年5月。一楼是公开的八路军驻重庆办事处的用房,二楼是中共中央南方局办公用房。南方局是中共中央驻国民政府战时首都重庆的秘密派出机关,不公开对外。当时南方局领导同志都以中共代表和国民参政员等公开身份住在这里。三楼是机要科和秘密电台。

重庆谈判期间,毛泽东曾经在此办公和居住。1946年8月,八路军重庆办事处奉命撤离。饶国模曾在这里开办了红岩小学。中华人民共和国成立后,饶国模将大有农场土地以及办事处大楼全部捐献给了国家。

在对面的山顶上,国民党设立了机枪阵地。对外宣称为了抵抗日军的空袭,其实同时也是监视办事处大楼的进出人员。

来到大楼前,首先映入我们眼帘的是一张周恩来和邓颖超的合照。1939年日军的一次空袭,刚好有一颗炸弹掉在了办事处前面的土沟里,把这面墙的表面炸坏了,周恩来和邓颖超在这里拍下了这张让人印象深刻的照片,在邓颖超重返红岩时曾说道:"不管日机怎么轰炸,我们就是不走,我们是炸不走的"。

一楼的左侧传达室:这个传达室既简单又普通。但在当年它却有着非常重要的作用。除了进行来访人员的登记外还能够防止国民党的突然袭击,在这张桌子下面当年安装了脚踏电铃,遇到紧急情况,传达室同志一边跟敌人周旋一边悄悄地踩响桌下的电铃,而我们在二楼和三楼的同志听见铃声,就会提前做好应对准备。在这个房间里面还有一个设计非常巧妙的地方:在门后面有一个小门,它直接通向二楼的南方局。当年,从事秘密工作的同志来南方局汇报工作都是从传达室的这个小门直接进入二楼的,在外面监视的特务也只看见他们进了传达室,而不知道他们已经通过小门进入了大楼,同时也是为了避免从事秘密工作的同志与公开身份的同志相接触。

朋友们,沿石梯往上,我们就到了八路军办事处的二楼通道,这里曾经是墙报。右边这块墙是当年办事处的同志用来办墙报的,在紧张繁忙的工作之余利用这面小小的墙壁丰富业余生活,周恩来、董必武等也经常为墙报投稿。大家请看《题双乐天图》，这是周恩来写的一首诗。他曾经以这首诗向红岩救亡室的墙报投过稿。"大乐天抱小乐天，嘻嘻哈哈乐一天，一天不见小乐天，一天想煞大乐天。"上款是《提双乐天图》，落款是"赛乐天书"。这里的大乐天指的是邓颖超，而小乐天指的是荣高堂的儿子荣伟民，赛乐天指的就是周恩来自己。红岩的生活是艰苦的，环境是险恶的，但周恩来对下一代的慈爱和对革命的乐观主义精神却深深地感动着大家。

向右就来到了会客室：在这间会客室里面，周恩来曾经在这里会见了旅美华侨洪门致公党的领袖司徒美堂先生。1945年，重庆谈判期间，毛泽东在这里会见了3位美国士兵，并进行了长时间的谈话，让他们了解共产党，最后还在办事处后门的芭蕉树下拍照留念。这副对联是当时《新华日报》的总经理熊瑾玎所写的，"白日辄蒙千层雾，红岩屹立五周年"。第一层意思是说重庆是雾都，第二层意思是说当时的重庆是笼罩在白色恐怖之下的。

钱之光办公室：在这个小小的房间里面包括了当年的经理科、交通科、文书科、总务科，一个房间有很多同志同时工作，人最多的时候，是七八个人在一张桌子上办公。里面一间是办事处处长钱之光的办公室和卧室，这栋大楼就是在他的带领下建起来的，大家都亲切地称他是"革命的管家，人民的公仆"。

公开电台：这部电台是当时经国民党最高军事当局允许设立的，办事处的同志就是通过它和延安以及国民政府军事当局联系的，可是因为这里经常停电，办事处同志们便想办法购买了一台手摇发电机，遇到停电的时候，就用手摇发电机来发电。1943年国民党发动第三次反共高潮，无理地查封了这部电台，同志们就用三楼的秘密电台跟党保持联系。

救亡室：它是整栋大楼里最大的一间，周恩来、董必武等领导同志经常在这里做报告，传达党的方针、政策。这个房间被活动门分成了2个房间。活动门平时都是打开的，一旦有秘密身份的同志来听报告就用活动夹板把房间隔开，不与公开身份的同志见面，达到只闻其声、不见其人的效果，这是当时地下党处于秘密状态的需要。在平时，这里就是大家娱乐活动的地方，这个桌子当年就曾被用来打乒乓球。逢年过节的时候就把桌子搬开，在这里唱歌、跳舞、表演节目。大家可以在这边看到办事处的同志们当年在这里开展文艺晚会、歌咏比赛的照片。

旁边这个楼梯间设计得非常巧妙，它修建在一个小屋子里，平时这个门都是关上的，从外面很难发现如何上办事处二楼。对外宣称二楼是长官住所，当时正处于国共合作时期，长官住宅是完全受保护的，外人不能随便上楼。这么做也是为了混淆视听，保护南方局的安全。在这个楼梯间，我们可以发现一个小门，这个小门和刚刚我们在传达室看见的门后那个小门是相通的。来访的秘密人员就是从这个小门秘密出来直接上二楼。

二楼最端头的这个房间是王若飞和秦邦宪的办公室兼卧室：1944年5月以前，此室为组织部负责人办公室，组织部部长秦邦宪和孔原先后在此办公、住宿。1944年5月，王若飞由延安来渝，他担任中共谈判代表和重庆工委书记时在此办公和住宿。1945年8~10月重庆谈判期间，毛泽东住在这个房间对面，为方便工作，周恩来便在此室办公和住宿。

毛泽东的房间：在重庆谈判的43天中，除了有3天应蒋介石的邀请住在山洞林园外，其余的40天都是住在这里的。白天他就在桂园办公和接见拜访各界人士，晚上就回到红岩村办公和居住。毛泽东来重庆期间正值炎热的夏天，几位友好人士给他送来了交流电收音机和华孚坐式电风扇，但他还是坚持按最低价付了钱。就是在这张桌子上，毛泽东重书了写于1936年的《沁园春·雪》送予民主人士柳亚子，当这首气势磅礴的诗篇传开以后，轰动了整个重庆，引起了中外各界广泛的关注。

叶剑英、吴玉章的办公室：作为八路军总参谋长的叶剑英是中共代表、南方局常委。主要协助周恩来同国民党进行谈判和负责军事方面的工作。1940年3月，蒋介石以检讨冬季作战为名，宣布召开全国参谋长会议，妄图趁此机会攻击中共领导的军队是"袭击友军，制造摩擦"。叶剑英从容赴会，拿证据、摆事实、讲道理，从战略、战役、战术上逐条反驳了国民党对共产党军队的诬蔑，争取到许多爱国将领对我军的理解和同情，打乱了蒋介石的反共部署，击碎了他的分裂阴谋，产生了深远的影响。董必武曾赞叹说："古有诸葛亮孔明只身赴东吴舌战群儒，今有叶剑公只身赴参谋长会议，舌战群儒，可谓异曲同工，英雄本色。"

吴玉章是我国杰出的无产阶级革命家、教育家、中国人民大学的创始人，抗战胜利后，与周恩来一同到重庆参加政治协商会议，任四川省委书记。

林彪、叶挺的办公室：1942年，党中央派林彪同周恩来一起飞往重庆与蒋介石进行谈判时住的就是这个房间。当蒋介石看到前来谈判代表是黄埔军校的学生林彪后，多次推托避而不见，谈判结果并不理想。经过断断续续的谈判，林彪在重庆待了近一年后返回延安。

新四军军长叶挺和他的家人在被国民党强行扣押5年释放后也在这里短期居住过，1946年3月5日，也就是叶挺出狱的第二天，他重新递交了入党申请书。3月7日，毛泽东亲自致电同意其加入中国共产党。但不幸的是，叶挺将军在4月8日奉命返回延安时，所乘专机在山西黑茶山失事，叶挺及夫人李秀文、女儿叶扬眉、儿子叶阿九不幸遇难。一同遇难的还有王若飞、博古、邓发、黄齐生等人，史称为"四八烈士"。

周恩来的办公室兼卧室：1938年12月至1946年5月，周恩来以中共代表、国民政府军事委员会政治部副部长的公开身份和中共中央南方局书记的秘密身份常驻重庆红岩，同国民党军政当局进行谈判，广泛开展抗日民族统一战线工作。周恩来常在此召开会议、听取汇报、讨论决定重大问题、安排布置有关工作和撰写《新华日报》社论等重要文章。《新华日报》刊登著名的《千古奇冤》一诗就是在这里写下的，里面楼梯下小屋是周恩来和邓颖超的卧室。

董必武办公室兼卧室：1938年10月至1946年5月，董必武任中共代表、南方局常委兼统一战线工作委员会书记、宣传部部长、国民参政会驻会参政员，长期在重庆协助周恩来开展各项工作。周恩来离渝期间，董必武主持南方局工作。1945年夏，董必武作为中共代表成为中国政府代表团成员赴美国出席旧金山联合国制宪会议，并在联合国宪章上签字。这是中国共产党第一次走向国际舞台，让世界认识了中国共产党。在董老对面就是林伯渠林老的办公室。

林伯渠办公室：林伯渠是陕甘宁边区主席，国民参政会中共参政员之一，抗战期间他曾多次来重庆出席国民参政会，在1944年曾和王若飞同志代表中央来重庆与国民党谈判。在三届五次国民参政会上，提出了成立联合政府的主张，得到了各党派和广大人民的一致拥护。

三楼是机要科，它是由阁楼改建而成，空间非常低，条件非常艰苦，当时由于机要人员工作性质的原因，他们平时是不方便下楼的，只有等到夜深人静的时候才能下楼活动筋骨,这里也是秘密电台的所在地,它与楼下的公开电台同时设置,当公开电台被查封以后,办事处的同志们就是利用这部秘密电台与延安保持联系的。在重庆谈判期间,毛泽东也是通过这部电台亲自指挥了著名的上党战役,为国共谈判的顺利进行加大了筹码。

(六)重庆歌乐山烈士陵园

尊敬的游客朋友们,大家好!欢迎大家来到重庆歌乐山烈士陵园参观。今天将由我带领各位朋友参观游览歌乐山烈士陵园旅游区,但愿能够带给大家一个满意的旅程。

重庆歌乐山烈士陵园位于沙坪坝区歌乐山麓,这里曾是国民政府时期"国民党军事调查统计局"的总部、电台、监狱所在地。第二次世界大战后期,曾在此建立"中美特种技术合作所",美国海军上校梅乐斯任主任,军统头子戴笠任副主任。中美合作所成立于1943年7月,解散于1946年6月,在成立的短短三年间,美方提供各种装备、器材近万吨,培养22批5万名学员,并且建立了156个气象站及通信电台。而在这三年间,白公馆就作为来华美军的招待所,随后改为关押革命志士的监狱。渣滓洞原本是一座人工采煤的小煤窑,因煤少渣多而得名。1943年,军统特务逼死矿主,霸占小煤窑和矿工住房改为监狱。"中美特种技术合作所"东西长约7千米,纵横宽约10千米。周围完全用碉堡、岗亭和铁丝封锁,任何人也不能通行。它名义上是以中美联合对日作间谍战、中美交换情报为幌子,实际上,完全是一个训练法西斯刽子手的机构,对中国共产党党员和抗日民主人士进行大量的搜捕和迫害。国民党统治时期,这里是关押和杀害革命志士的人间地狱。皖南事变后,新四军军长叶挺将军曾被囚禁于此,著名共产党人罗世文、车耀先、江竹筠、爱国将领杨虎城、黄显声等均在这里惨遭杀害。

1949年11月27日,国民党政权撤离大陆前夕,对囚禁在这里的300多位革命人士实行集体大屠杀,制造了震惊中外的"一一二七"大血案。1955年,重庆市人民政府修建了烈士墓园和烈士纪念碑,占地698平方米。1956年,四川省人民政府将这里列为省文物保护单位。1963年,重庆中美合作所美蒋罪行展览馆成立,恢复了白公馆、渣滓洞的原貌,于1985年更名为重庆歌乐山革命烈士陵园。1988年,这里被国务院列为全国重点文物保护单位。1993年,增挂重庆歌乐山革命纪念馆馆牌。现在,我们就从此开始一步一步了解这个当年所谓的"特区"。

现在我们所处的地方就是原"中美合作所"阅兵场。昔日的阅兵场,现为一片美丽的绿化带,大型浮雕《不朽》就坐落在阅兵场的东部。革命烈士在敌人面前英勇不屈的精神,永远受到人们的敬佩:"红岩伟业垂青史,英烈精神励后人。万众同心建四化,振兴华夏慰忠魂!"每一位到此参观的人,都会流露出这种心声。

拾级而上,在我们眼前的就是烈士浮雕了。"歌乐山下埋忠骨,两江回荡存英名。"我们眼前拔地而起、呼啸苍天的烈士群雕,巍然矗立在天地之间。烈士群雕由438块红色花岗石组成,它共有19层,高11米,四周各宽7米。群雕命名为"浩气长存"。共分为四个面。正面主题是宁死不屈,体现了革命者视死如归的精神风貌。他们手捧着那位最先倒下的勇士的身躯,悲痛万分。死者的圣洁、生者的愤怒,形成了有力度的节奏对比。这一艺术的力度,迸发出震撼苍天的浩然正气。群雕的右面主题为"前仆后继",雕塑了一个牢固的战斗集体,一个人倒下,千万个人冲上去,战斗的友谊和钢筋铁骨牢不可破。两个人物造型同时向前倾斜,两只紧握的手,是他们为真理而战的坚强意志的表现。群雕左面的主题是"坐穿牢底"。烈士们和常人一样,他们热爱生活,渴望自由,狱中的"小萝卜头"和姐妹们珍惜窗外的每一缕空气和阳光,爱抚每只从窗外偶尔闯入的小生命。他们懂得自由的价值,然而为了让更多的人过上自由的新生活,为了免除下一代的苦难,他们愿把这牢底坐穿!群雕后面的主题为"迎接曙光"。解放的炮声在回响,胜利的红旗已经飘扬,然而烈士们的鲜血还在流淌。面对敌人的最后挣扎,难友们抚摸着自己亲手制作的红旗,千分情、万分爱,含着眼泪绣红旗。一针针、一线线,绣出一个新天地。烈士群雕上的这9位烈士形象,是牺牲在集中营的烈士群体代表。群雕将烈士们的精神和素质表现得既伟岸超人又平凡质朴,具有永恒的凝聚力和感召力。

群雕后面便是烈士墓。该墓四周全都用红色地砖铺就,举目所见一片殷红,好似烈士的鲜血洒满大地。墓地两旁栽满了苍翠的青松,背后是巍峨的歌乐山。群雕、墓地、苍松、山峰,这一"天人合一"的组合,将"浩气长存"这一伟大而深刻的主题体现得淋漓尽致。

现在在我们面前的是红岩魂陈列馆,它建成于1963年,原址为"中美合作所"阅兵台。其名称在建馆之初为"重庆中美合作所集中营美蒋罪行展览馆",随着"红岩魂"展览在全国的影响不断扩大,陈列馆1999年改名为"红岩魂陈列馆"。陈列展览名称也由原"歌乐忠魂世代英华——中美合作所暨军统集中营史实展览"更名为"红岩魂——白公馆、渣滓洞革命烈士斗争事迹展览"。该馆陈列展览的图片、文物共分为7个部分:禁锢的世界;从来壮烈不贪生,许党为民万事轻;愿以我血献后土,换得神州永太平;失败膏黄土,成功济苍生;血与泪的嘱托;烈火中永生;烈士血凝万代心。各位朋友可以进入红岩魂陈列馆自行参观,1小时后,我们在门口集合前往下一地参观。

朋友们,现在我们来到了白公馆门口。大家请抬头看,这座建筑物的大门上方,赫然写着"香山别墅"4个大字而并不是白公馆。其实这里原是四川军阀白驹在重庆沙坪坝郊区的别墅,20世纪30年代,他为了让小妾居住而修建。由于白驹自诩为唐代大诗人白居易的后代,白居易又号称"香山居士",所以他便将自己的这座郊外别墅称为"香山别墅",人们习惯将其称为"白公馆"。1938年,军统局用30两黄金将其买下。1939年,军统局将其改为军统局本部直属看守所,称"军统重庆看守所",主要关押国民党政府认为级别较高的"政治犯"。1943年,中美合作所成立后,白公馆内犯人被迁移至渣滓洞。白公馆改名为"中美合作所第三招待所",供美方人员居住。第二次世界大战结束后,中美合作所撤销,美方人员回国,白公馆重新开放为关押"政治犯"的监狱,这里一楼一底的住房改为牢房,防空洞改为刑讯室,储藏室改为地牢。而在这里关押的"政治犯"都是国民党认为"案情严重"的,如爱国将领黄显声,同济大学校长周均时,著名爱国人士廖承志,中共党员宋绮云、徐林侠夫妇及幼子"小萝卜头"等,关押的"政治犯"最多时达200多人。白公馆的先烈们面对死亡毫不畏惧,对革命怀着必胜的坚定信念。他们是民族的脊梁,是值得我们永远铭记的,接下来就让我们一同走进白公馆,去感受革命者的高风亮节。

现在,让我们一同步入白公馆院内。请看墙上的"进思尽忠、退思补过""正其谊不谋其利,明其道不记其功"等标语。这是国民党一种诱导革命志士投降的策略。国民党将地下储藏室改为地牢,把防空洞改为刑讯室,住房改为牢房。大家还记得,在电影《在烈火中永生》和歌剧《江姐》里绣红旗的一幕,其实绣红旗并不是发生在渣滓洞的女牢,而是发生在白公馆的男牢平二室,当时关押的是《红岩》小说的作者罗广斌和丁地平、陈然、刘国志,当他们得知中华人民共和国成立之后,按捺不住激动和喜悦的心情,并坚信重庆即将解放,凭借想象亲手制作了一面五星红旗,准备等到重庆解放的时候就高举着它,冲出牢房,去迎接那激动人心的时刻。大家熟悉的小萝卜头也是被关押在这里。小萝卜头原名宋振中,随着他慢慢长大,父亲母亲努力为他争取到学习的机会,在狱中异常艰苦的条件下,他一边用黄泥粉笔和草纸订成作业本,随同黄显声将军刻苦学习文化知识,一边不断帮助狱中难友秘密地传递情报和纸条,然而,在重庆解放前夕,特务们残忍地杀害了年仅8岁的小萝卜头。小说《红岩》中的另一个人物华子良的原型韩子栋就关在这里。韩子栋祖籍山东,1933年入党,1934年在北平车站被捕入狱,关押在南京监狱,后来辗转到贵州的息烽监狱,最后被关押在了白公馆监狱。1946年8月18日,韩子栋在陪车耀先、罗世文的时候,受枪声惊吓,并且借此机会装疯卖傻,骗过了国民党特务,使他们放松了对他的警惕,让他负责"政治犯"的伙食和杂货物的购买。1947年8月18日,他跟随狱警去磁器口买菜,狱警去茶馆打麻将疏忽了对他的看管,韩子栋趁机脱逃,搭木船过江,经宜昌到武汉,最后到达解放区。先烈们在狱中进行不屈不挠的斗争,留下了许多可歌可泣的故事。周从化烈士临刑前刻在牢房内的诗句"失败膏黄土,成功济苍生",表现了他在惨无人道的折磨下仍然保持着对革命事业的坚定信念和对党的无比忠诚。

各位朋友,现在我们来到了渣滓洞监狱。渣滓洞监狱分为内、外两院,外院为特务办公室和刑讯室。内院有一个放风坝,一楼一底的牢房有男牢16间、女牢2间。这里关押的主要是"六一大逮捕"和"华蓥山起义"的革命者,以及《挺进报》案"的被捕人员,如江姐的原型江竹筠、许建业等。关押最多时人数达300多人。狱中空气恶浊,饭食粗劣。革命先烈在酷刑镣铐的摧残下,在非人生活的折磨下,进行着顽强的抗争。大规模的集体斗争有狱中追悼会、春节联欢会、狱中学习等,极大地鼓舞了革命者的斗争精神,成为监狱史上的奇迹。现在我们所处的位置便是渣滓洞监狱的外院,请各位看墙上写着"长官看不到、想不到、听不到、做不到的,我们要替长官看到、想到、听到、做到",这些标语是用来训示特务们的。我们现在站在放风坝上,各位再仔细看一下内院墙壁上的标语,这与外院截然不同,"青春一去不复返,仔细想想,认明此时与此地,切莫执迷""迷津无边,回头是岸""宁静忍耐,毋怨毋忧",它们是用来从精神上瓦解革命者的斗志的。江竹筠就是被关押在我左手边的这座女牢中。2007 年,重庆遭遇特大洪水,在抢修这里的时候发现了大量铁器,估计是革命英雄准备用于越狱的工具,再一次证明了当年革命烈士在狱中勇于斗争的精神。1949 年 11 月 27 日,重庆解放前夕,丧心病狂的国民党军统特务对正在期待黎明到来的革命者进行了疯狂的大屠杀,革命烈士用热血谱写了一曲最悲壮的革命之歌。在此次大屠杀中共有 187 名烈士被屠杀,15 名志士脱逃,其中还包括 2 个小孩。他们又是怎么脱逃的呢?大家请看右手边的这面墙,由于在大屠杀之前,歌乐山连续降雨把墙冲垮了,特务们便让监狱里的革命志士去修筑,这些革命者就用自己衣服里的烂棉花和在泥土里使泥土的黏性减弱,牢固性降低,所以在大屠杀当日,当革命志士躲过特务的机枪扫射后,大家就一起将这面墙推倒,顺利脱逃。

红岩英烈,他们在中国共产党的领导下,怀着救国救民的伟大志向,为了一个共同的革命目标,在敌人疯狂的屠刀下,表现出了革命者宁死不屈、视死如归的高尚情怀。他们的鲜血迎来了中华人民共和国的诞生,他们以宝贵生命谱写的英雄诗篇,将永远载入中国的革命史册。他们为革命事业英勇献身的精神,永远鞭策和鼓舞着我们前进!

(七)磁器口古镇

亲爱的游客朋友们,大家好!非常荣幸陪伴各位游客在此观光游览。眼前的这座黄桷坪牌坊便是磁器口古镇的标志性入口了。在进入古镇之前,首先向各位介绍一下磁器口古镇的概况。磁器口古镇是中国唯一的位于大城市城区的古镇和历史街区。它先后被命名为"中国历史文化名街""中华美食街""重庆最美街巷""重庆市首批创意产业基地"等称号,是一座有着厚重历史和文化的街区。这里人文荟萃、风景优美,是一个由"一江两溪三山四街"构成的旅游胜地,是休闲娱乐、重温老重庆旧梦的好去处。

磁器口历史悠久,据《巴县志》记载,古镇建于宋真宗咸平年间,因山上有白色巨石崖壁,便取名白崖场。传说明建文帝朱允炆曾隐修于镇上的宝轮寺,故又名龙隐镇。清朝初期,因盛产和转运瓷器,得名瓷器口,又因

"瓷"和"磁"相通，后定名为磁器口。古镇作为嘉陵江边重要的码头，有着历经千年不变的浓郁淳朴的古风，已经成为老重庆的缩影和象征，因此被美誉为"小重庆"。磁器口历史文化底蕴丰厚，是重庆历史文化名城的重要组成部分。巴渝文化、宗教文化、沙磁文化、红岩文化、民间文化各具特色，故有"巴渝风、沙磁雨、红岩魂、陪都情"之说。下面就请各位随我一起去领略古镇风情吧。

穿过大门牌坊，就正式进入了磁器口古镇。我们走的这条路叫黄桷坪一巷，请大家低头看看脚下的这一块块石板，猜猜它们有多少年的历史啊？古镇流传着这样一句话，"一条石板路，千年磁器口"，也就是说我们正行走在已有千年历史的古老石板路上。磁器口老街上的石板路全是由上好的青石铺成，最古老的已有千年历史。整个街道最宽处可达6~8米，最窄处仅有2~3米。脚踩着历经沧桑的青石板，穿梭于被岁月洗刷过的古巷，仿佛走进了历史的隧道，时间一下子被拉回百年或千年前。放眼左右商铺出售的传统木槌酥、糖关刀、草编等民间工艺品，加之不绝于耳的叫卖声，环顾四周便是古色古香的匾额和陈旧的木门、木窗，以及生锈的铁锁，仿佛这一切都在述说着一个古老的故事，让我们不禁想去聆听。

【钟家院】

朋友们，现在大家看到的这座有北方四合院韵味，但建筑结构极具南方民居特色，有百余年历史的院落叫钟家院。大家一定非常好奇，为什么要南北搭配？钟家院的主人是在磁器口长大的钟云亭老先生。相传他自幼聪颖，琴、棋、书、画无一不精。经亲友引荐而受到慈禧太后的接见，并最终成为慈禧太后的外采办，经常出入皇宫，为慈禧太后采办金银珠宝和山珍皮货，很受重用。后来他告老还乡，便在北京请人设计绘制了房屋图纸，回到老家磁器口进行修建，这便是现在的钟家院。这院子天井宽敞，轴线对称严谨，颇有北方四合院韵味，但所用的小青瓦和穿斗木架又极具南方民居精致典雅的特色。漫步院中，一股浓重的书卷味道在空气里萦绕，令人流连忘返。前些年，为进一步保护钟家院民居，政府搬迁了院内居民，向社会征集了当时的一些生活用具，使它成为清代民居展示场所，基本恢复了钟家院昔日的风貌。整个院子占地2000平方米，花园就有500平方米，很多游客在参观后都把它称为花园别墅。

来到正堂，我们首先看到的就是钟氏祖先牌位，在下方还有青龙守卫，显示当年主人的权势是很高的。现在请大家看正中央摆放的桌子，它叫"花好月圆桌"，这张桌子是可以一分为二的，它的摆放也是有讲究的。男人外出时，"花好月圆桌"分开靠墙放立，外人来访一目了然：男主人不在家，不便久留。在那个"男女授受不亲"的年代，这样做可避开很多不必要的麻烦。当男主人回到家中时，"花好月圆桌"再合二为一。

现在我们来看右侧这个房间，这张床是明代古床，也称为拔步床。明代古床实用性强，线条粗，具有较高的收藏价值。古床的挂檐及横楣部分均镂刻透雕，表现古代人物故事；前门围栏及周围挡板刻有麒麟、凤凰、牡丹、卷叶等纹样，刀法圆熟，工艺高超，体现出明代中期的典型风格。拔步床的独特之处是在架子床外增加了一间"小木屋"，从外形看似把架子床放在一个封闭式的木质平台上。平台长出床的前沿两三尺，平台四角立柱，镶以木质栏围，使床前形成一个小长廊。长廊两侧可以安放桌、凳类小型家具，用以放置杂物。这个拔步床共分三进：一进（靠床沿）上面雕刻了大朵牡丹，寓意花开富贵；雕刻竹子寓意"节节高升"；雕刻喜鹊寓意"喜事连连"。二进中央大幅木刻鱼跃龙门，寓意"金榜题名"；除此之外也雕刻了竹子和喜鹊。三进雕刻蝙蝠寓意"添福"；雕刻梅花鹿寓意"添禄"；雕刻麒麟，寓意"添寿"；葡萄寓意"多子多福"。

【宝善宫】

宝善宫建于清代中期，原为道观。抗战时期将其改造成了四川省立教育学院附属嘉陵实验小学。1942~1946年，诺贝尔物理学奖获得者丁肇中先生曾在这就读。进入宝善宫的巷子，左侧展示有很多抗战时期的文化名人，像我们所熟知的丰子恺、马寅初、徐悲鸿、郭沫若、冰心等，他们也都来过磁器口古镇。

现在，宝善宫改造成了茶文化馆。这里最大的特点就是闹中取静、别有洞天。刚才我们还身处喧嚣闹市，但一进宝善宫里面，基本就听不到外面的声音了，仿佛世外桃源。其实，这是由它的建筑结构和建筑材料造成的。古时候房屋一般都会讲究轴线对称，而宝善宫的大门并没有设在轴线正中，而是设在房屋轴线的偏东南方向，取其"紫气东来"的意思，这样外面的声音不能直接进入里面。同时，宝善宫的墙面又是坚固厚重的清水糯米墙，有一定的隔音作用。

走进宝善宫,会发现有一棵大树几乎把整个院子遮盖了。这棵树就是重庆的市树——黄桷树。这棵树实际上是后期移栽到宝善宫里的,树龄也就五六十年。但它生命力非常强,短短几十年的时间就长得枝繁叶茂。黄桷树的不远处还有一口井,过去的人们就是在这里打水净手,再进入轴线中央的大殿拜谒道家三清像。

由于丁肇中先生曾在这里就读过小学,因此这里设立了丁肇中展览馆。我们可以看到,门口有一组图片,这组图片是2014年1月6日丁肇中先生回磁器口拍摄的。可以看到当时78岁的丁肇中先生身体还非常硬朗,第二幅图是丁肇中先生和重庆的挑夫"棒棒儿"的合影,当时丁先生还用重庆话与"棒棒儿"交流。右下方这张照片非常珍贵,这是丁肇中先生与小学老师的合影。

进入展览馆内,墙上有一段时间轴,从左往右可以看到,丁肇中先生于1936年1月27日在美国出生,同年3月随母亲回国。由于抗日战争爆发,国民政府迁都重庆。1939年,丁肇中先生一家迁移至重庆,居住在四川省立教育学院,也就是现在古镇对面的二十八中。1943~1945年,丁肇中先生在这读的小学。1949年,随父母到台湾。1956年到美国密歇根大学学习。1974年,他发现了一个质量约为质子质量3倍的长寿命中性粒子。在公开这个发现时,丁肇中把这个新粒子取名为J粒子,因为"丁"和英文字母中的"J"形似。1976年丁肇中被授予诺贝尔物理奖,并被美国政府授予洛伦兹奖,是继杨振宁、李政道之后第三位获得诺贝尔物理学奖的华人,也是第一位先用汉语再用英语发表获奖感言的华人。

丁肇中先生的爱国情怀也是受到父母的影响。"爱祖国爱科学双爱双荣",是他的母亲王隽英留给他的临终遗言。右下方这张图片,是当时丁肇中先生与他的父母及弟弟妹妹在磁器口拍摄的合影。

【鑫记杂货店】

走过高石坎,接下来将看到的是发行超1000万册的小说《红岩》里疯老头华子良与地下党联络的地方——"鑫记杂货店",是当时真实存在的地下联络点。眼前就是旧场景还原的杂货店。门口的铜像是根据小说里华子良到磁器口买菜的情景创作的。华子良原型是韩子栋,山东阳谷县人,1933年入党，1934年被捕，直到1947年才逃离出去。他是唯一单独从白公馆渣滓洞越狱成功的革命人士。

游客朋友们，随着移动互联网技术的不断发展，磁器口作为文化历史型景区，在2016年3月，开始运用AR多媒体技术对该场馆的展览方式进行提升，朋友们可以通过手机来一起深度体验那个年代的人与事。请看固定的韩老头从梯坎上走下来与我们打招呼，大家可以与他合影留念。通过AR技术手段，各位朋友将会看到挂在墙上的静止老照片动起来了，停止的历史故事活起来了，这是一种很有意思的体验。下面请跟随我一起走进这间历史的陈列馆。

这是第一间还原了当时场景的房间。里面有一个正在打麻将的蜡像，从穿着打扮可以看出他是一个国民党特务。当时韩子栋能越狱成功，就是因为看守特务卢照春在从磁器口回白公馆渣滓洞的路上遇到自己的朋友，便应邀到朋友家里去打麻将，从而才使得韩子栋有机会逃离。往里走，是韩子栋的专题陈列馆。这里用14个字高度概括了他传奇的一生——"黑牢囚禁十四载，红心向党写传奇"。

旁边的橱窗展示的是1984年韩子栋写给卢照春的一封信。由于卢照春曾经是国民党特务，中华人民共和国成立后家庭经济情况非常困难。从信中可以看到，韩子栋特意为他寄去30元，作为他女儿的学费。可见，韩子栋的心胸非常开阔。

再往前一个橱窗，展示的是小萝卜头的母亲徐林侠亲手为韩子栋缝制的一个枕头套。当时考虑到韩子栋越狱的时候没有口袋装东西，就以枕头套的名义送给他，方便他出逃的时候可以装一些物品。其实，韩子栋能够成功脱险，也是因为之前的周密计划。越狱后，他一直将这个枕头套保存在身边。韩子栋老先生过世后，他的家人便将它捐献陈列在此处。

从墙上的图片可以看到，中华人民共和国成立后韩子栋一直在为红岩革命文化做宣传。今天在白公馆看到的小萝卜头塑像，就是由韩子栋倡导修建的。

【磁正街】

游客朋友们，走出陈列馆，我们来到了磁器口主要经营重庆小吃和土特产的街道。虽不同于刚才游览的地方那般古朴，但更多地反映出重庆人对美食的执着。无论您走到重庆的哪个地方，总能看到大大小小的美食街。重庆人爱吃并不是后来才有，早在3000多年前的巴人先民就有此爱好。《隋书·地理志》中曾这样描述过巴人："质朴无文，不慎趋利，性嗜口腹，食必兼肉。"从中我们不难体会出重庆人的豪爽耿直与对美食的讲究都是先人遗留下来的特质。

古镇最早的美食"三宝"，当数毛血旺、软烩千张和椒盐花生，等会儿游览结束，大家可以找一家餐馆慢慢品尝。不过古镇美食也是不断推陈出新的，现在涌现出的诸如古镇鸡杂、罐子肉、豆瓣鲫鱼以及近年的豆花鱼也都很有名气。另外很多小吃，如陈麻花、糍粑、手工酸辣粉等深受游客欢迎的美食，等会儿也能看到排队购买的热闹场面。

【聚森茂】

各位朋友，"聚森茂"过去是酱油铺的店名，有上百年的历史。1885年聚森茂由私塾先生张正刚发起于重庆府笕子背，手工制作酱菜（水豆豉、酱油）等。1892年张正刚病逝，其子张杰三来到磁器口，买下已经停办的"官盐店"，开办作坊式酱园。他利用担任"皇坛会"会首的社会地位和支配慈善资金方便的优势，扩大酱园经营，取名"聚森茂"酱园。抗战爆发，外省来重庆的人逐渐增多，酱园仍按传统方式生产，产品已供不应求。为了缩短生产周期、扩大生产规模，四川省立教育学院毕业生熊明渊加盟聚森茂，用现代温室制曲、发酵的方式改良生产工艺，大大缩短了生产周期，提高了产品的质量、产量和利润。聚森茂的酱油、豆豉、豆瓣、醋、榨菜、豆腐乳等产品远销西南，直达上海。到1943年，磁器口的聚森茂总店已有酱池15个，月产酱胶1万斤，占地约6亩。有大缸子、小缸子、晒缸共1240口。1956年公私合营，酱园改名为"公私合营聚森茂酿造厂"。巴渝老字号聚森茂酱园创办已100年，它经历了清、民国、中华人民共和国三个历史时期，在重庆近代酿造行业中历史最悠久、影响最深远。

朋友们，磁器口古镇曾商贸繁盛，作坊林立，有着很多民间的手工技艺留存并传承着。古镇里现有老字号、"非遗"项目16个，"非遗"传承人8位，涉及民俗、曲艺、民间美术、传统技艺等类别，主要集中分布在我们正在行走的这条磁正街上。

朋友们，现在我们来到的是宝轮寺。据《巴县志》记载，寺庙建于宋真宗咸平年间（998～1003年），至今已有1000多年的历史了。传说明建文帝朱允炆被其四叔燕王朱棣逼迫退位而辗转流落到磁器口避难时，曾在白崖寺挂单隐居，遂又称龙隐寺。据史书记载，原寺庙大门前有"龙隐禅院"横匾，可惜已被毁掉。因皇帝玉玺为宝而佛教又有轮回流传之意，故后来被称为宝轮寺。庙中正殿即大雄宝殿为明代建筑，占地面积近400平方米，面阔三间，是重檐歇山式。上下两檐均施斗拱，角檐翘升，大殿采用一人不能合抱的马桑木做木柱穿斗支撑，屋顶由黄釉筒瓦覆盖，装饰脊兽。整个大殿的木柱穿斗不用一颗铁钉仍牢固如初；两柱基石一高一低，历经数百年而不倾斜；大殿对采光、挡风、排烟均有独到设计，殿内采光均匀，外面风雨不能入殿，殿内佛香烟尘却能排出殿外，堪称绝妙。整个大殿气势宏伟，灵动自然却又庄严肃穆，是重庆市重点保护文物。大殿前檐下有一牌匾写着"大雄宝殿"，是由已故中国佛教协会会长赵朴初亲笔题写。宝轮寺在清代康熙年间（1662～1722年）曾进行过大修，使其规模远远超过明代。民国时，除大殿外，仅剩的一些其他殿宇和禅房又遭日本飞机炸毁。虽历经多次劫难，但大殿建筑和主佛释迦牟尼佛像得以保存下来。1983年，政府拨专款进行了修缮，并在20世纪90年代搬迁了寺庙内的小学和建筑公司，使寺庙建设步入正轨。

朋友们，现在我们便来到了磁器口繁荣的重要起源地——磁器口码头。磁器口是古重庆的北大门，得嘉陵江水运之便，在明朝就成为水陆交会的商业码头。江上船只穿梭，镇内商贾云集，店铺鳞次栉比，有人用"白日里千人拱手，入夜来万盏明灯"来形容其繁华景象。曾是嘉陵江下游最繁忙的水上码头之一。从这里乘船而上，可到达南充等地，顺流而下可入长江到达南京、上海等地。水上运输的发达带动了餐饮、贸易等产业的发展，从而不断地聚集人口，便形成了今天的古镇。1958年因码头迁至沙坪坝汉渝路，原有功能逐渐衰退。直到1998年开始打造旅游景区，才恢复往日热闹的情景。

各位朋友，"千年古镇，重庆缩影"，沉淀了千年沧桑的古镇磁器口欢迎您再来。

（八）湖广会馆

游客朋友们，大家好！欢迎大家来重庆湖广会馆参观游览，希望湖广会馆和我的服务能够给您留下美好的回忆！

重庆湖广会馆,又称禹王庙、禹王宫、三楚公所,为湖南、湖北士商集资所建。位于渝中区东水门正街4号,坐北朝南。建于清乾隆年间(1736~1796年),道光年间(1821~1850年)和光绪年间(1875~1908年)扩建,距今已有近300年历史。整个古建筑群雕栏画栋、雕刻精美,是我国明清时期南方建筑艺术的代表,也是我国现存规模最大的古会馆建筑群。湖广会馆是清代重庆作为繁华商皋的历史见证,也是清代前期到民国初年重庆的移民文化、商业文化和建筑文化的重要标志。

【湖广会馆文化陈列室】

会馆核心区占地面积18418平方米,建筑面积7653平方米,是目前全国最大的清代会馆建筑群。从这个沙盘模型上,我们可以大致了解到整个会馆的建筑布局。我们今天统称的湖广会馆,实际包含了三大会馆建筑——湖广会馆、广东公所,还有齐安公所。

同北京等地的会馆不同,巴蜀地区的会馆主要为商业会馆,是清代外省向四川大移民背景下的产物。随着大量外地移民商人的涌入,各省商帮为了维护本省商人的利益,陆续在城中设立会馆。清代,重庆下半城的南纪门至朝天门一带就曾聚集了九个省级会馆——湖广会馆、广东会馆、江西会馆、陕西会馆、福建会馆、江南会馆、浙江会馆、山西会馆和云贵公所。在这张光绪年间的重庆府治全图上,我们可以看到它们的分布情况。

今天,重庆湖广会馆早已成为重庆城市的一张崭新名片,它是国家4A级旅游景区,更是重庆移民文化的重要展示、传播场所。每年春节的"禹王庙会"、清明节的"禹王祭祀典礼"、国庆节的"移民文化节"等,吸引了大批的市民和游客,产生了巨大的社会影响。其中,禹王庙会被公布为重庆市第四批非物质文化遗产。

【四川移民博物馆】

湖广填四川移民博物馆以"湖广填四川"为背景,从不同角度展示了移民入蜀的政治背景、经济因素以及入蜀线路等,充分再现了"湖广填四川"这一段历史。

明末清初,久经战乱的四川荒凉破败,土广人稀,清政府鼓励外省人入川垦荒,这就是流传于四川、重庆地区的"江西填湖广"和"湖广填四川"民谣的历史背景。

"湖广"一词主要指代的是湖南、湖北区域。而在"湖广填四川"这一历史性移民运动中,"湖广"只是一种流行的说法,实际上除了湖南、湖北这两大主要省份,还有大量移民来自陕西、山西、山东、河南、广西、广东、江西、江苏、福建、贵州、云南等省。重庆当时由于特殊的地理区位,成了移民进入巴蜀后定居、繁衍、创业的重要地域,也是移民再向全川扩散或"二次移民"的"中转站"。

今天,距离明末清初的湖广填四川移民运动已过去300余年,但移民带来的物质与精神财富却在这片土地上生根发芽,产生了深远影响。

【禹王宫大殿】

禹王宫是湖广会馆的主要组成部分。湖广会馆奉祀大禹,所以又叫禹王宫。禹王宫始建于康熙年间,道光二十六年(1846年)又加以扩建。现在修复的面积有2270平方米。禹王宫所用的木材,当年都是从湖北运来。禹王宫是重庆湖广会馆建筑群里最大的一处建筑,其面积约占全馆1/3。请大家注意,会馆建筑的墙体都呈黄色,这是什么原因?还请大家注意,建筑上的雕饰图像不是龙,就是凤,这又是什么原因?

大家知道,黄色是皇室御用的颜色,皇室以外只有佛寺、道观可以使用。而大禹,既是传说中的一位君主,死后又升格为神。这两个原因,都决定了禹王宫的墙体可以用黄色,在规矩森严的清朝不会犯戒。

龙在这里有双重含义。一方面,龙是中华民族共同尊崇的图腾标志,中华民族都是龙的传人。另一方面,巨龙锁江又有治水的意象,正与大禹的功德相合。至于凤凰,先秦时期就是楚人的图腾,湖广移民作为楚人的后代,崇拜凤凰自在情理之中。

接下来,请大家到大禹铜像前。大禹是夏代以前的,传说是当时成功治水、造福于人的英雄楷模。清代湖广省大致相当于今之湖北省和湖南省,地处长江中游、汉江以南的广大地域地势低平地区,历来洪灾不断。湖广移民就以祭拜大禹来祈求风调雨顺、舟楫平安。这一尊大禹像全部用铜锻造。大禹是4000年前的治水英雄,治水13年,三过家门而不入。他不辞辛劳,为人民消除灾害的精神至今仍然受到后人的尊敬。

现在我们去禹王宫大戏台,这道拱形石卷门上的石匾,阴刻"恩流甘露"四字。"恩"指恩德,"流"是传播的意思,"甘露"比喻恩德的甜美及时。从其位置看，这很可能是湖广移民为了感谢会馆主持者们所做的好事，送的一块歌功颂德匾额。

禹王宫保留下来有两个戏台，这是大的一个。看厅上面探出的龙头，建筑学上称为斗拱，禹王宫斗拱的龙头都朝着长江，寓意为大龙锁江。戏楼上面的栏板雕刻的是八仙图案，下方是十八罗汉，左右两边小的雕版是戏曲故事。大家看有的人物没有头，这是"文革"时被铲掉的。由于这次修复遵循"修旧如旧"的文物保护原则，同时要保留历史的真实性，因此对这些旧的雕刻主要是用清洗的手段，而都没有再去修复。

请大家随我进入小戏台。道拱形石券门石匾，阴刻着"奎壁之府"四字。"奎"和"壁"都是星名，主文章、文运。"奎壁之府"意思是文气、文运汇集之处。从这道门进去便是禹王宫小戏台，小戏楼下的院坝很小，只能在上面的厅里看戏。看厅也不大，估计是以前贵宾看戏的地方。

请大家随我观赏禹王宫的廊房。廊身连接大殿，是道光年间扩建时的老建筑。正中顶上的檩子上面有两行竖刻的大字，一行刻的是"楚省两湖十府绅粮士捐资重建"，另一行刻的是"大清道光丙午岁律中中吕月谷旦"。中间是一幅太极图。"丙午岁"指道光二十六年，即1846年。"律中中吕月"为孟夏之月，即农历五月。"谷旦"指良辰、吉日。

【广东公所】

广东公所，又名南华宫，即广东会馆，是客居重庆的粤籍人士建立的社会组织，办理同乡公益的民间团体。广东公所建于乾隆年间，后多次重修。会馆主体结构采用四合院布局，四周高墙耸立，南北长30米，东西宽25米，现有建筑面积711平方米。

大门门楣上题刻"南岭观瞻"四个字，表明了籍属广东。两侧门上分别题刻"岳峙""川淳"，"岳峙"意思为高山耸立，"川淳"意思为江流积聚，有"高山流水"的寓意。

大家看，广东公所这四个字是用一块整石头雕刻而成，旁边还采用围有五条透雕的龙，工艺非常精湛。2000年9月9日，因连续暴雨，广东公所戏楼山墙垮塌，广东公所牌楼上镌刻有"广东公所"四个字的石匾也从高处坠落，幸好未遭损坏。石匾掉下来后被送到了文物管理部门保存，2003年修复的时候，又把它安装回了原来的位置。

广东公所建筑群中规模最大者当数这座戏楼。戏台面宽9米，进深8.4米，高2.8米，有前后看厅及左右厢楼，可以同时容纳300人。台顶是八角藻井，藻井相当于现在的音箱。大家细看，在屋檐下面有一座屈蹲负重力士圆雕，既起装饰作用，又巧妙地解决了承重问题。

看厅卷棚檐口下，有四个镂刻雕刻的撑拱，雕刻的主要是《封神榜》的戏曲故事。戏台下侧的木雕故事主要为《三国演义》，其中有些部分是我们现在的工匠们新补上去的。

在两侧厢楼额匾，一边题着"游目"两字，另一边题着"骋怀"两字。意思是观戏足以使人大饱眼福，开畅胸怀。

【齐安公所】

齐安公所，俗称"黄州馆""帝王宫"，是清代湖北黄州籍人士在重庆集资修建的区域性行帮工商机构。湖北黄州府是"湖广填四川"大移民的主要区域。因为黄州府在唐代称齐安郡，所以黄州会馆也叫齐安公所。整个建筑布局依中轴线排列，由下往上是戏楼、天井、看厅、抱厅、大殿，两侧为附属建筑。齐安公所在重庆湖广会馆建筑群里是保存得最为完好的建筑。建筑面积约1600平方米，仅次于禹王宫。

齐安公所奉祀帝主。帝主是天官、地官、水官的主神。按传统说法，天官赐福，拜祀他不但可以获得功名富贵，还可以延年益寿，更能有助于生意兴隆，财源广进；地官赦罪，水官解除厄运，拜祀他们还代表改过自新，可以消灾免难。齐安公所为当时黄州人所建，天官赐福、地官赦罪和水官解厄，显然都与他们千里入川、经商求富的美好愿望息息相关。

现在大家看到的是齐安公所大殿。脊檩上面刻有"嘉庆丁丑孟春月谷旦立，光绪己丑岁黄州府重建"。嘉庆"丁丑"为嘉庆二十二年，即1817年，"孟春月"就是农历二月，"谷旦"前面已经解释过。光绪"己丑岁"为光绪十五年，即1889年。由这些刻字可以看出，齐安公所的修建时间较禹王宫、广东公所都要晚，建于清代中叶的嘉庆年间（1796~1820年），而到光绪年间（1875~1908年）又曾重建过。其中的"嘉庆丁丑孟春月谷旦立"特别值得注意，正是在嘉庆年间，重庆发展成了川东的商贸中心。在这种时候，湖北黄州移民在湖广会馆旁边另建州府会馆，说明他们当时抓住了机遇，力图发展。这种机遇意识和进取精神，至今仍值得借鉴。

接下来，我们再来欣赏这里的三个复原场景。第一个是"联嘉会"。所谓"联嘉会"，就是同乡移民子弟中了进士，本籍人士都在会馆里欢娱一堂，共致庆贺。浓浓乡情当中，也融进了浓浓亲情。接着是"襄义举"。襄义举就是会馆要关心和帮助同乡移民，一人有困难，大家都要伸出援助之手，并且广及社会，如设善堂、施钱施粥、兴办义学、赈济鳏寡孤独、承办同乡的殡葬事宜等。有的会馆还为客死重庆的会员寄放灵柩，代为运回本籍安葬，清明节还要祭奠扫墓。最后一个是"笃乡情"。笃乡情就是经常组织同乡聚会活动，借以加深同籍移民之间的亲近关系，促进大家互相关心、互相爱护、互相帮助。"美不美，家乡水；亲不亲，家乡人"。这种情愫人皆有之，当时更成了移民之间联结的纽带。这里模拟的场景表现的就是当年移民们共诉乡情的一个场景。

下面我们来看看齐安公所的戏楼，这处戏楼的特别之处在于看台。看台位于2.2米高的石台上，面阔13.4米、进深7.4米，台前有石雕护栏。厅柱的上端，由上至下分饰四个雕花撑拱和倒悬猴撑拱。左右两厢的看台屋顶非常漂亮，屋顶的形式叫歇山顶。两厢的木栏板，全是精湛的木雕，这些木雕除了花草和几何纹图案外，主要是二十四孝的历史故事，诸如春秋时的"仲由为父负米"，东汉的"董永卖身葬父"，晋代的"杨香扼虎救父"等，集中演绎了中国传统文化当中的"仁义礼智孝"观念。

齐安公所的戏台是保存最为完整、做工也最精美的戏台。戏台上的那些雕刻在手法上也表现得精细形象，具有相当高超的艺术水准。戏楼周围的精致木雕当中，有两幅浮雕各雕了三个字。一边是"薰风门"，一边是"杏花村"。"薰风门"这一幅深浮雕，雕刻着重庆城楼及错落有致的山城民居，城门上刻出"薰风门"三字。薰风门是重庆宋代的城门，宋代重庆城共筑了薰风、千厮、洪崖、镇西四座城门，到明代才发展成十七座城门。这幅浮雕是重庆建城史的有力佐证，历史价值弥足珍贵，艺术价值也相当高。"杏花村"这一幅深浮雕，借用唐人杜牧《清明》诗中"借问酒家何处有？牧童遥指杏花村"的意蕴，表现了移民祖籍地的生活场景。两侧的撑拱上雕有展翅欲飞、栩栩如生的凤凰，表现了移民对家乡的图腾崇拜。

（九）南山植物园

游客朋友们，大家好！欢迎来到重庆市南山植物园参观游览。南山植物园总面积 5.5 平方千米，是以观赏植物专类园为中心，同时进行物种保护、收集栽培，集科普科研和园林艺术为一体的低山类观赏植物园。这里山峦起伏、岩峰秀丽、百花争艳，有着悠久的历史文化底蕴和优美秀丽的自然景观。传说中的大禹治水遗址，唐代以来所建涂山寺、老君洞、铁柮杆、文峰塔以及抗战期间大量的官邸、使馆别墅等陪都遗址，都是历史价值极高的人文景观。

"花神"雕塑、施光南音乐广场、观景阁、大金鹰等现代园林建筑，则堪称人文景观精品。园区内植物繁多，林木葱茏，四季花开不断，形成了优美的自然植物景观，素有"重庆氧吧""山城花冠"之美誉，是重庆市民休闲游览的首选之地，外地游客到重庆旅游的必赏之所。

南山植物园也是国家 4A 级旅游景区。目前已建成蔷薇园、盆景园、梅园、山茶园、兰园和一棵树观景园 6 个专类园。分为中心园区、一棵树观景园、大金鹰园三大板块。

【绚丽多姿的中心园区】

中心园区由蔷薇园、盆景园、梅园、山茶园、兰园和展览温室组成，荟萃了中外名贵花卉 1000 多种，是十大名花——海棠、桂花、樱花、梅花、茶花、杜鹃、白兰花、玉兰花、紫薇、兰草的集植地。一年四季皆有花赏，因而赢得了"山城花冠"之盛誉。一到春天，久居闹市的山城市民便成群结队地到南山赏花。一踏进植物园，就仿佛进入了鲜花的世界，到处春意盎然，色彩缤纷；夏日里"杜鹃花开漫山红，栀子盛放满园香"，在植物园消闲度假，别有情趣；秋游南山，紫薇尽放，桂花飘香，几百株桂花树组成一片金灿灿的香阵，十里八里也能闻到那沁人心脾的芳香；冬天的南山仍然是一个缤纷的世界，不畏严寒的绿树、傲霜开放的梅花，在薄烟笼罩下，散发出幽远的清香。

蔷薇园占地超过 11 万平方米，于 2000 年 3 月建成开放，园内种植蔷薇科植物 180 余种 6 万余株，是观赏蔷薇科花卉植物的主要专类园，形成了"春观花、夏纳凉、秋赏桂、冬咏梅"的游览格局，被誉为"山城花冠的明珠"。"绿杨烟外晓寒轻，樱花枝头春意闹。"每年阳春三月，蔷薇园里成了花的世界，人的海洋。人们扶老携幼，或三口之家，或情侣相伴，或朋友聚会，尽情沉醉在南山最美的风景中。

听，远处传来阵阵歌声，原来是施光南音乐广场在进行演出呢。施光南出生于重庆南山，是我国著名的作曲家，创作了《祝酒歌》《在希望的田野上》《打起手鼓唱起歌》《吐鲁番的葡萄熟了》等一大批脍炙人口的歌曲，为纪念这位英年早逝的人民音乐家，广场以他命名。

正值春游旺季，这里樱花吐蕊、海棠染霞、桃花娇艳。漫步樱花大道，花香沁脾，幻如人间仙境。来到樱花广场，更是花团锦簇、灿若烟云。再看旁边一片浅黄嫩绿的花朵，这就是樱花中的新品——绿樱花，清新养眼，赏心悦目，别有一番韵味！

在桃花区，朵朵桃花娇羞默默，好似姑娘羞红的脸颊。"去年今日此门中，人面桃花相映红。"唐朝诗人崔护的诗可谓脍炙人口，为谋求桃花好运，引无数青年才俊为之折腰。

在海棠观赏区，最为有名的就是"海棠烟雨路"了，每逢花开之时，上千株海棠齐吐芬芳，游人步行其间，犹如进入人间仙境。蔷薇园中的公仆植树区内，一棵棵青松苍翠挺拔，寄托着领导们对南山植物园，对山城人民的殷切关怀！

梅花是深受我国人民喜爱的传统十大名花之一，与兰花、菊花和竹子合称为"四君子"，已成为刚强不屈、谦虚豁达的象征。梅花与青松、翠竹同具抗严寒、斗冰雪的特性，故又被誉为"岁寒三友"。南山种梅的历史悠久，于2001年落成的梅园占地70亩，收集栽培梅花品种80余个，共1500余株。园内梅树苍劲挺秀，疏影横斜，堪称梅中精品。1943年，郭沫若同志览毕南山梅园，意犹未尽，即兴赋诗："闻说寒梅已半开，南山有鸟换春回。嘉陵江上东风起，绿嫩红肥映碧苔。"南山梅园包括梅花区和森林游憩区，整个园内以苍松为背景、修竹为客景、长廊回转、庭院深深，形成"梅花绕屋""登楼观梅"的观赏效果，深得游人的喜爱。

移步换景，园内诗词题刻随处可见。"红岩上红梅开，千里冰霜脚下踩，三九严寒何所惧，一片丹心向阳开……"一曲《红梅赞》把人的思绪带回战火纷飞的岁月，党的好女儿、我们重庆人的骄傲——江姐，就是梅花精神最好的写照。园中还有"晚岁寒馨""凌寒迎春""涵翠亭"等诸多景点值得一看。漫步梅园中，观梅花景、闻梅花香、赏梅花赋，忘却世间的尘嚣，洗尽心灵的灰烬。

盆景园是中心园区的核心景点，面积4.6万余平方米。由两座人行天桥分别将其与蔷薇园、兰园连为一体，是收集、制作、保存和展示重庆及全国各大流派盆景精品的盆景专类观赏园，收集我国各地的大小盆景数千株。它运用中国传统园林造园艺术手法，体现了深邃的文化内涵和巧妙的造型艺术，风格自然、古朴、飘逸。园内林立"三大夫松""巴山渝水""泻玉飞珠""东溪石韵""黔山秀水"等十余个大型地景，树桩盆景镶嵌其中，气概豪迈，气势雄伟；园中亭台、曲廊、小桥流水处处入画，名人题刻、诗词对联无不显现出深厚的文化底蕴，尤以书画家朱墨先生的《南山盆景园赋》为最，画龙点睛，将盆景园演绎得熠熠生辉。

盆景起源于中国，其本质就是自然风貌与自然精神的再现。在世界园林艺术之林中，它是富于自然情趣的东方艺术精品之一，也是我国独特的传统园林艺术珍品。欣赏盆景是一种美的享受，不仅使人赏心悦目，更能陶冶人的情操，振奋人的精神。愿盆景园在您心中留下难忘的美好回忆。

兰园于2002年3月建成开放，正门是著名书画家魏功钦书写的园名。朱德与兰园有不解之缘，1964年他游览南山时将墨兰、剑兰、大雪兰等7盆名贵兰花雅赠于此。"幽兰奕奕待冬开，绿叶青葱映画台。初放红英珠露坠，香盈十步出庭来。"园内题刻有这位开国元勋著名的《咏兰诗》。

"心平气和养兰蕙，修身立德学做人。"兰花以清雅、淡泊、幽香著称，尊为"花中君子"，成为超凡脱俗、高雅纯洁的象征。"幽兰在山谷，本自无人识。只为馨香熏，求者遍山隅。"陈毅元帅的这首《幽兰》正是他刚正不阿的革命家情怀的真实写照。

兰园的地势高低起伏，错落有致。园内收集、培植、展示兰花植物8000余盆约百个品种，既有传统名贵的国兰，也有蝴蝶兰、卡特兰、虎头兰等热带兰。兰园内林木葱郁、植被丰富、叠石水景、石柱曲廊、环境幽静。一条弯弯的南溪在园中缓缓流淌，溪流淙淙、水花飞溅、鸟语虫鸣。由重庆著名书法家许伯建题写的"王者香"三字，飘逸灵秀，仙风道骨，不与尘染。

兰园既是痴迷兰花的"雅兰之士"光大兰艺、以兰会友的绝佳场所，也是游人观赏品鉴兰花、休闲、陶冶情操的好去处。

山茶园占地7万平方米，东邻兰园，西接金鹰园，着重展示山茶花。山茶花艳丽奔放，热情似火，落落大方，恰如重庆人的性格，深受重庆市民喜爱，因此被选评为重庆的市花。山茶园分为川茶区、滇茶区和福建茶区。园内栽培有各种茶花170余种，2万余株，加上园内现存的桂花、银杏、玉兰等古树名木，总体规模位居全国前列。

山茶园在原川茶花的基础上，广泛引进滇茶、福建茶以及西洋茶等名品，如川茶系的"醉杨妃""紫金冠""重庆红"；滇茶系的"玛瑙""恨天高""雪娇"；福建茶系的"十八学士""赛洛阳"；西洋茶系的"维多利亚""白皇后""情人节"，应有尽有，蔚为大观。同时该园还有国家二级珍稀植物、俗称植物"大熊猫"的金花茶以及独具香味的珍奇茶花品种——"烈香"等。

川茶区古茶苑经过半个多世纪的积累，已收集300多株百年以上的古茶花，它们仍然古干虬枝，早春时节繁花似锦，弥足珍贵。3株"茶花王"不愧为花中魁首，单株花开成千上万朵，姹紫嫣红，气势恢宏，让人无不感叹、称奇。

山茶园的山地园林景观也堪称一绝。"虽由人作，宛自天开"，自然野趣，富有重庆特色。一座座古朴的别墅掩映在绿树丛中，包括印度使馆、法国使馆、中国别墅等，保存了陪都历史文化的建筑风貌。桂池的水天上来，仿佛一块明镜镶嵌在青山翠岭间。醉红岛、拙朴岛将其轻轻环绕，小桥流水，碧波倒影，好一片湖光山色。

南山植物园展览温室建筑面积7400多平方米，投资13亿元，引进法国技术修建，造型为"山舞"，错落有致，低处建峡，高处塑峰，与远山和"山城"呼应。

展览温室是重庆市基础文化设施的标志性建筑，搜集植物达2500种。分为热带雨林区、四季花卉区、亚高山植物区及多肉多浆区。神秘的热带雨林、圣洁的亚高山植物、绚丽的四季花园、浪漫的沙漠奇观，尽在展览温室全新展现。

一棵树主观景台于1997年1月建成开放，占地面积1200平方米。大家看到的这株枝繁叶茂的大黄桷树，树龄已达百年。黄桷树是重庆的市树，它不惧酷暑严寒、迎风舒展，恰如重庆人昂扬向上、奋发进取的精神，这也是观景园名称的由来；观景阁则建于2002年1月，6层共高28.8米，建筑面积1570平方米，外形似雷达状。一棵树观景园已成为重庆的标志性建筑。开放以来，无数中外游客登阁观景，给予直辖后的新重庆高度赞扬。

"天下夜景在渝州，万家灯火不夜城"，登高一棵树，凭栏远眺，壮丽夜景尽收眼底：长江宛如一条蜿蜒的玉带，绕山环城；城叠于山上，又似在水中，座座高楼鳞次栉比、高低起伏、跌宕有致；渝州半岛犹如一艘劈波斩浪的巨轮，正乘风远航，船头就是那称为"两江锁匙，古渝雄关"的朝天门广场码头；座座大桥南北飞架，仿如游龙；满城灯火撒落江心，江面恍如白昼，灯火辉映，数十里灯海连绵起伏，让您辨不清何处是水、何处是岸。这就是"字水宵灯"的美妙之处。

【鸟瞰新重庆的大金鹰园】

大金鹰园位于南山群峰之中，海拔600余米，面积近14万平方米。紧临山茶园和杜鹃园，是南山植物园的主要景点之一，也是"鸟瞰新重庆"的第一个景点，目前已成为重庆市的标志性建筑之一。园内绿树成荫，林色如黛。常年云蒸霞蔚，四季气候宜人。

大金鹰雕塑由我国著名雕塑家叶毓山先生设计，雄踞在鹞鹰岩的山顶平坝上，鹰高22米，坐落于10米高的红色海螺之上。鹰首向东，气度不凡。相传，大禹治水铜锣峡，突遇一螺妖喷沙吐泥，致使洪水四溢、百姓受灾，大禹治水受阻。这时，恰逢西方灵鹫寺如来佛头上的大鹏金翅鸟巡游路过，大鹏展翅，飞驰而下，抓起螺妖，置于山巅，怒而镇之。大金鹰的造型也许就是源于这个古老的传说吧。在神鹰的庇佑下，南山的经济繁荣昌盛，南山的人民幸福安康，到大金鹰园来登山健身、求福祈寿的人络绎不绝。

大金鹰整个鹰身用24K金箔贴就，通体金光灿灿，蔚为大观。白天，整个重庆城一览无余，尽收眼底；夜晚，万家灯火犹如繁星闪烁，美不胜收。金鹰东侧有一栈道，山陡路绝，惊险刺激。沿途石刻壁画，清晰可辨，依道而行，可至山顶。天气晴好时，远眺山城，两江如带；高楼犹如彩色的积木堆砌；近看四周，深沟浅槽，森林茂密。

(十)歌乐山国家森林公园

各位朋友，大家好！今天我们一起前往歌乐山森林公园，来一次体验式的休闲旅游，因为在公园内的体验活动比较分散，我就在车上先给大家介绍一下森林公园的相关情况。

歌乐山国家森林公园位于沙坪坝区中部,总面积200万平方米,主峰海拔728米,为重庆近郊群峰之冠,素有"渝西第一峰""山城绿宝石""天然氧吧"之美誉。是国家4A级旅游景区、重庆市体育主题公园、国家森林公园。经过近十年的开发建设,公园已成为集体育健身、休闲度假、会议接待三大功能为一体的综合景区。

歌乐山因"大禹治水功成召众宾歌乐于此"而得名,自然风光集山、水、林、泉、洞、云、雾于一体,清丽、幽深、古朴、旷达。众多历史景点和神话传说赋予歌乐山无限灵气。以"活化石"水杉为代表的数十种珍奇树种和"云顶烟云""狮峰幽岩"等几十处自然景观,使歌乐山历来为巴渝风光胜地。歌乐山汇集了红岩文化、陪都文化、巴渝文化和宗教文化。马蹄井、龙泉井、云顶寺、聪明泉、巴文化雕塑长廊等历史景点和神话传说使歌乐山灵气四溢。古代文学大师们到此探幽览胜、赋诗刻石,写下众多名文佳句。陪都时期,蒋介石、林森、冯玉祥等在山上设有官邸,并留下大量题刻。

【狮子山观景台】

狮子峰因一峰独秀,历来就是歌乐山俯瞰远眺和聆听"歌乐灵音"的绝佳之处。风景秀丽的歌乐山观云台,近可观歌乐美景、嘉陵夕照,远可眺北部新区、渝中半岛;站立平台,文化名区、六所高校一览无余,一江如带,山城雄卧,渝州胜景尽收眼底。如果清风徐来,可听见声如管弦如丝竹的松涛声,如遇劲风则山谷中松风齐鸣,如惊涛拍岸,万马奔腾,这便是有"巴渝十二景"之称的"歌乐灵音"。

【歌乐山观光索道】

歌乐山观光索道是重庆市第一条旅游观光索道。它直接通向素有"渝西第一峰"之称的歌乐山主峰云顶峰,索道长900余米,运行速度为每秒1米,全程共需17分钟。人们坐在索道吊篮上既可观赏葱郁繁茂的森林风光,又可俯瞰嘉陵江及沙坪坝区、江北区、渝中区城市景观。

【云锦宾馆】

歌乐山国家森林公园内设的云锦宾馆拥有高、中、低档次的各类客房。高档次的有四星级景观别墅2栋,别墅内健身房、书房、棋牌室、娱乐室一应俱全,设备高档豪华,是重要接待和休闲的理想选择;中、低档次客房有套房、单间、标间共 40 余套。

【重庆飞越丛林户外冒险乐园】

重庆飞越丛林户外冒险乐园是风靡欧洲十余年的法国树上探险乐园运动品牌在中国运营的最大、最齐全的树上冒险运动基地,它于 2015 年登陆重庆歌乐山森林公园。探险乐园由法国原装引进,完全保证了项目的安全性及趣味性,开创了西南地区引进户外冒险活动乐园的先河。"飞越丛林"是一项在树上进行的探险项目,集冒险、运动、娱乐、挑战于一体的户外运动项目。它是用各种各样的障碍环节将树连成一条线,游客需要通过悬空桥梁、网道、步道、木桶、泰山秋千、飞狐索道和其他趣味环节方式进行树木间的探险,通过爬、滑、游、跨、跳、飞等动作越过所有障碍到达终点。整个"飞越丛林"冒险运动中汇集了高空、速度、力量、毅力等户外探险所必备的元素,为参与者提供了感官上的刺激。有对丛林户外冒险感兴趣的朋友可以去尝试一下。

(十一)重庆缙云山国家级自然保护区

游客朋友们,我们现在来到的就是被誉为"重庆主城肺叶"之一的国家 4A 级旅游景区、国家重点风景名胜区和国家自然保护区,素有"川东小峨眉"之称的缙云山。

我们现在的位置在缙云山山门,上缙云山主要有三条道路,今天我们走的是盘山公路。看那边,从渝合高速路缙云山入口旁,还有缆车上山,再往北,白云竹海那边,往下有一个 700 级台阶的健身梯道上山,这个健身梯道已经成了人们健身的好去处,这里每年秋季都要举行一次登山节。

整个缙云山占地面积 76 平方千米,海拔 350~951 米。大家往上看,云遮雾绕之间,从北到南,分别有 9 座山峰,根据它们的形象,分别叫作朝日峰、香炉峰、狮子峰、聚云峰、猿啸峰、莲花峰、宝塔峰、玉尖峰、夕照峰。大家看,那儿就是玉尖峰,是缙云山的最高峰,海拔 1050 米,也是重庆主城最高处。所以缙云山是主城第一高山。

缙云山是 7000 万年前"燕山运动"造就的"背斜"山岭。缙云山多雨,常年降水量为 1100~1300 毫米,夜雨时间占 60% 以上,而春、秋两季间比例高达 75%,每年秋至,阴雨霏霏,绵延不断,夜间尤甚,这就是典型的"巴山夜雨"气候。说到"巴山夜雨",大家肯定会想起唐朝著名诗人李商隐的著名诗篇《夜雨寄北》吧。"君问归期未有期,巴山夜雨涨秋池。何当共剪西窗烛,却话巴山夜雨时。"这首《夜雨寄北》就写于缙云山,诗中的巴山就是今天我们所说的缙云山。唐大中年间(847~860年),李商隐入川,担任东川节度使掌书记时,曾几次由梓潼经小川北路顺小三峡到重庆。据说,有一年秋天,舟过嘉陵江温汤峡,慕名登上缙云山,住在大林寺中,窗前夜读,耳闻淅淅沥沥的雨声,推窗观看,密密麻麻的雨点洒入寺前池塘,平静的水面,水花飞溅,水位高涨。诗人触景生情,勾起对故乡的眷恋,于是挥笔写下了这首脍炙人口的千古绝唱。您还别不相信,据传,有人在山下的金刚碑一个张姓人家里看到过一帧明代古画,题名《李商隐夜雨寄北图》。画面是一深山古刹的夜景,古刹的窗口燃着一盏油灯,一位老者端坐窗前挥笔写诗,画上落款还有"缙云山××寺"等字样。可惜这幅画现在已不知落入何人之手,经过多年寻觅,至今仍未找到确切的踪迹。

大家看,缙云山,古木参天,翠竹成林,环境清幽,景色优美,不愧"小峨眉"之称,是观日出、览云海,春赏花、夏避暑、秋观雾、冬玩雪,饱览山地自然风光的最佳去处。

缙云山植物资源丰富,是长江中上游地区具有代表性的亚热带常绿阔叶林林区和植物物种基因库。山上有植物(246科,922属)共1966种,其中有桫椤、水杉、银杏、红豆杉、伯乐树、无刺冠梨和果上长有两翅的飞蛾树等国家级珍稀濒危保护植物45种;缙云山特色的植物有缙云槭、缙云四照花、缙云黄芩等38种。缙云山先后被国家有关部门授予"中国中小学绿色教育行动野外实习基地""全国青少年科技教育基地""重庆市环保教育基地""重庆市绿色教育基地"等称号。

【缙云九峰】

各位游客朋友,我们现在已经登上缙云山主峰的狮子峰。有一首"打油诗"写到:"到了缙云山,不登狮子峰,美景未尽览,遗憾在心中!"狮子峰海拔864米,仰望这尊巨石就像雄狮俯卧,所以名狮子峰。从下面的缙云寺登上这里,沿途一共有680级石梯。大家看,这里还有一个石拱门,是古代狮子寨的寨门遗迹。这儿的峰顶平台,名叫"太虚台",是我们刚才在山下看到的当年汉藏教理院在1939年为纪念太虚大师五十诞辰而建的。

请大家跟着我极目远眺，您看，蜿蜒如带的嘉陵江和风光秀丽的北碚城可以尽收眼底。"会当凌绝顶，一览众山小。"大家是不是有点孔子"登泰山而小天下"的感觉呢？此时此刻，我们可以说"登缙云而小重庆"了。朋友们，来，让我们在这里头顶蓝天、脚踏山峰，来深呼吸一下，大声喊出您自己的理想吧！

缙云九峰，除了我们脚下这个狮子峰外，大家现在从北到南，跟着我的手指方向看，依次是朝日峰、香炉峰、聚云峰、猿啸峰、莲花峰、宝塔峰、玉尖峰、夕照峰。

【缙云三崖】

为什么缙云山又称小峨眉呢？除了"峨眉天下秀"的相似景观特点外，缙云山也有佛光岩、相思岩和舍身崖，这就是著名的缙云三崖。不过，缙云三崖的说法却与峨眉山不大相同。

大家在这里细看对面的朝日峰，看到了吗？那个20多米高的悬崖绝壁，石壁上石头的纹路，就如大树的年轮，圆中心有一尊坐佛图案，以坐佛为中心，绝壁上呈现出一圈一圈不断扩散的光环图案，直至绝壁边缘，在阳光照耀下熠熠生辉，有如坐佛光芒四射，普照人间。这里就是缙云山一绝——佛光岩。

说起佛光岩的发现，还有一个真实的故事呢。1989年6月6日，缙云山遭受特大暴风灾害，朝日峰这一带高大林木损失惨重，树木损毁后，这一绝壁也就显露出来了，只是人们并未特别留意。直到1998年春，原西南师范大学地理系刘宗群教授在考察教学中发现了这一绝壁上的奇怪图案，并向缙云山管理人员谈及此事。初夏时节，北碚区旅游局陪同客人到此察看这一奇特现象，于是取名佛光岩，一时广为传播。

佛家讲因缘际会，实际上就是我们的儒家、道家讲究的师法自然与天人合一。天地万物之美，就是我们心中本来就存在这样的美。著名作家余秋雨先生说的，这是人心之美与自然之美的相遇。发现佛光岩，就是一次美好的相遇。这也是一种缘分，今天我们来到缙云山，也是一种缘分。

前面就是舍身崖。舍身崖海拔945米，是一处高约百米的凹形悬崖。崖下竹海万顷，高低起伏，错落有致。站在崖上可远眺风景秀丽的北碚城，蜿蜒曲折的嘉陵江，雄伟壮观的观音峡，顿觉心旷神怡。但大家小心，千万不要一脚踏空，古人有悬崖勒马之说，这里应该就是悬崖止步，所以这里叫作舍身崖。

我们前面所说，缙云山和峨眉山不同，不同之处何在？这里的舍身崖还有一个不同的说法呢。缙云山三大奇观之一的舍身崖飘物奇观。在夏秋季节的晴好天气，向崖下抛落重量轻的物体，如草帽、竹枝等，飘下去以后它又会晃晃悠悠地飘到崖上来。专家们分析，这可能是夏秋季节气流抬升的缘故。气功大师们说，这里气场特别好，所以经常有人在此打坐练功，不思返程。

相思岩是缙云山的第三崖。在香炉峰下，从这里看过去，纵横百米，深山一壁，光滑峻峭，气派壮观。岩下古木森森，幽篁成林。下面刻有多处宋代摩崖石刻，形状如塔，塔下凿有石窟，是埋葬僧人骨灰之地。大家看，那里刻有"相思岩"三个大字。再看那里，那尊巨石远远望去，像是一个人在沉思，就像《神雕侠侣》中杨过在练"黯然销魂掌"，所以这里就叫相思岩。民国时期出版的《北碚志》中写到："山有相思岩，娟秀美丽，攀其巅者，徘徊不忍去。"宋时状元冯时行，字当可，号缙云，当年在缙云寺中读书时，常流连于相思岩上，被贬后重回缙云山，写有《春题相思寺》五律一首：系艇依寒渚，扶筇上晚林。山山春已立，树树雨元深。扫叶移床坐，穿云买酒斟。相思思底事，老大更无心。

缙云寺又名相思寺。这也真奇怪，寺庙乃出家之人所居之地，出家人讲究弃绝红尘，为什么还要大谈相思之苦呢？古书《蜀中名胜记》记载："缙云寺即古相思寺也。以此山有相思岩，生相思竹，又有相思鸟，羽毛绮丽，巢竹树间，食宿飞鸣，雌雄相应，笼其一，则其一随之。"

相思寺，相思竹，双宿双飞的相思鸟，还有山中珍贵的红豆杉和红豆树，也称相思豆。大家再联系前面所说的李商隐的巴山夜雨的千古绝唱，难道缙云山不可以称之为相思名山吗？

【缙云八寺】

缙云山称作小峨眉，主要与它丰富的佛教文化遗址有关。缙云山是具有1500多年历史的佛教圣地，有缙云寺、温泉寺、白云寺、绍隆寺、复兴寺、石华寺等 8 大古刹，还有 1932 年成立的世界佛学苑汉藏教理院遗址等。这里我主要给大家介绍一下缙云寺。

我们今天来到的是缙云八寺中保护得最好的缙云寺。1500 多年间，缙云寺几易其名，数度破坏和修缮。缙云寺，古名相思寺，创建于南朝刘宋景平元年，缙云山自古是深山老林，荒无人烟，常有毒蛇咬人。传说慈应长老开山建寺时，得到三种灵物相助——"蟒蛇滚路，鸡公化缘，黄牛送水"，天长日久，这三件灵物得道成仙。以前，在缙云寺就建有蟒塔、鸡塔和牛塔，可惜早已毁坏。北周年间，大部分庙宇佛像被毁。唐贞元年间（785~804 年），浙江幽谷净满禅师入蜀，他的老师无见睹禅师指示他说"逢缙则上，逢云则住"，于是他进山重建缙云寺。

唐大中元年（847 年），宣宗皇帝封赐缙云寺为相思寺。874 年，宏济和尚进行重建。北宋开宝四年（971 年），慧灌禅师主持重建后，真宗咸平元年（998 年），将宋太宗御诵梵经 240 函迎来寺中供奉。景德四年（1007 年），宋真宗下令改相思寺为崇胜寺，封慧灌禅师为慈印大师。南宋开庆元年（1259 年），蒙军元帅汪德臣攻打合州钓鱼城受伤，就在缙云寺医治，当年 6 月 21 日医治无效死于寺中。

明正统八年（1443 年），永灯和尚大兴修建，住持僧众多达百余人。天顺六年（1462 年），英宗皇帝赐名崇教寺，万历二年（1574 年），禅宗赐缙云寺为"迦叶道场"，于万历三十年（1602 年）在寺前建立石牌坊。明末战乱，缙云寺遭受兵灾，几成灰烬。清顺治十七年（1660 年），贵州自然和尚来此结茅幽居。康熙二十二年（1683 年），破空和尚修建大雄宝殿、经楼和佛像，就是现存的缙云寺。

1932 年，太虚法师在缙云寺创办世界佛学苑汉藏教理院，修建"密严海"楼，后辟为图书室。太虚法师捣毁了那些非佛教塑像，改天子殿为双柏精舍，抗战时期，他曾长住于此。1939 年，太虚五十寿辰时，在狮子峰建有太虚台，近年又在缙云寺侧建有太虚墓塔，塔顶竖立太虚石雕像。

缙云寺，我们就参观到这里。一会儿，大家可以下山去看一看。

【缙云二楼】

现在我们来到的是两位领袖的旧居。20 世纪 50 年代初期，邓小平同志、贺龙元帅主持中共中央西南局工作，这里是西南局领导夏季办公地点。当然，更早的陪都时期，蒋介石也到这儿来避过暑。

这片林区，又叫杉木园，旧居在杉木园东南角，是两幢一楼一底小楼，前面是原中共西南局办公处，后面是时任中共西南局书记邓小平同志的旧居。大家都知道，邓小平同志是中国改革开放的总设计师。今天，我们来到这里，无不追思缅怀领袖的光辉人生和丰功伟绩。其实，邓小平同志与北碚也有着很深的缘分。下面我就给大家讲讲邓小平同志与北碚的几个故事。

1919年，邓小平离家乘船赴渝时，舟过嘉陵江小三峡，算是第一次与缙云山的亲密接触。时过30年后，他同刘伯承率领第二野战军，进军西南，解放重庆，担任中共中央西南局第一书记、西南军政委员会副主席、西南军区政委。这时，他与北碚的关系就非同一般了。

1950年年初，邓小平派车来到北碚的中国西部科学院（就在现在的西南大学后校门外，现在叫重庆自然博物馆），将大地构造研究员黄汲清教授接去西南局。他对黄汲清说："黄教授是四川老乡吧！请你来是想了解一下西南地区矿产资源情况，现在祖国解放了，国家要进行大规模经济建设，找矿就要靠你们这些专家了。"根据西南局的决定，成立了西南地质调查所，黄汲清任所长，同时还组建了一支"黔西探矿队"，开赴贵州水城，历时半年，写出了《贵州水城铁矿地质报告》，为贵州山区打响了地质找矿第一炮，现在的水城已经成为重要的矿业基地。

1951年春，刘伯承、贺龙、王维舟在北温泉公园休养，邓小平经常前来看望他们，研究工作，有很多重大决策出自北温泉。有一次，邓小平来看刘伯承和贺龙、王维舟，北碚行政管理处主任张种玉陪同他们到兼善餐厅就餐，吃樟茶鸭子、干烧岩鲤。餐后，张种玉争着到柜上付钱，邓小平上前拦住诙谐地说："你的供给有几个钱哟？还是吃大哥好了。"大哥就是指的刘伯承。结果真是刘伯承付的钱。

当时，西南局在缙云山修建了高干疗养院，刘伯承、邓小平的别墅在杉木园东南角的小山堡上。就是今天大家来到的地方。当年，邓小平同志在屋前亲手植有马尾松一株，大家看，长有缸钵大小，枝繁叶茂，刚劲挺拔，人们又把它称为"小平松"，大家可以在这里合影留念。

邓小平最后一次到北碚，是在他任中共中央书记时的1958年秋天。邓小平同彭真、贺龙等一行来重庆视察，11月初游览北温泉，中午由时任重庆市委书记任白戈陪同，在北碚公寓就餐，吃豆花饭。邓小平、贺龙吃得津津有味，彭真、李井泉等人却辣得直冒汗。邓小平笑着对彭真说："你不是四川人，口味上有所照顾，按我们的口味，今天的调和还不够辣。"敬爱的小平同志，其实是很随意、亲切而幽默的人。

好了，我们再去看看贺龙院。大家看，这幢掩映在苍松绿树丛中的一楼一底的中西合璧式建筑，就是当时的西南军区司令员贺龙元帅的办公楼。楼前塑有贺龙元帅半身戎装石雕像。贺龙元帅也在北碚留下了许多佳话。

1950年年初贺龙来重庆，任中共中央西南局第三书记、西南军政委员会副主席、西南军区司令员。1951年年初，同刘伯承、王维舟到北温泉休养。

贺龙最爱树木，他看到温泉对岸全是光秃秃的岩石，就对公园的方主任说："对面山上多难看，你们去种植些树木，以后见不着岩石就好了。"公园按照贺龙的意见，种上了大量的香樟和其他树种，并见缝插针，遍撒种子，不几年工夫，便将绿化搞了起来。

当年在建这幢房屋时，地基边上有两株指头大小的核桃树，影响施工，人们要砍掉，贺龙不准，宁肯基脚让路，也要把这两棵小树保住。后来架设电线，又遇到一株杉树挡道，施工人员正要砍掉，被贺龙发觉，立即加以制止。疗养所建成后，要修一条公路上缙云山。贺龙对工程人员提出要遵照"路线对，好开车，不砍树"的原则建。缙云山百里林海，古木参天，要做到修路保树两全其美，可真不容易。单说缙云寺前，洛阳桥边，那8株一抱粗的马尾松，勘测人员费了很大周折，闪开了6株，有2株硬没办法躲开。这两棵古松，是缙云山上有名的夹道松。恰巧就是这一对夹道松，屹立在公路线上，一株占线15米，一株正立于路中心。经过技术人员反复研究，决定砍掉路心这棵，路边那株保留下来。这天，当工人们正准备砍树时，突然一个身着旧军装，上衣敞开，手握竹棍的人来到那棵树前，问道："你们修公路，带锯子、斧头干什么？"一个小伙子答道："唉，这么大的树，不用锯子、斧头，谁奈得何它呀？"

"干吗要奈何它？你们知不知道，砍掉一株大树，锯子一锯、斧头一砍就倒下了，可是要长这么一株大树，得要多少年啊？""谁叫它当拦路虎，它要稍靠边点,贺老总就把它保下了。可惜,它偏偏要长在这路中心!"修路的工人们都还没见过贺龙呢。

"怎么,那个贺老总就这么无用,只能保靠边的,不能保居中的?"穿旧军装的人边说边用竹棍比量了路心到路边的宽度,又比量了两树之间的距离,然后说:"好吧,贺龙只能保靠边的,我就来保这路心的,路就照这样修去,这棵树不能砍!"说罢向杉木园走去。随后来了两名解放军,问贺老总过去多久了,工人们这才知道那就是贺龙,谁也不敢砍树了。所以,后来人们称这棵树为"贺龙树",汽车到此都得绕树而过。

1958年初冬,时任国务院副总理的贺龙最后一次游览北温泉,他和邓小平一道,眼见江对岸樟树成林,满山郁郁葱葱,赞不绝口。不久大炼钢铁,到处毁林炼钢成风,贺龙要求一定要把北温泉、缙云山的树木保护起来,不准乱砍滥伐。

【黛湖】

现在大家看到的这个湖泊就是黛湖,是20世纪30年代初现代北碚缔造者、著名爱国实业家卢作孚所建。

黛湖的位置虽然离刚进山不远,但却已是古木参天,篁竹墨绿,秋天时,火红的杜鹃花,星星点点,镶嵌在青山丛中。水光山色,湖堤倒影,相映成趣。一上湖畔,顿觉暑气尽消,展现在您眼前的黛湖,水平如镜,清亮明净,纤尘不染,湖底绿藻参差,有"山如碧玉水如黛,云在青天月在松"的美誉,被称作镶嵌在缙云山中的一颗璀璨明珠。

大家看,那里两旁山脊趋向一个土堡,像一个圆形半球。上面有个小山峰,石岩瓣瓣,宛如龙牙,人们说它是"九龙抢宝",所以这里本名又叫"九龙窝"。

20世纪30年代初,卢作孚创建北泉公园后,见到这里地形奇特优美,便利用九龙堡下这片洼地,跨谷筑堤,建成一座大水库,长55米,高10.5米,坝底厚9米,顶厚26米。湖面面积0.38平方千米,容水量10.17万立方米。白屋诗人吴方吉将其命名为"黛湖",著名书法家欧阳渐手书湖名,刻石嵌于湖堤之上。黛湖建成,名声大噪,吸引了众多游客来此观光游览。有的垂钓,有的游泳,有的野餐……络绎不绝。《中国旅行杂志》不断发表赞誉文章,其中有《记游黛湖》诗一首,诗云:避暑入幽谷,黛湖水气清。

镜波凉入骨，松树密如屏。云影连杉白，山光匝水清。野餐无客到，时有幽禽声。

大家也许不知道，黛湖还有一个比较学术化的美名，那就是"水生植物基因宝库"。黛湖湖水面积仅2万平方米，却集中了我国已知的80%以上的藻类，在国内十分罕见，是目前国内最集中也是最大的藻类植物基因库。西南大学生命科学学院一直在定点观测和研究，湖中鼓藻类植物达132种，1个变种；硅藻类植物有60种，13个变种，1个变形，累计73个品种。

但是，20世纪80年代后期，山上农家乐的无序开发，湖中开设竹筏，游客们在湖面划木筏子，丢弃瓜子壳、报纸、塑料袋等垃圾；农家乐产生的小股污水也不断排入青幽的湖水中等，直接导致湖中鼓藻类植物数量呈下降趋势。近年来，北碚区加大管理力度，人们的环保意识也普遍增强，现在的黛湖又恢复了原来的清澈碧波。

（十二）两江国际影视城

现在的两江国际影视城，是在冯小刚曾拍摄的电影《一九四二》的街景基础上扩建而成，再现了抗战时期重庆的历史风貌。自2012年以来，景区陆续复原兴建了抗战胜利记功碑、群林市场、亨达利钟表行、金城银行、建国银行、冠生园食品公司、国泰戏院、国民政府大楼、江全泰号、千厮门、朝天门码头、邹容路、民权路、林森路、沧白路等反映重庆开埠以来尤其是陪都时期的著名建筑和历史街区。自2015年经过2年的封闭施工扩建，2017年元旦，二次开街后的两江国际影视城游客量累计突破500万人次，成为享誉全国的"近代历史文化旅游胜地"。

影视城景区所复制的老重庆风貌，承载着老重庆人的家园记忆，作为重庆历史根基的"巴渝文化"也被尽量复制还原，充满特色的街巷形制和高低错落的城市空间，老重庆熟悉的街（督邮街、白象街、字水街等）、巷（官井巷、柴家巷、兴隆巷等）、路（民权路、五四路、邹容路、公园路等），还有梯坎（十八梯、九尺坎等）。从整体上忠实地再现和还原了20世纪三四十年代重庆母城风貌和生活场景，如同一部老重庆的"影像志"，更像一把可以穿越时空的钥匙，让游客充分感受山城多元文化的魅力。

不仅建筑，还有一些民俗、饮食文化也可以帮助我们穿越到20世纪三四十年代。游客可以在吊脚楼里喝大碗茶、推磨豆花、坐滑竿，品尝飞虎队牛肉面、仇婆小面、土碗菜、手工杂糖、麻花等，体验巴渝民俗，还可以听到老重庆的街头叫卖与吆喝，参观具有山城特色的火锅博物馆，感受原汁原味的巴渝文化。

岁月流逝，很多城市记忆行将消失，两江国际影视城所要留住的，正是属于重庆专属的旧日时光。为了达到这样的效果，一条老街，除了主街，其余全是从重庆各地一件件收来的老石板铺成，街道转角处的水缸、石磨、石凳、猪槽，也是老物件，老石板和老物件有些已经残破，有些布满青苔，有些被岁月磨掉了棱角，却也折射出时光深处的历史印记。

两江国际影视城是在尊重历史和面向现实的基础上建成的，亦真亦幻、亦古亦今，是它的魅力。真正的十八梯拆除了，在这里我们可以看到十八梯的原貌；河里的石头，也是从长江边搜集而来的鹅卵石。石梯坎、老码头、黄葛树、吊脚楼、爬坡上坎、高低错落，不宽不直的小巷子，是老重庆的城市意象和文化符号，更是当今钢筋水泥的都市丛林中一方难觅的净土与乐园。

【抗战胜利纪功碑】

现在我们看到的这个醒目的标志性建筑，它的原型是"抗战胜利纪功碑"。1946年，为了纪念抗日战争全面胜利，在当时重庆上半城最为繁华的督邮街，国民政府修建了这座纪念碑，取名为"抗战胜利纪功碑"，以表彰中国军民经过14年浴血奋战，打败了日本帝国主义入侵，度过了中华民族最为艰难险要的历史关头。这个纪功碑象征着我们中华民族百折不挠、永不言败的民族精神，是抗战胜利和重庆解放的历史见证，是重庆标志性建筑之一，是全国唯一一座纪念中华民族抗日战争胜利的国家纪念碑。

重庆解放后，西南军政委员会决定将抗战胜利纪功碑更名为"人民解放纪念碑"，简称解放碑。从那时起，她一直是重庆人民心目中的城市地标。为纪念抗日战争的伟大胜利，影视城按原形复制了解放碑。解放碑支撑往昔的重庆，也连接起现代的重庆，如今的解放碑一带，有"西部第一街"的美誉，是重庆十大文化符号之一。

【街区入口】

我们现在走进的是民权路。重庆是座山城，早期的房屋体量都不大，以木瓦屋、板壁楼和吊脚楼居多。到了抗战时期，街道两边陡增了很多西式洋楼，里面开设了洋行、商铺、咖啡馆、百货公司等，因此这里的街区建筑特色融合了中西特色，体现了兼容并蓄的特色。大家注意看，道路两边穿插有一些木板壁楼房，和其他西式洋楼融合在一起，形成很明显混搭的风貌，富有层次和变化。

【群林市场】

右边这栋大楼，就是以前非常有名的群林市场，原址隔解放碑只有几十米，它是由美丰银行董事长康兴如于1947年出资修建的。倒退半个多世纪，当年的群林广场也有过繁荣的盛景。曾经的群林市场，最具影响力的商品是服装，特别是定制服装，而其中的翘楚，首推旗下的九龙服装公司，它家的蓝华达呢中山装、雪花呢大衣、毛花呢西装，是经典的"九龙三件套"。原来的群林市场在1996年因为火灾被完全烧毁了，至今令人难忘和心痛，影视城还原了它以前的景观，看得出它曾经热闹了半个世纪的样子。

【督邮街】

我们现在走的这条道路，名叫督邮街。原来位于重庆上半城中心位置，是老重庆的主要街道，比其他地方都要热闹。

我们现在走到的这个路口，右手边那个庄重的建筑，是以前的金城银行，由周作民创办，曾经是中国最重要的私营银行之一。它对面这个就是鼎鼎大名的亨达利钟表行，呈现出它近大半个世纪前的面貌。亨达利钟表行堪称当时重庆最高档的钟表商店，当时一家人一个月的生活费才十几块钱，但亨达利的一块高档手表却要卖三五百块钱。现在里面改成了一间餐厅。左边那栋建筑——冠生园，也是上海滩上响当当的老字号，抗战爆发后，创始人冼冠生把分店开到重庆，以重庆为中心发展业务，取得了极大的成功。抗战时期，很多上流人士喜欢在里面喝茶看报，每天都是一座难求。

【嘉禾古典相机博物馆】

这里是全国收藏古典相机最多的博物馆——嘉禾古典相机博物馆。一共分为三层，占地400平方米，收藏了上千台不同时代、不同国家和不同性能的相机。这些古典相机是人类工业文明发展过程中世界各国机械、光学、材料科学的集大成之作，其中有些珍稀的古典相机在全世界都堪称孤品，很多外国专家都要跑到这里来一睹它们的真容。

【重庆旅游纪念品博物馆】

这里是重庆旅游纪念品博物馆，汇聚了重庆地区各种知名度较高、品质优异的旅游纪念品。展品类型丰富，包括来自重庆各个区县的地方土特产、知名小吃和手工艺品。里面还有一个重庆工艺美术大师展览专区。博物馆里的地方土特产和手工艺展品，您都可以到旁边的专营部去选购或者委托代购。那栋具有川东民居风格的木楼，就是博物馆销售专营部，工作人员会给您提供专业的帮助。

【飞虎队俱乐部】

这里是飞虎队俱乐部。这里保存了各种相关文献资料、珍贵图片等，真实再现了飞虎队在中国抗战期间的事迹和生活场景。首先介绍一下飞虎队的来历。抗战初期，日军飞机给中国军队造成了大量伤亡。国民政府在自身空军实力不足的情况下，只得以4倍于美军薪水的价格，雇用美国空军飞行员来华参战。在美军少将陈纳德的指挥下，他们在昆明、宝山、清迈与日军在空中展开激烈搏杀，摧毁敌机2900架，击毙日军人员近7万名，大获全胜，被报纸和广播称赞为"猛如飞虎"；加上他们在飞机头部统一涂上虎头、虎牙作为标志，由此称为"飞虎队"。飞虎队还建立了中国和盟军最主要的空中航道，也就是喜马拉雅山上著名的"驼峰航线"，常年为中国运送大量急需战略物资，为打败日本帝国主义侵略做出了不可磨灭的贡献。飞虎队在中国参战四年间，英勇作战，牺牲了上千名飞行员。

为了保障飞虎队队员的作战能力，中国人民在生活条件上给予了他们优待，如一天三顿都供应飞行员吃牛肉。这个飞虎队俱乐部，就是专门为那些英勇的美国飞行员开设的，供他们在参战执行任务的间隙，来这里消遣娱乐，飞虎队员们在这里唱歌跳舞，用餐饮酒，往往还没尽兴就又要去执行飞行任务，有些人永远没能再回来，为世界反法西斯战争献出了年轻的生命。应该说，飞虎队在中美人民之间架起了一座友谊的桥梁。

【馨雅咖啡厅】

1936年，重庆有家人尽皆知的咖啡馆——心心咖啡厅，开在民族路会仙桥，就是这家馨雅咖啡厅的原型。作为老重庆洋气代表的咖啡厅，"心心咖啡厅"卖咖啡、牛奶、红茶、可可之类，再加上各式各样的西点，一开张就生意极好、声名鹊起，当时的社会名流纷纷造访，以到这里喝咖啡为时尚。

关于这间咖啡馆，重庆民间至今还流传着孔家二小姐孔令伟（孔祥熙、宋霭龄的二女儿、宋美龄最喜欢的外甥女）痛打重庆警察局局长徐中齐反而使其升官的故事，据传，抗战期间，孔二小姐女扮男装来喝咖啡，与当时重庆市警察局局长徐中齐因为抽烟点火发生摩擦，惹得孔二小姐大动肝火，狠狠抽了徐中齐一记耳光，随后扬长而去，第二天重庆《中央日报》头条消息：重庆市警察局长徐中齐，荣升四川省警察厅厅长……这个偶然事件让咖啡馆更是名声大振。原来的咖啡馆早已不复存在，现在这个样子是比照原貌仿建的，在电影《烈火中永生》里，重庆地下党领导人许云峰与甫志高在这里秘密接头，《开罗宣言》中，演员胡军、韩雪的对手戏多在这里面展开。

【国泰戏院】

这栋典雅的建筑，就是鼎鼎大名的国泰戏院。它原本是由国民革命军第二十八军军长赵巨旭出资修建的，但在1939年被日本飞机炸成了一片废墟，随后又由国泰戏院经理夏云瑚先生独立承担费用重建。抗战爆发后，国内一些著名的戏剧团体和文艺、演艺界知名人士汇聚重庆，最重要的演出场地之一，就是国泰戏院。当时国泰戏院不但公演话剧，还播放电影，举办音乐会和拳击赛等。由于地处市中区黄金地段，迅速成了重庆城最为著名的文化活动场所，很多社会名流都是这里的常客，著名艺术家金山、赵丹、陶金、白杨等都在这里登台演出过。抗战期间，国泰戏院始终大力支持抗战和进步运动，常常举办救亡募捐公演等。

眼前这个国泰戏院仍然放映电影和举办演出活动，有兴趣的游客朋友待会儿参观结束后，可在这里看上一部经典的老电影，感受一下七八十年前的那种摩登格调。

【《新华日报》营业部】

大家现在看到的这个地方是《新华日报》营业部。"新华日报"四个字，是国民政府考试院院长于右任先生题写的，它同时也是原《新华日报》的报头用字。《新华日报》创办于1938年，经毛泽东、周恩来等积极争取，在武汉创刊，后来一度作为中国共产党机关报面向全国发行。武汉沦陷前夕，《新华日报》搬迁到重庆。在重庆期间，《新华日报》积极报道前线将士与日军英勇搏杀、保家卫国，也敢于为群众主持公道和正义，勇于揭露当时国民党政府的反动作为，因而深受市民读者欢迎。

【小什字】

我们来到了"小什字"，它因新华路、民权路两条道路在此交会形成十字形状而得名。地处交通要道，附近银行云集，有美丰银行、川康银行、川盐银行、交通银行、中国银行等，所以它在抗战时期是重庆的金融中心。

【朝天门码头】

我们到了"朝天门码头"。说起朝天门，重庆人都再熟悉不过了。从南宋开始，朝廷有重要官员来重庆，或者皇帝有圣旨、诏谕下达到重庆，都是在此下船入城，这便有了"朝天门迎官接圣"的说法，这也就是朝天门的由来，上下码头的这条路就叫作接圣街。

抗战时期，重庆成为大后方交通运输中心，水路运输发挥了至关重要的作用。当时聚集在重庆码头的船员多达1.2万人，没日没夜地辛勤劳作，保障大后方与前线物资及人员输送。特别有一批爱国渝商直接参加抗战事业，这其中就有一代传奇人物——重庆合川人卢作孚，卢先生率领自己创办的民生公司全体职工，不顾一切投入抢运国防物资及救助难民的行动当中。1938年秋，民生公司用自己的船只，经过40天奋战，抢运了聚集在宜昌的各界人士150万余人、物资100万余吨，损毁了16艘轮船，牺牲了职工百余人。这次抢运被誉为中国版的"敦刻尔克"，书写了抗战历史上惊心动魄的救亡篇章。

其他像"钢铁大王"胡子昂，"猪鬃大王"古耕虞等，也都是了不起的重庆商人。他们为国家、为民族义无反顾地付出，代表了当时重庆人为了国家不顾小家的赤子之心。随着城市发展，重庆码头现在都已经完全现代化了，而这里把当初场景重现出来，慰藉根植在老一辈重庆人心中的不解情缘，同时也寄托了天下重庆人挥之不去的乡愁。

到此，我的讲解就结束了，大家可以继续参观。预祝大家旅途愉快！

（十三）长江索道

游客朋友们，长江索道于2010年12月15日被重庆市政府确定为市级文物保护单位，2018年2月被评为国家4A级旅游景区，是重庆都市旅游空中观光景区，兼有城市公共环保交通、城市旅游观光、特色立体交通文化及定点应急疏散的功能。景区由渝中城史文化区、长江空中观光区、南岸影视文化区三部分组成,面积 9.8 平方千米。景区集"桥都、雾都、江城、山城、不夜城"之大成,以"江山一体景城融合,自然人文交相辉映"的立体画卷,呈现"山水之城,美丽之地"的大美神韵。以浪漫、文艺、风情、生动、立体的旅游方式,成为来渝游客"享天地之大美、赏山水之神韵、感人文之魅力"的网红景区和打卡胜地。不仅赢得了"万里长江第一索,重庆旅游第一站"之称,更赢得了"日光山城,夜瞰灯海;不坐索道,白来重庆"的不虞之赞,年游客量超过 400 万人次。

大家请看这一幅浮雕:就在这巴山连绵,渝水纵横,地势险阻之地,登高涉远、负重自强的重庆人顺应自然,筑起了一座"房屋依山累居,公路盘旋层叠,石梯穿插交错、交通飞天遁地"的立体之城。老重庆人曾戏言:房如积木顺山盖,坐车没得走路快,爬坡上坎当小菜,空中巴士最实在。《渝城飞渡图》和《长江索道赋》,生动地展现了一幅"山、水、人"和谐共融的城市特性画卷,彰显着开拓创新的城市人文精神。

山城重庆,自诞生起,就有着与平原城市不同的生存哲学与精神气质。而今,又在日趋"千城一面"的时代进程中,正以"行千里、致广大"的视野格局,凸显着江山一体的城市风骨和显山露水的城市魅力,塑造"山水之城,美丽之地"新形象。

"一座石城二水环,巍巍古刹第一山",这"石城"说的就是重庆城,"二水"则是嘉陵江和长江,"一山"则是金碧山。

老重庆有一首民谣:"重庆城、两座城,上半城、下半城,爬坡坡、梭坎坎,上上下下走死人。"上、下城的分界线,就是我们旁边的这条新华路。公路对面至嘉陵江区域为上半城,公路这面至长江区域为下半城。

此处古名金碧山,海拔 269 米,是古城内巴山之顶。这条新华路是金碧山上的一条道,古名大梁子,东起朝天门,西连枇杷山,原用青石板沿山脊铺就。1068 年在此兴建长安寺,成为市民拜佛祈福、登高览胜之地,被称为"渝城第一山"。相传,山门石牌坊上"第一山"三个大字,由苏东坡亲笔题写。

但为什么现在我们看不到长安寺呢?民国四大才女之一的萧红 1939 年 4 月旅居重庆时写下了散文《长安寺》,文中写到:"庄严静妙,这是一块没有受到外面侵扰的重庆的唯一的地方……但我突然神经过敏起来——可能有一天这上面会落下了敌人的一颗炸弹。"然而，萧红笔下静谧安详的长安寺，正如她在文末担忧的那样，在此文完成后不到1个月，便在日军的大轰炸中被炸得片瓦不留。如今，古寺已不复存在，只留下一个地名可供缅怀。而在古寺原址上新建的，正是今天的长江索道北站，以及一旁的重庆鼓楼学校。

重庆母城渝中半岛，三面环水，过江渡船是市民出行的重要交通。1888年，士绅廖春瀛捐资造木船36条，开启了"渝中储奇门—南岸海棠溪"长江义渡航线。1938年1月1日，重庆轮渡公司开通了"储奇门—海棠溪"长江轮渡航线，在抗战年代成为市民前往南山躲避日机轰炸的"生命线"。缺少跨江大桥的20世纪80年代是重庆轮渡的鼎盛期，当时有轮渡36艘、航线19条，日均载客10万人次。20世纪90年代起，随着跨江大桥逐年新建，轮渡走向下坡路，现仅余"朝天门—洋人街"一条航线。

好个重庆城，山高路不平，出门就爬坡，下船就上坎。面对每日乘船爬坡上坎的辛劳，以及每年夏洪冬雾停航的窘境，让重庆人在陆路、水路之外，有了因地制宜的"天路"梦。1982年1月1日嘉陵江索道和1987年10月24日长江索道相继投入运营，重庆人以独特方式诠释了：路，不仅在脚下；路，还可以在天上。

2011年，为给新建千厮门大桥让路，嘉陵江索道被迫停运，2013年被拆除。重要部件作为文物陈列在三峡博物馆和长江索道景区，成为重庆人缅怀飞越城市上空的岁月印记。

长江索道是中国第一条自行设计制造的双承载、双牵引、往复式大型客运索道，跨江通连渝中区和南岸区，全长1166米，时速每秒6米，单程运行时间4分30秒，最大载客量80人，2009年12月15日，长江索道被列入重庆市文物保护单位，是目前国内唯一的一条文物索道。2014年1月1日，随着城市畅通工程实施、通勤交通功能几近消失的长江索道，以"保护展现文物价值，提升国有资产价值"为目标，正式跨界转型旅游业。"飞渡大江的空中公交巴士"演变为"鸟瞰重庆的空中观光巴士"，成为来渝游客"飞越山城，鸟瞰重庆，解读山城魅力，体验重庆特色"的都市旅游空中观光景区。

现在，就让我们搭乘索道，从此岸到彼岸，穿越百年重庆，去呼吸浓郁的巴渝气息，观赏独特的巴渝美景，触摸悠久的巴渝历史，领略"江山一体景城融合、自然人文交相辉映"的视觉之美，享受"飞越山城、鸟瞰重庆"的豪情之美。

上索道时请有序而入，避免拥挤，注意头上和脚下安全，以免磕碰或绊倒。索道运行期间请拉好扶手，头手请勿伸出窗外，切不可在轿厢内蹦跳和向外抛洒物品。文明旅游，从我从起。

索引迎天下客，道尽江山美。长江索道景区讲解服务到此结束了！祝朋友们的人生之旅一帆风顺、一路平安！

（十四）山城步道

游客朋友们，大家知道重庆是山城，因山众多，自古以来就被山城人民走出了多条盘山的步道。近年来，为了更好地方便市民出行，同时也方便游客体验山城步行系统特色，重庆市规划设计研究院提出了渝中半岛步行系统，这就是我们熟知的山城步道。最开始是9条，后来增加到17条，到现在已有了五横十二纵一环。如今的步道，维护和保持了老山城的行走爬山的本色，增加了现代元素，将历史文化与现代景观、健身、观光串联在一起，形成重庆的地方特色和旅游观光品牌。沿着条条步道拾级而上、缓慢而行，饱览上下远近美景，赏心悦目，心旷神怡。

今天带大家游览的是最具特色的第三步道。这是一条长度最长、坡度较高的历史古道。沿途包含了法国仁爱堂旧址、打枪坝水塔等历史建筑。沿重庆古城墙，顺山势向上攀升，沿途回首观望，长江南岸的景色尽收眼底。这条步道拥有"城市景观阳台"之称，充分展现了山城山道交通与民居特色。漫步在山间的木质步道上，站在观景平台上，可以同时远眺长江大桥和菜园坝大桥。走在步道上，可能你还会遇到当地居民，他们坐在黄桷树下，静静感受时光和生活。现在，各位游客朋友们就和我一起去丈量山城步道吧！

（十五）李子坝轻轨站观景平台

游客朋友们，一般城市里的轨道交通都是在地面下，而特殊的山城地貌特征决定了我们重庆的轨道交通可能既能下地，还能上天，既能过桥，还能穿楼。今天我们一同来打卡的"网红车站"李子坝轻轨站，就是因为轻轨2号线每天都无数次地在这里穿过这座外表看来并无任何异样楼房的6~8层楼间，所以引起了国内外游客朋友们的热切关注。

众所周知，为了与路面交通更好地兼容混行，所以诞生了与"地铁"相区别的"轻轨运输"，由于这种运输方式的机车重量和载客量要比一般列车小，所使用的铁轨质量轻，"轻轨"由此而得名。轻轨具有运量大、速度快、污染小、能耗少、准点运行、安全性高等优点，是有效缓解大都市中人口与交通资源、汽车与交通设施之间紧张关系的轨道交通形式。但重庆轻轨跟一般城市的轻轨还不同，由于重庆城区地理条件复杂，城市中遍布山地，又有两江阻隔，所以重庆轻轨采用了更适应山高坡陡、道路曲折地形的设计特征，建设了噪声小、转弯半径小、爬坡能力强的架空跨座式单轨交通系统，这也是中国第一次引进的中运量胶轮单轨系统。

而这一交通系统最早应用的线路便是轨道交通 2 号线。除了最早采用跨座式单轨，2 号线还是我国西部地区第一条城市轨道交通线路，是我国第一条跨座式单轨线路，也是国家西部大开发十大重点工程之一。

重庆轻轨 2 号线于 2005 年 6 月 18 日开通试运营；它东起渝中区较场口，西至大渡口区新山村，向南延伸至巴南区鱼洞，全长 31 千米，跨越三个行政区，辐射九个片区，衔接六大行政区，是重庆主城区目前最重要的轨道交通线路之一，也是网红的轨道线路之一。仅 2018 年"五一"假期三天，全线累计客流量便达到 155.16 万人次，其中李子坝站更达到 7.28 万人次，比 2017 年增长 141%。

各位请看，李子坝的站台与这栋大楼相依相融，可称为"站即是楼，楼即是站"。那为什么要在 2 号线上设置这样一个建筑形式，让轨道线路穿过形式构架如此复杂的站台呢？

政府部门最初在布局轨道交通时就一直计划在李子坝附近设站。当时的轻轨站设计方案有三个，要么修改轨道线路，但这个几乎不可能，因为轨道线路是固定好的；要么换个地方修房子，但因为各种原因也无法实施；最后，为了能够最大限度地节约资源，由李子坝站设计团队负责人叶天义引领的建筑团队在通过两年的反复论证后，认为就在原址既修站台又修楼房，于是，这项当时全国还没有先例的"穿越"设计——让 2 号线穿楼而过最终变成了现实。所以，2 号线李子坝车站其实是与这栋大楼的设计同步进行的。

当然这项建筑从理念到实物的建设过程是极有难度的。首先，要保证轨道能顺利穿过楼栋；其次，轨道穿过楼栋时不能影响楼栋结构；最后，轨道站点交通转换的功能布局还要合理，能疏导客流，满足周边居民出行。

最终，在设计者和建设者的反复论证和共同努力下，2号线李子坝车站采用了"站桥分离"的建筑结构形式，于2004年3月建成了国内第一座与商住楼共建共存的跨座式单轨高架车站，最大限度地降低了列车行驶带来的振动和噪声影响，成了重庆成功实现城市土地资源集约利用的成功典范。

整个李子坝车站占地面积3100平方米，建筑面积6000平方米，位于嘉陵江畔的李子坝正街39号商住楼6~8层。

游客们，李子坝车站与商住楼同步设计、同步建设、同步投用，那么住在这栋楼里的居民平时生活真的不会受轻轨噪声或者震动的干扰吗？答案是，真的不会！我来给大家解开困惑。关键就在于托举李子坝站轨道的柱子。支撑这栋大楼的基层水泥柱和支撑2号线轻轨站台的基层水泥柱是相互独立的，虽然从外表上看不明显，但是悉心辨别，您就会发现6根托举轻轨站台的柱子和90多根托举楼房建筑的柱子相互之间有20厘米的安全距离。所以，轻轨站台虽与楼房看似一体，但由于建筑支撑各司其职，事实上是互不干扰的。此外，据探测，轻轨会造成的扰民因素一般对于6层以下影响较大，因为轨道是铺在地上的。所以对于9层以上的居民楼来说几乎没有影响。据媒体报道，住在楼里的居民都表示在这住了多年，既不觉得吵，也没感觉到晃！不仅如此，对于楼里的居民而言，住在这里还是一种旁人无法感受到的荣誉体验呢。

我们现在所处的观景平台是2018年8月21日才正式开放的。整个景观平台约840平方米，局部负一层公共卫生间及管理用房约230平方米；未来还将在这边拟建游览大巴车停靠点两个；在另一边拟建连接李子坝公园的栈道，栈道宽2.4米、长约150米，随着相关配套设施工程陆续完工，李子坝单轨穿楼观景平台总面积将达到1367平方米。

游客们，接下来是大家自由活动的时间。请您用手中的摄影工具去记录勾勒您眼中的景象吧，愿重庆3D立体城市特色交通的"魔性"与"任性"能带给您别样、真实的感受！

第三节 温泉之都

一、温泉之都旅游概述

亲爱的游客朋友们,大家好!欢迎各位来到享有"温泉之都"美誉的重庆旅游。今天,我将带领大家亲身去体验重庆作为"温泉之都"的魅力。在此先给大家简要介绍一下重庆"温泉之都"的情况。

重庆温泉开发的历史悠久,有着深厚的文化积淀。传说,轩辕黄帝曾在缙云山下的北温泉创造"温汤和药",救治百姓。南朝刘宋景平元年,也就是423年,距今已经近1600年,佛教高僧慈应大师在北温泉创建了"温泉寺",这比日本最古老的有马温泉还早200年。兴建这座以温泉命名的寺庙,足以说明温泉的开发利用应该比建寺还要早。明朝万历年间(1573~1619年),重庆便开发了南温泉,到民国时期,西温泉应运而生。

重庆拥有世界级的温泉旅游资源,具有"山山有热水,峡峡有温泉,储丰质优,形多面广,相对集中,永续利用"的特征。重庆市地热温泉可采水量约为每年5.6亿立方米,每日合理的开发量达42万立方米,现每日已开发8.49万立方米,仅占合理开发量的1/5。重庆的温泉资源遍布全境各地,在重庆8.2万平方千米的范围内,已探明的温泉分布区域有1万平方千米,探明的温泉点约有100处。当然,最有名的当数"五方十泉"了。东边有东温泉,东泉热洞被地质学家称为"亚洲一绝"(还有桥口坝温泉);南边有南温泉,它的水质堪与临潼华清池媲美,其水质为典型的硫酸钙镁钠热泉,是国内最优秀的温泉之一,南边还有保利小泉;西边有天赐温泉与金剑山温泉、贝迪温泉;北边有中国乃至世界上最早开发的北温泉,以及被历代文人墨客赞为"武陵仙境"的统景温泉,它利用了天然的冷矿泉资源,是集温泉、冷泉于一体的生态浴场,这种形式的浴场在全国尚属首例;中(城区中)有近年来开发的海棠晓月温泉、融汇温泉,此外,还有颐尚温泉和南山温泉。如今,多姿多彩的温泉产品犹如雨后春笋,不断涌现,层出不穷。经营者更是煞费苦心地依势打造出江畔温泉、湖景温泉、岛上温泉、山中温泉、城中温泉,以及山、水、城兼具的温泉,这些温泉堪称温泉旅游中的奇茆。当然，重庆的温泉除了储量极其丰富之外，还有"质优"的特点。温泉水温以 40℃～55℃居多，最高水温达 60℃。重庆市范围内已知的温泉资源主要有硫酸盐型、重碳酸盐型和氯化物型，这三种类型的温泉分别具备国内外医学研究已经认定的疗效，并且大部分温泉都含有 30 种以上的矿物质和微量元素，酸碱度适中，水温合适，普遍达到国家关于医疗矿泉的标准。依托丰厚的温泉自然资源，2011 年 4 月 22 日，重庆市获得国土资源部评审的"中国温泉之都"第一名。2012 年 10 月 26 日，在世界温泉及气候养生联合会第 65 届年会暨国际科学大会上，重庆被授予了"世界温泉之都"的称号，这也是世界温泉及气候养生联合会发出的全球第一个"世界温泉之都"称号。目前，重庆市"五方十泉"基本建成，"一圈百泉"已粗具规模，"两翼多泉"建设开始起步，"世界温泉之都"正在迅猛发展。

好了，现在就让我们一同去深入体验重庆温泉的独特魅力吧！

二、温泉之都经典景区

（一）重庆北温泉风景区

亲爱的游客朋友们，大家好！非常荣幸陪伴各位在此观光游览。我们现在来到的是中国乃至世界上最早开发的温泉——北温泉。这里历史悠久、景致优美、泉水富足、文化丰富。

北碚区目前有重庆市级非物质文化遗产项目 23 项，如北碚民间故事、偏岩耍锣鼓、北泉板凳龙、北碚年箫、复兴贺家拳、北碚五谷粮食画、北碚木雕、静观花木蟠扎技艺、北泉水磨手工面制作技艺、北碚玻璃器皿成型刻花工艺等。在北碚区众多非物质文化遗产中，与北温泉有渊源的当数传统舞蹈"北泉板凳龙"，它是《第一批重庆市非物质文化遗产名录》中的保护项目，是北碚区澄江镇流传的以长条板凳为主要道具的龙舞艺术，已有百年以上的历史。经过几代人的挖掘、整理、加工，北泉板凳龙比原始形态有了大的发展。角色上增加了逗宝人；规模上增加到数条乃至十数条板凳的大型组合；动作上则增加到大小板凳花、踏龙背、上天梯、龙缠身、群龙抢宝等数十个花头套路，逗宝人也有滚宝、抛宝、亮宝、藏宝、舞宝、盘磨腿藏宝、穿龙腹、鱼跃抢宝、踏龙背、骑龙、引龙等十数个动作，并形成了玩龙人的翻、摆、缠、游、跃、闹、穿、窜、盘和逗宝人的亮、抛、藏、举、托、骑、踩、引、钻等舞蹈词汇；在音乐伴奏上，也由只凭口念锣鼓经的"肉锣鼓"发展成为以大鼓、镲、锣、马锣、唢呐、钹等为乐器的打击乐，并套以川剧锣鼓曲牌进行伴奏。

现在在我们眼前的便是北温泉风景区的核心景区——北温泉公园。现在请各位朋友和我一起进入公园来了解这个镶嵌在嘉陵江畔熠熠生辉的绿色明珠。

提起这座公园，我们不得不提到卢作孚先生。他是现代北碚的缔造者，著名爱国实业家。早在1927年，卢作孚先生就在这里创办了嘉陵江温泉公园，这是中国最早的平民公园。说起温泉旅游来，可以毫不夸张地说是当今世界上非常流行的一种时尚旅游活动，而当我问各位，中国的温泉究竟起源于何时、最早开发的温泉何在时，答案就是：重庆北温泉。我想各位游客现在一定是半信半疑的，那么就请各位和我一道来深入了解北温泉吧！

北温泉是中国开发利用最早的温泉之一，我们一会儿要专门参观的古刹温泉寺，就始建于南朝刘宋景平元年，也就是423年，距今已经近1600年。其实大家还可以这样推断，这座寺庙已经以温泉命名，说明温泉的开发利用应该比建寺还要早，所以说，这里是真正的中国温泉故里。喜欢考证的朋友，一会儿可以到前面温泉寺下的嘉陵江边岩壁上去看看，那里有清康熙年间（1662～1722年）文学殿大学士张鹏翮亲笔书写的"第一泉"三个大字。重庆北温泉现有泉眼10余处，每天出水总量为6000～8600吨，水温不是很高，大约39℃，大家可以看旁边的荷花池，那也是北温泉的泉水汇集而成的。北温泉的泉水无色，但味道苦涩，是硫酸盐泉类的中性自然温水泉。等我们一会儿逛完公园，各位游客朋友们就可以亲身去体验了！

现在我们来到了著名的温泉寺。其实，它是缙云寺的下院。温泉寺创建于南朝刘宋景平元年，南齐时代在北碚设东阳郡之后，这里香火兴旺，庙宇辉煌，石雕甚众。后来在北周武帝和唐太宗时代，两度被毁坏，唐贞宗时期幽谷净满禅师重建庙宇，并在后山岩间刻上了摩崖佛像。唐乾符元年（874年），宏济和尚又进行了重修。唐代大诗人王维、杜甫、李商隐，北宋著名理学家周敦颐等，都曾到温泉寺游历或住宿。写下了千古文论名篇诗品的大学者司空图在这里题诗道："山容地脉本清凉，不解为霖却作汤。草木龟鱼因熏煮，漫赢尘塔宛僧坊。"一来夸赞了缙云山的清凉；二来呢，就是描写温泉的神奇疗效。北宋真宗景德年间（1004~1007年），温泉寺曾被朝廷赐封为崇胜禅院。当朝宰相丁谓来这里旅游，写有《游温泉寺》，诗中写道："客到留新句，人闲咏旧文。"说的就是凡是客人来了都要留下一些诗句才会离去。明、清两代，是温泉寺的黄金时代。现存的温泉寺为明、清两代建筑，殿分四重，依次为关圣殿、接引殿、大佛殿、观音殿。在明成化年间（1463~1487年）重建时，为一门三殿。清乾隆年间（1736~1796年），将山门改建为关圣殿，同治年间（1860~1874年）又将观音殿改建为了铁瓦殿。下面，大家就跟着我依次进去看一看。

首先，我们来到的是关圣殿，它又称三圣殿，古代时是温泉寺的山门，清代扩建为一重殿宇。这里的三圣是指在中国广为流传的以关羽为原型的关帝以及哼哈二将。20世纪60年代初，殿中佛像全部被拆除，形成穿堂空殿，又恢复了山门状态。接下来我们要到的是接引殿，又名天王殿。为什么叫接引殿呢？按佛教说法，就是引导信佛的人到西天去成佛之意。殿中曾供有身高丈余的接引佛祖像三尊，接引佛后面的神龛上还有中国民间的太阳神——韦驮像，可惜的是在"文革"中都被捣毁了。现在我们来到了大佛殿，就是大雄宝殿，大家看，殿檐上有个陶瓷鱼口，这是明成化年间的产物。大佛殿是温泉寺的主殿，面积有282平方米，高大雄伟，气势磅礴，有庄严肃穆之感。殿内供奉着如来佛像，身高丈六，端坐莲台，是明代塑。如来佛像前是阿难、迦叶站像，两旁的呢，就是著名的十八罗汉雕像。这一处为观音殿，俗称铁瓦殿，又名绿瓦殿，也有人称为铜瓦殿。这里的石柱铁瓦，是我们重庆首屈一指的古代建筑精品。据说这上面的铁瓦上都铸有信士的姓名，外加琉璃瓦覆面，屋脊有彩色二龙戏珠圆雕，光彩照人，晶莹夺目。著名诗人郭沫若曾写过"铜殿锁龙蛇"的诗句。殿中原供奉一尊体形优美的白玉观音，也在"文革"中被毁掉了。在观音殿前，这株古老的紫薇树已有500多岁，是明成化年间（1465~1487年）重建温泉寺时所植，被世人称为紫薇之母。据公园老花工讲，他从20世纪20年代起，就用这棵树上的枝条进行扦插，50多年来，一代接一代，在公园内培植起了紫薇道、紫薇林、紫薇苗圃，现今小三峡地区有成千上万的紫薇树，都是这株老紫薇树的后代，所以说它算是儿孙满堂的"紫薇之母"了。大家看，在温泉寺大雄宝殿与接引殿之间有一个长方形的水池，叫戏鱼池，池中心横跨着一座拱形石桥。桥栏上有六块石雕,刻有芭蕉、麒麟和极乐鸟图,据专家考证,这是唐代的雕刻作品。然而,据《北碚志稿》中记载:"大雄殿前,有花圃,有戏鱼池,池上跨石桥,古彩斑驳,六朝物也。"那就更早了,说是六朝作品。

现在我们来到的是温泉中最有文物价值的景点——石刻园。这里大部分是北宋宣和年间(1119~1125年)的摩崖石刻。大家看,一共有16尊罗汉,部分罗汉像旁还配有动物古雕,大概有小猴2只,虎1只,龙1条。可惜,这些罗汉的头部全在"文革"中被毁,现存的罗汉头都是重新雕刻镶嵌的,可以说是"身在千年前,头在新时期",可谓"面目全非"。罗汉像这块巨石上,刻有一道石梯图案,梯旁刻着"天然如意梯"5个大字。字、梯都完好无损。这里还有大量的明、清诗碑,看起来古色古香,读起来脍炙人口,是考古和研究石雕艺术的好地方,感兴趣的游客朋友待会儿自由活动的时候可以再来看看。

现在,我要带大家去天下第一假洞,洞就是洞,怎么会是假洞呢?大家先跟着我边走边给您解释。这个洞并不深,总长157米,高低落差大约30米。洞中大洞套小洞,正洞套岔洞,弯弯曲曲,纵横交错。好了,进洞了,大家看,这里面是钟乳悬垂,石笋林立,体态各异。有的像伞,有的如云,有的像巨掌,有的如蘑菇,有的像利剑宝刀,有的若飞禽走兽。偶尔有几处破口,洒下缕缕阳光,诱人遐想。为什么说这个乳花洞是假洞呢,著名地质学家李四光曾在这里研究过它的成因。原来这洞也与温泉有关,构成乳花洞的岩体并不是石灰岩,而是5万年前的温泉泉华沉积物。当时的温泉在嘉陵江第一阶地面上流出的泉华沉积在阶地上。这些泉华因位于背斜轴部,在背部继续受到水平挤轧情况下,泉华中就发生了裂隙,热水流经这些裂隙,使两壁泉华受到溶蚀,从而导致了裂隙向溶隙、溶洞发展,并在其中生成了各种各样的岩溶景观。所以,科学家们称乳花洞为天下第一假洞,就是说,它和其他一般溶洞由石灰岩形成是不一样的,然而它足可以假乱真,完全可与真溶洞媲美,有着独特的地质研究价值。

各位游客,大家请看,这里就是北泉飞瀑,股股温泉从石孔喷薄而出,似串串银珠,顺陡岩垂悬的黄桷树根飞泻而下。树根缥缈多姿,仿佛是天工巧匠点绣在银练上的图画。据说,古时候,水量集中,洞口高悬,有如巨龙出山，飞泻江中，悬垂数丈，气势磅礴，吼声如雷。清乾隆年间的合州知州王采珍，曾写过这样的诗句："泉飞千丈瀑，月载一舟行。"飞瀑之下，有接二连三的五口清池，这个景点就叫作"五潭映月"。据说月明风清，夜月映潭，水明如镜，这里还能看到嫦娥的笑脸呢。

各位朋友们，我们将在这里停留4小时，之后，我们在刚才下车的地方集合。现在请各位游客自由活动，感兴趣的朋友不妨去泡一下温泉！祝大家玩得开心。

（二）重庆统景温泉风景区

各位朋友，大家好！欢迎来到被历代文人墨客盛赞为"武陵仙境"的统景旅游。非常高兴能够为大家服务。

统景温泉风景区以"统景峡猿"居古巴渝十二景之首，统揽山、水、林、泉、峡、洞、瀑、天池、小岛、古寨、鹰舞、猿啼诸景。统景温泉闻名遐迩，因其流量大、类型多、水温高、水质优、疗效好，堪称全国一流。不但有泉眼25处、温度42℃~62℃、日涌量达1.8万立方米的天然温泉，还有温度16℃~20℃、日涌量达2万立方米的天然冷泉，是全国最大最集中的温泉群。这里集涌沙泉、悬挂泉、珍珠泉、地质增生泉等多种类型于一体。泉水中富含锶、硫酸钙、偏硅酸等多种矿物质和微量元素，对美容健身和治疗关节炎、神经痛、皮肤病等疾病有显著疗效。景区内十里温塘河，九曲十八弯。峭壁青崖倚天而立，两岸翠竹铺天盖地，峡内山重水复，四壁环合若桶，猿群呼云啸月，老鹰百十盘旋。这里溶洞云集，钟乳瑰丽多姿，犹如梦幻迷宫。同时，我们还可以踏竹篁幽径、攀金银塔山、听松涛阵阵，赏双塔迎晖、观乳峰凝翠、寻古寨卧云、瞰天池绿波。好了，现在就请大家跟随我一起统览人生风景，享受健康快乐吧！

【温泉坝景区】

统景温泉坝景区占地240亩，包括入口综合服务区、半岛精品汤院区、水墨统景温泉谷区及温泉养生精品酒店区四大区域，是有重庆山水特色的温泉旅游综合体。

地质构造属三叠系嘉陵江灰岩的熔岩区，矿泉资源丰富。由于温泉随处可见，乡民自建露天温泉浴池。入冬时节，沿江的洗浴者络绎不绝，堪称天赐好温泉。近年来，统景温泉先后被中国旅游协会温泉旅游分会授予"天然温泉"第三届中国温泉金汤奖"十佳温泉",以及"五星级温泉"等称号,统景温泉有各式房间256个,床位约500张,日接待能力达12000人。温泉接待中心分三层,建筑面积8600平方米左右。一层为接待和更衣淋浴区域,设2000个更衣柜;二层为休闲餐饮区,并设茶楼、酒吧及餐厅;三层为温泉理疗区。汤屋区占地30亩,共16栋,每栋汤屋设住宿区、泡池区、户外休闲花园和烧烤区。

现在我们将开启统景小三峡之旅。我们所游览的河流叫温塘河,长5千米,有温塘、桶井、老鹰三个峡谷,素有"小三峡"之美称。温塘河上接两岔河,下接御临河,经太洪岗注入长江。请大家往右边看,现在映入我们眼帘的这座小岛,很像海螺,故名为海螺岛。每当河风吹起这海螺就会发出"呜呜"的声音,美妙至极。

中国统景温泉大世界现分A、B两个区域,A区为异国风情园区、B区为时尚动感区。这里有包房、人造海啸、干蒸、湿蒸、儿童成人游泳池、环形泳道、保健按摩、花瓣浴、药浴等各式项目,大家一会儿上岸,不妨去感受一下。统景到处是流水,处处是温泉,可真不假。大家请看对面的悬挂泉,正冒着热气,自然是温泉了,1989年地震前可是冷泉,地震后就变成了热泉。水温42.5℃,上面有个小水池,地方可供一男一女同时沐浴,所以称为鸳鸯泉。

现在我们进入的就是统景小三峡的第一个峡谷,叫温塘峡,古称温汤峡。因为峡谷里面温泉较多而得名。不知大家有没有留意到峡谷一个很大的特点,就是右边是悬崖峭壁,体现了男子的阳刚之气;左边是漫山遍野的竹海,就像多情的少女,这是大自然造物的阴阳调和之美。大自然的万事万物,都有"三分相像、七分想象",我们统景也不例外。大家请看右面的崖壁,是不是像一只展翅高飞的老鹰,被一下粘在了崖上,连翅膀都还没来得及收呢。而老鹰上面四个红色的大字"统景峡猿"就是因此而成名的古巴渝十二景之一。

十里温塘河,九曲十八弯。船驶过之处,请大家环视四周:四面都是山壁,刀削斧劈,悬崖峭壁,高与天齐,似乎已到山重水复的地步了。舟行河面,人如坐井中,称为"坐井观天"。因此,这里"江峡山重水复,四壁环合如桶",早期名为"桶井",这段峡谷就叫"桶井峡"。"统景"二字是

1945 年改的，意即集天下山水美景于一体。

看，三五成群的猴子，或悬挂树梢或攀于崖壁，"两岸猿声啼不住"，就是统景小三峡最著名的景点"统景峡猿"，到这儿我们的游船马上就要靠岸了，我们在这里只停留 5 分钟，大家要抓紧时间，可以上去喂食戏猴，也可以拥抱猿猴拍照，让您感受动物世界的真谛和风趣。

来到我们统景也可以看到牛头马面，大家请注意看左面山壁，多像一个牛头，只不过还没长出角来，只能算是一头小牛犊罢了。旁边那个就是马面了，顶着一髻鬃毛。大家再看看山壁上那斜着长有一棵树的洞子叫吊洞子。洞口这棵树，据当地的老年人讲已生长上百年了，它只能靠露水来维持生命，真可谓生命的伟大。请看壁上的小孔，那就是当年有人居住过打桩留下的。1994 年，澳大利亚探险队进去过，发现崖壁上悬空修了两层楼，有石凳、石桌、石床等石器，外观看来不咋样的小洞，竟可容纳几百人。统景历来就是一块佛教圣地。子曰："仁者乐山，智者乐水。"有山有水、风景优美的地方，一般会留下儒、释、道三教的众多遗迹，统景也不例外。当初，这里名叫观音寺，除了有一个规模巨大的观音寺外，还有龙藏寺、金塔寺、光法寺。大家请看前面这个崖壁，这里原来也有个寺庙，叫倚崖寺。传说建文皇帝曾在这里游玩，他每天在这里划船，赏山阅水，感觉游兴倍添，就把这里改为添兴庙。大家请看这崖壁上红色的几个大字，字不难，但要把顺序读对却要费一点功夫。它的正确读法应为"威福感应灵"。这是一句佛教用语，大家去领悟吧。

现在，我们到了温塘河最后一个峡谷——老鹰峡。这儿每到傍晚，老鹰百十成群，盘旋天际，鹰击长空，蔚为大观。1989 年地震后至现在，已经很少能见到鹰击长空的景象了。游到这里，统景小三峡就游完了。

各位游客，现在我们来到的就是下感应洞，下感应洞全长 437 米，因为有地下阴河，所以就要坐一半的船，走一半的路，现在我们船所行的这条阴河，水深在 1~2 米，最深的地方有 4 米，所以请大家一定要注意安全。红色灯对着的这一片儿大石头，大家看它是否像观音菩萨坐在莲花宝座上一样，片片花瓣，层层叠叠真是美不胜收，我们都叫它莲花台。

刚才说了我们要坐一半的船，走一半的路，大家已经看到我们前方有个小码头，我们的船在那个地方就要靠岸了。靠岸之后我们步行大概有 200

米,大家要"一步一个脚印,脚踏实地"地走。现在大家看一下我们右边的那一块白色的石头,它的名字叫方解石,它里边含有一种叫作石英砂的物质,我们仔细观察就会看到那块石头正在闪闪发光,那就是石英砂所反射的光芒。因为它会发光,所以当地人称这个地方为"银山"。我们现在所在的这个溶洞是天然形成的,据考古学家考证,它的形成时间大约是在3000万年前地壳第三次变动时。这个溶洞还有一个名字叫作"水帘洞"。有两个原因。据说右边那片白色的石头以前会流出水来,形成一个小瀑布,就像一个用水做成的窗帘一样;另外一个原因就是还没有开发这个溶洞以前,有人游览下感应洞之后就写了这样一首打油诗:"水帘天下第一洞,洞中奇观天下无,无山有峰峰边水,悉君在此多停留,傻瓜才勿洞中游。"以此来赞赏宛若仙境般的溶洞奇观。所以有的人也称我们这个溶洞为"水帘洞"。现在我们向上走,就会看到有几根石柱子,据有关人士考察,它的形成时间是在250万年以前,每100年只长1厘米。所以它的成长是相当缓慢的,大家一定要好好保护这些上天赐予我们的财富。

游客朋友们,我们现在来到了如佛洞,如佛洞是在1995年被发现的。在溶洞里边儿有许许多多天然形成的石笋、石柱,有的上下同时生长已经连接在一起,在我们前方就有许多这样的石柱,它们一片一片的就形成了一个小石林,别看那一根根石笋那么细小,它的形成可是在200万年以前,所以请大家一定要注意,不要随便触摸它们。不知大家看到没有,在我们前方那块巨大的石头就像一只大鳄鱼。

游客朋友们,我们现在有两条线路可供选择回到温泉片区,一是到上感应洞坐速滑至景区上码头,然后坐船返回,二是通过翻山坡"竹篁幽径、品氧洗肺"旅游专线,或走路或坐滑竿到达温泉片区,现在就请各位自行选择。祝大家在景区里玩得开心!

(三)重庆海兰云天温泉度假区

各位游客朋友,大家好!欢迎来到重庆海兰云天温泉度假区。希望我的讲解能够令各位满意,预祝大家度过一个悦目爽心的假日。

重庆海兰云天温泉度假区位于有着重庆"都市后花园"之称的九龙坡区金凤镇,是国家4A级旅游景区,处于缙云山与华蓥山的环抱之中,面积200多万平方米。景区与2000万平方米的白塔坪森林公园相连,植被丰富,风景秀丽,堪称都市中心的"世外桃源"。重庆海兰云天温泉度假区共分为"海兰湖游览区""白塔坪森林旅游区""温泉城体验区""游客休憩区"四大景区。

九龙坡区目前有国家级非物质文化遗产项目1项,即走马镇民间故事;重庆市级非物质文化遗产项目22项,如九龙坡蜀绣、秦云老太婆摊摊面制作技艺、金钱板、九龙坡蜀绣、含谷火龙、八卦掌、意拳、淑文斋木雕艺术、三耳火锅底料酿造技艺、华岩寺腊八节等;还有区级非物质文化遗产项目62项。

走马镇民间故事流传于走马镇。它起源的确切年代无从稽考,但走马场建立于明末清初并很快得以兴盛,故事应与之同步发展,则其产生形成至少已有四五百年。

在长时期的传承中,走马镇民间故事不断充实发展,内容丰富,类型多样,数量巨大,讲述者众。其主要类型有神话仙话、风物传说、动植物传说、民俗传说、生活故事等。这些类型故事的内容十分广泛,蕴藏文化信息厚重,如巴人图腾龙蛇传说,就是古代巴文化的重要遗存。故事的数量相当大。目前采录到民间故事目录10915个,记录完整的故事9714则,还记录有民间歌谣3000余首,谚语4000余条,歇后语、俗语等4000余条。记录这些故事、歌谣、谚语等的录音磁带450盒,文字资料700余万字。全镇民间故事家共316人,其中能讲述1000个及以上者2人,能讲述500~1000个者3人,能讲述200~500个者10人。

1990年,走马镇被重庆市文化局命名为"民间文学之乡",1992年工农村被命名为"民间故事村"。1998年联合国教科文组织、中国民间文艺家协会联合授予魏显德"中国民间故事家"称号(全国共10人)。

朋友们,现在我们来到了海兰湖,请大家到游船上就座,一边由我来做讲解,一边观赏海兰湖的秀丽景色吧!我们身边的这个湖叫"海兰湖",作为整个景区的重要组成部分,水域面积40万平方米,约占景区总面积的35%。"海兰湖"是现在的名字,过去叫"龙潭湖"。20世纪50年代,重庆人民在龙潭沟修建了一座大型人工水库,南北长1500米,东西宽680米,最狭处120米。水源来自森林公园及湖内地下水,水库容量达900万立方米,湖内水容量330万吨,湖水深处可达30米,湖面海拔311米,湖内多半岛,整体湖岸线长达 7240 米，且多曲折险要，造成湖面景观多角度、多层次的特点，泛舟湖面、湖岸垂钓令人心旷神怡。1988 年，"龙潭湖"才更名为"海兰湖"。2001 年端午节，这里举办过重庆市"海兰云天杯"龙舟比赛。海兰湖作为景区的特色水景，波光潋滟，精致幽雅，有着"月白风轻，淡妆浓抹"的雅致，别有一番风味。若有微风拂过湖面，粼粼波光如珠光闪烁，迷人醉心。湖岸线曲曲折折，湖畔丘岗隆起，环湖四顾，山色、森林、田园、村墅等分外清新俏丽，湖内三个半岛矗立湖中央，恰似青龙互斗，水月蛟龙；湖心岛上松柏葱郁，倒映平静湖面，偶有小船划破幽静湖面，胜似镶嵌画卷。那长长的石板纤塘路间伴以几处凉亭点缀，分开来看，并不奇特，可置于白塔坪的山、海兰湖的水之间，就千变万化，胜似那阁楼觞亭，宫阙台榭。真有"五步一小变，十步变万千"之感，处处使人赏心悦目。现在我们所看到的位于湖心中央的亭子，它的名字叫"知春亭"。请大家留意一下海兰湖岸边沿湖都遍植桃柳。我国有"见柳而知春"的说法，每当春天来临之际，这里桃花绽红，柳丝吐绿，最早向人们报告春天的喜讯，故此被命名为"知春亭"。

　　朋友们，我们现在已经来到白塔坪森林旅游区。白塔坪森林公园为重庆市级森林公园，总面积 10.2 平方千米，属山岳型自然旅游景区。以清咸丰年间修建的闻名遐迩的白塔命名。景区主要由白塔森林观光区、躲子山森林探险区、慈云寺宗教朝觐体验区、海兰云天温泉旅游区四大游览区组成。我们把前三个景区统称为白塔森林旅游区。景区气候宜人，山体雄壮，林木葱翠，岩洞石山，形态各异，不仅有奇异迷人的自然风光，还有历史悠久的人文景观和优美奇特的传奇故事。景区有植物上百余种，主要有马尾松、五针松、黄桷树等。有野生动物 30 余种，主要有野猪、獐子、野山羊、野鸡等，堪称重庆市近郊区的绿色植物宝库和特种基因的天然储藏库。白塔历史悠久，民间文化源远流长，文物古迹达 13 处之多，是巴文化的发祥地之一，主要有东汉六朝古墓群、白塔坪古寨、白塔、钟峰寺、龚二老爷庙、通天寺、慈云寺、护林碑《禁山会》、八阵图、佛耳岩等遗址。主要景点有：躲子山、龙居山、卧象山、白塔坪、天印石民俗文化村、山王庙、观音菩萨庙等。白塔坪森林公园山体雄伟俊美，高耸的山峰、裸露的壁岩、陡峭的山崖、纵横交错的深涧、幽谷及多层次的山岳变化，形成了独具特色的自然风景。奇峰峻岭,气势雄伟,奇壁怪石,惟妙惟肖。白塔坪森林公园的山水雄浑而秀丽,湖中有山,山中有峡,湖光山色,清幽秀雅,相映成趣。

朋友们,现在我们所处的位置就是温泉城。景区几乎所有的康体娱乐项目都集中在这里。温泉城于2003年12月开业,总投资上千万元,建筑面积1.21万平方米,主要康体娱乐项目包括:球类场所、温泉商场、影视厅、茶楼书吧、美容美发等。温泉城还在室内修建了保龄球馆、壁球馆、桌球馆、乒乓球馆以及健身房等各类康体娱乐设施。室外还建有网球、羽毛球和篮球等场地,喜欢运动的游客可以有所选择,尽情地展示自己的运动天赋与喜好。

朋友们,温泉由地下涌出,清澈澄碧、一尘不染、莹洁如镜、温热适度,还有对人体健康有益的各种微量元素,在温泉里洗浴游泳,可以使人神清气爽,肌肤润泽。唐代大诗人白居易有诗说"温泉水滑洗凝脂"。古代的《食疗本草》也说"温泉主补脾胃暖五脏滋润肌肤毛发",具有镇心养神辟邪逐疠之功效。也就是说,它还能预防和治疗瘟疫与恶疮。改革开放以来,随着人民生活水平的提高和保健意识的增强,人们对温泉保健疗疾的功效也有了进一步的认识和了解,因而到温泉地旅游的朋友也日益增多。这里的温泉产自缙云山脉,井口离这里只有1500米,井深3220米,日产4000立方米,水温达50℃,富含偏硅酸、锂、锶、碘、锌硼酸等20多种微量元素,是温泉疗养康复保健的宝贵资源,对皮肤病和各种风湿疾病有很好的疗效。

朋友们,这里有室内外大小温泉池30个,各有特色的高温池、药物池、按摩池、鱼疗池、大池、葫芦池、室内泳池、炕池、花瓣池、叠池等恰到好处地分布其间,当您沐浴池中,一边欣赏"海兰云天"的湖光山色,同时享受温泉浴和日光浴;一边畅游在烟波浪里的水池中,感受到人在水中雾茫茫,仿佛置身虚无缥缈的神仙境界,那真是"妙处难与君说"了。朋友们,"偷得浮生半日闲",今天大家有缘在这里,何不体验和感受一下呢?

朋友们,刚才我带大家坐船游览了海天一色的海兰湖,登上林木葱绿的白塔坪森林公园,体验了这里的温泉浴,现在我们来到了游客休憩区。首先我们进入的是游客接待中心，它位于温泉城的平角一楼，内设有咨询台、休闲座椅、摄像设备、多媒体查询系统、医务室、茶水设施等。游客在此处通过墙上的景区导游全景图即可了解景区的全貌以及在景区里所处的方位。游客中心还专门设有邮政专柜和小卖部，可以为游客提供购物服务。现在我再向大家介绍一下拓展基地、音乐广场、垂钓中心、烧烤城和酒店，以便大家不虚此行，对景区有更深刻全面的了解。拓展基地占地面积500平方米，设有木屐行走、攀天梯、过电网心灵之路、过沼泽、绝壁求生、高空钢索、信任背摔、高空单杠、高空独木桥等项目，是提升个人素质、打造团队精神的不二选择。音乐广场，位于风景秀丽的海兰湖畔，占地400平方米，每逢周末这里都会举行大型音乐晚会。游客们或沿湖而坐，或载歌载舞，把酒言欢，令每一位游客精神刺激，乐不思蜀。这里还曾作为中国重庆三峡国际旅游节活动的分会场，举办了"后花园之旅·海兰云天情"大型文艺演出，马玉涛、王馥荔等知名艺术家，作为特邀嘉宾前来献艺，中央电视台著名主持人孙小梅友情主持。垂钓中心位于音乐广场以及从海韵广场至海琴酒店的沿岸公路旁，海兰湖沿岸，面积约800平方米，采用拉网封闭的办法，围出垂钓场，湖内的鱼绝大部分是野生的，部分采用鱼苗放养的方式，有鲫鱼、草鱼、鲤鱼、鲢鱼等鱼种供人垂钓。您亲手获得的"战利品"在烧烤城经过加工，顷刻之间便成为美味佳肴。烧烤城位于垂钓中心旁，占地1000平方米，青山相依，湖水相伴，古朴长廊，杉木桌椅，相映成趣。

各位游客朋友们，我的讲解就到这里了，现在请各位朋友自由活动，感兴趣的朋友不妨去泡一下温泉吧！

（四）南温泉

南温泉位于巴南区南泉街道，是市级风景名胜区，始建于1927年。南温泉公园有丰富的自然及人文资源，历史悠久，享誉海内外。景区以温泉为特色资源，融山、水、林、泉、洞、瀑为一体，旅游资源十分丰富。主要景点有南泉十二景、解放重庆主战场遗址、南泉烈士陵园、南泉抗战遗址群和宗教文化活动场所等。南塘温泳、花溪垂钓、虎啸悬流、峭壁飞泉、五湖占雨、三峡奔雷、仙女幽岩、小塘水滑、建文遗址、石洞探奇、弓桥泛月等吸引着游客流连忘返。于1992年成立的重庆赏石馆，展出我国20多个省、市、自治区所产的54类石种千余件。

南温泉的温泉资源发现于明朝万历年间，距今已有400多年的历史，为硫酸钙镁钠型热泉，泉水中含钙、镁、钠、硫、钾等26种矿物元素，水温39℃~42℃。其温泉水储量丰富，水质堪与临潼华清池媲美，含有丰富的矿物质，极具疗养、美肤的功效，是国内最优秀的温泉之一。

南温泉除了温泉名扬天下外，还拥有十分厚重的文化底蕴。景区内红色文化、陪都文化、宗教文化景观引人入胜。解放重庆主战场遗址，位于景区内建文峰半山，是打响解放重庆第一枪的地方。南泉烈士陵园是当地政府为了纪念在1949年南泉战斗中牺牲的31名解放军烈士而修建的，现为市级文物保护单位。抗日战争时期，国民政府迁都重庆，南温泉成了国民党军政要员经常活动的地方，达官贵人争相在此修建公馆，景区内现保存有蒋介石校长官邸、陈立夫陈果夫别墅、孔祥熙官邸、林森别墅等，均为全国重点文物保护单位。

（五）东温泉

东温泉风景区坐落于美丽的五布河畔，景区环境优美、气候宜人、资源丰富、人文厚重，山、水、泉、林、洞、峰、峡、瀑、岛等自然景观俱全，楼、台、亭、阁、寺等历史遗迹遍布，是全国第一个省（区市）级温泉旅游度假区，市级风景名胜区。东温泉景区温泉享誉重庆，以孔位多、流量大、温度高、泉眼分布广而著称。同时，具有冷泉和热泉，拥有近百个造型丰富、特色各异的养生温泉泡池及别致的温泉汤屋，四季均可泡汤沐浴。东温泉的温泉水清澈透明，属中性、中矿化、极硬水，温度常年保持38℃~53℃，水中富含氡、氟、锂、锶、锌等对人体有益的多种微量元素，系硫酸钙镁型优质医疗矿泉水，对人体健康有医疗保健作用。

【东温泉热洞】

东温泉热洞位于东温泉镇木耳山南麓热洞湾，因洞中常年热气弥漫而得名，是世界喀斯特地貌上唯一恒温的温泉热洞。热洞常年水温达到43℃、日流量6000立方米，富含氡、氟、锶、锂等丰富的矿物质，是热医疗效用明显的优质矿泉水，被称为"亚洲一绝"。同时，热洞空气中含有硫化氢、氡气等稀有气体，且刚好达到对人体健康有益的临界点，对伤风感冒、肩周炎、风湿痛、呼吸道疾病有特别疗效，被中国地质岩溶学界泰斗、中国工程院院士卢耀如教授称赞为"东泉热洞奇观，世之自然瑰宝"。

【民俗天浴】

东温泉民俗天浴又称裸浴，享誉盛名、历史悠久，自明朝沿袭至今已有600余年历史，是汉民族保存至今唯一的天浴民俗，号称"千年裸浴"，与万年热洞并称为"东温泉双绝"。东温泉裸浴是一种原生态的最私密的泡汤感受，也是当地老百姓一种淳朴的生活习俗，延续发展至今已成为巴南区独特的地域民俗。随着世俗观念的改变，越来越多的游客慕名而来，抛弃世俗杂念，在此抛开城市的喧嚣和大自然来一次亲密接触，感受天人合一的境界。

（六）重庆融汇温泉城

重庆融汇温泉城位于重庆市沙坪坝区的梨树湾，城距三峡广场和沙坪公园均不到1千米，是一个集露天温泉、室内水疗、温泉水乐园及SPA为一体的城市休闲温泉项目。包括德式健康水疗保养馆、露天温泉区、动感水乐园区、室内休闲区及中国顶级温泉院馆——泉·别院，汇聚了旅游、商业、休闲、娱乐、餐饮、购物、运动、养生等多元业态。

融汇温泉城总营业面积3万平方米，该温泉日出水量约4800立方米，出水温度53℃，富含偏硅酸、偏硼酸的氟，锶医疗热矿水成分，属硫酸钙泉质，对皮肤、神经系统及运动系统等疾病具有较高的辅助疗效，极具医疗、保健及美容价值。融汇温泉营造了独创的经典温泉养生氛围，将养生泉、养生餐及养生理疗等特色项目巧妙融合在一起，打造具有融汇特色的专业化、个性化、专属化的温泉养生体系。温泉内设3000平方米的室内温泉水疗馆、温泉养生餐厅，2万平方米的室内休闲空间、1万平方米的户外温泉区、2万平方米的室内温泉馆，8000平方米的动感水乐园在重庆市也是首屈一指，在这里，您可以享受到最纯正的温泉养生之道，身心得到彻底放松和呵护。各位游客朋友们，让我们去体验城市中的温泉吧！

（七）贝迪颐园温泉

贝迪颐园是重庆市第一家五星级温泉度假酒店，又是国家4A级旅游景区，占地20万平方米，建筑面积4万平方米，由温泉度假酒店、温泉中心、温泉别墅区、温泉汤屋区、网球中心、智能农业观光温室区组成。在重庆的众多温泉中，贝迪颐园温泉别具特色，是重庆"世界温泉之都"的标志性温泉之一。

贝迪颐园温泉出自2080米地下的天然原生温泉，来自中梁山脉地底，是天然的硫酸钙医疗型温泉。出水温高达52℃，通过水温调节，温度保持在30℃~42℃，特设人参、当归、天麻、何首乌入汤，打造出养生价值极高的药泉，是提高身体免疫力、舒筋活络的绝佳选择。

贝迪颐园温泉拥有6.6万平方米的现代观光农业园，园内包括温泉特培农场、莲湖水生植物园、四季花园。度假区配套有餐厅、联排度假别墅、临湖独栋度假别墅、商务会所、运动休闲馆、温泉SPA，是重庆近郊融温泉开发、生态农业、休闲度假、健身养生和社交聚会为一体的度假天堂。这里盛产高原无污染山珍，自种各种生态型果蔬，特色美食是贝迪颐园的重要特色。这里的招牌名菜——酥皮藏松茸，选用野生松茸，结合西式餐点烤制，色泽金黄，鲜香诱人。全羊系列养生美食，也是游人无法拒绝的诱惑。

第七章 历史遗迹类景区导游词案例

第一节 合川钓鱼城

一、合川钓鱼城景区概述

钓鱼城屹立在重庆市合川区东城半岛的钓鱼山上,地理位置为东经106°17′32″~106°19′22″,北纬29°59′30″~30°1′15″,其地处嘉陵江、渠江、涪江之口,控扼三江,自古为"巴蜀要津"。

钓鱼城是创造中外战争史奇迹的军事要塞,改变了欧亚战场格局。7个多世纪前的宋蒙(元)战争时期,时任四川安抚制置使、兼重庆知府的余玠为抵御蒙古军队的进攻,于南宋淳祐三年(1243年)在钓鱼山筑城,并将合州及石照县的军、政机构移至钓鱼城,屯兵积粮,以此作为重庆、夔州的屏障,钓鱼城成为四川山城防御体系的重要支柱。

1243~1279年,南宋合州军民在守将王坚、张珏的率领下,凭借钓鱼城天险,历经大小战斗200余次,抵御了当时世界上最强大的军事力量——蒙、元精锐之师,创造了守城抗战36年这一古今中外战争史上罕见的奇迹。1259年,蒙哥汗(元宪宗)在御驾亲征钓鱼城之战中战死,导致蒙古大军从南宋和西亚战场全面撤军,阻止了大蒙古国的扩张势头。因此,钓鱼城在中国历史上起到了"延续宋祚"的作用,在世界和中国历史上铸就了"缓解欧亚战祸,阻止蒙古向北非扩张,促成蒙古帝国崩溃"的丰碑!

钓鱼城具有厚重的历史文化积淀、丰富的旅游资源和良好的自然生态环境。1982年11月8日，国务院公布钓鱼城风景区为第一批"国家级风景名胜区"（缙云山、北温泉和钓鱼城风景名胜区）；1996年11月20日，国务院再次公布钓鱼城遗址为第四批"全国重点文物保护单位"；2009年11月13日，国家国防教育办公室公布钓鱼城为首批"国家国防教育示范基地"；2012年10月22日，钓鱼城遗址被国家文物局列入《中国世界文化遗产预备名单》；2013年12月16日，国家文物局公布钓鱼城遗址为第二批"国家考古遗址公园"；2013年10月11日，钓鱼城风景区由全国旅游景区质量等级评定委员会评定为国家4A级旅游景区。

二、钓鱼城经典景点

（一）水军码头

现在，展示在我们面前就是当年的水军码头——国内仅存的宋代军港及江防要塞遗址。

整座码头分为东（左）、西（右）两大部分。总长400余米，两侧以一字城墙为屏障，后有一道均高20米的自然山崖为退守防线。码头的东部为自然港湾，供水军战船停泊。西部是前伸至江边的码头平台，以巨石垒砌而成，四边形的遗址残基高出江面约4米、长83米、宽约60米，由5层平台构成，以供安置弩、炮以及修造战船和将领指挥作战之用。

钓鱼城水军码头与南外城结构紧密，连成一体，构成了钓鱼城主城之下山地和江岸的综合防御体系。据文献记载，在钓鱼城36年抗战中，守城军民曾长期在水军码头血战坚守，成功控扼了江面，阻止了蒙古和元朝大军顺江东下。

钓鱼城水军码头具有重要的科学研究及文物观赏价值，尤其是遗址现场，还给我们展示出了钓鱼城军民先后两次修筑码头的过程、层台上礮（炮）台的分布，以及内部道路系统由西向东的改变状况，仿佛是在向我们述说着当年的故事。

（二）护国门

钓鱼城是重庆十大标志性旅游景观之一。护国门为钓鱼城的标志性建筑。在钓鱼城8座城门中，护国门是规模最大的一道雄关，城门洞高3.24

米、宽 2.45 米、进深 6.42 米。

护国门城台上为重檐歇山顶式城楼，高 7 米。其楼北倚峭壁，南临悬崖，旁有古榕交柯，蔚为壮观。当年，钓鱼城军民曾在护国门前面的峭壁上开凿石穴，架梁铺木，施以栈道出入。情况紧急之时，可迅速地将横梁上的木板抽掉，使其通道断绝，犹如我国北方古城的城门吊桥。如今，栈道石穴犹存。此外，在护国门平顶门道南壁和后门洞东侧，还保留了宋代的城门构件和登城的石级。

南宋开庆元年（1259 年）二月，蒙哥汗御驾亲征钓鱼城。四月二十二日，蒙哥汗下令向护国门发动进攻。蒙古巩昌等二十四路便宜都总帅、征蜀先锋将汪德臣选其精锐，乘夜雨初停之时偷袭护国门。钓鱼城守将王坚闻报，即遣"死士"由城南的飞檐洞暗道坠绳而下，绕到蒙古军身后，然后里应外合，两面夹击。汪德臣及众部下措手不及，加之天黑路滑，顷刻即被击溃。

（三）城墙与城门

各位朋友，现在看到的是钓鱼城的主体工程——城墙。钓鱼城的城墙总长约 8 千米，把雄关隘口连成一体，气贯长虹，犹如巨龙横卧，墙身大多数为悬崖绝壁劈削而成。墙顶为石砌跑马道，墙顶靠外一侧是用条石砌成的垛口，上部的"凹"形缺口为瞭望台，供观敌情之用，垛下的方形小孔是射击孔，而这凸出于墙外的台子，是供巡逻放哨的墩台和安置射滚石檑木及各种爆炸性武器的炮台。在城东、城南地势略低的地段，为加强纵深防卫，采用了内外城墙的形式，修筑由两道城墙构成的双层防线，使城垒更加坚固。作为防御工程极为完备的钓鱼城，不仅呈封闭状态，而且城下江岸还有一字城长墙。一字城又称横城墙，它既是限制敌人在江岸活动的外围防线，又是水军码头和运输通道的屏障，城墙外侧陡直，难以登攀，内侧有部分倾斜段，呈阶梯状，供守城士卒上下。在城墙经过的险绝隘口之地，都修有城门供军民出入。

（四）钓鱼台

一座军事要塞，为何叫钓鱼城呢？这是当今许多游人刚登上钓鱼城时的最大疑问。实际上，这个问题并不复杂，答案就在巴蜀远古遗迹——钓鱼台上。

钓鱼山原本是一座无名之山。民间传说：远古时代，三江洪水泛滥，众多的灾民纷纷逃奔到这座山上避难。由于天长日久，饥饿难熬，就在灾民们濒临死亡之际，突然一位巨人从天而降。他站在山巅的巨石上，手持长竿，从滔滔的江水中钓起无数的鲜鱼赈济灾民，从而使成千上万的民众获得了新生。后来，人们感念巨人的救命之恩，于是将山顶的巨石称作钓鱼台，这座山也就得名钓鱼山了。由此，南宋祝穆在其著名的地理总志《方舆胜览》卷64"合州"记载："钓鱼山，山南大石砥平，有巨人迹，相传异人坐其上投钓江中，山以是名。"

钓鱼台附近是一片平敞的石岩，石岩上至今保留有不少人工打凿且经长期使用的遗迹。钓鱼台前面长0.75米、宽0.4米的两个凹坑，原本是传说中巨人留下的足迹，后来，钓鱼城军民在上面安置了巨炮。后两处并排遗存的圆形和长方形的石穴，是用于架设捣去谷物皮壳的舂碓遗址。旁边，是直径3.05米、碾槽宽0.97米的圆形石碾碾盘和长2.75米、宽0.86米的轮碾凹坑。这里就是钓鱼城军民的粮食加工场地。至今在钓鱼城上，与此类似的粮食加工场地在北城的月亮石上还有一处。

钓鱼城军民能坚持长期抗战的原因，除了防御体系的坚固、守城军民的聪明才智以及昂扬的斗志等因素之外，给养的供应尤为重要。有学者认为，钓鱼城上的粮食加工场遗址，是我们解读700多年前钓鱼城军民耕战结合、军民结合、坚持抗战的最好的实物例证。

（五）三圣岩

三圣岩俗称"三佛岩"，岩因石壁有"西方三圣"的摩崖造像而得名。佛家言：西方三圣，又称"弥陀三圣"，即指阿弥陀佛、观世音菩萨和大势至菩萨。他们是佛教宣称的西方极乐世界的三位尊神，由主尊阿弥陀佛与其两位胁侍观世音菩萨和大势至菩萨组成。

三圣岩造像，为清代道光二十三年（1843年）间，护国寺、白塔两寺住持智慧和尚及众门徒捐资刻造。在长4米、高3米的石龛中，面西结跏趺坐于莲台上的"三圣"栩栩如生。正中主位上的佛祖，高2.5米、肩宽0.6米，头为高肉髻，身着通肩式袈裟。他右手施莲花印，左手托如意宝珠，表情怡淡、慈祥壮观。佛祖两边的菩萨，头戴宝冠、身着天衣、卷发披巾，胸前饰以璎珞，腕有环钏；一个怀抱沉香，一个手抚净瓶，含蓄温柔，亲切而恬雅。尤其使观赏者竖起大拇指称赞的是：这龛造像，通肩佛衣折褶，线条明快自然，给人以软而轻欲飘的实感。前敦煌博物院院长、中国石刻艺术史主编段文杰教授曾在考察钓鱼城时，对三圣岩给予了"中国清代石刻艺术的精品"的高度评价。

在三圣岩下方的石壁上，现存有清代同治元年（1862年）合州朱宗敏等人"同游钓鱼城，遍览诸胜"，和光绪十三年（1887年）举人朱宗言所书杜甫诗句"荡胸生层云"的题刻。

（六）王坚纪功碑

王坚纪功碑为一尊高5.6米、长5.72米，面西而立的巨石。过去，因其正壁中刻有千手观音造像和浮雕佛教故事，故前人习以"千手观音"称之。

王坚纪功碑为国家二级文物，是钓鱼城抗战后期守城军民为了纪念王坚的战功而刻下的"纪功碑"，在王立开城降元之后，因为该碑上刻有斥骂元朝统治者的文字，才被凿毁，刻上了佛教故事。在残碑上，现有残文如下……汉……跨开达……不……逆丑元主，王公坚以鱼台一柱支半壁……签……（书？）……戒于……八……相吕公（以上文字在石壁左侧）；六十……（稔？）矣黎有……于……定之授（设？）机……西蜀其自（襄樊？）始，诗纪厥功被之金石，奉为父母拜识其灵……辟……签书（以上文字在石壁右侧）。残文共计有61个字，是研究钓鱼城战争历史最珍贵的第一手资料。

《王坚纪功碑》是钓鱼城军民为记录钓鱼城南宋开庆元年战役、铭记战役军功而凿刻的一幅题刻。它印证了南宋开庆元年钓鱼城之战王坚率领守城军民与蒙古大军展开激战的史实，为揭开7个多世纪以来蒙哥之死这一奥秘提供了重要的佐证。

（七）护国寺与忠义祠

护国寺坐落于钓鱼山主峰南侧海拔367～386米的4级台地上，寺院大山门的右前方即是远古遗迹——钓鱼台。清代重建、维修护国寺碑记中提到，护国寺是由来已久的"临济正宗"圣地，创建自唐，开山始祖为四祖师石头和尚。

临济宗，是禅宗南宗五个主要流派之一。佛教传入我国后，禅宗以达摩为祖，其后发展演变为临济、曹洞、伪仰、法眼、云门五个流派，统称禅门

第七章 历史遗迹类景区导游词案例

五宗。

合州民间相传：石头和尚俗名郝回，唐代合州石镜县合阳城人，郝董氏之子，生于1230多年前的唐朝大历年间（766～779年）。他曾经在玉泉山剃度出家，法号"好空"，为玉泉寺住持高僧、第三代祖师承远大师门徒。

钓鱼城护国寺得名于佛教的护国思想。《金光明经》《妙法莲华经》《仁王护国经》被称为佛教护国三经，经中阐述了佛教徒要爱护自己的国家、报答国恩的理念，成为佛教徒重要的爱国思想根源。中国唐代著名的护国寺就有广东汕头市护国寺、浙江温州市护国寺等。历史上，钓鱼城护国寺最为兴盛的时期是在南宋。南宋绍兴二十五年（1155年），思南宣慰田少卿捐资扩建护国寺，"建堂殿廊庑百有余间"。元代大德二年（1298年），护国寺遇兵燹，明代孝宗弘治七年（1494年）合州知州金棋在原址上重建了护国寺，但在明清之交，寺庙再次毁于战火之中。清代雍正五年（1727年），合州士绅捐资再度重修了护国寺，随后又经过嘉庆六年（1801年）住持智慧和尚对寺宇的扩建和石刻造像的募修，道光十年（1830年）住持僧胜丛历经四年培修与添补。现在的护国寺，即为2005年9月抢救性落架维修后的建筑群。

护国寺坐北朝南，依山布局，总占地面积达3500平方米。整个寺院的主体建筑由大山门、天王殿、大雄宝殿、药师佛殿、观音殿、祖师殿藏经楼以及僧房前后院组成。大雄宝殿和药师佛殿分别为歇山式建筑和单檐悬山式建筑，殿宇宽敞，结构精巧。

护国寺在唐宋时期是驰名巴蜀的"石佛道场"，曾与龙游寺、净果寺、方溪寺并称为合州的四大名刹。在护国寺殿堂内原有的50余尊佛教造像，均为造型生动的石刻圆雕，高大精美，各具特色。可惜的是，这些令人赞叹的石刻艺术珍品在20世纪60年代遭到了严重破坏。本次石刻艺术陈列即以护国寺过去的汉传佛教寺庙造像布局、唐宋佛教造像风格、佛说造像经典和传统造像工艺流程设计布展。

护国寺大山门楹联：城号钓鱼，三江送水开巴堑；寺名护国，孤障飞云控蜀疆。这副楹联以其画龙点睛之笔，写出了钓鱼城及护国寺所处的特殊的地理环境和在宋蒙元战争时期所起到的支撑全蜀的重要历史作用。上联的大意是：钓鱼城处嘉陵江、渠江、涪江之口，是一座天然阻绝、控扼巴渝的军事城塞。下联的大意是：护国寺巍然屹立在钓鱼山上，展现了钓鱼城军民排除万难、坚持36年抗战,保卫全蜀,独钓中原的昂扬斗志。

忠义祠坐落在与护国寺一墙之隔的两级台地上。祠宇始建于明代弘治七年（1494年）秋季,原名"王张二公祠堂",简称"王张祠"。祠内祭祀钓鱼城守将王坚、张珏二人。到了清代,因移址重建祠宇,祠中祭祀余玠、冉琎、冉璞、王坚和张珏五人,遂更名为"忠义祠"。随后,忠义祠又因增祭王立、熊耳夫人和李德辉,相继改名"功德祠"和"贤良祠"。在清光绪七年（1881年）,祠宇再次重建,王立、熊耳夫人和李德辉的牌位被移居别室,恢复"忠义祠"原名。

忠义祠整座建筑由正厅、耳房和左右厢房组成。布局采用均衡对称的方式,在纵轴线主要建筑石阶前的左右两侧,依着横轴线以两座规格较小的次要建筑相对峙,构成一座三合院。整个庭院东西宽为20米,南北纵深为30米。院内巨榕扶疏、石栏环绕,祠宇在绿荫掩映下分外质朴、大方,充满了端庄、凝重的气氛。来到正厅大门,迎面是高悬的"忠义千秋"金字巨匾,楹柱上知州华国英撰写的对联正气凛然。联云:持竿以钓中原,二三人尽瘁鞠躬,直拼得蒙哥一命;把盏而浇故垒,十万众披肝沥胆,竟不图王立贰心!

在厅堂内,现存有历代碑刻10余通,碑文字迹酣畅,记载了钓鱼城及忠义祠的历史演变过程和古人对于历史人物的不同认识和评价。

三、结束语：钓鱼城之战的历史地位

钓鱼城之战长达36年,是涉及宋、蒙、元战争全局,在欧亚各国抵御蒙古帝国侵略扩张战争中,占有着重要历史地位的一场旷日持久的攻防战。其一,钓鱼城之战在军事上,创造了以少胜多、以弱胜强的经典战例。尤其是在南宋开庆元年钓鱼城之战中,钓鱼城守军在兵力和武器装备上均不能与蒙古军相提并论。其二,在时间上,1243~1279年,南宋合州军民以弹丸之地旷日持久地坚持抗战36年,创造了宋、蒙元战争以及欧亚各族人民抗击蒙古帝国扩张战争乃至中外古今战争史上的罕见奇迹!其三,钓鱼城之战宋军在山城防御作战中的成功经验,对当时乃至后世的防御作战都具有重大的影响。上得天时、下得地利,是宋军守城成功的重要因素;"以攻为守,主动出击"和"耕战结合、兵民结合",是守城宋军的成功经验。

钓鱼城军民以惊天地、泣鬼神的英雄气概，不畏强暴、敢于斗争，用生命和鲜血改变了世界中古历史的进程，为世界各民族文化的传承做出了巨大的贡献。著名历史学家，重庆师范大学教授史式曾在钓鱼城的一次座谈会上指出：如果说美国的自由女神像代表了西方的自由，那么，中国的钓鱼城就代表了东方的浩然正气！这一浩然正气，正是陈毅元帅所赞颂的千秋尚凛然的"壮烈英雄气！"

尊敬的各位客人，钓鱼城之旅到此结束了。敬请大家对我的讲解服务提出宝贵的意见和建议。真诚地欢迎各位再来钓鱼城做客！

第二节 奉节白帝城·瞿塘峡

一、奉节白帝城·瞿塘峡景区概述

游客朋友们，大家好！欢迎各位到诗城奉节旅游！我们今天将要游览的是白帝城·瞿塘峡景区。我想利用前往景区的这个机会，先向各位介绍一下白帝城·瞿塘峡景区的概况。

白帝城·瞿塘峡景区位于重庆市奉节县瞿塘峡口长江北岸的白帝山上，地处长江三峡西入口，东望夔门，南与白盐山隔江相望，西接奉节县城，北倚鸡公山，距奉节县城东10余千米。景区面积4.7平方千米，主要由白帝城、瞿塘峡两大景区构成，名胜古迹众多，融自然与人文、诗情与战火为一体，是饱览长江三峡壮丽之美的起点。1978年，白帝城景区正式对外开放，是全国首批对外开放的景点之一，也是全国首批4A级景区、全国重点文物保护单位、国家地质公园、国家级风景名胜区，现在正全面打造"长江三峡第一旅游目的地"，建设世界级旅游胜地。景区于2019年11月通过国家文化和旅游部5A级旅游景区景观资源评审。

白帝城原名子阳城，西汉末年公孙述盘踞蜀地，他看到此城地势险要、易守难攻，于是据险筑城，以自己的字赐名子阳城，随着他势力扩张、野心膨胀，便做起了当天子的美梦，当时城中有口古井，常有白气升腾，这本来是自然现象，他却编起了故事，把它说成是"白龙献瑞"，是有新天子出现的吉兆；他于25年4月穿白袍、骑白马，绕城三圈，跃马称帝，自封白帝，改子阳城为白帝城。36年，公孙述在成都被刘秀所灭。但公孙述称帝期间，蜀中安定、百姓和乐，按照中国人的传统文化习俗，纪念一个人的最好方式就是修建一座庙宇，于是便在白帝山修建了白帝庙，供奉祭祀白帝公孙述。

白帝城也是名闻天下的诗歌圣殿。唐宋以来，陈子昂、王维、李白、杜甫、孟郊、刘禹锡、白居易、苏轼、王十朋、陆游、黄庭坚、范成大、杨慎、张问陶等在此留下传世诗篇万余首，关于"白帝"的诗歌177首，关于"瞿塘"的诗歌126首，关于"夔门"的诗歌22首，共计有325首。因此，白帝城又享有"诗城"之誉。2017年10月27日，中华诗词协会正式给白帝城授牌"中华诗城"，这是目前全国唯一一个被授予"诗城"称号的城市。这里有最早见于《乐府诗集》的"滟滪大如马，瞿塘不可下……"的滟滪歌；有被誉为天下第一律诗的"诗圣"杜甫所作的"无边落木萧萧下，不尽长江滚滚来"；有被誉为天下第一情诗的"诗豪"刘禹锡所作的"东边日出西边雨，道是无晴却有晴"的竹枝词。大家最耳熟能详的诗句恐怕就是被誉为天下第一快诗的"诗仙"李白所作的千古绝唱"朝辞白帝彩云间，千里江陵一日还；两岸猿声啼不住，轻舟已过万重山"。诗中的"白帝"即是奉节的白帝城。

当代著名文化大师余秋雨先生在《三峡》一文曾写道："顺长江而下，三峡的起点是白帝城，这个头开得真漂亮。"对大部分中国人，甚至外国人来说，一提起白帝城，都有道不尽的故事：公孙述在此称帝的12年间，各地战乱频繁，唯白帝城一带比较安宁；蜀汉丞相诸葛亮临危受命，力挽狂澜，成就一代忠臣的千古美名；诗仙李白，白帝城遇赦，惊喜交加，写下天下第一快诗《早发白帝城》；诗圣杜甫，白帝城寓居，写诗400多首，达一生创作之巅，成就一代诗圣；南宋陆游，从白帝城走向抗金前线，终享爱国诗人美誉。

瞿塘峡是长江穿越我国华夏系构造体系二级阶梯（七曜山山脉）过程中形成的巨大峡谷，它属于地球演化史中重要阶段的突出例证。瞿塘峡虽短，全长8千米，却能"镇全川之水，扼巴鄂咽喉"，有"西控巴渝收万壑，东连荆楚压群山"的雄伟气势。峡内河谷逼窄幽深、谷壑幽邃、崖岸陡峭、气势巍峨，舟行峡中，有"石出疑无路，云升别有天"的境界。

瞿塘峡景区内"雄踞天下"的绝景"夔门"，以雄伟壮观而著称，古有

"夔门天下雄"之盛誉，今享"中华山水之门"之美名，为第五套 10 元人民币背景图案。瞿塘峡内北岸赤甲山上有老关庙文化遗址、大溪文化遗址、巫山猿人遗址三大遗址和老关庙信号台、赤甲楼、古炮台、古栈道、风箱峡悬棺等景点；南岸白盐山有孟良梯古栈道遗迹、摩崖石刻、犀牛望月峰、猿人峰等景观。

奉节是个好地方，好山好水好风光，有诗有橙有远方。奉节县位于重庆市东北部，地处长江三峡西首，古称夔州，今誉诗城，因"奉公守节"而得名，因"奉节脐橙"而驰名，因"中华诗城"而扬名，距今有 2330 余年的建制史，是中国最古老的县之一。649 年，唐太宗李世民为旌表诸葛亮"托孤寄命，临大节而不可夺"的崇高品质，赐名"奉节"，沿用至今。

奉节因山而特、因水而灵，诗歌是奉节最美的风景，脐橙是奉节最浓的乡愁，生态和人文是奉节特有的"两大宝贝"。这里是长江三峡国际黄金旅游带核心区和世界级旅游目的地，景观奇绝举世无双、自然生态无与伦比、历史文化灿若星河。

朋友们，白帝城·瞿塘峡景区所在的奉节县，文化底蕴深厚，有国家级非物质文化遗产 1 项——奉节木雕；还有重庆市级非物质文化遗产项目 27 项，如夔州竹枝词、夔州竹枝歌舞、蜀绣（奉节夔州绣）、朱氏麦秆画、竹园盬子鸡传统制作技艺、夔梳传统制作技艺、奉节土火纸制作技艺、奉节阴沉木雕刻技艺、打犟拨正、重庆泡菜传统制作技艺（夔州泡菜制作技艺）等；以及县级非物质文化遗产项目 151 项。

在奉节众多非物质文化遗产中，知名度最高的是"夔州竹枝词"，也称"夔州竹枝"。它主要是指以奉节为中心的夔州大地上广泛传唱的民歌（也包括在奉节大地上文人们所写的竹枝词）。它有乐有词、可歌可舞。唐代，歌者演唱时有"竹枝""女儿"衬词，故名竹枝。也有人认为是歌唱时歌者手持竹枝舞蹈而名。奉节是民歌的故乡，在南北朝时期就产生了七言两句的《巴东三峡歌》（当时奉节为巴东郡郡治所在，故名。而非现在之湖北巴东县）。三峡歌可以认为是最早的竹枝。唐代，竹枝词经刘禹锡等人的大力改造和推广，广泛流传直到现在，成为中国历史上最悠久的流行歌曲。

夔州竹枝词主要反映的是夔州地区人民的生产、生活活动，爱情和民风民俗占据主要内容。夔州竹枝词语言灵动、俏皮、活泼。句式有五言、七言及杂言等多样，以七言四句体为主。调式有单调、长调，曲式有单曲、组曲。歌唱形式有独唱、男女对唱、合唱、联唱，或一人领唱众人合唱等多种形式。夔州竹枝词影响巨大。全国有京、津、沪竹枝，有重庆、成都、广州竹枝。海外有日本、朝鲜、蒙古竹枝。可以说世界上还没有哪种文学形式有这么大、时间这么长的影响力。夔州竹枝词是奉节诗城文化的重要组成部分，极具社会人文经济价值。

二、奉节白帝城·瞿塘峡经典景点

（一）风雨廊桥 – 归来三峡 – 草堂河

游客朋友们，我们现在要步行穿过风雨廊桥。三峡工程三期蓄水结束后，白帝城原本与外界相连的唯一陆路被淹没，白帝城由半岛变成一座四面环水的江心小岛，为解决景区交通，方便游客，修建了这座风雨廊桥。廊桥于2008年5月1日正式投入使用，桥长338米、宽7米，它不仅是景观桥，也是连接白帝城景区的唯一通道。

为发掘和弘扬奉节深厚诗词文化资源，丰富和拓展白帝城游览内容和时间，我们在风雨廊桥右侧南门坨水域，特邀张艺谋团队以全新的创作手法和呈现形式，打造了国内唯一一台大型诗词文化实景演艺《归来三峡》。《归来三峡》以白帝城、瞿塘峡、夔门三大景点为背景，以奉节诗词文化、三国文化等作为主要内容，通过舞台艺术的形式，再现当年诗词创作的意境，让观众在欣赏表演的同时，体验壮丽的自然景观，品味无穷的文化魅力。它不仅是张艺谋导演执导的"换代之作、传世之作"，更彰显了奉节文化和地域特色的独特魅力。

《归来三峡》采用全世界首创的水上浮台表演、水上浮台观看的观演模式。特别是夏天，吹着江风、听着音乐、赏着歌舞诗词，沉浸在变化无穷的灯影里，如梦似画，令人陶醉。游客朋友们，观演时间是每晚8:00，如果时间允许，欢迎大家来一次不一样体验，感受一场诗词文化的盛宴。

在大家的左手边是草堂湖，蓄水前这里就是一条小溪流，叫草堂河，为什么叫草堂河呢？因为诗圣杜甫曾在这条河流上游浣花溪附近的茅草屋居住过一段时间，当地人为纪念这位伟大的诗人，将这条河取名为草堂河。不过如今已经丝毫看不到小河的影子了，三峡库区蓄水，草堂河与长江交汇处形成了水域面积10余平方千米的湖泊，白帝城变成了一座江心岛，江面更加开阔浩荡，碧波荡漾，仙岛琼阁，绿树成荫，巍巍夔门傲视苍穹，呈现出一幅"高峡平湖"的壮美图景。

草堂湖周边盛产一种著名的一种水果——奉节脐橙。奉节脐橙，是中国地理标志产品，荣获农业部优质水果、中国国际农业博览会金奖等荣誉，被誉为"中华名果"。这也是奉节最有影响的农业品牌。草堂湖周边具有冬暖、少雾、日照长的立体气候，具有接近积雪线下的斜坡逆温层和难得的中等空气相对湿度，所以出产的脐橙口感特别好。近年来，奉节引入晚熟脐橙品种，研发了挂枝保鲜技术等，鲜果成熟期从11月底延长到次年5月，可以说，一年中有一半的时间都可以品尝到新鲜的奉节脐橙。

（二）忠义广场

诸葛亮铜像由国家一级美术师、雕塑家赵树同老师设计，铜像总高7.9米，人像高5米，诸葛亮手握羽扇、衣襟飘拂、神情肃穆、身如磐石，突出展现了诸葛亮忠贞坚定、沉着智慧的崇高人格品质。塑像后面是用汉白玉雕刻制作的《出师表》碑，正面为《前出师表》，背面为《后出师表》，为江南四大才子之一祝枝山的书法碑刻。

今天我们游览白帝城，读《出师表》，就是要读出诸葛亮的大忠大义、忠诚担当。一代名臣诸葛亮集忠诚、智慧、才能于一身，千百年来被视为智慧的化身，并被誉为"古今第一人臣"。

221年，刘备为报吴夺荆州、关羽被杀之仇，亲率蜀国倾国之兵大举进攻东吴，被陆逊火烧连营七百里，刘备夷陵兵败退守白帝城，长途征战劳累，忧愤交集，在永安宫一病不起，至章武三年（223年）二月，自觉病入膏肓，不久于人世，急诏留守成都的丞相诸葛亮、尚书令李严及次子鲁王刘永、梁王刘理等，星夜赶至白帝城永安宫，将国事、家事一并托付于诸葛亮，史称"刘备托孤"。临终前，刘备对诸葛亮说："君才十倍曹丕，必能安国，终定大事。若嗣子可辅，辅之；如其不才，君可自取。"诸葛亮痛哭流涕，哭着说："臣敢竭股肱之力，效忠贞之节，继之以死！"刘备托孤反映的是刘备对诸葛亮的无比信任，以及诸葛亮对刘备的赤胆忠诚，它在我们中国历史上留下了君臣之间肝胆相照的千古佳话，其大恩大德、大忠大义，实乃古今君臣关系的典范。

当然，兴复汉室也得讲天时、地利、人和，不是靠某一个人的智慧和心愿就能实现。尽管汉室复兴终未实现，但"鞠躬尽瘁，死而后已"诸葛亮却做到了。所以，杜甫诗中吟道："出师未捷身先死，长使英雄泪满襟。"说到诸葛亮，我们不得不提到八阵图。杜甫在夔州时也留下了一首诗，题为《八阵图》："功盖三分国，名成八阵图。江流石不转，遗恨失吞吴。"八阵图是古代战争中一种战斗队形及兵力部署图，后人对其图案和阵势有很多想象，当地还流传有旱八阵和水八阵之说。八阵图原形虽不可考，但诸葛亮的政治、军事才能一直被后人所推崇。杜甫诗中尽管表达了一种无限的"遗恨"，可"功盖三分国，名成八阵图"的英雄气概却永垂青史。

（三）白帝庙前山大门—大门旁李白诗碑—正大门

游客朋友们，一路辛苦了，现在我们已经来到了白帝城城门，请大家抬头看"白帝城"这一匾额，它是郭沫若先生题写的。这是他生前题写的最后一块匾，所以特别珍贵，这块匾已被收入《中华名匾》。在白帝城，一共有三块匾被收入《中华名匾》。

现在请大家欣赏一下这三通碑，它是我们国家前领导人毛泽东、周恩来、江泽民抄录唐代大诗人诗仙李白的那首脍炙人口的千古绝句《早发白帝城》："朝辞白帝彩云间，千里江陵一日还。两岸猿声啼不住，轻舟已过万重山。"这首诗现在被誉为"天下第一快诗"，还被收录到中国、日本、新加坡等国的中小学教材中。

唐肃宗乾元二年（759年）春天，李白因永王李璘案，流放夜郎，取道四川赶赴被贬谪的地方，行至白帝城的时候，忽然收到被赦免的消息，惊喜交加，随即乘舟东下江陵。《早发白帝城》就是在这样的背景下完成的，是李白诗作中流传最广的名篇之一。首句写白帝城之高；二句写江陵路遥，舟行迅速；三句以山影、猿声烘托行舟飞进；四句写行舟轻如无物，点明水势如泻。全诗把诗人遇赦后愉快的心情和江山的壮丽多姿、顺水行舟的流畅轻快融为一体，运用夸张和奇想，写得流丽飘逸、惊世骇俗、随心所欲、自然天成。

各位游客，我们面前便是白帝庙的大门了，它是白帝城的标志性建筑。它重建于清代，沿袭了典型的明代建筑风格，门口的这块匾"白帝庙"也收入了《中华名匾》，它是当代著名书法家刘孟伉于1957年题写，刘孟伉是刘伯承的战友，曾任四川省文史研究馆馆长。

紧邻大门两侧有一副对联，它是民国时期黄元澡题写的，这副对联高度概括了白帝城的历史变迁，上联是"万国衣冠拜冕旒，觊号称尊岂容公孙跃马"。西汉末年，天下混乱，公孙述盘踞蜀地，他看到此城地势险要、易守难攻，据险筑城，以自己的字赐名为子阳城，随着他势力扩张、野心增大，梦想当天子，当时城中有一口古井常有白雾升腾，他以此大造舆论，称这是"白龙献瑞"，是新天子出现的吉兆，于25年4月身穿白袍，骑白马，绕城三圈，跃马称帝，自封白帝，改城名为白帝城，这便是白帝城的来历。下联是"三分割据纡筹策，托孤寄命赖有诸葛卧龙"，讲的是发生在1700多年以前的一幕感人肺腑的历史史实——刘备托孤。也就是说刘备托孤的时候白帝城已经有将近200年的历史，白帝城因公孙述自称白帝得名，但是现在的白帝城却是"白帝庙内无白帝，白帝庙祀刘贤帝"，白帝庙现存主要建筑是在明嘉靖年间（1522~1566年）扩建的基础上，经过几次修缮形成，占地面积约4000平方米，建筑面积约1700平方米。

（四）明良殿

"明良殿"是白帝庙的主殿，明良殿正对庙门，处于整个白帝庙的中轴线上，按照中国传统的古建筑习惯，明良殿是白帝庙的正殿。理应供奉白帝公孙述，而实际供奉的是刘备、诸葛亮、关羽、张飞。

白帝庙最早供奉的确实是白帝城的真正主人白帝公孙述，取名为"公孙帝之祠"。明正德八年（1513年），四川巡抚林浚称公孙述为"叛逆者"，不可立庙，毁公孙述像，另祭祀江神、土地神和汉伏波将军马援像，改称"三功祠"。明嘉靖十一年（1532年），四川巡抚朱廷立改祀刘备、诸葛亮，更名"义正祠"。明嘉靖三十六年（1557年），四川巡抚段锦增塑关羽、张飞及诸葛亮祖孙三代像。取"明君良臣，千秋垂范"之意，改名"明良殿"。

所以，我们现在看到的是"白帝庙内无白帝，白帝庙祀刘贤帝"。首先请各位游客抬头看这块匾"汉代明良"，这块匾也被收入《中华名匾》，距今已有350年的历史，作者是蔡毓荣，作于清康熙十年（1671年），当时任川湖总督，在重修明良殿落成时题写。此人文武双全，书法尤精，字体开合有度，下笔含蓄稳重，于丰腴中见劲力，从怪异处显功底，这四个字的意思是汉代的明君良臣。明君指的是刘备，良臣指的是诸葛亮、关羽、张飞。中间的这位就是刘备，两边的就是诸葛亮、关羽、张飞，现在的明良殿改建于明嘉靖十一年。如果考究当时的历史背景，你就会体谅蔡毓荣的良苦用心了。清朝初期，全国各地反清复明的抗争风起云涌，清王朝的打压极为剧烈，不仅武力镇压，文字狱也十分盛行。文武双全、一生征战的重臣蔡毓荣深知这一国情，所以他灵机一动，写成"目月"明，目表示窗户，月亮照进窗户里，不就明了吗？当然我们也可以想象，或许蔡毓荣借机还表达了对当朝皇上的企盼，企盼康熙帝目光如炬，像月亮一样圣明。

（五）东碑林

中国碑刻艺术历史悠久，内容丰富，风格纷呈。白帝城不仅以自然景观奇特雄险闻名天下，而且还以深厚的文化底蕴享誉遐迩。白帝城能成为旅游胜地，并不是以"仙山佛地"取胜，而是以人文景观见长。白帝城现存有从隋代以来的碑刻70余通，这些碑刻大都是历代文人墨客游览白帝山川或为官夔州时留下的手迹。因此，从诸多侧面反映了白帝城及夔州的历史人文情况，描绘了白帝城周围的独特风光，其中有不少难得的珍品，在东碑林重点介绍以下几通碑刻。

凤凰碑：此碑布局别致，雕刻精细，富有深厚、朴实的民间艺术风格，碑面乌黑锃亮，光滑如镜，碑上镌刻了一株梧桐、一簇牡丹、一对凤凰，技艺十分精湛，梧桐高洁挺拔，凤凰气度高雅，牡丹雍容华贵，整体构思巧妙，当属工笔画中的艺术珍品。此碑又称"三王碑"：梧桐是树中之王，牡丹是花中之王，凤凰是鸟中之王，梧桐树干笔直、枝繁叶茂，无论栽在哪里，都能撑起一片蓝天，坚守一方土地，梧桐引得凤凰来，凤凰与梧桐相互依恋、终生相随，"非梧桐不栖，非炼食不吃，非甘泉不饮"，百鸟朝凤，和谐吉祥，牡丹威武不屈、繁荣富贵。相传这通碑也叫"孔明碑"，以梧桐、凤凰、牡丹寓意诸葛亮的忠诚、智慧、才能。

落款：春霆鲍超跋，鲍超，（1828~1886年），初字春亭，后改春霆，夔州安坪藕塘（今重庆奉节）人，清朝晚期湘军著名将领。行伍出身，曾国藩手下一名赫赫有名的武将，被慈禧太后封为一等子爵，人称鲍爵爷。鲍超一生参加过500多场战役，受伤108余处，光绪十二年（1886年）逝世，谥号忠壮。

第七章 历史遗迹类景区导游词案例

对联碑：上联为巫山峡锁全川水，"巫山峡"在这里泛指整个长江三峡，锁是封锁的意思，一个"锁"字高度概括了"众水汇涪万，瞿塘争一门"的雄伟气势，说明长江三峡是古代四川的要津咽喉。下联为白帝城排八阵图，白帝城以西约5千米的长江边有水八阵遗址，白帝城东北约10千米的八阵村有旱八阵遗址，传说是当年诸葛亮练兵布阵、抵御东吴侵犯的地方，说明白帝城是历代兵家必争之地。上联写景，下联述史，一纵一横，十分贴切，相传，当年鲍超师爷写的是白帝城"临"八阵图，鲍超认为"排"更有气势，就改为排了。这一字之改也确实起到了画龙点睛的作用。

竹叶碑：远看修竹三根，是亭亭玉立的竹子，近看片片竹叶巧妙地组合成20个汉字，细读竟是一首五言诗：不谢东篁意，丹青独自名；莫嫌孤叶淡，终久不凋零。这首诗的意思很简单，按字面理解：我们无须感谢竹神的好意，它不过是一幅竹叶画罢了，虽然它没有鲜嫩竹子的颜色，但是它永远也不会凋零；借助竹的不凋之意来赞颂具有高风亮节的君子风度的人，所以又叫《丹青正气图》，相传这是三国时期关羽所作，竹枝画旁还附有另一首诗："异姓同胞远俗氛，明良遇合际风云。盘根错节难磨灭，千古英雄让此君"，这首诗高度赞扬了刘、关、张桃园三结义的兄弟情谊，也印证了竹枝画的这一传说，传说毕竟是传说，现在已经有资料证明，这通碑的作者是清光绪年间（1875~1908年）四川工匠曾崇德父子，当年游览白帝城，有感于刘、关、张三兄弟的结义之情，雕刻此碑，诗、书、画，刻于一体，实属艺术珍品。

康熙皇帝六言诗碑：这是康熙皇帝的亲笔御诗，现在被誉为"天下第一景诗"。大家都知道，开创康乾盛世的康熙大帝曾六下江南，游遍祖国很多名川大山，但是由于"蜀道难，难于上青天"，却没到过长江三峡。这首诗是当年康熙皇帝写后赠送给他的爱卿傅作楫的。傅作楫，据《奉节县志》记载，祖籍巫山，后随父迁居奉节，中举以后，曾任北京附近良乡县的县令，任县令期间，路遇康熙皇帝的内侍太监驰御马践踏百姓禾苗，当时傅作楫不畏权势，对太监处以刑杖，并扣押了御马。康熙皇帝知道此事以后，不但没有责怪傅作楫，反而认为他具有"御史风骨"，于是对他委以重任，连升三级，升到监察御史这个职位。傅作楫为官期间清正廉明，敢于直言进谏，与康熙皇帝结下深厚的友谊，告老还乡后回到奉节定居，临别之际，康熙皇帝写下这首诗赠送给傅作辑,一来是对他晚年生活的祝福,同时也是他自己对长江三峡的一种美好向往:危石才通鸟道,青山更有人家;桃源意在深处,涧水浮来落花。其实,这首诗并非康熙帝的大作,是康熙皇帝根据唐代著名诗人刘长卿的《寻张逸人山居》改动两字而成,原诗是这样写的:危石才通鸟道,空山更有人家;桃源定在深处,涧水浮来落花。这两字之改,也确实起到画龙点睛的作用。在康熙皇帝心中,傅作辑的家乡三峡确实很美:高山、峡谷、青山、白云,流水悠悠,林木森森,有桃源仙境之感。

(六)武侯祠

游客朋友们,现在在我们面前的便是武侯祠了。各位可能要提出疑问了,武侯祠应该在成都,怎么这里也会有武侯祠呢?因为诸葛亮生前叫武乡侯,死后谥为"忠武侯",所以凡是纪念诸葛亮的地方都叫武侯祠。自234年,在诸葛武侯的墓旁边建了第一座武侯祠,到现在全国已有100多处纪念诸葛亮的地方,但作为文物保护单位保存下来的仅剩10处,其中规模最大的就是成都武侯祠了。白帝庙的武侯祠应该是全国最小的一个了,小虽小,资格却很老,这里面的建筑、雕塑全部保存的是明清时期的风格,距今有400多年的历史了。始建于唐代,后毁于战火,这是明代嘉靖年间重建的,中间这位是一代名相诸葛亮,两边的是他的书童和琴童。诸葛亮是智慧的化身,是封建社会中"鞠躬尽瘁,死而后已"的忠臣典范。也是一位深受百姓喜爱的贤相,从古至今,描写诸葛亮的诗词歌赋非常多,仅杜甫一人在夔州寓居1年零9个月里就写了18首咏赞诸葛亮的诗,我们现在看到的这副对联就是选自杜甫写的《咏怀古迹五首》之五里面的两句,全诗是这样写的:"诸葛大名垂宇宙,宗臣遗貌肃清高,三分割据纡筹策,万古云霄一羽毛,伯仲之间见伊吕,指挥若定失萧曹,运移汉祚终难复,志决身歼军务劳。"这副对联的意思是说:"诸葛亮的大名将永远流传下去与宇宙共存,我们瞻仰这位世所敬仰的名臣,也会肃然起敬,因为他不慕名利,品行纯洁高尚。"横批:"伯仲伊吕","伯仲"本指兄弟的意思,古时用"伯、仲、叔、季"表示兄弟的排行,伯是老大,仲是老二,在这里比喻不相上下。伊:伊尹,商代开国贤相,曾帮助商汤攻下夏桀,建立商朝。吕:吕尚,俗称姜子牙、姜太公,西周的开国大将,齐国的始祖,他曾辅佐周武王推翻商朝建立齐国。伊尹、吕尚是我国古代杰出的政治家、军事家,但在杜甫的眼里,只有他们才与诸葛亮在伯仲之间、不相上下。两边分别是他的儿子诸葛瞻，一位文官；孙子诸葛尚，一位武官，可谓一门忠烈。诸葛瞻在17岁时被刘禅招为驸马，诸葛尚则是刘禅的外孙。他们两父子也死得非常英勇，在绵竹之战中宁愿站着死，不愿跪着生，死的时候诸葛瞻37岁，诸葛尚才19岁，可谓一门忠烈，必将永垂不朽。

我们站在"武侯祠"前，看到诸葛亮祖孙三代的塑像，听到他们的生平，深深体会到诸葛亮"鞠躬尽瘁，死而后已"的赤胆忠诚，不仅仅书写在《出师表》中，其"满门忠烈"的千秋大义是用祖孙三代的热血和生命铸就！

（七）西碑林

白帝城历代碑刻是夔州厚重历史文化的积淀，是奉节宝贵的财富。它为我们研究奉节历史，弘扬文化遗产提供了宝贵的资料。西碑林陈列碑刻20通，今天主要为大家介绍比较有名的三通碑刻：《隋代金轮寺舍利塔下铭碑》《元代加号大成殿碑记》《布衣暖，菜根香，诗书滋味长》。

《隋代金轮寺舍利塔下铭碑》：这是目前全国仅存不多的隋舍利宝塔碑铭，蕴含丰富的历史信息，是隋文帝崇佛、倡佛、促进隋唐佛教发展的直接见证，是研究奉节地方历史沿革不可多得的实物史料和宝贵的文化遗产。

《元代加号大成殿碑记》：此为元大德十一年（1307年），成宗铁穆耳宣扬圣道，加封孔子为"大成至圣文宣王"，派遣使臣到孔子故里，举行盛大的祭礼，并撰文命全国各地孔庙刊碑的记录。元泰定四年（1327年），夔州路总管府知事韩有邻拜谒大成殿，认为原先的碑刻太小，故于元天历二年（1329年）亲自书写该碑，其书法结体方正、笔画劲健，显得飘逸秀丽。由于此碑石质较松，年代久远，碑面剥蚀较重。

《布衣暖，菜根香，诗书滋味长》：布衣、菜根、诗书，三者代表着中国传统文化的精髓。布衣是宣告人生返璞归真以及精神的天长地久；菜根香指粗茶淡饭，不追求奢华的享受，"大味至淡、大道至简"；诗书滋味长则说的是对经典著作的阅读体味，乃永久的文化滋养。按照我的理解就是：穿得朴素点，不追求名牌；吃得清淡点，不热衷山珍海味；多学习学习，增长知识和才干。"腹有诗书气自华"，只有采过许多花，才能酿出蜜来，生命不息，读书不止。

(八) 观星亭、白楼

该亭两层、六角、十二柱，飞檐翘角，古色古香，雕梁画栋，造型十分考究，下面12根木柱略微向内倾斜，据说表示的是1年中的12个月，上面的6根木柱表示天地和东南西北四个方位。传说，诸葛亮率军入川时，曾在此夜观星象，思考用兵战略，"观星亭"由此得名，亭上有一古钟高悬，以前定时敲钟，方圆几千米都能听见。亭中石桌、石墩上镌刻着杜甫寓居夔州时写的著名诗篇《秋兴八首》，雕刻精细，独具特色，对联是选自杜甫寓居夔州时所写的《登高》，全诗是这样写的：风急天高猿啸哀，渚清沙白鸟飞回；无边落木萧萧下，不尽长江滚滚来；万里悲秋常作客，百年多病独登台；艰难苦恨繁霜鬓，潦倒新停浊酒杯。杜甫的《登高》总体上给人一种萧瑟荒凉之感，情景交融之中，融情于景，将个人身世之悲、抑郁不得志之苦融于悲凉的秋景之中，极尽沉郁顿挫之感，使人读来，感伤之情喷涌而出，如火山爆发般一发不可收。这首诗现在已经被誉为"古今七律第一"。

请大家往右看，这栋白色外墙的建筑叫白楼。相对于整个白帝城的建筑风格，您可能会觉得白楼的出现似乎显得有点"不一样"，但您千万别因此忽略它，它可是一栋"大有来头"的小楼。这栋欧式风格的小楼，最早建于1913年，是当年陕军第一师师长张钫率部进驻奉节时在此修建的，不过因战事紧迫，此楼并没有完工。直到5年后，适逢靖国联军豫军第一路司令兼全军总稽查长李魁元率部进驻奉节，才修缮好此楼，作为家人休闲纳凉场所。1926年吴佩孚在河南战败，投奔四川的杨森，也曾在此居住。白楼是一种典型的近现代欧美复古主义思潮影响下的建筑。该建筑正、背立面，矩形柱廊，方形柱式线脚简洁，只有屋檐部线条较多，两侧立面则采用连续券廊处理，以寻求变化。即使每一层券廊形式和细部处理也均有变化和不同，甚至每一层栏杆的形式也表现出追求精美和变化的艺术特色，整座建筑无论整体造型，还是细部处理艺术性均很强，与周围环境也非常协调，真正达到了建筑与环境有机结合。

(九) 悬棺陈列室

悬棺，顾名思义，就是将死人的棺木葬在人迹罕至的悬崖裂缝之中。我国悬棺葬主要分布在福建武夷山、江西龙虎山、长江三峡及川南珙县一带，以长江三峡的悬棺葬的年代最早，奉节悬棺分布在长江沿线和天坑地缝区域，大约葬于战国末期至西汉初年。今天我们看到的这具棺材是1971年从瞿塘峡北岸的风箱峡取下来的，据考证，葬的是西汉年间濮越人，濮越人是现在少数民族土家族的祖先，所以这悬棺葬最早可能是少数民族的一种葬俗习惯。大厅正中的大棺是用一根楠木做成的，里面还有濮人的遗物，距今有2000多年的历史。

悬棺之所以被称为千古之谜，是因为到现在为止，还没有考证出老祖宗到底是采用什么方法，把那些沉重的棺木放到离地面几百米高的悬崖裂缝中的。"棺木为何悬此岩？秋风凄雨痛人怀；雪落巫峡山戴孝，树动风声松举哀；春来百花沉奠礼，夜间明月照灵台；可怜你是谁家子？尸到如今尚未埋。"目前人们推测的有三种方法：第一种方法叫悬索下柩法，这也是关于悬棺葬最早的文字资料记载："尽铲为棺于临江高山半肋凿窟以葬之，自山上悬索下柩，弥高者至以为孝"；第二种方法叫搭架法，考古专家曾用这种方法在福建做过实验，获得了成功，但是在奉节搭架却非常困难，因为这里地势太过狭窄险恶。第三种方法叫栈道法，就是在悬崖峭壁凿石眼、楔木桩、搭木板，使之成为栈道，然后抬棺木顺栈道上去放在事先选好的洞穴里，放好下来时再把木板和木桩拆走。

这里两具小棺材也是悬棺的一种，称为二次葬悬棺。何为二次葬呢？就是人死之后，先浅葬于地下，若干年之后，遗体完全腐烂了，把剩下的遗骨捡起来放在小棺材里面进行悬棺葬。这也是一种合葬的形式，据推测，是因为两位死者生前感情非常深厚，死了也不愿意分开，先分别土葬，然后再合葬在一起进行悬棺葬，这是在奉节县吐祥镇曾家村发现的，距今已有400多年的历史。

（十）三峡第一碑林——竹枝园

为了弘扬乡土文化，于1995年修建了融诗词、书法、绘画、园林建筑于一体的文化长廊，因碑上大部分是竹枝词，故名"竹枝园"。竹枝词本是巴渝一带民间歌舞，当地居民常在闲暇庆典之日以歌伴舞，欢聚于村寨。民间艺术虽质朴而纯美，乡土气息浓郁，但语词直白而欠雅致。821年，刘禹锡任夔州刺史期间，深入民间，关注民风，发现当地一带的竹枝歌舞是一种很美的艺术形式，随后在以他为代表的诗人的努力下创作了竹枝词，竹枝词日渐由纯民歌形式的歌谣转为文人创作的典雅诗体。"杨柳青青江水平，闻郎江上唱歌声。东边日出西边雨，道是无晴却有晴。"这首诗被誉为"天下第一情诗"，诗中使用谐音双关，"晴"与"情"谐音。全诗以独白的口吻，唱出了在杨柳青青的春光里，一位船家姑娘对情郎的追问：东边太阳出来了，西边还在下雨，说是晴天吧，西边还下着雨，说是雨天吧，东边还出着太阳。那么，你对我也是这样子的吗？也像这种飘忽不定的天气一样捉摸不透吗？你对我到底是有情还是无情呢？船家姑娘情思柔婉、神韵自然，毫无做作之态，她的迷惘、眷恋、忐忑不安、希望和期待，都在诗中被刻画了出来。

（十一）夔门

"峨眉天下秀，青城天下幽，剑门天下险，夔门天下雄"，各位朋友，我们看到的远处便是以"天下雄"闻名的夔门。此处，两岸山峰对峙，南面的山笔直陡峭，直插江中，叫白盐山，北面最高的山峰叫赤甲山，俗名又叫桃子山，海拔1388米。两山隔江对峙，山峰绝壁高耸如墙，拔地而起，险峻雄奇，把整个江面锁得很窄，形似一扇门，奉节古称夔州，所以我们将这道锁江大门称为夔门。当您看到夔门的时候一定觉得似曾相识吧，是的，我们所用的第五套人民币10元纸币的背面图案就是瞿塘峡中的夔门。可能各位朋友难以相信，以前夔门的江面只有70~80米宽，洪水季节都不超过150米，大型船只只能走单行道，而且禁止夜航，当年陈毅游三峡时，曾感叹道："水头如箭破夔门。"这是何等的气势，水头像箭头一样冲破夔门滚滚东逝。库区蓄水后，现在的水位在原来的基础上抬高了将近100米，江面开阔了，这种"水头如箭破夔门"的雄伟壮丽景色也被"高峡出平湖"取代了。尽管如此，库区水位即使上升到最高水位175米，因两岸山峰绝对高度仍有1000余米，"夔门天下雄"的气势依然如昔。夔门不仅是长江三峡山水峡谷景观的标志，也是重庆的重要地理标志之一，中国最美在长江，长江最美在三峡，三峡最美在夔门。

（十二）江峡文化馆

我们脚踩的土地，是著名的江峡文化遗址，映入大家眼帘的"江峡文化馆"几个字是著名作家贾平凹题写的。长江三峡是地球上最具造化伟力、最富人文情怀的大河峡谷，它以雄奇壮丽、悠远深邃的景观，成为美丽长江的标志性河段；也以绵延不绝、积淀厚重的历史，成为长江文明最华彩的乐章。有学者将黄河和长江中的代表性景观作为中华文明的象征，黄河上的壶口瀑布被称为"历史的瀑布"，长江三峡被誉为"历史的峡谷"，如果说三峡是美丽长江的标志性河段，夔门则是雄奇三峡的最著名地标。自然伟力与人间奇迹，尽在这里的江峡文化中。

【夔门古象厅】

进入夔门古象厅，相信您一定被眼前巨型的大象骨架震住了，它可是我们江峡文化馆里的镇馆之宝，距今已有200万年的类象剑齿象化石"夔门古象"，它是1990年9月在白帝乡被意外发现挖掘的，整个象体高2.8米、体长6.3米，除头骨、肱骨、肋骨、四个脚趾及个别椎体是依据资料复原的外，其余皆为实体化石，这可是目前出土的最完整的类象剑齿象化石。200万年前，长江还没有贯通，也没有夔门，那时森林密布、湖泊荡漾，正是大象生活的佳境，这头巨象的出土，为研究剑齿象类以及三峡地区的古地理、古气候提供了珍贵的实物资料，具有较高的科研价值。

有没有被镇馆之宝震住呢，想知道当今的大象是怎么进化来的吗？旁边展柜里面展示着从距今4500万年前的始祖象发展到今天只剩下亚洲象和非洲象两种大象的全过程——适者生存，不适者被淘汰虽然是一种自然规律，同时也提醒我们：大象的家园就是人类的家园，保护大象、保护动物就是保护人类自身。

【环幕电影放映厅】

三峡的自然风光和人文风情，充满着令人神往的文化符号。或是夔门的雄奇，或是历史的年轮，一幕幕发生在长江这条古老河流中的镜像，折射出丰富的人类文明。在江峡的景色与文化中，感受来自长江从古至今流淌的文化基因，行走在山水之间的文化内涵。欢迎大家进入影视厅观看环幕立体电影，去见证江峡两岸的前世今生，在自然的雄奇、人文的久远、战火与诗情中领略三峡之魂。

【老关庙文化遗址厅】

老关庙文化遗址是瞿塘峡以西最早命名的考古学文化遗址，属新石器时代晚期文化遗存，距今4300年左右。为了生活方便，三峡地区原住民的房屋大多依山临水修建，而老关庙遗址所处的位置并不是三峡居民日常居住所习惯的地点。据研究，遗址的形成与长江流域频发的大洪水有密切关系，当时的人们已经无法在低矮的平地生活，所以选择高岗躲避洪水灾害，这是当时的人们为了保存文明、延续文化所选择的临时的避难性场所。1993年，吉林大学考古系受国家文物局的委托，对奉节县库区地下文物进行全面调查。首次便调查了老关庙，采集到大量陶片，并命名为"老关庙遗址"。随后对老关庙遗址进行了3次发掘，发现大量的陶器、石器、骨器，还有四座新石器时代的土坑竖穴墓。

"老关庙遗址"被列为1994年全国十大考古新发现之一。吉林大学考古系教授研究表明，老关庙遗址主要包括上下两种遗址，其中下层遗存材料丰富，特征鲜明，在整个渝东地区具有一定的代表性，因此定名为"老关庙下层文化"。老关庙下层文化主要有生活用具和生产工具两个方面，生活用具主要是陶器，生产工具目前发现得很少，只有石器、骨器和陶纺轮三种。老关庙下层文化其年代处在距今5000～7000年，其遗存主要分布在东起奉节、西至丰都的长江沿岸，此文化是我国考古工作者继巫山大溪文化之后，在渝东北地区发现的又一种新的考古学文化，也是近年来三峡库区考古取得的一项重大科研成果。

1997年建古象馆时，发现老关庙下层文化堆积层中一座古墓，就是我们眼前这个墓，白帝城博物馆决定就地保存，改动古象馆已定的图纸，在此加建了这座"老关庙文化遗址展厅"。这座古墓属长方形竖穴坑墓，保存完好，墓主是成年男子，身高1.77米，头南足北，仰身屈肢，无葬具，大腿间安放着一个残缺的陶罐。

【老关庙】

老关庙坐落于三峡之首的瞿塘峡左岸，也可以说这里才是真正意义上的三峡起点。老关庙前身为江神庙，其历史可追溯至上古夔巫时期，是夔州最早的庙宇。从巴郡时期至民国年间瞿塘峡都是盐商贸易通商的主要关口，每天往来于江面的船只和栈道上行走的盐帮、马帮络绎不绝。"白帝高为三峡镇，瞿塘险过百牢关"，此处江水险恶，常常有过往船只被险滩恶浪所吞噬，先民舟行至此有时弃船登岸，拾级而上，在这巨崖下的江神庙中焚香祈祷平安。盐帮、马帮属于帮会性质，对关公有非常虔诚的信仰，特别是关公的忠义和其武财神的特殊地位，宋代后期在此增建关帝庙，夔州府内下至贩夫走卒，上至达官贵人皆受此庙庇佑，关帝庙的影响逐渐超过了以前的江神庙。

清光绪三十年（1904年）乡绅维修后，改名老关庙。庙内历代主要供奉有镇江王爷大禹、武财神关公、道教水神杨泗将军等。民国后期战乱连年，老关庙被军阀占用，损毁后只剩一座小庙。仍有当地信众前来上香许愿，磕头祈福。现在大家看到的老关庙是2020年因白帝城景区提档升级，在老关庙原址上重新复建的，使得废墟中的千年古庙再现辉煌。关公是武财神，也是忠义的象征，古庙重辉，善缘难得。

（十三）瞿塘关遗址博物馆

瞿塘关博物馆位于瞿塘峡口左侧，与白帝城隔水相望。建筑格局体现出一种大气魄大境界，构成了一道独特的人文风景线。在古代，不论从巴蜀东出，还是从荆楚西进，瞿塘关都是最关键的节点，就如同剑门关之于蜀道。

瞿塘关西扼巴蜀，东控荆楚，自古为兵家必争之地。瞿塘关始于战国交侵时代，古时亦称捍关、江关。唐宋时因在瞿塘峡口设拦江铁索横绝大江，故又称铁锁关。瞿塘关两山对峙，中贯大江，为天下至险、兵家必争之地。往日，这里烽烟狂澜，"世乱戈如林"，而今"故关兵净"，三峡安流。为记忆历史，传承三峡，围绕南宋烽火台遗址建造的瞿塘关博物馆，融战争与诗情、历史与自然于一体，在保护遗址的基础上，配套陈列数百件珍贵文物。2019年，瞿塘关博物馆被纳入全国重点文物保护单位。

各位朋友，前面我们已经参观体验过了的白帝城诗歌文化、悬棺、剑齿象化石、老关庙遗址等文化遗产，从历史、艺术、科学角度看，属于具有突出、普遍价值的非物质文化遗产以及考古遗址地带，能为一种已消逝的文明或文化提供一种独特的见证。

（十四）瞿塘峡古栈道

三峡地区自古行路难，以前完全靠水路，但由于水路受气候影响很大，危险性大，自古就有人不断分段开凿栈道，只是没有全部贯通。到了清代晚期，夔州知府汪鉴等倡议修建三峡栈道，并于1888年9月开工建设了奉节白帝城到巫山青莲溪的栈道，在前人开凿的基础上，历时3年，在峡江北岸陡峭的崖壁上完成65千米的栈道。特别是瞿塘峡内这一段，包括风箱峡古栈道、偷水孔栈道、孟良梯栈道共三处，包括道路、石桥、铁链、石栏等，共有4千米，全是在悬崖绝壁上开凿出来的槽形路基。施工时，工匠无所凭借，对壁凿孔，层累而上；栈道修成后，能通行八人大轿。瞿塘古栈道的建成,使奉节至巫山的陆上交通得以通行,在促进三峡地区的经济、文化发展方面具有一定的历史价值。

漫步栈道,上顶万丈悬崖,下临滔滔大江,仿佛凌空遨游。为了纪念这一千古壮举,后人在崖壁上刻了"开壁奇功"和"天梯津棣"的赞词。三峡工程蓄水后,部分海拔较低的栈道已经被水淹没,还好留下了现在我们走的这一段,也让我们有机会能体会古人峡中行路的感受。

瞿塘峡古栈道遗迹、纤道、瞿塘峡信号台,是长江三峡地区从木船时代向轮机时代及后轮机时代发展演化的突出例证,从历史学角度看,属于具有突出、普遍价值的人造工程或人与自然的共同杰作。

(十五)瞿塘峡

游客朋友们,瞿塘峡紧邻白帝城,全长8千米,是三峡中最短、最窄、最险的一段峡谷。瞿塘峡入口是老关庙文化遗址,是新石器时代的见证,距今有5000多年的历史;出口是大溪文化遗址,母系氏族生活的见证,距今有6000多年的历史;对面是巫山猿人遗址,是古人类化石的见证,距今有200多万年的历史;峡中绝壁的摩崖石刻是长江山水文化的最好见证,可以说,短短8千米的瞿塘峡,浓缩了中国200万年的人类发展史。清代大诗人张问陶写诗云:"便将万管玲珑笔,难写瞿塘两岸山",大文豪郭沫若则是这样感叹的:"若言风景异,三峡此为魁。"

瞿塘峡景区地处川东平行岭谷地区,岩溶和峡谷地貌景观资源极为丰富。这里山脉皆作北东走向,并与河流依次平行排列,其岭谷形态截然不同,地表褶皱紧密,地貌上多表现为背斜成山、向斜为谷、山谷相间、彼此平行。川东平行岭谷是我国最典型的褶皱地貌地区,是中国地质研究的天然标本,也是世界特征最显著的褶皱山地带,它与美洲的阿巴拉契亚、安第斯—落基山并称世界三大褶皱山系。此外,景区内还拥有地层及古生物遗迹景观。这里有中国南方29亿年前形成的最古老的变质岩基底,还有记载8亿年以来地壳演化历史的最为完整的地层剖面,含有古生物化石达30多个门类、数千个物种,我们刚刚看到的剑齿象化石就是其中的典型代表。这些自然旅游资源属于具有突出、普遍价值的地质和自然地理结构,是构成代表进行中的重要地质过程、生物演化过程以及人类与自然环境相互关系的突出例证。

第七章 历史遗迹类景区导游词案例

瞿塘峡中汇集了摩崖石刻、夔巫古栈道、悬棺、黄金洞、夔门古象馆、老关庙文化遗址、瞿塘关博物馆、锁江铁柱、赤甲楼等众多的自然人文景观，构成了一幅大气磅礴的瑰丽画卷，被世人称为"山水画廊"。清代诗人张问陶曾这样感叹："便将万管玲珑笔，难写瞿塘两岸山。千年诗城白帝城，山水画廊瞿塘峡"，充分彰显了长江三峡的灵魂和精华。

三峡工程蓄水之后，瞿塘峡景点的变化较大，南岸的景点：凤凰饮泉、瞿塘峡摩崖石刻、倒吊和尚等都已被淹没；北岸的大部分古栈道也已被淹没，瞿塘峡口著名的滟滪堆礁石已永沉江底，它可是最后一堆见证峡江千百年艰难航运史的礁石。白帝城成为一座四面环水的湖中绿岛，呈现出一幅高峡平湖的壮美图景。置身景区如临画中，但见高峡平湖碧波荡漾，仙岛琼阁绿树成荫，巍巍夔门傲视苍穹，湖岛成影、相映成趣，白帝城·瞿塘峡景区变得更加旖旎动人，焕发出璀璨光芒。

尊敬的游客朋友们，白帝城·瞿塘峡景区的参观游览到这里就结束了。如果我的导游讲解中有不足的地方，欢迎各位多提宝贵意见。

第三节 涪陵白鹤梁

各位朋友，大家好！今天我们将要游览的是涪陵白鹤梁水下博物馆，下面我先给大家介绍一下白鹤梁的概况。

涪陵白鹤梁位于重庆市涪陵区城北长江中，被誉为"世界第一古代水文站"，是一道天然石梁，全长1600米、平均宽度15米，因早年常有白鹤群集梁上，故而得名。

白鹤梁的价值主要在于石梁上的题刻。唐代广德元年（763年），有人在白鹤梁上镌刻了两尾石鱼，用以观测长江枯水水位的独特水标。至此，每当长江水枯落、白鹤梁石鱼出水，人们通过观察鱼眼与水面之间的距离，就能判断长江水枯程度，并因此在石梁上留下了众多诗文图案和石刻文字题记，这些都是极其重要的古代水文观测记录。根据科学测量，白鹤梁石鱼鱼眼的吴淞高程为137.91米，与当地水尺零点在同一水平线上，这是世界水位史的奇迹。由于江水每年枯盈不同，前人刻下的石鱼并不是每年都能露出水面，古人通过持续观察发现石鱼出水的次年，往往是丰收之年，于是逐步总结出"石鱼出水兆丰年"的农业丰歉规律。对研究长江中上游枯水规律、航运以及生产等，均有重大的史料价值。

白鹤梁题刻共记载了自唐迄今1200多年间72个年份的枯水资料，人们以石鱼的眼睛作为测量水位的标准，和现代水文测量中设立水尺零点的原理相同。石刻鱼中最著名的为唐代所见鱼和清代重镌双鱼，并作为原始枯水水标，经现代勘测："唐代所见鱼的腹高相当于涪陵水文站历年最低水位的平均值；清代双鲤鱼眼高程大体上等于川江航运部门涪陵地区的水位零点。"经1200多年的历代沿用，源于古代先民通过长期对枯水周期认识、经多年观察并掌握枯水变化规律的结果，而石鱼水标每三五年小枯一次，十年大枯一次，600年为一个极枯水位级。不少细心的人将石鱼出水时间，观鱼者的姓名、籍贯和石鱼露出江面到枯水线的距离用尺量测出来，刻在石梁上，日积月累就形成了1200多年极其珍贵的水文记录。是我国乃至全世界最早的至今保存完好的一座以"石鱼"作为枯水标志的古代水文站。为长江流域的水利事业、桥梁建设、内河航运、农田灌溉、资源开发、沿岸防洪和城市供水提供了极其重要的科学依据。

讲到这里，大家可能会想为什么长江中白鹤梁会成为江水枯落的最佳参照物呢？原因主要有三点：第一，白鹤梁脊背标高138米，高出平均最低水位2～3米，低于平均最高水位30米。这使得白鹤梁只在枯水年份的12月至次年3月的枯水期才露出水面，其余时候皆隐没于水下。第二，白鹤梁露出江面的面积较大，且石梁表面较为平整，以14.5°斜角倾向江心北岸，据说是长江江心中露出过的最大的完整石头梁。第三，白鹤梁顺江流排列，离岸近，不在江心，在最枯水位时仍然不会影响船只航行。

白鹤梁"涨水隐没，水枯显露，四季一现"的情景，形成了长江中上游一道独特的风景，也激发出古人大抒情怀的兴致。文人雅士、官吏商贾来往涪陵，赶上白鹤梁露出水面，便会结伴泛舟而至，驻足梁上、吟诗作赋、题铭记事。至今，梁上镌刻着自唐代广德元年以来的中国历朝历代题刻165段,3万余字，其中石鱼18尾、观音2尊、白鹤1只，留名者多达700余人，史有传者如北宋著名的文学家、书法家黄庭坚，此外还有朱昂、秦九韶、王士祯、黄寿等诗文题刻。不仅石鱼造型栩栩如生，而且诗文词句优美流畅，题刻书法更是异常珍贵，字体篆、隶、行、楷、草皆备，风格颜、柳、黄、苏并呈，集唐、宋、元、明、清历代书法之大成，还有浅浮雕、高浮雕、线雕、呵图案、花边和少数民族文字等，风格各异，精彩纷呈，其水下碑文之多、历史之悠久、内容之丰富、形式之多样，是一条精美的书法艺术长廊，堪称世界水下一大奇观，被誉为"长江一绝、中国一绝、世界一绝"的水下碑林。

1992年，举世瞩目的中国长江三峡水利枢纽工程项目启动，三峡大坝建成后，库区正常蓄水位将提高到175米，这就意味着位于淹没水位线下的白鹤梁将永远沉入江底。为了保护这一人类珍贵的文化遗产，采用了极富创造性的"无压力容器"的保护方案，在原址上修建"水下博物馆"，对白鹤梁题刻实施有效保护，这种保护方式不仅是为了保存题刻的物质形态，更重要的是通过保护的理性思考，解读它所承载浓缩的历史信息。所以白鹤梁题刻原址水下保护工程不是"纪念碑"式的，而是以人类进步的哲学思想和先进的科技手段，来延长石刻的"生命"历程，充分体现了对古代文明的尊重。这种突出的保护方式在全球范围内也是极其罕见的，它将成为国际保护文化遗产史上的又一成功范例。

2001年，中国工程院院士葛修润先生提出用"无压容器"方式对题刻密集区进行原址水下保护的方案构想，即在白鹤梁题刻东区50米段的题刻密集区构筑水下保护体，灌注经过过滤处理的江水，通过循环水系统使保护体内水压与外面长江水压达到动态平衡。2009年，白鹤梁题刻水下博物馆建成并对外开放。白鹤梁水下博物馆由水下保护体、参观廊道和交通廊道、地面陈列馆三大部门组成。人们可从地面陈列馆通过坡形交通廊道扶梯下到水平交通廊道，然后进入参观廊道，透过专用窗口观赏题刻，也可通过水下摄像系统实时将影像传播到地面陈列馆演示厅进行全方位观赏。这一极具创新的设想已成为世界上独具特色的水下博物馆。

2009年5月18日，历时七年，总投资2.1亿元人民币的白鹤梁水下博物馆建成并对外开放，成为国内外同类文化遗产成功保护展示的首例。联合国教科文组织将其美誉为"世界首座非潜水可达到的水下博物馆"。重庆白鹤梁水下博物馆总建筑面积8433平方米，由"水下题刻保护体""水下廊道""地面陈列馆"三个部分组成。

水下博物馆的保护罩体工程位于题刻正上方,呈椭圆形将整个题刻平面覆盖。水下保护罩体墙外设有游人参观通道,游客可由岸上经钢制廊道乘自动扶梯进入水下保护体内,主要有两种方式参观:透过廊道22个直径为80厘米的抗压双层参观窗观看;以及通过罩体内部28个全方位旋转的摄像头在屏幕上观看。地面陈列馆分为两层:一层为接待及功能转换空间,设咨询接待区、序厅、尾厅、水下参观等候区、纪念品售卖区等。二层为陈列展示空间,分为"生命之水——世界大河文明中的水文观测""长江之尺——白鹤梁题刻的科学价值""水下碑林——白鹤梁题刻的人文价值""三峡明珠——世界首座水下题刻博物馆"四个单元。

从世界第一古代水文站到世界首座水下博物馆,白鹤梁水下博物馆在保持了白鹤梁水文题刻整体原貌的同时,也保持了文物原生环境,是古代文明与现代科技的完美结合,体现了人类最新的水下文物保护理念,表明了中国对历史文化遗产的尊重,以及在文化遗产保护方面的决心。它不仅是长江三峡文物保护的典范,更为世界同类文化遗产的保护提供了可供借鉴的模式。

现在,大家就随我一起乘坐91米长的自动扶梯渐入40米的长江水下,穿过146米的水平长廊,透过23个玻璃观察窗,近距离参观白鹤梁题刻,感受水下博物馆的唯一性、科技感和神秘感。

第八章
途中导游词案例

第一节　重庆主城接送站沿途导游

一、接站沿途导游

尊敬的游客朋友们，大家好！很高心为大家服务，希望您此次重庆之行能够尽兴而来、满意而归！

首先，我向大家介绍一下刚刚您所到达的机场。您所降落的机场叫重庆江北国际机场，简称江北机场。它是我国西南地区三大航空枢纽之一，也是未来国家规划的五大航空枢纽之一。

重庆是中国内陆的特大城市，是国家级中心城市。悬挂在联合国大厅的世界地图上，仅仅标出了中国四个城市的名字，其中一个就是重庆。重庆因嘉陵江在此汇入长江，嘉陵江古称渝水，隋朝在这里设置了渝州，所以重庆现在的简称为"渝"。又因1189年，宋光宗先封恭王，后即帝位，自诩"双重喜庆"，升恭州为重庆府，重庆由此得名。"重庆"之名延续至今，已经有800多年的历史了。重庆这座城市，自然地理独特，人文地理鲜明。重庆是一座大气磅礴的"山水之城"，是一座时尚韵律的"动感之城"，是一座热情奔放的"激情之城"，是一座历史悠久的"古老之城"，是一座朝气蓬勃的"青春之城"。现在就请大家随我一起去了解这样一座独具魅力的城市吧！

重庆市位于青藏高原与长江中下游平原的过渡地带，纵横幅度东西长470千米，南北宽450千米，辖区面积8.24万平方千米。东邻湖北省和湖南省，南靠贵州省，西连四川省，北接四川省和陕西省。重庆是目前全国面积最大、行政管辖最宽、人口最多的直辖市。全市辖38个区县，常住人口3200多万。重庆的气候属亚热带季风性湿润气候，夏热冬暖，湿润多阴，气温高，雨季长，霜雪少，阴天多，湿度大。春夏之交总是晚上下雨，白天放晴，这种独特的气候景象造就了充满诗意的"巴山夜雨"。重庆市的市花是山茶花，重庆山多水多、水分充足、空气湿润，非常适合山茶花生长。重庆市的市树为具有顽强生命力、根深叶茂、忍高温、耐潮湿、悬崖峭壁上也迎风昂首的黄桷树，这种树扎根巴渝大地，以其浓郁繁茂的枝叶鼓励山城儿女自强不息。

重庆经历了三次建都和三度直辖。第一次建都是在公元前11世纪，巴人在重庆建立了古代巴国的国都，称"江州"。第二次是元末明玉珍称帝，定国号夏，建都重庆。重庆成为夏国国都。第三次是抗日战争时期，国民政府迁都重庆，重庆成为当时的战时首都，1940年宣布为陪都，是当时全国抗日战争的最高指挥中心，中国大后方的政治、经济、文化中心，成为中华民族抗战救亡的大后方基地。

重庆共有三次直辖的历程。第一次直辖在1939年，重庆被升格为直辖市。第二次直辖是在中华人民共和国成立初期，重庆成为中央直辖市，是中共中央西南局、西南军政委员会和西南军区所在地，是西南地区政治、经济、文化中心。1954年大区撤销，重庆成为四川省辖市。第三次直辖是在1997年3月14日，经第八届全国人大五次会议审议批准，重庆正式成为中国第四个、西部地区唯一的直辖市，重庆再次被确立为中央直辖市，掀开了重庆建设与发展史上崭新的一页。

在距今2万～3万年前的旧石器时代末期，已有人类生活在重庆地区。在浩瀚的历史长河中，重庆以其巨大的凝聚力和辐射力成为古代区域性的军事政治中心和重要的商品物资集散地，从容吐纳万物、孕育生机。近百年来，重庆又经历了因商而兴、内迁而盛、改革腾飞的发展道路。1891年，被辟为对外通商口岸，抗日战争时期成为国民政府的陪都，也是当时全国抗日战争的最高指挥部。中华人民共和国成立后重庆是中共中央西南局和西南军政委员会驻地,是西南地区的政治、经济、文化中心。经过长期的发展,特别是经过抗日战争和"三线"建设时期大规模的迁建、扩建,奠定了现代工业的基础,改革开放以来,特别是直辖以来,经济得到进一步发展,重庆正日益成为西部地区的重要增长极,长江上游地区的经济中心和城乡统筹发展的直辖市,逐步成为长江上游地区的"会展之都""购物之都""美食之都"。

2018年以来,重庆以建设世界知名旅游目的地为目标,唱响"山水之城·美丽之地",让八方游客在重庆"行千里·致广大",通过打好"三峡、山城、人文、温泉、乡村"五张牌,来促进重庆旅游产业的升级发展,积极践行"旅游让人民生活更美好"。

长江三峡作为世界上唯一可乘游船游览的最壮丽的大江峡谷,游船旅游历来是其最主导性的旅游方式。由朝天门起航,经上段涪陵白鹤梁—丰都鬼城—忠县石宝寨,再经中段万州"平湖"城—云阳张飞庙—奉节白帝城—巫山十二峰,最后进入下段湖北巴东神龙溪—秭归名人故里到宜昌三峡大坝,给游客带来"壮美长江·诗画三峡"最完整的航程体验。夔门天下雄、神女山河魅,雄伟险峻的瞿塘峡和幽深秀丽的巫峡,分别构成了长江三峡旅游体验最雄奇的乐章和最浪漫的一幕。

重庆历来以"山城"著称,是中国内地最大、最著名的山城,世界最大的内陆山水城市与半岛山城,立体的魔幻之都。重庆独特的地形造就了国内第一、亚洲第二长的自动扶梯——两路口皇冠大扶梯,全国最深地铁站——深埋地下近百米的重庆轨道交通6号线红土地站,以及景象独特的"轻轨穿楼"等魔幻交通。重庆还被誉为中国"桥都"。据不完全统计全市共有各类城市、公路桥梁上万座,仅主城就有22座跨江大桥。重庆市桥梁创下了多个"世界第一",如朝天门长江大桥就是世界第一拱桥。山城夜景在清乾隆年间就被称为"巴渝十二景"之一,雅号"字水宵灯"。南山一棵树观景台是观渝中半岛山城夜景最佳地;重庆环球金融中心WFC观景台能够360°俯瞰两江交汇奇特景观。两江夜游也是体验重庆山水之城、魅力夜景的经典行程。

重庆是中国著名的历史文化名城。涪陵地区和古江州城先后为古巴国国都,拥有涪陵小田溪巴王墓群和巴蔓子将军墓遗存。重庆开埠之后成为长江上游工商业重镇,湖广会馆是保存至今的"八省会馆"中最宏伟气派的一处，展现了200多年前重庆城万商云集、八省通衢的风貌。抗战时期重庆成为战时陪都，并成为世界反法西斯同盟远东战区的指挥中心，是与华盛顿、伦敦、莫斯科比肩的国际名城。重庆也是一座革命之城，中共第一个地方小组在重庆地区成立、第一次大规模武装起义在重庆地区策划，三大主力红军先后在重庆地区开展了艰苦的军事斗争；城口还是唯一成建制设立了苏维埃政权的革命老区。刘伯承、聂荣臻，赵世炎，杨闇公和原国家主席杨尚昆等，都是重庆的杰出红色英才。位于重庆大足的大足石刻是世界文化遗产，同时还是世界八大石窟之一，是人类石窟艺术史上最后的丰碑，它代表了9～13世纪世界石窟艺术的最高水平。此外重庆还拥有酉阳桃花源、巫山小三峡、万盛黑山谷等众多国家5A级景区，人文底蕴深厚。

重庆温泉资源储量丰富、景观荟萃。温泉资源每天至少可供40万人次使用，仅主城区温泉旅游资源可开采量就可与匈牙利布达佩斯比肩，地热水资源几乎遍布全市所有区县，堪称是建在"温泉上的城市"。2012年，世界温泉及气候养生联合会第65届年会暨国际科学大会上，重庆被授予了"世界温泉之都"的称号，也是世温联发出的全球第一个"世界温泉之都"称号。重庆温泉的历史可追溯上千年。北温泉早在距今1600多年的南北朝时期就成为温泉浴场，堪称世界上最古老的温泉；有"重庆北戴河"之称的北温泉公园，也是中国最早的温泉主题公园。南温泉发现于明朝，始建于清代，相传为明代朱元璋长孙建文帝避难隐居之地；东温泉尚存大量明代以来的古刹庙宇遗迹，更有600多年历史的唯一汉民族裸浴民俗，同时东泉热洞则是世界唯一的喀斯特恒温温泉热洞。

乡村旅游发展已形成以主城近郊休闲区、渝西农业体验区、渝东北乡村生态旅游区、渝东南乡村民俗风情区全方位发展的格局。潼南万亩集中成片的油菜花海多次被评为"中国最美油菜花海"；城口亢谷乡村游的尝土家菜、品蜂蜜酒、住森林人家、听巴山夜雨等民俗特色项目深受游客欢迎；酉阳河湾古寨上百栋吊脚楼依山傍水、鳞次栉比，还有西南地区距今已有600年历史的保存最为完好的土家摆手堂，被誉为"最美土家村寨"。重庆的乡村旅游正按照"一县一品牌，一镇一特色，一村一景区一亮点"的总体要求稳步推进，形式从过去单一的观光农家乐形式，逐步形成农耕体验、果蔬采摘、乡村民宿、研学旅行、拓展运动、养生养老等多种模式并存的新格局。

游客朋友们，我们正在路过的便是4A级旅游景区的江北观音桥步行街。重庆是长江上游的购物中心，但重庆的商业街因山水分割而形成多个中心。重庆主城区的解放碑、江北、南岸、沙坪坝、杨家坪构成了人气颇旺的五大购物商圈。解放碑中心购物广场豪华、气派，是繁华都市的标志，其步行街是中国西部最气派、规模最大的步行街。沙坪坝的三峡广场分为绿色艺术园、商业文化街、名人雕塑园、三峡景观园四个部分，是集商贸、文化、景观、休闲于一体的大型城市广场。新建的南岸步行街在不断融合原有步行街的基础上，打造成为重庆最大的商业步行街。

游客朋友们，接下来，我为大家介绍一下重庆极具特色的交通。目前重庆的交通已形成了"水""陆""空"立体交通网。"水"，已经远远不是传统意义上的船，还包括水翼艇、豪华旅游船、跨江大桥等现代化水上交通工具和设施。"陆"，自然指陆路交通，重庆的陆路交通个性突出，异彩纷呈，有现代化的高速公路、大马路，还有动辄几十级甚至数百级的石质台阶（重庆人称"梯坎"），更有九曲十八盘的山间小路。主城区的公路和街道，在山下蜿蜒，在山腰盘旋，在山脊起伏。在重庆，走路，是一大乐事，它会让您体会到"七上八下"的乐趣；在重庆，乘车也是一大乐事，它会让您体会到坐车就像坐船，起伏跌宕，过足一把瘾。"空"，不是指重庆的国际航空运输，而是指其像彩带似的城市轻轨，南山、歌乐山、南泉观景索道等，像提斗的朝天门码头缆车，凯旋路电梯，亚洲第二长的一级提升坡地的菜园坝自动扶梯，这些现代化的交通工具形式之多样，都是其他城市少见的。特别是重庆的跨江索道，为全国独有，游客乘坐其上，就像踏云而行，有一种空中飞翔的惊喜与快乐，而且可以在惊喜刺激中缓缓欣赏重庆山环水拥的自然美景。可以说立体化、多样化的大交通，增加了城市的运动感，像流动的旋律，是现代化都市重庆雄浑的交响乐章。

在重庆，还有一大特色就是美女多。解放碑步行街可以说是聚集漂亮女孩和看漂亮女孩的人群最多的地方。美容专家靳羽西女士也说，中国最漂亮的女人在重庆。重庆女孩子个个身材苗条，肌肤细嫩，天生水灵，天生柔媚。重庆女孩是那种充满活力的女孩，时而温柔如水，时而热情似火，不仅有女人的细腻，还带有一点男人的阳刚之气。她们敢爱敢恨的品格在全国有口皆碑。她们个性直率、泼辣大胆、大方豪爽、开朗能干、为人心直口快，具有北方的性格、南方的娇美。她们会很义气，即使是淑女也能大声与你划拳；她们敢穿，敢打扮，敢标新立异，穿衣服总是那么前卫，那么紧跟时尚，甚至引导潮流。重庆女孩长得漂亮、性格豪爽的原因，是因为地理环境的孕育、饮食文化的熏陶、移民城市的优势。重庆湿润的气候，具有天然保湿功能。重庆坡高路陡，造就了重庆女孩的好身材和健美活力。

这里，我还要给大家介绍一下重庆的美食。提起重庆美食首推火锅，重庆火锅起源于江边船夫的生活。吃重庆火锅，关键就在于吃出一种大家乐的气氛，吃出一种无拘无束、自我满足的感觉。重庆火锅已经得到了世人的认同与喜爱，遍及全国，名噪天下，红遍大江南北，成为最具大众化的一道美食名品，成为重庆饮食文化的烫金"名片"。以重庆火锅为代表的重庆菜，已经成为我国饮食文化中的一朵奇葩。重庆好吃的东西太多了，如著名的重庆菜：鸡有辣子鸡、泉水鸡、瓦块鸡、口水鸡、竹笋鸡、安平鸡、烧公鸡、叫花鸡、棒棒鸡、土匪鸡、山菌烧山鸡、黔江鸡杂等；鸭有啤酒鸭、香坛鸭、樟茶鸭、虫草鸭、老鸭汤、泡坛醉鸭等；鱼有干烧鱼、脆皮鱼、麻辣鱼、水煮鱼、来凤鱼、酸菜鱼、火锅鱼、泰安鱼、酸汤鱼、乌江鱼、白渡鱼、豆花鱼、三妹鱼、邮亭鲫鱼等；还有干煸鳝段、辣子田螺、毛血旺、香辣蟹、泡椒牛蛙、鹅掌门、城口烧腊肉等民间特色菜。如果想尝尝重庆小吃，那就最好到解放碑八一路"好吃街"，口水鸡、鸡丝豆腐脑、东东包、凉面、川北凉粉、卤水鸭掌、酸辣粉、过桥抄手、担担面、鸡油汤圆、醪糟等名小吃让您吃够了还会兜着走，只恨自己的肚子不够大。吃重庆菜有一种痛快的感觉，重庆是一个让人馋得流口水的城市。

游客朋友们，我们的车已经抵达了入住的酒店，刚才听了我对重庆概况的介绍，我相信各位游客一定对山城重庆更加向往了。现在请大家带好随身携带的物品下车，我们入住后稍事休息，便一同去领略重庆的味道吧！

二、送站沿途导游

亲爱的朋友们，我们此次的山城之行即将结束，在这短短的几天当中，我们一起度过了一段美好而难忘的时光。我相信重庆的山、重庆的水早已印在了您的脑海里，重庆的温度、重庆人的热度、重庆城的气度早已深深地感染了您,特别是重庆的火锅一定还在您的唇齿间留香。

感谢大家一路上对我工作的支持和理解,特别是大家的热情和友好让我深深感动。你我的相识,让彼此知道了,相逢是缘,相识是缘,相知是缘,相伴更是缘,通过这几天的相处,也让我们知道了,人活在这个世界上,还有比钱更重要的东西,那就是——感情!愿我们彼此之间的友情像长江、嘉陵江水一样源远流长。我知道这种友情不会因时间和空间的距离而减少,它会像大足石刻一样越来越醇香和绵长。

在离别之际我送大家一句话:我们常说因为生活我们不能失去工作,我们努力地工作是为了生活,那反过来我们也不能因为工作失去生活,在您忙碌的工作之余别忘了给自己留一份空间,出来旅行一下。大家也别忘了,激情四射的重庆永远在这里守望着您,有机会再来重庆坐坐,喝杯浓茶,爬爬梯坎,吃顿火锅,打望美女。同时,我本人及我所在的重庆××旅行社将始终陪伴您,为您提供更好的服务。

此时无声胜有声,道是无情却有情!千言万语也不能表达我对您的祝福之情,万语千言汇成一句话:祝我的朋友们在人生的道路上,一路走好!好人一生平安!

第二节 长江三峡国际黄金旅游带沿途导游

各位朋友,大家好!欢迎大家乘船游览美丽的长江三峡。能为大家服务,我十分高兴和荣幸。希望壮丽的三峡和我的服务都能给大家留下美好的印象。

在游船即将起航之际,我先为大家介绍一下长江三峡的有关情况(讲解时,可以根据临场的具体情况,对以下内容进行"搭积木"似的组合,也可以先简略介绍长江三峡的总体情况,而把有关的详细内容安排在更为合适的时空进行讲解)。

【长江与三峡】

三峡是长江的一个河段,了解三峡首先得从了解长江开始。大家都很熟悉《长江之歌》吧!"你从雪山走来,春潮是你的风采……"这首歌已经成为中国音乐的经典旋律,它形象地描绘了长江的波澜壮阔、曲折回转的情景,表达了长江之水从雪山一路奔腾而来的磅礴大气。长江是我国的第一大河,发源于青藏高原唐古拉山脉主峰西南侧,干流全长 6300 余千米,长度居世界第三位;流域面积 180 余万平方千米,占中国河川径流总量的 36%左右,水量居世界第三位,仅次于亚马孙河和尼罗河,相当于黄河水量的 20 倍。长江共有大小 400 多条支流,主要支流有雅砻江、岷江、嘉陵江、乌江、汉江等 49 条。长江中下游是中国淡水湖分布最集中的地区,主要有鄱阳湖、洞庭湖、太湖、巢湖等。长江的不同河段也有各自的习惯性称谓,比如,青海省玉树市巴塘河口以上分别称沱沱河和通天河;巴塘河口至四川宜宾岷江口称金沙江;宜宾至湖北宜昌称川江;长江三峡一带称峡江;湖北枝城至湖南岳阳城陵矶称荆江;江苏扬州镇江以下江段,因古有扬子津渡口,故又名扬子江。长江纳百川容千流,穿山越谷,浩浩荡荡,气势磅礴,在重庆至湖北境内形成了世界著名的大峡谷,造就了雄奇壮丽的三峡百里山水画廊。三峡西起重庆奉节白帝城,东至湖北宜昌南津关,由瞿塘峡、巫峡、西陵峡三大峡谷组成,全长 193 千米。从自然上讲,三峡是长江的标志性景观河段,从人文上讲,三峡是长江文明的华彩乐章。长江三峡犹如一幅神奇的自然画卷和文化艺术长廊,是集游览观光、科考怀古、艺术鉴赏、文化研究、民俗采风、建筑考察等于一体的国家级旅游风景名胜区。雄伟壮观的山水风光、积淀厚重的历史文化和不胜枚举的名胜古迹,使三峡成为我国著名的黄金旅游带和举世闻名的观光休闲旅游胜地。三峡风光是长江风光的精华,神州山水的瑰宝。古往今来,三峡留下了历代骚人墨客畅游的千古绝唱,三峡旅游一直是万里长江不变的主题。三峡因长江而存在,长江以三峡而骄傲。美国人罗斯福曾说,每个美国人都一定要去看看科罗拉多大峡谷,因为峡谷是用时间缓慢雕刻出的惊心动魄。和科罗拉多大峡谷纯粹沙石沟壑的粗犷相比,三峡更完美地将山水、人文景观结合到了一起。三峡是全球排名前五位的大峡谷中唯一可以乘船在大江上游览的大峡谷。如果说长江是一首交响曲,那么进入三峡就开始了它最华彩的乐章。

【三峡的形成】

从地理学的角度来讲,长江三峡是强烈的造山运动所引起的海陆变迁和江河发育的结果。三峡地貌变化之大,可以用沧海桑田来形容。远古时代，三峡地区是一片汪洋大海。距今 18 亿年前的印支造山运动，使华南地区形成陆地与华北陆地连成一体，中国地势东高西低，西南地区仍为古地中海的一部分，古长江从东向西流向古地中海。距今 7000 万年前，燕山造山运动使巫山山脉自北而南隆起，切断古长江，于是，巫山以东的古长江即向东流，巫山以西的古长江仍向西流。距今 4000 万年前的新生代之初，喜马拉雅造山运动气势非凡，使中国的西部地区迅速抬升，形成世界第三极高峰和整个青藏高原及中国西高东低的地势，强迫浩渺的西部之水向东流去，去冲刷切割阻挡长江的巫山山脉。长江左突右冲，终于波涛汹涌地劈开巫山山脉，夺路奔流形成了壮丽雄奇、举世无双的长江三峡大峡谷。长江就永远地"大江东去"，从此"不尽长江滚滚来"！三峡横空出世，鬼斧神工的地理奇观，雄、壮、险、奇的天然美景，是造物主在大地上刻画雕琢出的惊世杰作。三峡是大自然的运动在地球表面留下的种种奇迹中最惊心动魄、最雄奇壮观的精彩华章，是大自然创造的奇迹。三峡两岸可以欣赏到举世罕见的峡谷地貌、溶洞景观、名山水景、原始森林及距今 4000 多年历史文化和 200 万年前古人类活动的遗迹。山，是三峡的骨架与躯体；水，是三峡的灵魂与血脉。山水交融、人文造化形成了壮丽的长江三峡。

当然，关于三峡的形成也有很多美丽的传说，最典型、流传最广的是"大禹开江"。传说长江的主流最早不是经现在的三峡流下，而是流经古之南江"涔水"。由于当时天下洪水泛滥，大禹决巫山，令江水得东过，终于使长江"东流之注五湖"（洞庭湖、鄱阳湖、太湖、洪泽湖、巢湖）之处，三峡之水从此畅通，长江的主流才改从现在的河道（北江）流淌。大禹导江治三峡，是有史料记载的。春秋孔子、汉代诸葛亮、晋代郭璞、北魏郦道元等历代名人都有论述。虽然是传说，但它反映出了古代人民在与洪水长期斗争中的美好愿景。

【三峡自然风光】

重庆奉节白帝城至湖北宜昌南津关是地理概念的三峡范围，也是三峡旅游的核心区域。我们通常所说的三峡风光一般泛指从重庆到宜昌全长 600 千米的峡江风光。整个三峡位于崇山峻岭之中，两岸山高谷深，悬崖绝壁，群峰竞秀。三峡"山水峡林泉洞，包罗万象；雄奇秀险峻幽，无奇不有"；其景色之壮观，气象之万千，占尽天下所有自然景色。长江三峡是最早我国面向世界推荐的两条黄金旅游线之一,中国十大风景名胜区之一,全国四十佳旅游景观之首。瞿塘峡是三峡中最短的峡谷,以雄伟险峻著称于世。瞿塘峡山势雄峻,峡江两岸似斧劈刀削,其中,夔门山势尤为雄奇,既是瞿塘峡的点睛之笔,也是长江三峡的景观代表。古诗云"众水会涪万,瞿塘争一门",人们常说"峨眉天下秀,青城天下幽,剑门天下险,夔门天下雄"。巫峡是三峡中最长的峡谷,以幽深秀丽闻名中外。巫峡最负盛名的是巫山十二峰,峰峰奇绝,就像一串翠绿的宝石镶嵌在江畔,其中以神女峰最富魅力。由于巫峡湿气蒸腾不散,容易成云致雾,常见云雾或缠绕于山腰,或漂浮于江面,因此,古代文人墨客游历三峡时,无不为三峡云、雨而动情。唐代诗人元稹在《离思·五首之四》中这样吟道:"曾经沧海难为水,除却巫山不是云……"诗人之挚爱与真情可谓感人肺腑。秀美的山水加上感人的诗句,足以使巫山云雨冠盖天下云雨。巫峡小三峡更是王冠上的明珠,为天下绝境。小三峡雄奇之中又带着秀美,龙门峡峭壁高耸入云,巴雾峡云霞缥缈,滴翠峡水嫩苍翠。西陵峡自古因滩多水急而声名远播。两坝(葛洲坝、三峡大坝)建成后,又以山灵水秀著称。长江东出南津关后,江面骤然开阔,由400米增至2000米左右,水流由急变缓。宜昌古称"夷陵",就是根据"水至此而夷,山至此而陵"而得名。大自然把所有雄奇的力量都整合在三峡,把所有瑰丽的色彩都附丽在三峡,峡长、谷深、江险,构成了三峡壮丽多姿的自然景观,完成了一章最完美、最奇异的诗篇。雄奇壮丽的长江三峡的自然风光,吸引了一代又一代的中外游人。

【三峡文化】

长江三峡不仅是地理意义上的大峡谷,还是我国乃至亚洲最早居住古人的地区之一,是中国和世界人类远古文明出现最早的发源地之一。考古学家在大量的遗址遗迹中已经找出三峡人活动的大致轮廓,在旧石器时代遗址的巫山龙骨坡,发现了200多万年前的古人类化石,证明"巫山人"是全球迄今为止发现最早的人类;新石器时代遗址大溪文化展示了三峡人类的聪明才智;古代巴人的遗址和墓地反映了三峡是巴人的政治、经济、文化的中心地,是解开古代巴人历史之谜的主要地段。长江文明堪与黄河文明媲美。三峡也是中国古文化的重要发祥地之一,是华夏文明的另一个摇篮和重要通道。在历史进程中,长江连接起下游的吴越文化、中游的荆楚文化、上游的巴蜀文化。而三峡，像一个巨大的纽结，沟通了江汉平原和成都平原，将巴蜀文明和荆楚文明连接起来，造就了完整的长江文明。三峡两岸夏商周遗址、秦时栈道、楚国阳台、丰都鬼城、忠县石宝寨、奉节白帝城、云阳张飞庙、夷陵古战场、屈原故里、昭君故里、八阵图、永安宫、涪陵白鹤梁、黄陵庙等古代建筑和文化遗迹，与雄伟壮丽的自然景观融为一体，向人们展开了数千年文化历史的巨卷。可以说，百里三峡是一条哺育中华五千年文明的纽带，如果没有这条纽带，中华民族文化史就是残缺的。

自然山水与人文的融合，产生了三峡文化独特的人文历史精神——三峡精神。三峡精神是三峡人民依托三峡山水在历史长河中创造出来的精神，包含以巴人为代表的忠勇刚烈的品格、以楚人为代表的开创奋进的精神，以及承担大义、舍身为国的自我牺牲精神。上下几千年，纵横数千里，三峡人每每在中华民族危重关头，像峡江中的山脉，以负重和牺牲为代价，承担着一个民族希望的人文历史形象和品格。远在武王伐纣平定天下，邀三峡巴人逐鹿中原时，其骁勇善战、无所畏惧、前歌后舞的战斗形象已成千古绝唱。后至宋末钓鱼城抗敌，巴人拼死苦战，视死如归，不容外强染指河山的气概，气壮山河。再到14年抗战，他们忍受饥饿，承受狂轰滥炸，成为一道不可逾越的屏障，守卫着中国大后方，苦苦保全了一个民族的尊严。抗战时期，三峡的意义还在于它是一种精神力量的象征。当时日本人已经过了武汉，为了抢运中国的工厂设备和北京的国宝，卢作孚无私出动重庆民生轮船公司全部船只，连夜运输。当时老百姓用绞盘拖船，用人力拉一艘艘分装船。那是一场意志与力量的抗争，中国民众有着一种不可抗拒的力量。当时美国报刊登载了中国全裸的纤夫抢运战时物资照片，震撼了全世界，知道这样一个民族在最危险的时候会用肉体与钢铁搏斗。那大船小船齐头并进、民众齐心协力的场面永远留在了这个民族的精神史上。三峡纤夫为最终赢得民族保卫战做出了巨大牺牲和不可磨灭的贡献。三峡纤夫是三峡人最典型的缩影。过去三峡两岸，一群群头包布帕、腰缠麻片、足蹬草鞋的纤夫，身背长纤，力挽狂澜，与三峡的恶水险滩搏斗。长江三峡纤夫面对的危险要远远超过在平岸上拉纤的伏尔加船夫，他们光着脚行进在江边尖利的岩石上，夏天顶着骄阳，冬天经受刺骨的寒水，奋力拉船。伏尔加河的纤夫在苍莽的伏尔加河上显得无奈、凝重、悲怆，而三峡纤夫则表现出在长江峡谷中为生存抗争奋进，有着中国独特的进取人生、积极生命的文化意义。与三峡纤夫相伴的是铿锵有力、淳朴粗犷的《船工号子》，这是与自然、与命运、与意志抗争动人心魄的搏斗之歌。千百年来三峡船工面对艰险毫不退缩，勇往直前的探索激情和开拓闯关的精神正是三峡最豪壮、最浪漫的乐章。三峡人与急流险滩搏斗的"闯滩"精神，永远是三峡文化的精髓，是值得不断开拓和利用的珍贵遗产。另外，三峡移民反映出来的开拓进取和无私奉献的移民精神也是三峡精神的延续。在建设长江三峡水利枢纽工程过程中，三峡库区"百万大移民"。他们顾大家舍小家，毅然舍弃眷恋的家园，离开视为生命的热土，为三峡工程做出了特殊的奉献。

【三峡诗文化】

三峡是诗歌的圣殿。几百里三峡画廊，到处都可以拾到古代文豪们遗留的不朽诗篇；长长的峡江两岸，遍地是骚人墨客万古流芳的华章。《唐诗三百首》中有30首写长江，有12首写三峡，历代歌咏三峡的诗作超过4000首。我国历史上许多著名的政治家、文学家，如屈原、宋玉、李白、杜甫、白居易、孟浩然、刘禹锡、元稹、黄庭坚、苏洵、苏轼、苏辙、欧阳修、陆游、范成大等，有的曾在峡区为官做吏，有的在峡区旅居、漫游，写下了大量咏叹三峡、堪称千古绝唱的不朽诗篇，赋予了三峡山水更深层次的文化内涵与更高层次的文化品位。三峡壮美的山川孕育、熏陶并激励着人们的情感。诗人一踏上长江三峡，就才情迸发、诗情涌动，"三峡"也就随着诗歌在中国文学史上成为令人向往的地名。中国诗歌史上最沉重、最深刻、最痛快、最雅致的诗篇有相当数量都与三峡有关。屈原《九章》《九歌》里大量的篇章讴歌了三峡的风土人情；宋玉的《神女赋》和《高唐赋》使"巫山云雨"变成了长江三峡的代名词；李白三到三峡，一首《早发白帝城》成为千古绝唱；白居易在三峡为官，写了200多首诗；曾在云阳和奉节白帝城旅居两载的诗圣杜甫，作诗437首，占杜甫传世作品的一半，写下了"无边落木萧萧下，不尽长江滚滚来"等名篇佳作。刘禹锡曾任夔州（今奉节）刺史，发掘出当地民歌竹枝词，开一代新风，一曲古典情歌"杨柳青青江水平，闻郎江上踏歌声。东边日出西边雨，道是无晴却有晴"，让竹枝词这种艺术形式走上文坛，使三峡地区民歌在文化史上放射出夺目的光辉。李商隐的"君问归期未有期，巴山夜雨涨秋池"，声情并茂。历代的大诗人，多在三峡有过杰作。这段长达193千米的峡谷，不仅仅是一轴山水长卷，更是一段诗书长廊。可以说三峡就是一首壮丽的诗歌，每一段峡谷，每一片江面，无不平仄和谐。从雄壮的瞿塘峡到婉约的巫峡，再到行云流水的西陵峡，三峡是段落分明而又酣畅淋漓的黄钟大吕。三峡是对中国诗人才情的最大挑战。三峡成就了这些千古绝唱，名篇佳句加深了三峡的魅力，三峡之灵山秀水给文人们以灵气和灵感；而文化名人留下的足迹和诗篇又使三峡声名远播；山水与文化相得益彰，三峡山水因富有文化内涵而流芳千古。大自然的鬼斧神工造就了风景如画的三峡外在美，而其内在美，则是历朝历代的优秀文人用心灵铸造的。在世界著名的大峡谷中，中国的长江三峡是唯一一座将鬼斧神工的自然和浓郁深厚的文化完美凝聚的峡谷。

【三峡工程】

长江三峡水利枢纽工程，通常简称"三峡工程"，是当今世界上最大的水利工程，由拦河大坝、水电站和通航建筑物三大部分组成。三峡大坝位于长江三峡西陵峡中段三斗坪，大坝全长2335米，坝高185米，正常蓄水位175米，总库容393亿立方米，防洪库容221.5亿立方米，相当于4个分洪区的库容。五级船闸可通过万吨级船队，大坝通航建筑物可快速通过3000吨级的客货轮。三峡工程采用"一级开发、一次建成、分期蓄水、连续移民"的方案。主体工程总工期17年，分3个阶段进行，一期工程5年，二期工程和三期工程均为6年。三峡工程于1993年开工，1997年实现大江截流，2003年三峡成库蓄水到135米高程，启用永久通航建筑物和首批机组发电，2009年全部工程竣工投产。三峡工程具有防洪、发电、航运、养殖、旅游、保护生态、净化环境、开发性移民、南水北调和供水灌溉十大综合效益。防洪是三峡工程的主要功能，可使长江中下游防洪标准从十年一遇提高到百年一遇，基本上消除洪涝灾害的影响。三峡水电站建成后将是世界八大水电站中最大的水电站，装机26台，总容量达1820万千瓦，平均年发电量达到847亿度，一年上交的利税可以建一座葛洲坝枢纽工程。三峡水库将改善航运里程660千米，使万吨级船队可以从武汉直达重庆。三峡工程是中华民族在三峡谱写的一首新民族之歌。世界第一的三峡大坝和世界上最大的水电站以及通航建筑物，成为三峡新的世界奇观。三峡大坝是三峡旅游的终点，给三峡之旅画上了一个圆满的句号。重庆是长江三峡旅游最佳起始点，从重庆出发畅游神奇美丽的长江三峡,顺水行舟,直挂云帆济沧海。

【白鹤梁水下博物馆】

朋友们,轮船左前方就是被称为"世界第一古代水文站""世界水文资料宝库""水下碑林"的重庆涪陵白鹤梁水下博物馆。

按照行程安排,本次我们不靠岸进博物馆参观,这里我给大家做个简要介绍。博物馆是为保护白鹤梁题刻而修建的。白鹤梁题刻位于长江三峡库区上游重庆涪陵区城北的长江中,是三峡文物景观中唯一的全国重点文物保护单位,联合国教科文组织将其誉为"保存完好的世界唯一古代水文站"。是一块长约1600米、宽15米的天然巨型石梁。每年12月到次年3月长江水枯的时候,才露出水面。石梁上刻有自唐广德元年(763年)至当代的石刻题记165段,其中水文题记108段;石鱼图18尾,其中作水文标志者3尾,计3万字。题刻、图像断断续续记录了1200余年间72个年份的历史枯水位情况,对研究长江中上游枯水规律、航运以及生产等,均有重大的史料价值。由于三峡工程的兴建,白鹤梁题刻将永沉江底。为了让后人能观赏这一文物,国家投入2亿元建设了白鹤梁水下博物馆。整个保护工程,由"水下博物馆""连接交通廊道""水中防撞墩""岸上陈列馆"四部分组成。水下博物馆就是在白鹤梁原址上修建一个保护壳体。游客可以下到带参观窗的水下通道,透过玻璃舷窗欣赏白鹤梁题刻。保护体内还安装了6排150组灯源,每组灯源由9个小灯组成,而每个小灯里又藏着8个聚光和散光灯。白鹤梁水下保护体犹如一个璀璨的水晶宫。游客可在长江防护大堤上建造的陈列馆内,根据自己的需要,操作摄像头,通过计算机屏幕,从不同角度近距离观赏白鹤梁。同时,少数专业人士还可通过潜水的方式参观白鹤梁。

【丰都鬼城】

各位朋友,我们即将登岸游览神曲之乡——丰都鬼城,利用这个等待登岸的时机,我为大家介绍一下丰都游览的相关情况。

举世闻名的丰都"鬼城"位于长江北岸,是集儒、道、佛三教文化于一体的民俗文化艺术的宝库,堪称"中国神曲之乡"。主要景点有名山、双桂山、鬼国神宫等。今天,我们主要游览名山。

丰都名山,古称"平都山",系道家72洞天福地之一。平都为古代巴子别都,因其地处秦、楚争雄要地,承蒙黄河、长江文化孕育,秦风楚韵,蜀气巴魂，多有浸润。据北宋大文豪苏东坡游览丰都时所写"平都天下古名山"诗句而改称"名山"至今。自汉代阴长生、王方平居名山修道成仙之说而讹传"阴、王"二人为"阴王"，阴间之王居所即"鬼都"。

唐代大诗人李白写就"下笑世上士，沉魂北丰都"诗句，更使鬼城之名远扬。经过了明清小说的渲染，更加神秘怪诞。鬼城仿阳间司法体系，营造了一个等级森严，熔逮捕、羁押、庭审、判决、教化功能为一炉的"阴曹地府"。惩治生前作奸犯科者。虽阎王、判官、小鬼只是虚妄传说，但其惩恶扬善的社会教化功用又为人们所称道。景区林木苍翠，建筑精美，暮鼓晨钟，江山一脉；朝霞夕照，风光醉人，庙宇殿堂神像森罗，楼台亭阁依山而立；名人骚客流墨遗雅，碑刻诗联韵味隽永。

好了，让我们一起登岸，去体验神秘的鬼国幽都吧。

【石宝寨】

大家看到游船正前方江面中间的巨型盆景了吗？那就是忠县石宝寨，一会儿我们将登岸游览。利用这个机会，我为大家介绍一下石宝寨的概况。

石宝寨位于忠县和万州区之间的长江北岸，是国家级文物保护单位，国家 4A 级旅游景区。它孤峰拔地，四壁如削，形如玉印，传说它是女娲炼石补天遗留下来的一块五彩石，故称"石宝"。明末农民首领谭宏起义，据此为寨，故名石宝寨。石宝寨建于明万历年间，距今 400 多年，寨楼依山而建，飞檐展翼，极为壮观。阁楼共 12 层，通高 56 米。寨顶有古刹天子殿，临岩筑墙，殿宇巍峨，蔚为大观，还有文物陈列室、鸭子洞和流米洞等。

石宝寨以奇特的建筑和许多有趣的传说闻名于世，被列为世界八大奇异建筑之一。1979 年对外开放以来，被中外游客誉为"江上明珠"。

三峡工程建成后，抬升的水位将淹没到石宝寨寨门，为了保护石宝寨景观不受影响，国家投资 8000 余万元人民币修建了石宝寨围堰，使石宝寨成为世界上最大的"盆景"和江中"小蓬莱"。

【万州概况】

各位朋友！游船现在经过的是重庆万州区。万州地处三峡库区腹心，长江中上游接合部，因"万川毕汇、万商云集"而得名，是长江十大港口之一。全区面积 3457 平方千米，辖 52 个镇乡、街道。总人口 170 多万，在重庆 38 个区县中人口最多；城市建成区面积 41 平方千米，城区人口近 60 余万，城市规模除重庆主城以外全市最大。

万州历史悠久，文化厚重。自西周以来，一直为州、郡、县所在地。中华人民共和国成立后，置万县地区，辖 9 县 1 市。1992 年撤销万县地区，设立地级万县市，辖 3 区 8 县。重庆直辖后，1998 年撤销万县市，设立万州区。万州文化积淀深厚，巴楚文化、外来文化、三峡文化交会于此，李白、黄庭坚等众多骚人墨客在万州尽显风流，遗迹尚存。一代诗人何其芳、杨吉甫，作家方敬、张永枚，美学家蒋孔阳均出生于万州。

万州物华天宝，资源丰富。拥有水能、天然气、岩盐等优质资源，开发价值高，可供开采的矿产资源达 38 种，特别是天然气储量达 2300 亿立方米，岩盐储量达 2860 亿吨。属暖湿亚热带季风气候，气候温和，立体气候明显，森林资源丰富，珍稀动植物品种繁多，分布广泛。

万州开放较早，交通便利。历为商贾云集之镇，交通之要津，渝东、鄂西、黔北、陕南、湘西的水陆交通枢纽和物资集散中心，素称"川东门户"。

1902 年辟为商埠，1917 年设立海关。三峡库区蓄水后，万吨级船队可常年直抵万州。长江黄金水道、318 国道、达（州）万（州）铁路、万州机场、渝（重庆）万（州）高速公路、万（州）开（县）高速公路、万（州）宜（昌）铁路等构成水、陆、空立体交通网络基本形成。

万州拥有太白岩、青龙瀑布、大垭口森林、潭獐峡、王二包自然保护区、盐井沟龙洞、天子城等特色旅游景点。大家再来三峡的话，不妨到万州好好看看！

【张飞庙】

各位朋友，一会儿我们将上岸夜游张飞庙。张飞庙又名张桓侯庙，是全国重点风景名胜区。位于与重庆市云阳县城隔江相望的飞凤山麓，系为纪念三国时期蜀汉名将张飞而修建，始建于蜀汉末期，后经宋、元、明、清历代扩建，已有 1700 多年历史。琉璃粉墙、金碧辉煌的殿宇群，依山取势，气象宏伟，庙内碑刻书画丰富。

据史传，张飞在阆中被部将范疆、张达暗害后，二人取其首级投奔东吴，行至云阳，听闻吴蜀讲和，便将其首级抛弃江中，被一渔翁捕鱼时打捞上岸，埋葬于飞凤山麓，世人在此立庙纪念，故有张飞"头在云阳，身在阆中"之说。张飞大义大勇,为人民所敬仰,历年来农历八月二十八其生辰各地群众纷纷前来祭祀,颇具一定规模与影响。

张飞庙充分利用地形地貌,依山临江,山水园林与庙祠建筑浑然一体,相互衬托。庙外黄桷梯道、石桥涧流、瀑潭藤萝、临溪茅亭、峻岩古木等景色,秀美清幽。庙内结义楼、书画廊、正殿、助风阁、望云轩、杜鹃亭、听涛亭等古建筑,布局严谨、层叠错落、独具一格,既有北方建筑雄奇的气度,又有南方建筑俊秀的意韵,竹木掩映、曲径通幽。因此,张飞庙素有"巴蜀胜境"的美称。

张飞庙还收藏汉唐以来的石刻、木刻、字画600余件及新石器时期以来的其他文物千余件。尤其是字画碑刻,名家圣手,流派纷呈,各领风骚,不少为国内外所罕见,具有较高的历史、艺术和科研价值,如汉《张表碑》、梁《天临碑》、黄庭坚书《幽兰赋》、苏轼书前后《赤壁赋》、岳飞书前后《出师表》等,因而早有"张祠金石,甲于蜀东"的说法。所以,张飞庙又有"文藻胜地"之盛誉。

我们今天将要游览的是因三峡工程建设而"原物组装"迁建至长江南岸云阳盘石镇境内"新"的张飞庙。云阳县盘石镇境内的长江南岸,与云阳新县城隔江相望。

【白帝城】

白帝城东依夔门,西傍八阵图,三面环水,雄踞水陆要津,为历代兵家必争之地。西汉末年公孙述据蜀,在山上筑城,因城中一井常冒白气,宛如白龙,他便借此自号白帝,并名此城为白帝城。公孙述死后,当地人在山上建庙立公孙述像,称白帝庙。由于公孙述非正统而系僭称,明正德七年四川巡抚毁公孙述像,祀江神、土神和马援像,改称"三公祠"。明嘉靖二十年(1541年)又改祀刘备、诸葛亮像,名"正义祠",以后又添供关羽、张飞像,逐渐形成白帝庙内无白帝,而长祀蜀汉人物的格局。

白帝庙内现有明良殿、武侯祠、观星亭等明清建筑,还陈列有瞿塘峡悬棺内的文物和隋唐以来73块书画碑刻,以及历代文物1000余件,古今名家书画100余幅。其中"竹叶字碑"诗画合一,风格独特;"三王碑"镌凤凰、牡丹、梧桐,精美华丽,堪称瑰宝。其中还有著名的春秋战国之交的巴蜀铜剑,其形如柳叶,工艺精湛。东、西两处碑林,陈列着70多块完好的石碑,其中隋代碑刻距今已有约 1300 年的历史。

三峡工程建成后，水位抬高。白帝城四面环水，成为人间仙境，景色更加美丽迷人。近年来，景区在距离白帝城 1000 多米的宝塔坪投资修建了现代化的旅游专用码头，还修建了连接江岸与白帝城的风雨廊桥，不但为游客带来方便，也成为白帝城新的景观。

【夔门】

"众水会涪万，瞿塘争一门。"前面便是三峡的代表性景观之一——夔门了。夔门南侧的是白盐山，北侧的是赤甲山。两山夹江对峙，拔地而起，高耸入云，巍峨峥嵘，峡江两岸则壁立如削，恰似天造地设的大门。这里的崖高 500 米、河宽只有百米，但流量多达每秒 5 万多立方米。真是"两山夹抱如门阀，一穴大风从中出"。

"白盐赤甲天下雄，拔地突兀摩苍穹。"赤甲山因含有氧化铁的水溶液黏附在风化的岩层表面，此山土石呈红色，如人袒背，故名赤甲山。白盐山系因黏附在岩石上的水溶液，主要是含钙质，色似白盐得名。在灿烂的阳光下，赤甲山略显红色，白盐山呈灰白色，隔江相望，一个红装，一个素裹，可谓奇景。

"若言风景异，三峡此为魁。"一会儿我们乘船经其间，仰望千丈峰峦，只见云天一线，奇峰异石，千姿百态。游人至此，具有"峰与天关接，舟从地窟行"之感。

库区蓄水后，现在的水位在原来的基础上抬高了将近 100 米，江面开阔了，原来"水头如箭破夔门"的雄伟壮丽景色也被"高峡出平湖"取代了。尽管如此，库区水位即使上升到最高水位 175 米时，"夔门天下雄"的气势依然如昔。夔门不仅是长江三峡山水峡谷景观的标志，也是重庆的重要地理标志之一，中国最美在长江，长江最美在三峡，三峡最美在夔门。

【大溪文化遗址】

大溪文化遗址位于瞿塘峡东口，大宁河宽谷岸旁的大溪镇，是我国长江流域古文明的发祥地之一，它是中国新石器时代母系社会的重要遗迹。郭沫若将其称为"大溪文化"。属于巫山县的大溪镇，镇西有一条溪河，注入长江。因其水色如黛，名曰黛溪。黛溪汛期时水势浩浩，因而又名大溪。该文化遗址距今五六千年，属母系氏族晚期至父系氏族的萌芽阶段，是中国著名的原始社会古文化遗址之一（可根据情况从发掘、文物两个方面加以展开）。

【巫山三台】

朋友们，三台八景是巫山著名的景观。所谓三台，即楚阳台、授书台、斩龙台。

楚阳台（古阳台）在巫山城北约1000米的高邱山（一名高都山）上，台高约330米，面对浩浩长江；半山腰有"观"，名叫高唐观，古庙已废。据史书记载，巫山之口阳台高唐，是因楚国宋玉作《高唐赋》而名始传。

授书台位于巫山十二峰的飞凤山麓，在青石的西面，与神女峰隔江相对。这里有一个石坛，地势平坦。传说古时候，瑶姬带领众姐妹游东海回到巫山，见大禹正帮助三峡黎民百姓治水，正遇到困难。瑶姬就向大禹授天书于此平台，因此得名。

斩龙台位于巫山县西部长江南岸的错开峡，距县城40千米，离黛溪镇约5千米。黛溪水由南注入长江，峡谷幽深，两岸山势犬牙交错。东面的岩石上，立着一根顶细底粗，高60多米的圆形石柱，叫锁龙柱。隔峡相对的西面，有一个半环形的石岩，向上望去，形如石鼓，传说这是大禹治水曾经锁龙之处，名斩龙台。

【巫山八景】

宁河晚渡：距城东约500米的象鼻山下，碧绿清澈的大宁河水，缓缓流入长江，天气晴朗的时候，每至日暮，霞光灿烂，烟雾横江，桨声一响，歌起人渡。

青溪渔钓：青溪在巫山城南下游5千米处，一山涧小溪流入长江，溪边绿竹夹洞，半露桥石，流水声声，环境特别幽静，是钓鱼的佳境。

阳台暮雨：位于城西约1000米的高都山上，原是楚阳台古址。

南陵春晓：南陵山在巫山城对岸。山势巍峨，卉木丛生，山顶有古南陵观。每到春时，桃红梨白，飞瀑流湍，春意盎然。特别有趣的是南陵雄鸡，报晓最早。好似那巫山城一片明媚春光，都由南陵而来。

夕霞晚照：城隔岸东南，夕阳落时，光线被遮，但唯有杨柳坪石柱缝中，红霞一线射出。绿树千丛，霞光中分外逗人喜爱。

澄潭秋月：大宁河东岸，有潭阔数丈，深千尺，清澈见底。凡临秋季，月光如练，潭面如镜，倒映明媚之秋月，宛若水中之仙。

秀峰禅刹：秀峰寺在城东北 25 千米的五凤山上。上有殿宇，周围苍松翠柏，烟云鸟语，婉转不绝。

女观贞石：在城北 2 千米的女观山上，有一石矗立，如人形，相传昔有女人，其夫宦蜀，登山望夫，因化为石，故名望夫石。

【巫山十二峰】

巫山十二峰分别坐落于巫山县东部的长江两岸，江南江北各有 6 峰，各距县城 10～30 千米不等。北岸六峰分别是登龙、圣泉、朝云、望霞（神女）、松峦、集仙，均一一可见；南岸六峰的净坛、起云、上升隐于岸边山后，只有飞凤、翠屏、聚鹤可见。十二诸峰绮丽如画，姿态万千，古往今来，擅奇天下。"放舟下巫峡，心在十二峰"，这两句古诗词道出人们对十二峰的倾慕之情。

巫山十二峰除峰形秀丽多姿外，变幻莫测、来去无踪的巫山云雨也大大增添了它的神秘色彩。峡区山高谷深、经久不散的湿气，沿山坡冉冉上升，有时形成浮云细雨，云雾之中，有时化作滚滚乌云，有时变成茫茫白雾。十二峰时隐时现，疑似仙境。

古文人多以十二峰名编缀成诗，比如：曾步净坛访集仙，朝云深出起云连；才睹登龙腾汉宇，遥望飞凤弄晴川；上升峰顶望霞远，月照翠屏聚鹤还；两岸不住松峦啸，断是呼朋饮圣泉。

【神女峰】

神女峰，又叫望霞峰。位于巫山县城东约 15 千米处的大江北岸。一块巨石突兀于青峰云霞之中，宛若一个亭亭玉立、美丽动人的少女，故名神女峰。古人有"峰峦上主云霄，山脚直插江中，议者谓泰、华、衡、庐皆无此奇"之说。每当云烟缭绕峰顶，那人形石柱，像披上一层薄纱似的，更显脉脉含情、妩媚动人。

传说在夏禹治水的年代，瑶池宫里住着西王母的第 23 个女儿，名叫瑶姬。她聪慧美丽，心地善良，活泼开朗，因耐不住宫中的寂寞生活，在农历八月十五日这天，她邀了身边的 11 个姐妹，腾云驾雾，遨游四方。当她们来到巫山时，只见 12 条恶龙兴风作浪，正在治水的大禹也被洪水围困其间。瑶姬敬佩大禹三过家门而不入的治水精神，决定助他治水，便送给大禹一本《上清宝经》的治水天书，瑶姬还没有来得及告诉大禹如何破译这部天书，就被西王母派来的天兵捉拿回宫。十二仙女早就厌倦仙宫生活，她们挣脱神链，重返人间，帮助大禹疏通了峡道，解除了水患。从此，瑶姬爱上了三峡，成天奔波在巫山群峰之间，为船民除水妖，为樵夫驱虎豹，为农夫布云雨……十二姐妹忘记了回宫的事，久而久之，她们便化成十二座奇秀绝美的峰峦耸立在巫峡两岸。瑶姬是十二仙女的杰出代表，所立山峰位置最高，每天第一个迎来朝霞，又最后一个送走绚丽的晚霞，便赢得了"望霞峰"的美名。

神女峰的传说，在三峡地区流传甚广，其说不一。这些传说，寄托了三峡人民征服险滩、战胜恶水的美好愿望。巫山百姓为纪念他们心目中的"神女"，尊称她为"妙为真人"，在飞凤峰为她修建了一座凝真观（神女庙）。

【香溪名人故里】

在这绿水悠悠的香溪之滨，历史上曾出现过两位著名人物，一位是伟大的爱国诗人屈原，一位是汉代的王昭君。传说有一天，昭君在溪边洗脸，无意中把颈上项链的珍珠散落溪中，从此溪水清澈，水中含香，故名香溪。香溪河似一条流香溢美的彩带，它架起了通向充满神奇色彩的神农架原始森林的桥梁。三峡工程蓄水后，游船可从长江直到昭君村，中途也可到达屈原故里——乐平里。

【兵书宝剑峡】

在峡谷北岸的陡崖石缝中，看去好似放着一个像书卷的东西，传说是诸葛亮的"兵书"，兵书石的下面长着一根上粗下尖，竖直插向江面，酷似一柄宝剑的石头，故名兵书宝剑峡。考古学家证实，所谓兵书乃是半山腰古代悬棺葬的遗物。宝剑石是绝壁上凸出的岩块，是石灰岩沿着垂直发育的节理崩塌而形成的。

关于兵书宝剑峡还有两段传说。其一说诸葛亮将他一生的用兵经验写了一本书，有一次他得了重病，环顾周围的人都不配授予，又怕后人生吞活剥，照本指挥作战，死守老本，便选了险要之地把这部书放在难于攀登的峭壁上，让后世有才智的人去取。另一说则是秦末张良的兵书。

【牛肝马肺峡】

在九畹溪汇入长江处，北岸悬崖峭壁上，有几片重叠下垂呈黄褐色的岩石，形如牛肝，在它旁边还有一块肺状岩石，叫作马肺，因而这段峡谷就叫牛肝马肺峡。其实都是地下水中的碳酸钙结晶沉积而形成的钟乳石。

大家看，牛肝石还保持原样，而马肺下半部已残缺不全，这是清光绪二十六年侵入西陵峡的英国军舰炮轰两岸岩石，打掉了马肺的下半部，同时也留下了帝国主义侵略我国大好河山的罪证。郭沫若诗云："兵书宝剑存形似，马肺牛肝说寇狂。"

【三峡工程】（参见本节前半部分）

各位朋友，三峡之行就要结束了，感谢大家一路对我工作的配合和支持！也希望大家对我工作的不足多加包涵并提出宝贵意见！欢迎各位再次光临长江三峡！

第三节　乌江画廊—武陵风光沿途导游

各位朋友，大家好！欢迎大家来风光秀丽的渝东南旅游！我是大家本次渝东南之旅的导游。能为大家服务，我万分高兴。希望渝东南之旅和我的服务都能给大家留下美好印象。

重庆东南部地区属于渝东南民俗生态旅游区，地处武陵山腹地，有着风光秀丽的自然景观，神奇独特的地形地貌、异彩纷呈的人文景观，色彩缤纷的民俗风情，被泛称为武陵风光。乌江画廊既是武陵风光的精华，也是重庆旅游的精品之一。因此，先给大家简要介绍一下渝东南民俗生态旅游区的概况。

渝东南民俗生态旅游区位于重庆市东南部，东连湖北省恩施土家族苗族自治州、湖南省湘西土家族苗族自治州，南与贵州省铜仁地区接壤，西靠贵州省遵义地区。是连接重庆与鄂、湘、黔三省的重要交通通道。其范围包括黔江、武隆、彭水、石柱、酉阳、秀山"一区五县"，是土家族苗族聚居地。这里是一个集"老（革命老区）、少（少数民族聚居区）、边（重庆的东南边界区）、山（武陵、大娄山区）"为一体的区域，又是全国为数不多的少数民族集中连片的地区。

这里山同脉，水同源，树同根，人同俗，被誉为"中国旅游第一长廊区"。拥有武隆喀斯特旅游区（天生三桥·仙女山·芙蓉洞）、酉阳桃花源、彭水阿依河、黔江濯水古镇等 5A 级旅游景区多处，拥有乌江画廊、黔江小南海地震遗址、阿蓬江、龚滩古镇等国家重点风景名胜区、全国重点文物保护单位、国家森林公园、国家地质公园、国家 4A 级旅游景区等国家级景区 17 处，还有市级旅游景区 20 余处。

这里西北接以都市旅游为特色的重庆主城区，北连旅游热线——长江三峡，东连湖南的张家界和凤凰城等著名旅游区，西南连贵州的"梵净山"旅游区，处于各大旅游热点的交会地带，跨省旅游的优势区位突出。

【武隆区概况】

游客朋友们，我们现在经过的是重庆市武隆区。

武隆设治，始于唐武德二年（619 年），以邑界武龙山为名。明洪武十三年（1380 年），因与广西壮族自治区一县同名，故改"龙"为"隆"，寓兴旺发达之意，更名武隆。

武隆，地处重庆市东南边缘，乌江下游，武陵山与大娄山接合部。它东邻彭水，南接贵州省道真县，西靠南川、涪陵，北与丰都相连，距重庆主城区 139 千米。武隆是千里乌江一颗璀璨的明珠，自古有"渝黔门屏"之称。武隆交通四纵四横，是渝东南最发达地区，水陆空具有非常明显的优势。

武隆融山、水、洞、泉、林、峡于一体，集雄、奇、险、秀、幽、绝于一身，山灵水秀，景色宜人。境内喀斯特生态资源得天独厚，几乎囊括了世界上所有的喀斯特景观类型，主要集中在仙女山、桐梓山、白马山、乌江、芙蓉江、芙蓉湖这"三山两江一湖"，被誉为世界喀斯特生态博物馆。目前"重庆武隆喀斯特"世界自然遗产是全国第六个、重庆第一个世界自然遗产，整个武隆区也被命名为中国优秀旅游城区、国家喀斯特地质公园和中国户外运动基地，目前建成了 1 个国家重点风景名胜区、1 个国家 5A 级旅游景区、2 个国家 4A 级旅游景区、1 个国家森林公园、2 个省级风景名胜区和 1 个省级自然保护区。先后成功举办的中国重庆武隆国际山地户外运动公开赛，现已成为亚洲第一和世界户外运动的三大品牌赛事之一。

【彭水苗族土家族自治县概况】

彭水苗族土家族自治县位于重庆市东南部武陵山区，居长江一级支流乌江下游，与湖北、贵州毗邻。境内居住着苗、土家、蒙古、回、仡佬、侗、藏、彝、哈尼、壮、满 11 个民族。地形以中低山为主，地势北高南低。乌江水系的郁江、长溪河、芙蓉江呈叶脉状分布。水能资源丰富。

彭水历史悠久，自汉初建县，历经2000多年历史。唐宋时期，于彭水置黔中道，是全国十五道之一，彭水县城为道、州、县三级治所地，是今渝、黔、湘、鄂、桂接合部的政治、军事、经济、文化中心，是中央政权对西南边陲中部约30万平方千米地区的少数民族实行羁縻统治的中心。彭水拥有丹、盐资源及乌、郁两江交通优势，舟楫往来，商贾辐辏，百业云集，经济发展，曾创造了唐宋时期的经济繁荣和清末"彭水财富，甲于西属"的辉煌。在历史的长河中，苗、汉、土家等各民族聚居繁衍，相互学习，彼此交融，孕育了巴渝最古老的"黔中文化"。

彭水属旅游资源富集县。目前已初步开发建成了乌江画廊、阿依河漂流、茂云山国家森林公园、神龙谷等旅游精品。虽然旅游起步较晚，但其独具特色的山水休闲资源，使其先后赢得了"中国最佳文化旅游休闲县""全国十大新兴旅游目的地""重庆市十强宜游区县""中国特色旅游休闲度假胜地"等桂冠。

【乌江画廊：万足至龚滩段】

游客朋友们，我们现在乘船游览乌江画廊，欣赏峡江美景，品味苗家、土家风情。为了您的安全，在游览过程中，请听从工作人员的安排，在座位上坐好。请大家爱护环境，不要向江内丢弃垃圾杂物。感谢大家的理解和支持！

在游船还没开航之际，先为大家介绍一下乌江的概况。乌江发源于贵州乌蒙山麓，全长1070千米，至涪陵汇入长江，为长江九大支流之一，有剑门之雄、三峡之壮、峨眉之秀。江面渔舟点点，红帆数叶，山峰倒影，真有"船在水中行，人在画中游"之感。未成库之前江中水急、滩险、江水清澈、波涛汹涌、两岸绝壁、灌丛密布，具有险、古、幽、奇的自然风貌。成库后，原有的急流险滩变成了静水映峡，一江碧水诉说着乌江柔情的另一面。

游船已缓缓启动，我先把今天的整个行程为大家简单介绍一下：从万足到龚滩古镇约45千米水程，大约需要××小时。起点就是我们刚刚上船的彭水万足码头，逆江而上我们将经过万寿宫、马蜂峡、鹿角沱、碧翠峡、石盆峡、洪渡新镇和龚滩古镇等景点。终点是千年古镇——龚滩。

乌江画廊，蜚声海外，这里是集山、水、人文等资源于一体的原生态旅游景区，许多文人大师到此都会流连忘返，赋诗作画，这里更是摄影的天堂，想将这美丽山水一揽入怀留作纪念的朋友，可以到甲板上选择角度拍照，不过，一定要注意安全哟！

请大家将视线转向船行的右边，那就是渝东南规模最大的水电站——乌江彭水电站，蓄水发电，库区水面形成了"高峡出平湖"的壮丽景象。乌江彭水电站总投资121亿元，总装机容量为175万千瓦。该电站于2005年9月正式动工开建。

下面我们即将到达的是万寿宫，万寿宫地处万足古镇，该镇是一个具有300多年历史的古镇，自古是商贸云集之地、物流集散中心，曾经赢得"金万足"之美誉。其境地跨乌江两岸，地处中低山丘陵河谷地带。地势南北高、中间低，群山环抱，峰峦陡峭。乌江由东部入境，向西北穿流，下关溪、长溪河（阿依河）分别由南北在境内汇入乌江。位于彭水苗族土家族自治县原万足乡场上，前临街，右与肖家祠堂相邻，左与肖家老屋相接，始建于清咸丰年间（1851~1861年）的万寿宫，是清代江西籍移民修建，为江西会馆。万寿宫为二进式、半封闭式、院落式建筑，由前殿、后殿以及厢房组成，被考古学家称为"研究乌江流域古文化发展的资料库"。万寿宫总进深为48.87米，宽为13.75米，占地面积658平方米。廊柱柱础为雕花石础，其余无柱础，三合灰地面。门窗采用花格窗。雀替、枋局部有雕刻，雕刻精致优美。屋面无望板，檩（lǐn）条上置板橼（yuán）板，无飞檐。各建筑均为小青瓦屋面，檐口滴水沟头花纹精致，前殿有封檐板，后殿有连檐。

朋友们，现在我们进入马蜂峡，它连接万足、鹿角两个平湖，形似哑铃，全长约8千米。以高山、峡谷、平湖为主要特征。因洞穴密集，远望状如马蜂窝，故命名为"马蜂峡"。峡内自然景观奇特，有巨石形成的天然象形实物，沿途我们将看到马蜂岈、玉米石、鲤鱼上山、跪地骆驼等奇特石峰。

首先我们将要看到马蜂岈，岈内宽敞，人行石梯大道，四周堆放物资。20世纪80年代前，岈内设仓库、物资转运站。江两岸设渡口，贵州方向来人去桑柘（zhè）方向必经之地，也曾是兵家必争之地。明代张云翼有诗赞誉："开天辟地有此岈，禹疏九河列江边。龙王透彻清霄底，商贾藏居世不迁。"

大家现在看到的是鹿角索桥。索桥长248米，净宽3米，净空高310.5

米,总投资 698 万元,目前是乌江上最大的索桥。大桥主体由 48 根钢绳和 256 跟吊杆组成,桥面铺设钢板,在增添美观的同时减轻了桥的自身重量,增加了桥的载重能力。在成库之前,这里回水的水位高,是很好的采沙采石场,重庆江北机场用的沙石就是从这里采集的。现在这里成了天然的捕鱼场。鹿角镇位于乌江中下游,彭酉公路之咽喉,属武陵山系与大娄山系交会的皱褶地带。东与诸佛乡接壤,南连鞍子、善感乡,西界双龙、石盘乡,北临新田乡,是典型的少数民族山区镇。全镇有冉、张、王、李等 46 种姓氏,涉及苗族、土家族、侗族、汉族。鹿角有水陆交通,不但是彭水至酉阳、秀山,外出东部沿海的重要交通通道,也是周边乡镇的重要集贸中心。乌江由南向北横穿而过,境内流程 7 千米,诸佛江由东向西缓缓而来汇入乌江,境内流程 26 千米。境内山峦迭起,溶洞密布,属典型的喀斯特地貌,旅游资源十分丰富,有龙门峡、天生桥、乱石坝苗寨等主要景点。尤其值得一提的是"龙门峡",它位于镇东南,地处乌江中游,"门"高 25 米,宽 20 米,厚 12 米,门顶有"神足、蝙蝠、小龟"等形状各异的钟乳石,石头左壁有石刻"龙门峡"三个大字,雄健有力、潇洒飘逸。相传这门原名"猪钻洞",1686 年,彭水县令朱尔捷骑马路经此地,见景观迷人,问知叫"猪钻洞",感不雅,便书"龙门峡"三字,从此更名龙门峡。

前面就是洪渡新镇了,由于乌江彭水电站蓄水,古镇旧址已沉入江底。古镇的发展历史可追溯至西汉时期,唐武德二年(619 年)设县,北宋嘉祐八年(1063 年)废县,建县达 444 年。汉砖瓦窑群、西汉古墓群等至今保存完好。此地出土青铜器、兵器、宋瓷等大量文物。洪渡古镇为古代入黔之第一重镇,其经济、战略地位尤为特殊,现仍为黔东对外开放的前沿阵地。洪渡古镇土家风情浓郁,民歌山歌远近闻名,"打溜子"艺术独具特色,以"八仙"为音名记谱,所用乐器为土法自制,不用校音器而发音奇准。

在进入龚滩古镇前,我给大伙儿讲讲十里纤道,有"滩"有"子"就有纤道。史载,纤道由巴人开凿,历经数千年断断续续凿出一条狭窄的纤道,犹如长龙走过留下的深深足迹,乌江上的船夫、纤道、纤夫号子汇成独特的乌江文化。如今高峡出平湖,这一切虽已成为历史,但留下气壮山河的文化是永恒的。清代四川巡抚丁宝桢在盐政改革时,实施川盐入黔之便利,渝黔湘鄂的农副土特产由乌江入川达鄂,川盐逆水入武陵山区,纤道排列在半山岩壁上，其特点是矮、窄。开凿的年代不同，纤道的形状自然不一。最晚形成的纤道是在抗日战争时由民国政府开凿的，当时主要是为解决抗战物资运输之需。可惜这十里纤道，由于乌江彭水电站修建，在2009年已沉于水底，再也不见天日。不过，我们相信作为人类自身与命运不屈抗争的印记，纤道是永远不会尘封的记忆。

请大家看左前方，那就是距今已有1700多年历史的古镇——龚滩古镇。我国国画大师吴冠中老先生的《老街》便诞生于此，他描述这里，"是唐街，是宋城，是爷爷奶奶的家"。接下来的时间，我将陪同大家一起游览千年古镇。

【龚滩古镇】

亲爱的朋友们，欢迎来到千年古镇——龚滩。龚滩古镇，位于酉阳县西部，坐落在乌江之滨、凤凰山麓，隔江与贵州省沿河县相望，是百里乌江画廊的起点。滚滚乌江南来，过乌蒙、越大楼、断武陵。劈山裂石，穿行千里，与阿蓬江汇合。往来的舟楫穿越乱石险滩，惊涛拍岸，高亢的纤夫号子在峡谷中久久回荡。

龚滩便隐藏在两江汇流的峡谷之中，依山就势，临水而起，经营着一条大江的航运。沿江一排错落有致的吊脚楼，顺势铺开，宛若玉带延伸，顽强地支撑着龚滩的生活。这里是土家人祖祖辈辈生活的地方。山、水、城如此和谐地统一于这方寸之间！古朴如画，美丽如诗，成就了古镇天人合一的奇观。

历经1700余年的悠悠岁月，龚滩古镇仍保存完好。古青石板街跌宕起伏，曲折幽深；吊脚楼千柱落地，飞檐凌云；寺庙祠堂宝相庄严，气度非凡。走进龚滩，就如同走进了一幅大写意、大泼墨的山水画；走进龚滩，就仿佛走进一个1700年前的梦境。梦似清风，吹拂过壮阔的乌江画廊；梦如雨丝，飘洒在瑰丽的阿蓬江；梦若琴声，轻抚着临江怀古的吊脚楼。龚滩一梦啊，梦在心灵，情在此生。

龚滩原来的名字叫龚湍。据说当年建镇的时候，居住在此地的居民，大多数人家都姓"龚"，是当地的望族。这个镇子就建在凤凰山与老鹰岩两山之间、乌江之畔。乌江水南来，到此处奔腾汹涌，飞流湍急，蔚为大观。于是，此镇得名为"龚湍"。那么，后来为什么又将"龚湍"改名为"龚滩"

了呢？据史料记载，在明朝万历元年（1573年），凤凰山发生了一次巨大的崩岩滑坡。山石夹着泥土滚落江中，阻断了乌江河道，形成险滩。此乃乌江流域上的著名险滩——龚滩。从那以后，人们便把"龚湍"改称为"龚滩"了。古码头、古纤道、古桥梁、古梯道、古牌坊、古碑石、古树、古井等，无不折射出悠久的文化底蕴。历代文人墨客多会于此，吟诗、填词、绘画、赋文，留下了宝贵的历史文化遗产。不计其数的画家、摄影家前来进行采风和艺术创作活动。因此，龚滩获得了"中国保存最完好的山地古集镇""重庆市第一历史文化名镇"的称号。让我们一起来翻开龚滩这本厚重的书，伴着粗犷的船工号子，寻着运盐背夫的脚印，让我们一同走进吴冠中先生笔下的老街——龚滩古镇。

　　走进龚滩古镇，映入眼帘的是沿江一溜铺开的土家族吊脚木楼。吊脚楼已成为巴文化的象征。它依山而建，根据地形的实际曲线错落有致地修筑。中柱之间为正门，进入正门就是堂屋，堂屋两边是厢房，当地人称之为"耍房"，厢房之后为卧室，用于居住，阁楼只作为储藏用。一般的吊脚楼都分为上、下两部分，以与街道平齐的室内地坪为分层线。以下部分叫楼盘，盖楼用的木柱与楼盘并无任何连接，它是将几根柱子直接放在楼盘上，再用穿、梁联结在一起的结构体系，看上去好像是放上去的一样。吊脚楼的地板都是用一块块木板拼接而成。许多外来游客初到吊脚楼都有一种担心，总害怕房子会倒塌。事实上，这里的吊脚楼最年轻的也有100多年历史了，而那些陈年老楼，已历经四五百年风雨的洗礼，如今依然有人安居。吊脚楼曾作为一种普遍存在的居室形式，遍布古代巴国的山山水水，然而不经意间，那辉煌一时的吊脚楼居然在我们的眼皮底下几乎消失殆尽了。所幸的是，龚滩还为我们保留了如此完好的吊脚楼。龚滩吊脚楼历史久远，大都是从南宋一直修到1963年才形成现在的规模和格局，其中不少已饱经乌江风云和人世沧桑，少说也有几百年以上的历史了。蟠龙楼、织女楼、鸳鸯楼是其中杰出的代表。目前龚滩古镇规划整理出18处由吊脚楼组成的院落，包括三抚庙、董家祠堂、川主庙、西秦会馆、夏家院子、周家院子、董家老院子、冉家院子、董家院子、邱家院子、袁家院子、张家院子（鸳鸯楼）、冉家朝门、杨家院子（杨家行）、罗家院子、冉氏庄院（冉庄）、陈家院子、冉家老院子，历史悠远，各具特色。稍后我们会逐一参观。

现在，在我们脚下静静沉睡的就是龚滩著名的青石板路。这条青石板老街始建于南宋末年，宽不过三四米，窄不过两米，全长 1500 多米，全用青石板铺设。它沿江纵向伸展，起伏有致，恣肆穿插，鞋子踩上去，声音清脆，空灵悠长。不禁让人想起中国台湾著名诗人郑愁予写过的一句诗："你的心如小小寂寞的城 / 恰若青石的街道向晚……我达达的马蹄是美丽的错误 / 我不是归人，是个过客。"青石板街，如一条青色的飘带，缓缓绕着古镇，日久天长，已经被踩磨得漆黑锃亮，清幽如玉。这条玉带般的青石板街，不知浸透了多少脚夫背夫艰辛的血汗，洒过多少哭嫁姑娘伤心的泪水，这里常回响着"木叶"情歌的缠绵，激荡着摆手舞欢快的节奏。沿着这条窄窄的青石板街，走进古镇就是走进了历史。在龚滩古镇的旅游规划中，长达 15 千米的青石板街是根据不同的历史背景、民族文化以商业业态形式布局为 5 段，分别是：以榨油、织布为特色的"油坊路"；以背夫脚夫文化为主题的"背夫路"；以西秦会馆为代表建筑的"西秦路"；以纤夫文化为展示的"纤夫路"；以盐商盐号为特色"老盐路"。

我们现在走的这座桥叫杨家桥，它通常与后面的杨家行合并相称。修建于清雍正十三年（1735 年），在雍正皇帝推行改土归流的政策后，从江西、江苏一带迁过来很多姓杨的居民在这里居住，所以这座桥就以姓命名，叫作杨家桥，前面那条繁华厂巷就叫杨家行了，这里留下了杨姓家族的历史沧桑，也记录了古镇的繁华变迁。

杨家行老楼房，雄踞于龚滩二河坝码头正上方的山坡上，俯视着乌江的奔流和码头的繁忙，成为龚滩昔日商业繁荣的标志，也是龚滩盛衰的历史见证。杨家的先祖于明末清初由江西临江府迁徙而来，定居于此，修建了带有风火墙而又主要为木质结构的住房。显然，风火墙是他们江西老家的建筑传统，而开放性的临江带有"耍子"的木构楼房则是巴地的本土风格。杨家的住房是两地建筑风格融合得较为成功的范例。原建筑毁于清代大洪水。清宣统元年（1909 年）由杨芝田重建，将原屋基抬高了 1.5 米，但仍保持了先前的建筑风格。杨家为书香门第，世代不废诵读。然迁至龚滩后，杨家几代人都未求功名，这或许和龚滩当时商品经济萌动而波及思想领域和社会时尚有关。杨家的"秀才"杨芝田还曾外出赴川南自流井任塾师教书，回龚滩后还经过商。蛮王洞崖壁上的那首七绝诗，即为杨芝田所题。清末民初，龚滩经济日渐繁荣,外地客商大量涌入,杨家便将房屋租赁给了外地商人。外地商人据此经营起了大宗的盐业生意。这便是民国年间声名远播的"大业盐号"。中华人民共和国成立后的二三十年里,国营的龚滩粮油转运组就设在杨家行老建筑内。主要负责将秀山、酉阳两县的粮食转运到涪陵,再经由涪陵外运。商业繁荣的消逝让杨家行沉寂了数十年。现在,旅游业勃然兴起,杨家又在老建筑北边的空地上加修了一个可以让游人休息品茗、凭栏眺望乌江美景的古朴的廊亭。屋檐下,又高高悬挂起了"老盐局客栈"的旗幡,招徕着天南海北的游客。

游客朋友们,大家猜猜,这个缸是做什么用的。这个是水缸没错,但不是用来装饮用水的,而是灭火用的。大家都知道,木质结构的房屋最大的隐患就是火,火最大的敌人就是水了,所以镇上的民居每隔90米就修建了一个这样的水缸,也就是我们现在所说的消防池,我们称它为太平缸。不过随着历史的变迁,古镇上的太平缸就剩这一个了。大家看这个块石砖上还清晰地刻有宣统元年的字——洋洋得所,意思就是说充沛的水能让众多的龚滩人能这样一直安居乐业。这是一座吊脚楼仓库,它悬空25米,高两层,因为房子依崖傍势而建成"一面水",所以叫半边仓。它是杨家的盐仓库,大家仔细看看它的木板结构与其他的楼有什么区别?这个楼房的右下角都是一些大大的横木板,这是过去为了方便取盐而专门设计的。

这里叫转角店,也叫罗家店。古镇流传这样一句话,上街莫惹冉,惹冉下不了坎,下街莫惹罗,惹罗过不了河。龚滩几乎所有的门面都是东西朝向的,而这家门口却正对长街南北走向。那这家店怎么就这么独特呢?这一带是罗家的集居地。当时背夫和船工基本都是罗姓,您要是惹了姓罗的人,船工不给你开船,背夫也不给你运货,可就出不了龚滩了。说明了冉姓和罗姓在这儿的地方势力很大。这里拐弯抹角,呈现之字形方拐,因而得名。

冉家院子位于老街中段,右邻西秦会馆,处于街道转折变化之处,是当时老街主要的建筑之一。总平面呈三合院,建筑在立面处理和装饰上较有特色,占地约150平方米。冉家院子坐东朝西,侧面进入院子,临石板街的是吊脚楼的商铺。冉家院子的建筑结构与老街其他民居一样是穿斗结构,有3个开间,"五榨四挂",青瓦屋面,室内花窗雕饰精美,建筑材料主要是木材,左右两侧为砖墙砌筑的风火墙。冉家院子是由冉三爷土司修建的,至今已有百多年历史,一直由冉姓土司家族居住。清雍正年间改土归流后,遂落入普通人家手中。现为冉氏后人居住使用。相传,南宋绍兴元年(1131年),酉阳龚滩爆发金头和尚农民起义,冉守忠因镇压农民起义有功,南宋朝廷授冉守忠御前兵马使之职,任酉阳知州,开始实行羁縻制,土官世袭。元至元二十年(1283年),酉阳爆发"九溪十八洞"蛮民起义,封建王朝为稳定少数民族地区,采取"以夷治夷"的政策,在酉阳实行土司制,改酉阳羁縻州为酉阳宣慰司,冉守忠第八代嫡孙冉载朝为宣慰使,土司嫡长子世袭。从此,酉阳作为武陵山区三大土司之一,历时420年,冉氏土司世袭20代。清雍正十三年(1735年),朝廷在酉阳实行"改土归流",恢复酉阳州实行"流官"制,酉阳土司制方宣告结束。上溯更早,冉姓则出自姬姓,据《姓氏考略》《姓氏寻源》等所载,周文王第十子季载,封于冉(一作聃,故城在今湖北荆口县那口城),春秋时灭于郑,子孙以国为氏,或说聃去耳为冉。现在,我们还依稀能看到一位冉氏先祖的墓志铭:"自从提剑扫尘烟,挡看西南半壁天。耕桑拓土三千里,忠孝传家五百年。"

  西秦会馆无疑是龚滩最高大、最宏伟的建筑,其规模和气派首屈一指。在周围的民居群落中,颇有鹤立鸡群之势。它也最具明显的外来建筑风格。石砌的大门,门柱石刻雕花,四周围以风火墙,与徽商的宗庙祠堂有诸多近似之处。只是需爬一坡高高的石级由街心直登入院内。爬石梯坎而"升堂入室",这也是龚滩所有较大型的公共建筑的共同特征。龚滩的西秦会馆自然是陕西商人在龚滩所建立。清光绪年间(1875~1908年),陕西商人张朋九最先来龚滩开设盐号,经营川盐生意,并亲自经手修建了西秦会馆。因会馆的建筑风格和一般寺观庙宇大致相同,红粉涂墙,所以当地人称之为"红庙子"。传说张朋久为人儒雅,乐善好施,对遭受困难的朋友慷慨解囊,对素不相识、孤苦贫弱者喜欢援手相助,在行业中极富声望。张朋九的生意越做越大,其后继之人不仅经营盐业,还经营起了供出口的桐油、生漆、茶叶以及山货等,成为龚滩的一大巨商,名震川、鄂、湘、黔边区。如今的西秦会馆,已经物是人非,透露出一派衰败萧条的景象,但仍未失去原有宏大挺拔的气派。尤其是大门那一堵高大宽阔的墙面,仍然宣示着它的不凡和高傲。现在,这里是表演民俗文化节目的地方,表演的是我们土家族历史史诗——《梯玛古歌》,是从上古巫傩时期到现在土家生活的一部壮丽的诗篇。近年来,《赵世炎》《武陵山剿匪记》《捉拿归案》《远山峡谷》《栀子花开》《奇人安世敏》等影视剧都曾在这里拍摄。

请大家仔细观察,在老街两侧石板上,有一些拇指大小的洞孔,大家猜一猜这些小孔是怎么形成的。答案是,因为古镇以前是热闹的码头和重要的货物集散地,龚滩码头年货物吞吐量在数万吨以上,水陆交通便利,来往商贾渐渐云集古镇,经济繁荣一时,名震西南。当时,就有"钱龚滩,货龙潭"之称。在当时的生产条件下,繁荣的经济以人力为基础。所以,这边有很多的搬运工,当人们背着沉重的货物歇息很不方便,于是就用一种特殊的工具,当地人称"打杵"。从后面支撑在地上架住货物,就可以停下来稍事休息也不用卸掉货物,由于打杵造型特殊,它是在一根木棒上增加一个牛角式的弧,木棒底部钉一铁销,所有背夫在行走时的步伐是一致的,即"三步一靠、九步一打杵",久而久之就在石板上磨出一个个眼儿来。

现在我们来到董家祠堂。董家祠堂修建于嘉靖年间,是典型的四合院建筑。它是董氏家族最高权威的凝聚地,比如说:犯族规人的受罚地,商议大事的议事堂,历代族长的灵位供奉地。董家是世代书香门第,据说祖上是一位名医,医德高尚,医术精湛,远近闻名。家族中不少人曾任过地方官吏。董家祠堂和董家院子迄今都有100多年的历史。祠堂位于老街中心位置,与川主庙一墙之隔,大门与川主庙并列,宗族祠堂敢与四川的地方神庙比肩,且得到乡民认可,由此可见地位就非同一般。董家院子距董家祠堂尚有一里地左右的路程,位于镇南端红庙子的正上方。严格来说,它也不是一个方正规矩的院子,建筑平面也仅一正一横,然而其所占的面积和体现出来的气派在龚滩的民居建筑中也是屈指可数的。中华人民共和国成立后,这里也曾作为镇派出所及政府机关的办公场所。

鸳鸯楼,听起来让人觉得是幸福伴侣舒适而温馨的安乐窝,其实不然,它是爱情悲剧的结果。100多年前,本镇冉家的儿子和梅家的女儿从小青梅竹马,私订终身。但因为当时的种族和门当户对的观念在龚滩根深蒂固,他们遭到双方父母的反对。无法反对父母,但也不愿意分开,他们想,恐怕今生再也不能在一起了,于是在老街一处临街的地方各修了一栋楼,二楼相依相偎,成为他们爱的象征。多年之后,他们的举动终于得到乡亲的认可,鸳鸯楼也就成为一个故事流传下来,激励后来人珍惜眼前人,珍惜一份真挚的情感。

在古代，只有城市才有城门，但龚滩作为一个集镇却有一座"城门"，就是"第一关"，它把关内、关外区别开来。严格来说，它是称不上城门的，倒有点像古代小说中描绘的山寨门。第一关位于老街上街的常乐街，关门内侧有一硕大的刻石，上镌双钩阴刻楷书"第一关"三字，是明万历癸丑年李德谷所题。现在，常遇到不少外地游客脱口将其呼为"天下第一关"。虽然它的规模气势比不上山海关那座"天下第一关"，但对于龚滩来说就是"天下第一"。从前关北为"城"内，关南为郊外。为了防止关外的土匪偷袭关内，镇民们在这险要地方用条石垒砌了两层石门，均设有厚大木门，易守难攻。直到现在，每天晚上古镇仍旧有更夫来来回回地打更提醒大家注意防火。

俗话说"清溪的牌坊，龚滩的阁"，龚滩文昌阁是木质结构的三层六角形楼阁式建筑。设计精巧奇妙，精工细琢，令人叹为观止。民国初，黔湘鄂成渝各地来绘图，仿造的就有十余起，但却没有一个能与之媲美。文昌阁的路口有一排石质纪念碑，有歌功颂德的，有旌表节义的，有记载大事的，其中以记载龚滩特大水灾的为最早。朋友们，到了文昌阁，这条石板街已经到了端头。给大家唱首土家民歌《送郎调（三）》，解解乏吧："哪哩送郎哪哩送到哪五里牌哎，哪哩天上哪哩雷公哪哩打下来哟，哪哩天上哪哩雷公哪哩莫打我舍，我再送他五里哟就回来哦。"

酉阳是民歌之乡，在龚滩古镇有很多民歌高手，70多岁的安惠兰老人是酉阳十里八乡闻名的女歌王。曾被专程接到重庆，向大都市的人们展示土家族民歌的迷人风采。"高高山上一树槐，手扎槐花望郎来。娘问女儿为什么，我望槐花几时开。哥是天上一条龙，妹是地上花一蓬。龙不翻身不下雨，雨不洒花花不红。"在当地广为流传的故事是，安惠兰当姑娘时已经是当地没有对手的歌王。很多能歌善舞的后生小子不服气，走老远的山路来找安惠兰比歌，但都落荒而逃。后来，安惠兰到了出阁的年龄，她就定下一个规矩，谁能够与她对歌获胜，她就嫁给谁。这一消息一经传出，一拨接一拨的英俊后生就慕名来到龚滩，找安惠兰比赛民歌。几个月过去了，却没有一个人通过安惠兰的"考试"。一个非常聪明的后生心生一计，邀约20多名歌手，向安惠兰发起车轮大战，终于，安惠兰的嗓子唱哑了，那个聪明后生才露面，将嗓子已经唱哑的安惠兰打败了。这个人后来成了安惠兰的丈夫。对这个传奇故事，安惠兰老人腼腆地说，没有那么厉害，只是感觉唱民歌很好玩。

朋友们，龚滩之游就要落下帷幕了。其实真正的"古镇龚滩"，已经永远地沉入了我们眼前的乌江水底。我们一同走过的、我们目睹的恰恰是"古镇龚滩"涅槃重生！

2005年9月，乌江彭水电站动工开建，把龚滩推到新的历史起点上。彭水电站蓄水水位线在海拔294米。为了保护和开发极具历史文化价值的千年古镇，酉阳提出了将海拔290米的龚滩古镇搬迁的计划。历时3年多的辛苦和努力，千年古镇整体搬迁至原址下游15千米处的小银滩，这就是我们眼前的崭新而又古老的龚滩。正如我们的亲眼所见，亲身所感，龚滩风采依旧，古镇魅力依然，新龚滩延续着过去的历史、记忆和传说，继续保持着蓬勃与兴旺。走出龚滩，仿佛从一个做了1700年的梦中醒来。"相见时难别亦难"！回首铮亮照人的青石板老街，回味那一幕幕如幻如梦的景致，我们仿佛告别了梦里的老家。期待与你们龚滩再相逢！

【乌江画廊：龚滩至沿河段】

亲爱的游客朋友们，接下来我们将要游览百里画廊的精品段"龚滩至沿河"。这一段浑然天成的山水自然画廊，集雄、奇、险、秀于一体，是天然造化之浓缩。我们现在看到的这一群山、这一片地，就得益于这一方水。这一方水的存在和生生不息的日夜奔流，本身就是神奇的，充满诱惑的。乌江的水千年不休，万年流淌，才成就了这满眼的绿色生机，也成就了我们今天的兴致和游程。

我们的游船已缓缓启动，我们马上进入土坨峡。峡中有拇指山、尖山子、月窝子等景点。两岸峻峰绝壁对峙，山高、水深、谷幽、景奇。在奇峰峻岭间，古木翠竹交织，群猴活跃其中。船行峡中，"前眺疑江流已尽，后顾不知船何来"，山重水复，时隐时现，如行迷宫之中，两岸礁石经过成千上万年的冲刷，就像经过抛光打磨过一样。似莲花、似海花、似蜂窝，游人得见，无不为之感慨。

沿河自古就是土家族聚居区域，周边几个相邻的县都有不同比例的其他少数民族混居，只有沿河是单一的土家族自治县。在漫长的历史发展与演变过程中，沿河土家族形成了非常鲜明而又独特的民俗与文化。

土家族能歌善舞。其歌舞覆盖了生活的方方面面，摆手舞、肉莲花、傩堂戏、情歌、山歌、哭嫁歌、苦歌、仪式歌、打闹歌、船工号子等都别具一格，无论是听还是看，大凡没有不动情的。这些具有鲜明的土家民族特色的风俗习惯，构成了独特而又斑斓的沿河土家文化。

土家族文化多样。其文化涉及的内容相当广泛，几乎覆盖了当地生产、生活的所有，它们是平凡的日常生活直接或间接的需要与提炼，其中却不乏自我的表现和艺术的升华。那些令人眼花缭乱、同样百转千回的土家建筑、土家民风民俗、土家饮食、土家工艺美术与服饰、古文物与红军文化等，无独有偶地都与乌江的个性有千丝万缕的联系。

沿河土家族的特色小吃也别具一格，有包饼油条、恋爱豆腐果、苹果酥、吴家油炸汤圆、鸡丝香菇洋芋粑、羊肉粉等。建议大家都可以尝尝，我们会在思渠下船，在麻阳河游览的时间为2小时左右，我刚刚介绍到的特色商品和小吃几乎都有，大家可以尽情地享受。

朋友们，游船马上进入第二峡谷——"白芨峡"。首先，说说峡内的"白果鸟"。说到"白果鸟"就不得不讲一个传说。很多年前，土家山寨有个擅长刺绣的姑娘，她非常热爱自己的家乡，立志要把家乡的山水一一绣完。她把家乡看得见的山花野草都绣完后，乡亲们都夸奖她。而有位老妇却告诉她，后山有一种花叫白果花，花期很短，寅时开花卯时就凋谢了，人们很难看得到。于是这位姑娘当晚就去白果花树下，待花开后采取花样。连续两夜都因误时未见花开，深夜失望而归。其嫂为人奸诈，一向对她心怀妒忌，便乘机在公公面前搬弄是非，说小姑连夜独自上山，半夜不归，不守妇道，公公半信半疑。第三夜，姑娘又独自去树下守候花开，嫂又进谗，公公信以为真，即手执茶树棒躲在后门等候，待姑娘深夜归来时，不问情由，就劈头一棒，正中脑门，姑娘倒地而亡，鲜血直流。公公点灯视之，忽见血泊中飞出一只美丽的小鸟边飞边叫"尼达夺岔了"（土家语意为"你被她骗了"）。公公方觉后悔。这也是"白果鸟"的由来。

绕过毛渡渡口，请大家细看，眼前这座高山，山上满是低矮的树丛，像披上一层绿纱，但其顶峰东侧三棵大树，借助山高坡陡，傲然挺立，格外醒目，有人把它比喻成电影《鸡毛信》中的"消息树"。也叫"鸡毛信山"。"鸡毛信"山麓突出一巨岩，既逼窄江流，又阻断人行，为了船运和人行，渝、黔两岸各族群众在石岩凿刻出了乌江流域仅有的一段"双层纤道"。即使洪水再大，人行、船运都不中断。在前方东岸的那一段"搭跳纤道"是行船时纤夫拉船的通道。"搭跳纤道"以前是用原木搭成的,为"一劳永逸",而今用钢筋水泥做成,这就使"搭跳纤道"颇具特色。

"机密纤道"呈主孔形。过去的绞滩纤盘,至今讲述着往日绞船的艰辛,在东岸山顶有一棵"作揖树",在欢迎大家的到来。前方就是"乌江睡佛"。右边这条河叫麻阳河,是国家一级保护动物黑叶猴野外种群数量最多的集聚活动地带。经中科院丁伟教授一行考察论证,区内有黑叶猴 76 群 736 只。其数量之多、密度之大,居全国之冠。区内还有脊椎动物 266 种,国家一级、二级保护动物 32 种,其中二级保护动物有黑熊、大灵猫、秃鹫等 27 种;有维管束植物 117 科 292 属 478 种,濒危珍稀植物南方红豆杉、银杏等国家一级、二级保护植物 12 种。

麻阳河保护区地处沿河、务川两个少数民族自治县境内,分布于乌江一级干流洪渡河、麻阳河河谷两岸及延伸地带,山峦起伏,沟壑纵横,保护区面积 31114 公顷,森林覆盖率达 63%。

现在我们将抵达贵州省沿河县思渠古镇下船游览。明弘治十四年(1501年),因川黔边界之争,贵州布政司将石阡板桥巡检司移至思渠。土家民族风情浓郁,民风淳厚的思渠古镇是进入麻阳河国家级自然保护区之大门。乌江流域过境全镇 49 千米,境内景观奇特,民风淳朴,有麻阳河国家级自然保护区、朱家洞、石碑、霸王谷、后渡坪、亚洲泡桐王、古代土家吊脚楼群等十多处旅游景点,堪称乌江奇观。这里都是中国古代巴人的后裔,他们奉祭白虎、住吊脚楼,具有淳厚古朴的民风民俗和丰富多彩的民族文化资源。有号称人类原始戏剧"活化石"的傩戏,动作完整、自然奔放。

朋友们,这个峡谷叫荔枝峡。"千里峭壁倚嵯峨,下瞰江流涌碧波。"这是清代诗人对乌江荔枝峡入口处的生动描绘,从天而降切入江流的峭壁,像是一座陡立的屏障,把乌江最为撼人心魄的精品河段锁护在后庭之内,让人不得见其分毫,而船在入口水面缓缓逆行,可以明显感觉到阵阵凉风扑面,给人们增添了几分清幽神秘之感。

西岸由近到远有七座山脊,山脊线斜插入水面,好比一根根琴弦,也像一支支斜插的洞箫,这七座山头,沿岸排成一线,好比操琴执管的乐员,而迎宾乐曲的音乐旋律,则是从东岸山腰泉眼喷出的泉水撞击岩石,在狭窄的河岸反复回荡而汇合成一部大自然的山水诗音,演奏出乌江画廊四时水歇的

"迎宾曲"。

东西两岸的峭壁，犹如神力切入江面，把航道挤成一条窄缝，山岩形似刀斩斧劈，所以当地人将其称作"斧劈岩"。

西岸的那一块薄片岩石，就像板斧的前刃，倒贴山体。远望峭壁，夹岸逼江，状如两块门扇，所以又名"天门山"。它的西岸为"西门山"，东岸为"东门山"，此地双门锁江，实乃荔枝峡的南大门。

西岸江边那个山洞，实属洞外有洞、洞内有天、洞后有洞、洞中有泉的天然美景。东岸有灵芝岩，各色各样的钟乳石，悬垂石壁，张挂山岩，如瑶池仙草，似天界花丛，任您想象和美化。

各位游客，我们的游轮就要停靠终点沿河。沿河位于贵州省东北角，铜仁市北部，地处黔、渝、湘、鄂四省（市）接合部的乌江中下游。沿河区位优势明显，是黔、渝、湘、鄂边区物资的集散地，素有"黔东北门户，乌江要津"之称。周边九龙洞风景区、梵净山、太平河风景名胜区、黄果树大瀑布、长坝石林等景点，都值得去看看。

各位朋友，我们即将结束乌江画廊之旅，愿乌江画廊的山水给大家留下美好的回忆。期待我们再次的相聚！

【黔江区概况】

朋友们，现在我们来到了黔江区。在这里我们将要游览小南海、阿依河和阿蓬江。接下来，我先给大家介绍一下黔江的概况。

黔江区位于重庆市东南边缘，地处武陵山腹地，东临湖北省咸丰县，西接彭水苗族土家族自治县，南连酉阳土家族苗族自治县，北接湖北利川市，是渝、鄂、湘、黔四省市的接合部，素有"渝鄂咽喉"之称，是重庆市主要的少数民族聚居地之一，全区面积为2398.7平方千米。区内外交通便捷、信息灵通，国道319线、渝湘高速公路和黔咸公路在此交会，渝怀铁路横穿黔江境内，黔江舟白机场已经正式运营。

黔江区于1988~1997年为四川省黔江地区，1997年纳入重庆直辖市管理后，撤销原"四川省黔江地区"，成立"重庆市黔江开发区"，2000年撤销原重庆市黔江开发区、黔江土家族苗族自治县，设立"重庆市黔江区"。

黔江属中亚热带湿润性季风性气候。气候温和、四季分明、热量丰富、雨量充沛、季风明显，但辐射、光照不足，灾害气候较多。气候具有随海拔变化的立体规律，是典型的山地气候。

地处武陵山脉腹地的黔江自然风光神秘宜人。境内山清水秀，植被葱郁，野生动物繁多，一片净土恰似重庆的"后花园"。其中地震堰塞湖小南海为重庆市第一大天然湖泊，碧水绿岛，四围青山，其地震遗址保存得极为完整。干支流纵贯黔江的阿蓬江河谷风光优异卓绝，在黔江境内形成了两大原始峡谷，两大天生桥群以及间歇泉、温泉、地下暗河、溶洞等自然奇观，令人叫绝。雄壮的武陵山奇峰异石，尚存的寺观或遗址折射出当年的宗教繁盛。此外还有仰头山森林公园、大板营原始森林以及八面山、麒麟盖、石钟山等丰富多彩的自然旅游资源，令人目不暇接，流连忘返。

黔江是多民族聚居的地方，建筑、服饰及文化习俗独具特色，民族风情淳朴浓郁。土家摆手舞、山歌、铜铃舞；苗族民歌、芦笙、木鼓舞闻名遐迩，特别是一年一度的黔江土家摆手节呼唤海内外朋友相聚黔城，同乐同舞。"赶年""赶秋""三月三""四月八""六月六"仍继古风遗韵。

【黔江小南海】

各位来宾，你们好！很高兴能够与你们同行，希望我的服务能给大家留下美好的印象！

现在我们前往国家级地震遗址保护区小南海。小南海是一个地震堰塞湖，位于重庆与湖北交界处，距黔江城32千米，车程约1小时。

小南海以全国独有、世界罕见的地震遗迹加上美丽迷人的湖光山色，2000年被评为重庆市"十佳"旅游景区，2001年被国家地震局批准为"黔江小南海国家级地震遗址保护区"和"全国防震减灾科普宣传教育基地"。

各位朋友！我们现在置身小南海地震滚石遗址区，展现在我们眼前的是一片滚石密布、巨石林立、形态狰狞的壮观场景，滚石截断溪流，形成了一道长1170米、高67.5米、底宽1040米的天然大坝。这些或卧或立，大的超过万吨的乱石来源于上面断崖绝壁的大垮岩、小垮岩，或者是从地下冒出来的。身临其境，朋友们可以想象当年山崩地裂、飞沙走石、惊恐号哭的景象。据清光绪《黔江县志》记载：小南海地震发生的时候，声响如雷，房屋摇晃厉害，好像要倾倒，瓦片纷纷飞落，池塘里波涛汹涌，居民惊恐号哭走出来，站立不稳，只能趴在地上。这里溪口有一座山耸起来，忽然如刀截般从中断裂。地底的石头也迸出来，横飞旁击，压死居民百余户千余人，溪口被堰塞，之后成湖，土地房舍全被淹没。

小南海地震发生于清咸丰六年（1856年）。小南海处在渝东鄂西褶皱带内，以震旦系变质岩为基底，最近的构造运动主要表现为大面积的隆起抬升，所以小南海地震的发生，可能与本地区基底断裂活动有关。由于远离城市，人烟稀少，所以地震遗址得以完好地保存下来。

地震还另外形成了4个小的堰塞湖泊。一个是掌上盖小叉塘，长110米，宽80米，另一个是段溪河支流上的汪洋大海，长15千米，最宽处60多米，还有一个是离大门不远的向家湾塘，直径约30米，水深10米，最后一个是蛇盘溪湖，已被河水冲开，但堰塞痕迹仍清晰。

考察过小南海的专家一致认为，小南海作为地震堰塞湖，其规模之大、景观之美、保护之完整、地震运动程序之清晰、学术价值之高，都是全国独有、世界罕见的。它不仅是中国文化的珍贵遗产，也是世界文化的珍贵遗产，被誉为"活的地震博物馆"。

小南海的地震遗址具有极高的学术和社会价值。一是它有助于研究地震的成因以及活动规律，更好地解决地震预报、地震防控等问题。二是这里保留着历史地震灾害在地面破坏的各种现场要素，教育人们防震减灾，是人们认识自然、了解科学和广泛开展防震减灾科普宣传教育的极好场所。据史料记载，这次地震是有预兆的，震前数天天气暗淡，地气蒸腾，井水发红、味咸，鸡惊飞上树，狗狂叫不止，而且马惊恐不安，有很大的地声传来，要是当时人们具有地震知识，就不至于压死百余户千余人！如今世界上地震频发，但愿小南海的悲剧不再发生。三是遗址所保存的完整崩滑体、崩积物、地震淤坝、地震堰塞湖等是宝贵的自然遗产，为地震灾害提供了珍贵的对比研究的自然实体，具有极高的科学研究价值。四是地震遗址有很多标本化石，如波纹石、水下醉汉森林、水下庄园和农舍民房等极为难得，是重要的潜在研究资源。五是"大垮岩"和"小垮岩"形象上与活动断裂的断层三角面特征十分吻合，在活动断层研究领域内具有很高的科学价值。因为架桥梁、打隧洞等工程都要避开断层地质。

各位朋友，这里是防渗工程。为了整治小南海病害，防止湖水渗漏，损毁天然堤坝，我们在这里进行帷幕打孔灌浆，修筑了防渗大坝，同时还修建了人工溢洪道。

现在我们来到了海口湖边。荡漾的湖水与林立的礁石组成小南海的神韵，这就是当年地震山崩堵塞板夹溪而形成的深山明珠——小南海，是全国少有的地震堰塞湖之一，也是重庆市第一大天然湖泊。小南海水域面积为287平方千米，湖面长5千米，最宽处1千米，平均水深30米，最深处有527米，积雨面积达150平方千米，蓄水量达7020万立方米，有板夹溪、白鹤溪、清溪沟、啸溪沟、白矾溪5条溪流注入。大家通过游览可以感觉小南海镶嵌在群山之中，东有二仙岩，南有八面山，西为鸡公山，北为禄井山。小南海镶嵌于这些群山之中，加上景致迷人，故又有人称之为"深山明珠""蜀东西湖"。

对面的山顶形如一乘轿子，被人们称为轿顶山，加上寸草不生的大垮岩，合称为"轿顶赤壁"。再看轿顶山旁边有两大片的山岩垮塌后的痕迹，那分别就是"大垮岩"和"小垮岩"，大垮岩和小垮岩岩体为淡红色，如同大山上两道带着血迹的伤口。如今，大垮岩和小垮岩的石砂还在不断风化掉落，也如同这大山的伤口还在流着血。警醒着我们敬畏自然、敬重生命、保护环境。这一景观被古代文人称为"轿顶赤壁"，是小南海的内八景之一。轿顶山下，这一片礁石围成的湖水被人们称为"绿荫塘"，它有一个奇特之处，不论外面的湖水有多么混浊，但"绿荫塘"里的水始终碧绿青翠，被誉为"荫塘蓄翠"，它们与海口金礁、古松迎客、仙岛竹韵、清溪浪鼓、风嘴览胜、碧海青螺、牛背寻幽、平湖渔歌等构成小南海新十景，使小南海犹如镶嵌在深山中的一颗明珠。绿荫塘属于堰塞湖，但每个池塘都是活水，有进有出，水源全部为富硒山泉，所以一年四季始终碧绿如一。而且这里的水冬暖夏凉，夏天时还可以直接饮用。

参观了壮观的地震遗址之后咱们乘船去游览一下深山明珠小南海。大家请随我一起登船游览。

对面的岛屿是小南海三大岛屿之一——朝阳寺岛，得名于岛上的朝阳寺，因为形如蝴蝶，也称"蝴蝶岛"，面积为64600平方米。朝阳寺为乾隆二十九年（1764年）的一位黔江知县杨云彩积善重建，原有寺宇四合大院，房屋60多间，供奉着南海观音及二十四诸天神，以及十八罗汉等。小南海就因为供奉南海观音而得名。朝阳寺在"文革"中被焚毁，只留下这些遒劲苍翠的古松，遥对海口，欢迎各位的到来。

现在我们来到了湖心，下面有水下"醉汉"森林，木材在水下是越浸越硬的，所以枯水季节船工在这一带特别小心，避免触上树桩。在小南海，民间还根据湖面的一些现象来预测天气变化，如久晴之后，突然有一排短木棍直立着游动于湖面，则是大雨将至的象征，大雨一过，这些木棍便横卧在湖面了；反之，大雨时节，突然出现大量木棍竖着，则是雨止天晴的前兆。

前面就是小南海的第一大岛——牛背岛，面积为83267平方米。右边是侧卧的头部，中间如同宽阔的牛背沐浴水中，牛回头顾盼湖心小岛——月亮堡，形成了"犀牛望月"的景观，岛后的倒牵溪窄如彩带，幽深飘逸，牛背岛上松林茂密，曲径通幽。各位朋友，我们在这里下船上岛，到牛背岛上去探奇寻幽、休闲放松吧！

朋友们！我们的游览到此结束，欢迎大家对我的工作提出宝贵意见！

【阿依河】（参见第五章第六节）

【阿蓬江】

游客朋友们，今天我们将乘船探秘阿蓬江，欣赏峡江美景，品味苗族和土家族风情！阿蓬江又称唐岩河。阿蓬是土家语，意为雄奇、秀美。"阿蓬江倒流三千里"，它发源于湖北省利川市，全长249千米，经恩施、咸丰、黔江后流入酉阳西北，至龚滩汇入乌江，是少有的自东流向西的河流。它是乌江下游最大支流，同时也是土家及苗族儿女的母亲河。接下来我将陪同大家游览我们阿蓬江峡谷景观中最为优美的河段，水路行程长约20千米，沿途将会欣赏到大河口、石柱门、间隙喷泉、罾潭峡等景点。

现在大家看到的就是阿蓬江大桥，桥长276米，桥面宽9米。该工程于2006年7月18日正式开工，2008年8月20日主桥合龙。

阿蓬江是苗族、土家族的聚居地，这里的特色小吃历史悠久、品种繁多，体现了苗家、土家风土人情，是我国饮食文化中不可多得的瑰宝。苗族、土家族以大米、玉米、高粱、薯类、荞麦、豆类等为主要原料，制作成风格各异的特色食品，如绿豆粉、油茶汤、酿豆腐、酢海椒、荞面豆花、红苕粉、干豇豆、羊肉粉等，色鲜味美。

土家族菜肴以酸、辣为主，家家都有酸菜缸，用以腌制酸菜，几乎餐餐不离酸菜，酸辣椒炒肉视为美味，辣椒不仅是一种菜肴，也是每餐不离的调味品。土家人也很喜食豆制品，如豆腐、豆豉、豆皮、豆腐乳等。尤其喜食合渣,即将黄豆磨细,浆渣不分,煮沸澄清,加菜叶煮熟即可食用。

苗族口味也以酸、辣为主。辣椒是主要调味品,有的地方甚至有"无辣不成菜"之说。酸汤则是苗族家家必备,平时吃新鲜蔬菜或瓜豆,也掺些酸菜或酸汤。主要的菜肴有酸辣味汤菜、血灌汤、辣椒骨、苗乡龟凤汤、绵菜粑、虫茶、万花茶、捣鱼、酸汤鱼等。苗家男女都喜欢酒,他们自制酒曲,酿酒历史悠久,用土产的糯米、苞谷、高粱等酿出芳香的甜酒、泡酒、烧酒、窖酒等。大部分人家都能自己酿酒。

今天我们的游船上也为大家准备了这些特色小吃供大家选择,这些小吃具有浓厚的少数民族文化,吃惯了城市美食的您可以在这里品尝不一样的美食。

阿蓬江是原始大峡谷,景区内植被茂密,动植物种类繁多,其中还有不少珍稀物种,已经建成"阿蓬江国家湿地公园"。原始的生态景观加上神秘的濮人岩棺墓葬,令广大游客叹为观止。

现在大家看到的是红花大绝壁,陡峭、险峻使其成为阿蓬江上一道极具视觉冲击的风景线,也是出现在各大媒体频率最高的一个景点,是游客来了必看的地方。

我们即将进入大河口峡谷,山奇、水美、谷幽,堪称人间仙境。"裤子大的地,巴掌大的天"是过去大河口的真实写照。如今的大河口库区分阿蓬江主库和南溪河支库,均呈南北走向。库区冬暖夏凉,波平如镜,周围垂绿帘,天水共一色。这里暑不过天,夏天是一个天然的避暑山庄;这里寒不过月,冬天是自然的空调温室。在阿蓬江生活着一种珍贵的两栖动物——大鲵和珍贵植物——中华蚊母。大鲵又称娃娃鱼,它是国家二级保护动物。中华蚊母是中国特有植物,属国家二级濒危珍稀植物,生长在35米水位以下土少的乱石丛中或石壁段缝里的低海拔常绿灌木,每年夏秋季节河水上涨,蚊母被淹长达4~5个月之久,在冬春露出水面,被誉为"两栖植物",是生命力极强的上等盆景材料。在这一段大家可以观赏到中国最茂密的中华蚊母生长带。

接下来,大家将会看到有着"阿蓬江十里画屏"美名的绝壁画廊,它是阿蓬江上独特的风景,将近5千米的壁画长廊,呈现油画、水彩画、山水画,无不令人称奇、叫绝、陶醉。如此少见的峡谷景观,让人目不暇接。现在大家可以在这里自由拍照,提醒大家在拍照的时候,一定要注意安全。

阿蓬江为典型的喀斯特地貌，峡谷内洞穴密布。在形如刀削斧劈的绝壁上的"野人洞"以及洞口人字形和丁字形的横木架，到底里面有什么、发生过什么，至今仍是个尚待考究的谜。

清泉、回龙桥、中华第一大石磨等也曾是阿蓬江特有的景观，由于大河口电站蓄水，这些都被销毁，留在了世人的记忆和想象中。

我们现在来到的地方叫马鞍城，这座像马鞍的山，为什么不叫马鞍山，而把它叫作马鞍城呢？原来，此山东、南、西三面皆为峭壁，山下有阿蓬江、乌江环绕。唯北面较平缓，西面虽有小径可通，但赤壁陡峭难行，有如金城汤池的坚固，因此有"马鞍城"之称。马鞍城上，水草丰盛，宜林宜牧，易守难攻，历来为兵家必争之地，故又有铁围城之称。

现在我们将抵达今天旅程的终点——大河口电站。大河口电站是渝东南较大的水电站之一，装机容量7.5万千瓦，大坝高85米，坝顶海拔394米，库容量1亿多立方米，总投资6亿元，用4年时间建成的一座中型水电站。这座现代化的厂房横跨在阿蓬江的峡谷上，构成了一道亮丽的风景线。大坝上凉风习习，空气清新，令人心旷神怡。在这里稍作休息之后我们再往回走。回头望去，山水映衬，山水交融，移步换景，人如同在一幅淡然清新、浑然天成的山水画中款款而行。

第四节　巴蜀文化旅游走廊沿途导游

各位朋友，大家好！我是你们本次巴蜀文化旅游走廊之旅的导游，非常高兴有机会为大家服务，我会尽最大的努力做好自己的工作，也祝愿大家有一个开心愉快的旅程！

2020年1月3日召开的中央财经委员会第六次会议明确提出，推动成渝地区双城经济圈建设，在西部形成高质量发展的重要增长极。成都向东、重庆向西，成渝地区双城经济圈上升到国家战略层面。在此背景下，巴蜀文化旅游走廊建设便成了推动西部大开发新格局形成的重要抓手，也是成渝地区双城经济圈建设高品质生活宜居地的重要载体。2020年4月29日，四川省文化和旅游厅、重庆市文化和旅游发展委员会召开了巴蜀文化旅游走廊建设专项工作组联席会第一次会议,共同签署《推动成渝地区双城经济圈建设战略合作协议》。协议约定携手打造巴蜀文化旅游走廊,并进一步提出要将巴蜀文化旅游走廊建成国际范、中国味、巴蜀韵的世界知名旅游目的地。

川渝两地具有历史同脉、文化同源、经济同体、生活同俗、血缘相融、人缘相亲的特点,共同形成了"巴蜀文化"的文化共同体品牌,特别是由于地理同域、行政共治的历史原因,巴蜀之间人文交流频繁,巴蜀文旅走廊可谓是四通八达,可以通过陆上、水路、空中进行连接,今天我们走的是具有悠久历史、厚重底蕴、重大贡献的成渝老路,它是由成渝驿道、成渝公路、成渝高速、成渝铁路、成渝高铁等多种交通线路资源构成的文化旅游走廊。

【永川概况】

各位朋友,旅行车现在经过的是重庆市的永川区。永川位于重庆西部,介于成都、重庆两大城市之间,是重庆西部的区域性中心城市,重庆主城区外的四大经济支撑点之一。永川面积1573平方千米,辖3个街道、19个镇,总人口100万余人。

永川历史悠久、山川秀美,人民热情善良,经济比较繁荣。永川因"附城三河汇碧,形如篆文'永'字"而得名。唐代大历十一年(776年)置县,距今已经1200多年历史。曾是江津专区、永川行政公署所在地,1992年建市,2006年10月经国务院批准撤市设区。

永川位于长江上游北岸,东临三峡库区,西靠四川腹地,东距重庆市主城区58千米,西离成都市276千米,介于泸州、自贡、宜宾、内江、南充、合川、江津等大中城市之间,处于川渝城市群核心位置,区位条件十分优越。永川处于成渝交通要道,成渝铁路、成渝公路、成渝高速公路横贯东西,黄金水道长江南流而下。

永川长江大桥建设即将启动,重庆港永川港区建设推进,成为重庆西部交通枢纽。经西南出海大通道至广西北海1300千米,经沪蓉高速公路至上海1900千米,经长江水道至上海2300千米。永川是重庆西部的通信中心,电信网络健全、通信设施先进,已建成以光纤电缆为主、微波通信为辅的有线和无线相结合的现代通信网络。

永川旅游资源十分丰富,昔有桂山秋月、竹溪夜雨、铁岭夏莲、八角攒青、石松百尺、圣水双青、龙洞朝霞等昌州八景,为游人游览流连之地。今北有风光旖旎的茶山竹海，南有山清水秀的卫星湖、四季飘香的国家农业生态示范园——百里水果长廊和野趣十足的重庆野生动物世界；有全国首例发现的恐龙化石——上游永川龙；有全国著名金石微刻艺术家刘声道的作品——三教镇石龙山摩崖石刻；有杜甫所书的"万年松化石"；有奇山怪石组成的男、女石笋山，有大文豪苏东坡流连之地——来苏梳妆台，以及宋代石刻——佛岩寺等风景名胜。其中以"茶、竹、石"三大特色旅游文化资源尤为引人注目，是全国优秀旅游城市。

永川恐龙、石松化石世界闻名，茶文化、石文化、竹文化源远流长。出土的石斧、石锚约有6000年历史，东汉石天禄、汉代画像、宋代石窟、唐宋汉东城遗址、明代摩崖造像和白莲教残部遗址极具观赏价值。深厚的文化底蕴孕育了清朝台湾知府黄开基、红四军军委书记刘安恭、被誉为"东方凡·高"的知名画家陈子庄、微生物学家陈文贵、地理学家徐近之、微刻艺术家刘声道等名人。永川是中国国际象棋队训练基地、中国跆拳道训练基地、中国美术家协会重庆创作中心。

【大足区概况】

大足区位于重庆市西南部，西北与四川省安岳县交界。总面积1433平方千米。总人口近104万。区府驻地为龙岗镇。

全县地势南高北低，濑溪河过境。大足区日照充足，雨量充沛，年降水量1002毫米，年均温度17.3℃。有煤、天然气、天青石、铁、铜、石灰石等矿产资源。县内有成渝铁路、成渝高速公路过境，是全国商品粮、广柑、瘦肉型猪生产基地和生态农业试点县。

1983年，大足县被国家定为甲级旅游开放县。有唐宋时期的宝顶山、北山、南山、石门山、石篆山等摩崖造像数十处，达5万余尊，总称"大足石刻"。宝顶山、北山为全国重点文物保护单位，世界文化遗产。

【佛教起源】

佛教起源于古印度（天竺），相传于公元前6世纪由北天竺迦毗罗卫国（今尼泊尔境内）净饭王的长子悉达多·乔达摩所创立，距今已有2500多年的历史。悉达多传说生于公元前565年，死于公元前485年，活了80岁，大致与我国的孔子同时代。因他是释迦族人，所以后来他的弟子又尊称他为释迦牟尼，意为"释迦的圣人"。

佛教是在古印度的奴隶制度下，在社会极为动荡的历史条件下产生的。当时的印度社会生产力已发展到普遍使用铁器的水平，农业生产的水平有了提高，手工业和商业也随之发达起来，一批城镇小邦兴起（迦毗罗卫国就是当时的一个小邦），经常互相侵犯，发生冲突。在政治上，雅利安人自中亚细亚进入印度河流域，征服了原住民族后，创立了野蛮的种姓制度。种姓制度把人分为四等，掌握祭祀文教的僧侣（称为婆罗门）为最高的社会阶层，奴隶（称为首陀罗）是最下等的阶层。首陀罗是非雅利安人，受着极残酷的阶级压迫和民族压迫，被婆罗门随意驱逐甚至残害。这种不平等的种姓制度，不仅被制定在法律中，还被神圣不可动摇地规定在当时占统治地位的婆罗门教义中。当时的阶级矛盾、民族矛盾集中反映在种姓制度问题上，形成了尖锐复杂的斗争局面，导致社会动荡、生产力下降、人民处于水深火热之中，得不到温饱和安定。痛苦、失意、无望、颓废是当时普遍的社会情绪。

这种社会情绪也使作为一个小邦王子的悉达多受到感染，他思想日益苦闷，产生了消极厌世的念头，不愿继承王位，便外出寻道。开初他也想从婆罗门教中悟出解除苦难的方法，但终究不合心意，便舍弃了婆罗门教，闭居山林静坐。经过几年的冥思苦想，一天他坐在一棵毕钵罗树（后被称为菩提树。菩提就是"觉悟"的意思）下终于悟出了解脱苦难之道，便宣布自己成佛了。后来他便到中天竺各地进行传教活动，组成僧侣集团，逐渐形成了佛教。到他死的时候，佛教在社会上已经有了一定的影响。

佛教的教义是一个相当庞大、精细的唯心主义体系，后来由于不断传播，发展成为许许多多不同的流派，教义就显得更为复杂了。

"四谛"是佛教的基本教义之一。据称是释迦牟尼最初说教的内容。四谛即苦谛、集谛、灭谛、道谛。"谛"是真理的意思，四谛就是佛教的"四大真理"。所谓"苦谛"，就是说人世间一切都是苦的，人生一世会遇到生、老、病、死等十六苦（或说八苦）。所谓"集谛"，是指造成世间人生及其苦痛的原因（"集"是"原因"的意思），一个原因叫"业"（干事情），这是致苦的正因；一个原因叫"惑"（烦恼），这是致苦的助因。业和惑产生出无数苦果，如果断绝业和惑，苦果自然随之断绝，就可以达到"寂灭为乐"的境界，这就叫"灭谛"。要达到这种理想的境界，就必须修道，这就是"道谛"。佛教所说的"道"就是涅槃之道。所谓"涅槃"，译为灭、灭度、寂灭、圆寂、不生、无为、安乐、解脱等，实际就是死的化名（这种化名多至六七十个）。佛教修行，以涅槃为终极目的。四谛之中，苦、灭二谛尤为重要。人生最苦，涅槃最乐，这就是佛教的基本思想。苦谛以生、老、病、死等作为人生中最大的苦难，认为任何人都不可能逃脱这些苦难，穷人是这样，富人也是这样。佛教在进一步分析苦难和造成苦难的原因时，提出了"十二因缘"说。

佛教认为世界上各种现象的存在都是依赖于某种条件的，离开了条件，也就无所谓存在。人生命的起源和过程也是依赖于条件的，这就是十二因缘。无知（"无明"）引起意志（"行"），由意志引起了精神统一体的"识"，由识引起身体的精神和肉体（"名色"）有了名和色，就形成了眼、耳、鼻、舌、身、意（心）感觉器官的"六处"，六处引起和外界接触（"触"），由触引起感受（"受"），由受引起贪爱（"爱"），由爱引起对外界事物的追求索取（"取"），由取引起生存的环境（"有"），由有引起"生"，再由生引起了"老死"。所以说到底，人生的痛苦是由无明引起的，只有消除了无明，才能获得解脱。佛教经典又把十二因缘说解释为"三世因果报应"说，即无明、行是过去因，感现在果；识、名色、六处、触、受是现在果；爱、取、有是现在因，感未来果；生、老死是未来果。宣扬人们在社会中所处的地位和各种遭遇，都是自己前世所做"善业"或"恶业"的结果，是早就注定了的，无法改变的。根据"因果报应"，佛教又提出"轮回"的说法。"轮回"的原意是"流转"的意思。佛教沿袭婆罗门教的说法而加以发扬，宣称一切有生命的东西，会永远在所谓"六道"中生死相续，有如车轮的旋转不停一样。根据佛教经典，所谓"六道"是指天、人、阿修罗（一种鬼怪恶神）、地狱、饿鬼、畜生。人若做了善事（指信佛等），死后就可升入天界；人若做了坏事（指不信佛、不安于自己的命运、触犯了他人的利益等），死后就会变成畜生、变成饿鬼，或堕入地狱。

释迦牟尼死后百余年间，佛教发生分裂：一派称为"上座部"，主要由一些长老组成；另一派称为"大众部"，拥有广大的僧侣，公元1世纪前后又由大众部的一些支派组成"大乘佛教"，并且称呼非大乘佛教的教派为"小乘"。

大乘佛教中又有"空宗"和"有宗"的不同派别。空宗（又称"中观宗"）是公元3世纪，由龙树、提婆创立的一个派别。空宗宣扬"一切皆空"的教义，很有导致把佛自身也否定掉了的嫌疑，所以遭到了另一些佛教徒的反对。后来世亲、无著创立了"有宗"。有宗又称"瑜伽宗",是针对空宗来的,有宗认为不能像空宗那样讲,不是一切皆空,佛还是真的、存在的。有宗宣扬"万法唯识"的教义,认为一切客观事物都是佛性的表现,最终也都要归到佛性里来,主张的是唯心主义的主观意识论。

传说龙树是大乘佛教的祖师,他不仅创立了大乘空宗,还把佛教某些教义和婆罗门教的某些教义、仪式相结合,创立了"密宗"(或称"密教")。后称密宗以外的教派为"显宗"(或称"显教")。

孔雀王朝时期(前324~前185年),佛教被定为印度的国教。当时印度海上交通发达,对外关系活跃,国家甚至发动佛教传教士远赴国外以扩大政治影响,佛教由此便逐渐向亚洲其他各国传播。南从印度到斯里兰卡、缅甸、泰国、柬埔寨、老挝等国,北经帕米尔高原,在公元元年前后传入我国,再由我国传入朝鲜、日本、越南等国。南传教以小乘佛教为主,北传教以大乘佛教为主,以后佛教便一步步地发展成了世界性的宗教。佛教传入各国各地区后,又与当地的思想意识、宗教相结合,形成了不同的流派,在一些国家和地区显得相当活跃。但在印度,中世纪后佛教便逐渐被印度教所融合,到13世纪就衰落了。

【佛教在中国的发展】

东汉明帝永平十年(67年),明帝夜梦金人飞行殿庭,明晨问于群臣。太史傅毅答说:"西方大圣人,其名曰佛;陛下所梦恐怕就是他。"明帝于是派遣中郎将蔡愔等18人去西域访求佛道。蔡愔等于西域遇竺法兰、摄摩腾两人,并得佛像经卷,用白马驮着东还洛阳。明帝特建立精舍给他们居住,称作白马寺。于是竺法兰与摄摩腾在寺里译出《四十二章经》。这几乎是汉地佛教初传的普遍说法,也为我国历史教科书所采用。佛教传入中国之后,到了后汉末叶桓灵二帝的时代(147~189年),记载才逐渐翔实,史料也逐渐丰富。其时西域的佛教学者相继来到中国,如安世高、安玄从安息来,支娄迦谶、支曜从月氏来,竺佛朔从天竺来,康孟详从康居来。由此译事渐盛,法事也渐兴。

汉人由信佛而出家修道的,如赞宁《僧史略》卷上《东夏出家》题下,有"汉明帝听阳城侯刘峻等出家,僧之始也;洛阳妇女阿潘等出家,尼之始也"等语。按刘峻等出家事出《汉法本内传》。《内传》伪书,不足置信。可是《高僧传·佛图澄传》中,有"往汉明感梦,初传其道,唯听西域人得立寺都邑以奉其神,其汉人皆不得出家"等语,似乎其时已经有汉人出家,然后才有此项禁令。而汉人出家为沙门见于载籍的,是从严佛调开始,如《出三藏记集·安玄传》中称"沙门严佛调",又说他"出家修道";《出三藏记集》又转载《沙弥十慧章句序》,下题"严阿只黎(阿奢黎)佛调所造"。然而《释氏稽古略》说,在佛调以后八九十年的朱士行,是汉土最初为沙门的;《历代三宝记》也称佛调为清信士。这大概是因为从汉代以来,虽然佛法已经流行,但道风未纯,比丘出家只以剪落须发作区别,未禀律仪;到魏嘉平二年(250年),中天竺沙门昙柯迦罗(法时)来到洛阳,建立羯磨法,创行受戒,中土才有正式的沙门,而登坛受戒的朱士行为最早,因此把他作为中土沙门之始。

《后汉书·西域传》中叙述桓帝奉佛之后说,"百姓稍有奉佛者,后遂转盛",可见当时民间的奉佛也由少数而逐渐增多;但其具体情况,只笮融奉佛一事见于现存的文献。据《后汉书·陶谦传》和《吴志·刘繇传》说:献帝时,丹阳人笮融聚众数百人,往依徐州牧陶谦,谦使督广陵、下邳、彭城三郡的运漕。融于是断三郡的委输,"大起浮屠寺,上累金盘,下为重楼,又堂阁周回可容三千余人。作黄金涂像,衣以锦彩。每浴佛辄多设饮饭,布席于路,其有就席及观者且万余人"。又依《出三藏记集》所载《般舟三昧经记》载,说明献帝时洛阳也有佛寺。从《吴志·刘繇传》所述笮融事看起来,后汉末民间的奉佛,有其种种原因,这和宫廷中只以求长寿祈福为目的者有所不同。

禅宗以菩提达摩为中国始祖,故又称达摩宗;因其得佛心印为佛陀之正统法脉,又称为佛心宗。达摩于北魏末年活动于洛阳,倡二入四行之修禅原则,以《楞伽经》授徒。传法弟子为二祖慧可,慧可之传法弟子为三祖僧璨,其传法弟子为四祖道信。道信传法弟子为五祖弘忍,立东山法门,为禅宗五祖。门下分赴两京弘法,名重一时。其中有神秀、传法弟子六祖惠能二人分立为北宗渐门与南宗顿门。神秀住荆州玉泉寺,晚年入京,为三帝国师,弟子有嵩山普寂、终南山义福;惠能居韶州曹溪宝林寺,门下甚众,以惠能为六祖。后为禅宗正宗。皇帝亲赐六祖慧能大师谥号为"大鉴禅师",其传法弟子颇多,如南岳怀让禅师、青原行思禅师、永嘉玄觉禅师等,证悟者40余人,开悟者不计其数。之后南岳怀让禅师之得法弟子,马祖道一禅师对中国佛教有着极大的贡献,他确立了丛林制度,规范了道场,马祖道一禅师之传法弟子百丈怀海禅师更制定清规规范门人,故佛教称之为"马祖建丛林，百丈定清规"，直到今天依然大体上不变，每天之早晚两课，也是始于这个时候。百丈怀海禅师之传法弟子有黄檗希运禅师及仰山灵佑禅师，都是至今还影响着佛教界的祖师大德！自六祖后不再传大位，也就是说没有第七祖，因为禅宗真正要传的法脉不是衣钵而是心印，心印延续至今，不曾断绝，一代代的祖师大德们，至今都延续着六祖的顿教大法。六祖慧能是禅宗的发扬光大者，提倡心性本净、佛性本有、直指人心、见性成佛。慧能以后，禅宗广为流传，于唐末五代时达到极盛。禅宗使中国佛教发展到了顶峰，对中国古文化的发展具有重大影响。

【大足石刻简介】

大足石刻是大足区境内主要表现为摩崖造像的石窟艺术的总称，其范围涵盖了大足、潼南、铜梁、壁山四个县。大足石刻规模宏大，有石刻造像70多处，总计十多万躯，其中以宝顶山和北山摩崖石刻最为著名，其以佛教造像为主，儒、道教造像并存，是我国晚期石窟艺术的代表。大足石刻艺术之精湛、内容之丰富，可与敦煌莫高窟、云冈石窟、龙门石窟齐名。

大足石刻建于1179~1249年，历时70余年，沿岩壁开凿，长500米，造像5万余尊，其中尤以举世无双的千手观音和长达30米的卧佛著称。1999年12月1日，在联合国教科文组织世界遗产委员会第23届会议上表决通过，将重庆大足石刻中的北山、宝顶山、南山、石篆山、石门山五处摩崖造像，正式列入《世界遗产名录》，从而使大足石刻成为重庆的第一个世界遗产，也是目前为止重庆唯一的世界文化遗产。宝顶山摩崖（石窟）石刻距大足县城东北15千米，石刻创始人为宋蜀中名僧赵智凤，建于南宋淳熙至淳祐年间（1174~1246年），历时70多年，石刻共13处，造像数以万计，以大佛湾和小佛湾规模最大。宝顶山是佛教圣地之一，有"上朝峨眉，下朝宝顶"之说。

大佛湾为幽深的马蹄形山湾，雕刻分布在东、南、北三面，先以小佛湾为蓝图，后在此雕琢由19组佛经故事组成的大型群雕，各种雕像达15000多尊，设计之精巧，竟无一雷同，破了"千佛一面"之说。宝顶圆觉洞，为整石开凿，宽敞如室。洞正壁刻佛像三尊，主佛前有跪菩萨一尊，俯首合十，恭敬虔诚，左右壁为十二圆觉菩萨，跌坐莲台，妙丽庄严，姿态不一，衣服、肌肉质感真实，似薄纱突身，衣裙流畅自如。壁间刻楼台亭阁、人物鸟兽、花草树木、幽泉怪石，近似写实作品，是大佛湾雕刻的精华。巨型雕有 30 多幅，著名的有六道轮回、广大宝楼阁、华严三圣像、千手观音像、释迦涅槃圣迹图、九龙浴太子、孔雀明石经变、毗卢道场、父母恩重经变相、大方便佛报恩经变相、六耗图、地狱变相等。

【荣昌区概况】

各位朋友，旅游大巴现在经过的是重庆市的荣昌区。荣昌，古昌州州治所在地，雅称棠城，有"海棠香国"的美誉。春秋时期地属巴国，唐乾元元年（758 年）设昌元县，距今已有 1200 多年历史。荣昌以"填川移民文化"为统领，形成了荣昌陶器、荣昌夏布、荣昌折扇三大国家级非物质文化遗产。地处成渝腹心重要节点的荣昌，是巴蜀文化旅游走廊上的一颗明珠，是成渝地区的"黄金联结点"、川渝合作的"桥头堡城市"。

荣昌旅游资源丰富，有青山环抱、碧水潆洄的万灵古镇。古镇老街，游人如织。人们或是在小雅书院内闭目冥想什么是真正的翰墨精神，或是在千年水码头的石阶深槽上探寻祖先的足迹，或是在"十八梯"的帮行建筑群中触摸历史的印痕，或是在湖广会馆的禹王神像前领略移民文化的博大精深，或是在赵氏宗祠的殿柱前叹喟前人书写的不朽传奇，或是在望娘滩前、巴人洞下领悟前世今生，或是在喻茂坚纪念馆里，为那位明朝刑部尚书、被誉为"天下清官"的喻茂坚的刚正不阿、清廉有为拍掌叫好……

这里有前店后宅、小桥流水的清江老街。清江，是一座以水兴市、以市兴镇的古镇，是古代时期连接起大足至荣昌、荣昌至泸州的主要交通运输通道，承担着人们出行和货物运输的功能。清朝时期，在清江自然建成一些供行商休息、住宿和堆放货物的店铺，叫水码头。历史上，四方商贾云集清江，形成古镇浓郁的商埠文化底蕴。如今的清江，依托水稻产业，发展"稻蛙""稻虾"生态养殖，打造了钓蛙、钓虾、钓鱼等原生态农业乡村体验项目。除此之外，人们还能现场体验采摘火龙果、草莓、桂圆等水果的乐趣。

这里还有生态康养、观景品茗的古佛山风景区。古佛山风景区位于荣昌区清升镇，主峰海拔 711.3 米，是荣昌最高峰，因山体垂直落差大而风景独特，站在山巅极目远眺，昌州百里风光尽收眼底。景区属亚热带季风湿润气候，植被茂盛、景色秀丽、风光宜人，有清泉峭岩之景、飞瀑叠翠之貌，年平均气温 17.7℃，森林覆盖率在 80% 以上，负氧离子含量高达每立方厘米 12000 个以上，国家级 PM2.5 空气质量监测站建立在此。

主要参考文献

[1] 重庆市旅游局. 新重庆导游词 [M]. 重庆：重庆出版社，2004.
[2] 杨辉隆，杨源. 重庆导游词 [M]. 北京：中国旅游出版社，2010.
[3] 杨源，杨辉隆. 中国导游十万个为什么：重庆 [M]. 北京：中国旅游出版社，2008.
[4] 王爱祖. 重庆旅游全攻略：游在重庆 [M]. 重庆：重庆出版集团（重庆出版社），2008.
[5]《重庆攻略》编写组. 重庆攻略 [M]. 北京：中国旅游出版社，2008.
[6] 四川省旅游局. 四川导游资格考试口试复习资料 [M]. 北京：中国旅游出版社，2007.
[7] 王庆渝. 重庆旅游指南 [M]. 北京：中国旅游出版社，2004.
[8] 郑敬东，刘放. 长江三峡旅游文化 [M]. 重庆：重庆出版社，2002.
[9] 汤博文，赵书汉. 三峡大观：旅游指南：英文（影印版）[M]. 北京：中国水利水电出版社，1997.
[10] 王庆渝. 大足石刻（英文版）[M]. 北京：中国旅游出版社，2003.
[11] 曹华盛. 导游服务教程 [M]. 北京：清华大学出版社，2012.
[12] 尹燕. 英文导游词的创作与讲解 [M]. 北京：中国旅游出版社，2007.
[13] 李庆. 重庆旅游资源概论 [M]. 上海：格致（原汉大）出版社，2015.
[14] 中国自助游. 重庆自助游 [M]. 北京：化学工业出版社，2014.
[15] 张妙弟. 美丽中国：美丽重庆 [M]. 北京：蓝天出版社，2015.
[16] 田飞，黄波，李七渝，等. 寻城记：重庆 [M]. 北京：商务印书馆，2014.
[17] 陈思. 重庆武隆岩溶国家地质公园古生代——中生代构造演化研究 [M]. 北京：中国地质大学出版社.
[18] 重庆市北碚等A级旅游景区导游词规范研究课题组. 带你游重庆——重庆市重点景区导游词新编（上、下册）[R]. 重庆：中共重庆市委宣传部，重庆市精神文明建设委员会办公室，重庆市文化和旅游发展委员会，2019.
[19] 重庆文化符号研究课题组. 重庆十大文化符号 [M]. 西南师范大学出版社，2016.
[20] 周勇，傅德珉. 记忆重庆 [M]. 重庆：重庆出版集团（重庆出版社），2017.